Justiça Digital

Justiça Digital

REFLEXOS DA PANDEMIA DA COVID-19
NA EVOLUÇÃO DO ACESSO AO JUDICIÁRIO

2023

Thiago Lopes Matsushita
Lauro Ishikawa
Rennan Thamay
Coordenadores

ALMEDINA

JUSTIÇA DIGITAL
REFLEXOS DA PANDEMIA DA COVID-19 NA EVOLUÇÃO DO ACESSO AO JUDICIÁRIO
© Almedina, 2023
COORDENAÇÃO: Thiago Lopes Matsushita, Lauro Ishikawa e Rennan Thamay.

DIRETOR ALMEDINA BRASIL: Rodrigo Mentz
EDITORA JURÍDICA: Manuella Santos de Castro
EDITOR DE DESENVOLVIMENTO: Aurélio Cesar Nogueira
ASSISTENTES EDITORIAIS: Larissa Nogueira e Letícia Gabriella Batista
ESTAGIÁRIA DE PRODUÇÃO: Laura Roberti

DIAGRAMAÇÃO: Almedina
DESIGN DE CAPA: Roberta Bassanetto

ISBN: 9786556279220
Setembro, 2023

Dados Internacionais de Catalogação na Publicação (CIP)
(Câmara Brasileira do Livro, SP, Brasil)

Justiça digital : reflexos da pandemia da Covid-19
na evolução do acesso ao Judiciário /
coordenação Thiago Lopes Matsushita, Lauro
Ishikawa, Rennan Thamay. -- São Paulo : Almedina,
2023.
Vários autores.
Bibliografia.
ISBN 978-65-5627-922-0
1. Acesso à justiça 2. Direito digital 3. Inclusãodigital 4. Pandemia
5. Poder judiciário – Brasil
I. Matsushita, Thiago Lopes. II. Ishikawa, Lauro.
III. Thamay, Rennan.

23-161110 CDU-34:004

Índices para catálogo sistemático:
1. Direito digital 34:004
Eliane de Freitas Leite – Bibliotecária – CRB 8/8415

Este livro segue as regras do novo Acordo Ortográfico da Língua Portuguesa (1990).

EDITORA: Almedina Brasil
Rua José Maria Lisboa, 860, Conj.131 e 132, Jardim Paulista | 01423-001 São Paulo | Brasil
www.almedina.com.br

SOBRE OS COORDENADORES

Thiago Lopes Matsushita
Doutor e mestre em Direito das Relações Sociais pela Pontifícia Universidade Católica de São Paulo; Membro do Conselho Estadual da Educação de São Paulo; Diretor da Escola de Direito da Alfa Educação – Unialfa/Fadisp; professor assistente-doutor da graduação, do mestrado e do doutorado em Direito da PUC/SP; professor do mestrado em Direito Constitucional da UNIALFA/GO.

Lauro Ishikawa
Doutor e mestre em Direito das Relações Sociais pela Pontifícia Universidade Católica de São Paulo; pós-doutor pela Universidade de Salamanca, Espanha; professor da graduação em Direito, professor da Graduação, Mestrado e Doutorado da Faculdade Autônoma de Direito, coordenador geral dos cursos da Escola de Direito da Alfa Educação – Unialfa/Fadisp; bolsista da Fundação Nacional de Desenvolvimento do Ensino Superior Particular – FUNADESP, Brasília; advogado em São Paulo.

Rennan Thamay
Pós-Doutor pela Universidade de Lisboa. Doutor em Direito pela PUC/RS e Università degli Studi di Pavia. Mestre em Direito pela UNISINOS e pela PUC Minas. Especialista em Direito pela UFRGS. Professor Titular do programa de graduação e pós-graduação (Doutorado, Mestrado e Especialização) da FADISP. Professor da pós-graduação (lato sensu) da PUC/SP, do Mackenzie e da EPD – Escola Paulista de Direito. Professor Titular do Estratégia Concursos e do UNASP. Foi Professor assistente

(visitante) do programa de graduação da USP e Professor do programa de graduação e pós-graduação (lato sensu) da PUC/RS. Presidente da Comissão de Processo Constitucional do IASP (Instituto dos Advogados de São Paulo). Membro do IAPL (International Association of Procedural Law), do IIDP (Instituto Iberoamericano de Derecho Procesal), do IBDP (Instituto Brasileiro de Direito Processual), IASP (Instituto dos Advogados de São Paulo), da ABDPC (Academia Brasileira de Direito Processual Civil), do CEBEPEJ (Centro Brasileiro de Estudos e Pesquisas Judiciais), da ABDPro (Associação Brasileira de Direito Processual) e do CEAPRO (Centro de Estudos Avançados de Processo). Advogado, administrador judicial, árbitro, mediador, consultor jurídico e parecerista.

SOBRE OS AUTORES

Andrea Medeiros
Mestranda do Programa de Pós-Graduação Stricto Sensu – Mestrado e Doutorado em Direito da Faculdade Autônoma de Direito (FADISP). Pós-Graduada em Direito Eleitoral – Universidade Estadual do Amazonas. Graduada em Direito – Universidade Federal do Amazonas. Magistrada.

Eline Paixão e Silva Gurgel do Amaral Pinto
Mestranda do Programa de Pós-Graduação Stricto Sensu – Mestrado e Doutorado em Direito da Faculdade Autônoma de Direito (FADISP), Juíza de Direito do Tribunal de Justiça do Amazonas, Especialista em Direito Civil e Direito Processual Civil pelo Centro Integrado de Ensino Superior do Amazonas- CIESA.

Elza Vitória de Sá Peixoto Pereira de Mello
Mestranda em Direito em Função Social do Direito pela Faculdade Autônoma de Direito – FADISP. Especialista em Direito Civil e Processual Civil pela Escola Superior de Magistratura do Estado de Pernambuco – ESMAPE e certificado pela Faculdade Maurício de Nassau (Recife/PE). Docente do Curso de Formação Inicial à Magistratura – CFIN da Escola Superior da Magistratura do Estado do Amazonas (ESMAM). Magistrada vinculada ao Tribunal de Justiça do Estado do Amazonas – TJ/AM. Subcoordenadora da Coordenadoria Estadual da Mulher em Situação de Violência Doméstica e Familiar do TJAM.

Gizella Maia Ribeiro Bolognese
Mestranda do Programa de Pós-Graduação Stricto Sensu – Mestrado e Doutorado em Direito da Faculdade Autônoma de Direito (FADISP). Especialista em Direito civil e Processo Civil pela Universidade Cândido Mendes.

Helton Braga de Oliveira
Mestrando do Programa de Pós-Graduação Stricto Sensu – Mestrado e Doutorado em Direito da Faculdade Autônoma de Direito (FADISP). Especialista em Direito Civil e Processual Civil pelo CIESA. Servidor Público no Tribunal de Justiça do Amazonas.

Igor Caminha Jorge
Mestrando do Programa de Pós-Graduação Stricto Sensu – Mestrado e Doutorado em Direito da Faculdade Autônoma de Direito (FADISP). Juiz de Direito do Tribunal de Justiça do Estado do Amazonas (TJ/AM).

Jucelinno Araújo Lima
Mestrando do Programa de Pós-Graduação Stricto Sensu – Mestrado e Doutorado em Direito da Faculdade Autônoma de Direito (FADISP). Procurador do Estado do Amazonas. Advogado.

Kathleen dos Santos Gomes
Mestranda do Programa de Pós-Graduação Stricto Sensu – Mestrado e Doutorado em Direito da Faculdade Autônoma de Direito (FADISP). Especialista em Direito civil e Processual Civil pelo Centro Integrado de Estudos sobre a Amazônia – CIESA. Graduada em Direito pela Universidade Federal do Amazonas – UFAM. Juíza de Direito do Tribunal de Justiça do Estado do Amazonas.

Mônica Cristina Raposo da Câmara Chaves do Carmo
Mestranda do Programa de Pós-Graduação Stricto Sensu – Mestrado e Doutorado em Direito da Faculdade Autônoma de Direito (FADISP). Juíza de Direito, 10ª vara Cível e de acidentes de trabalho, Comarca de Manaus, Pós-graduanda em filosofia e teoria geral do estado, FADISP.

Nabiha Monassa Abinader da Rocha
Mestranda do Programa de Pós-Graduação Stricto Sensu – Mestrado e Doutorado em Direito da Faculdade Autônoma de Direito (FADISP). Especialista em Direito Penal e Processual Penal pela Universidade Federal do Amazonas – UFAM. Especialista em Direito Público pela Universidade Potiguar. Graduada em Direito pela Universidade Federal do Amazonas – UFAM.

Rafael de Oliveira Lins
Mestrando do Programa de Pós-Graduação Stricto Sensu – Mestrado e Doutorado em Direito da Faculdade Autônoma de Direito (FADISP). Especialista em Direito Penal e Direito Processual Penal pela Escola Superior Batista do Amazonas – ESBAM. Graduado no curso de Direito pela Universidade do Estado do Amazonas. Servidor Público do Tribunal de Justiça do Estado do Amazonas.

Raphael de Carlos Paz de Almeida
Mestrando do Programa de Pós-Graduação Stricto Sensu – Mestrado e Doutorado em Direito da Faculdade Autônoma de Direito (FADISP). Especialista em Direito Público pela Universidade Anhanguera de São Paulo. Graduado em Direito pela Universidade Federal do Amazonas – UFAM. Servidor público do Tribunal de Justiça do Estado do Amazonas.

Rebeca de Mendonça Lima
Mestranda em Função Social do Direito pela Faculdade Autônoma de Direito – FADISP. Especialista em Direito Penal e Processo Penal pela Universidade Federal do Estado do Amazonas-UFAM. Juíza de Direito do Tribunal de Justiça do Estado do Amazonas.

Roger Moreira de Queiroz
Mestre em Direito pela Faculdade Autônoma de Direito – FADISP. Defensor Público do Estado do Amazonas.

Tatiana Paz de Almeida
Mestranda do Programa de Pós-Graduação Stricto Sensu – Mestrado e Doutorado em Direito da Faculdade Autônoma de Direito (FADISP). Graduada em Direito pela Universidade Federal do Amazonas – UFAM.

Analista Judiciário do Tribunal de Justiça do Estado do Amazonas. Ocupando a função de Coordenadora de Licitação. Pregoeira.

Tereza Cristina Coelho da Silva
Promotora de Justiça da 9ª Vara de Família do Tribunal de Justiça do Estado do Amazonas.

Yuri Caminha Jorge
Mestrando do Programa de Pós-Graduação Stricto Sensu – Mestrado e Doutorado em Direito da Faculdade Autônoma de Direito (FADISP). Juiz de Direito do Tribunal de Justiça do Estado do Amazonas (TJ/AM).

APRESENTAÇÃO

As questões relacionadas ao acesso à justiça culminaram na fixação do tema da presente coleção da Editora Almedina.

O resultado deste trabalho de investigação é apresentado por 17 alunos do Curso de Mestrado e Doutorado da FADISP, impulsionados pelo convênio acadêmico firmado com o Tribunal de Justiça do Estado do Amazonas e com a Escola Superior da Magistratura do Amazonas, e compõe esta obra.

Na defesa intransigente e legítima de direitos, como corolário do princípio da dignidade humana, são garantidos inúmeros mecanismos constitucionais de defesa em face do Estado e de particulares. Ao estabelecer no art. 5º, XXXV, que "a lei não excluirá da apreciação do Poder Judiciário lesão ou ameaça a direito", a Constituição Federal garante o direito de ação, na definição de Nelson Nery Junior[1].

No escólio de André Ramos Tavares, o princípio do amplo acesso ao Poder Judiciário remonta à Constituição de 1946 e ressalta tratar-se de "um dos pilares sobre o qual se ergue o Estado de Direito", pois o próprio enunciado da legalidade "requer que haja a possibilidade ampla e irrestrita de apreciação de lesão ou ameaça a direito (lei lato sensu) pelo órgão competente"[2].

Na manutenção de tal comando é rechaçada qualquer iniciativa que intente abolir direitos fundamentais (CF, art. 60, §4º, IV), tendo como

[1] NERY JUNIOR, Nelson. **Princípios do Processo na Constituição Federal**. 12. ed. rev., ampl. e atual., São Paulo: Revista dos Tribunais, 2016, p. 208.

[2] TAVARES, André Ramos. ***Curso de Direito Constitucional***. 11. ed. São Paulo: Saraiva, 2013, p. 584-585.

alicerce o princípio da dignidade humana posto tratar-se, no dizer de Luiz Regis Prado, de "postulado fundamental, peculiar ao Estado democrático de direito", via de consequência, este princípio "há de irradiar seus efeitos para todo o ordenamento jurídico – como dado imanente e limite mínimo vital à intervenção jurídica"[3].

O basilar princípio de acesso à justiça reclama não só a (pré)existência da estrutura estatal, *in casu*, do Poder Judiciário, como, na sua essência, também dos meios para a concretização de direito diante de lesão ou ameaça, em tempo razoável com a entrega efetiva de tal direito. Não significa garantia de obtenção exitosa daquilo que é reclamado, mas observado o efetivo acesso – presencial, virtual (aqui um problema de inúmeras matrizes, evidenciado na desigualdade digital), o respeito ao devido processo legal, ao contraditório e meios de defesa e recurso inerentes às partes, garante-se o resultado equânime e justo.

Ao auscultar os Autores sobre a função social do Direito e a importância de aperfeiçoar o conhecimento ao se vincularem a um Curso de Mestrado e Doutorado, a resposta uníssona demonstrou o compromisso ético em suas respectivas carreiras públicas: a excelência na prestação jurisdicional (!).

Os Autores são servidores públicos das carreiras jurídicas, o que torna a pesquisa acadêmica com rica interação interdisciplinar, de maneira a transcender da investigação meramente bibliográfica para situações cuja peculiaridade é pouco enfrentada. Ilustra-se a essencialidade dessa interação o trabalho da Magistrada Elza Vitória de Sá Peixoto Pereira de Mello, ao trazer um dado da região amazônica para muitos desconhecidos, de que "as distâncias são calculadas em dias de barco".

Vale a lição de João Maurício Adeodato ao advertir o pesquisador: "não há sentido no trabalho de pesquisa isolado, o eterno aluno escrevendo sobre seus estudos e reproduzindo conceitos e distinções, com 'grande produção' e estéril solipsimos"[4].

[3] PRADO, Luiz Regis. **Comentários ao Código Penal**: jurisprudência; conexões lógicas com os vários ramos do direito. 9. ed. rev., atual. e ampl., São Paulo: Revista dos Tribunais, 2014, p. 43.

[4] ADEODATO, João Maurício. Introdução: da teoria social do Direito à retórica como metodologia jurídica. *In*: ADEODATO, João Maurício (Coord.). **O Direito Dogmático Periférico e sua Retórica**: Consolidação de um grupo de pesquisa em filosofia e teoria do direito. São Paulo: Quartier Latin, 2010, p. 17.

Os temas desenvolvidos pelos Autores da presente obra circulam sobre a garantia do acesso à justiça, sob uma perspectiva regional, em particular, do Estado do Amazonas, nacional e internacional. O ponto desafiador foi abordar a questão fundamental do acesso à justiça no período pandêmico.

Estes fundamentos não são novos, os problemas sim. É necessário, como afirma Tercio Sampaio Ferraz Junior, repensá-los: "repensar um tema é pensá-lo problematicamente, é partir de um problema para problemas cada vez mais amplos e abstratos"[5].

Bem por isso, repensar a efetivação do acesso à justiça é tarefa que apresenta múltiplas frentes.

THIAGO LOPES MATSUSHITA
LAURO ISHIKAWA
RENNAN THAMAY

[5] FERRAZ JUNIOR, Tercio Sampaio. **Direito Constitucional**: liberdade de fumar, privacidade, estado, direitos humanos e outros temas. Bauru, SP: Manole, 2007, p. 518.

PREFÁCIO

A Editora Almedina nos brinda com um prestigioso espaço de publicização do conhecimento científico, inaugurado sob a forma de convênio acadêmico firmado com a Escola de Direito da ALFA EDUCAÇÃO, que congrega os cursos de graduação, extensão, pós-graduação *lato sensu* e pós-graduação *stricto sensu*, sediados na capital do Estado de Goiás, o Centro Universitário Alves Faria – UNIALFA, e na capital do Estado de São Paulo, a Faculdade Autônoma de Direito – FADISP.

No âmbito do convênio acadêmico firmado com o Tribunal de Justiça do Estado do Amazonas e da Escola Superior da Magistratura do Estado do Amazonas, os alunos dos cursos de Mestrado e Doutorado da FADISP se empenharam em enfrentar o intrincado tema do acesso à justiça, levando-se em consideração a afetação da pandemia à organização do sistema judiciário em geral, e ao jurisdicionado em particular.

Este convênio ganhou magnitude e criou um centro gravitacional de atração de outras Instituições ligadas à Justiça, a saber: Associação dos Magistrados do Amazonas – AMAZON, Ministério Público do Estado do Amazonas – MPAM, Defensoria Pública do Estado do Amazonas – DPAM, Procuradoria Geral do Estado do Amazonas – PGE-AM e Procuradora Geral do Município de Manaus – PGM-AM.

Aos Autores: Andrea Medeiros, Eline Paixão e Silva Gurgel do Amaral Pinto, Elza Vitória de Sá Peixoto Pereira de Mello, Gizella Maia Ribeiro Bolognese, Helton Braga de Oliveira, Igor Caminha Jorge, Jucelinno Araújo Lima, Kathleen dos Santos Gomes, Mônica Cristina Raposo da Câmara Chaves do Carmo, Nabiha Monassa Abinader da Rocha, Rafael de Oliveira Lins, Raphael de Carlos Paz de Almeida, Rebeca de Mendonça Lima, Roger Moreira De Queiroz, Tatiana Paz de Almeida, Tereza Cristina Coelho da

Silva e Yuri Caminha Jorge, nosso agradecimento e reconhecimento pela excelência dos trabalhos apresentados.

Ao recepcioná-los, o Programa de Pós-Graduação *Stricto Sensu* – Mestrado e Doutorado em Direito da FADISP, faz cumprir a missão institucional de participar do desenvolvimento regional do pujante Estado do Amazonas, proporcionando aos demais colegas de outras 2 dezenas de Estados da Federação, que compõem o corpo discente, um grande aprendizado acadêmico, profissional e pessoal.

Na presente obra, Andrea Medeiros, realiza investigação sobre as audiências de custódia, em face de seu conceito e sua implementação no Brasil, especialmente no contexto pandêmico da Covid-19, colacionando as controvérsias sobre o uso de videoconferência e informando as recentes decisões das cortes judiciais brasileiras sobre o assunto.

Em seguida, Eline Paixão e Silva Gurgel do Amaral Pinto aborda o necessário debate sobre o modelo de home office, conforme concebido pelo Conselho Nacional de Justiça e o Tribunal do Estado do Amazonas, surgindo como adaptação para o enfrentamento da pandemia do Covid-19 e a consequente suspensão de serviços presenciais para a sua realocação na forma de trabalho remoto.

Elza Vitória de Sá Peixoto Pereira de Mello, por sua vez, trata da mulher amazônida vítima de violência doméstica, perscrutando a necessária garantia de seus direitos humanos através da salvaguarda do direito de acesso à justiça, sendo esse pressuposto indispensável para a proteção e preservação de sua dignidade.

Gizella Maia Ribeiro Bolognese analisa a situação de desamparo dos servidores públicos do Município de Manaus, diante da suspensão de contrato de prestação de serviço de saúde durante o período pandêmico da Covid-19, cotejando em especial o papel do judiciário e o alcance de suas decisões.

Helton Braga de Oliveira investiga os mecanismos que diversas comarcas do interior do Amazonas tiveram que buscar, a fim de permitir que o direito à saúde fosse garantido mediante o atendimento digno à população e a salvaguarda do direito de acesso à justiça durante a crise sanitária do período de pandemia.

Igor Caminha Jorge coteja o papel da internet na implementação do direito fundamental ao acesso ao Judiciário durante a pandemia do Covid-19, analisando com enfoque especial na população do interior do estado do Amazonas e sua condição precária de acesso às tecnologias de informação e comunicação.

Jucelinno Araújo de Lima direciona a investigação em torno da atuação da advocacia pública brasileira durante a crise gerada pela pandemia do novo Coronavírus, além de apresentar a previsão normativa e o papel dessa atividade de representação e consultoria jurídica neste referido contexto.

Kathleen dos Santos Gomes, por sua vez, nos apresenta pesquisa sobre a audiência de instrução e julgamento na esfera cível, pelo meio virtual, meio este cuja ampliação da utilização se deu mormente durante a realidade do período de pandemia, ressaltando seus pontos positivos e negativos, conforme adaptação normativa do que jaz positivado no Código de Processo Civil de 2015, lastreado em Resoluções e Portarias do Conselho Nacional de Justiça sobre o tema.

Mônica Cristina Raposo da Câmara Chaves do Carmo traz no bojo de sua pesquisa o cotejo sobre as formas de adequação e adaptação do Tribunal de Justiça do Estado do Amazonas à nova realidade imposta pela pandemia do Covid-19, especialmente com análise baseada na lição trazida por servidores e magistrados diretamente envolvidos com o Subcomitê de Formação, Aperfeiçoamento e Gestão de Pessoas e Subcomitê de Atenção Integral à Saúde de Magistrados e Servidores.

Nabiha Monassa Abinader da Rocha, no qual investiga a importância do papel fundamental prestado pelos oficiais de justiça, apresentando, dentre outros objetos, as modificações realizadas nos procedimentos de cumprimento de mandados ocorridas no Tribunal de Justiça do Amazonas e ocasionadas diretamente pela crise pandêmica, principalmente em Manaus, e normas jurídicas correlatas.

Rafael de Oliveira Lins, em seu turno, aborda os conceitos de Sociedade Digital e Direito Digital, bem como os institutos jurídicos conexos, mormente em face do ensino, da definição e esfera dos crimes digitais, da inclusão a essas tecnologias e a importância dessa seara do Direito à sociedade.

Raphael de Carlos Paz de Almeida, em seu artigo, enfrenta o princípio da segurança jurídica em diversas vertentes, dentre elas tratando de sua origem e relação com as normas produzidas a partir do final de 2019, durante o período da pandemia da Covid-19, e como esse contexto de crise mundial impactou e impacta o ordenamento jurídico brasileiro.

Rebeca de Mendonça Lima analisa, dentro do contexto pandêmico, como se enfrentou a eficácia da Doutrina da Proteção Integral no Sistema de Justiça. Para tanto, realizou cotejo histórico e do processo de desenvolvimento dos direitos humanos da criança e do adolescente, mormente fundamentada em dados e informações deste período coletadas junto às Varas de Infância e Juventude.

Roger Moreira de Queiroz, no artigo seguinte, apresenta reflexão crítica sobre o Direito ao Luto e sua análise como direito fundamental constitucional, além das consequências negativas de ausência de sua garantia. Neste sentido, desenvolve especificamente sobre as restrições impostas pelas autoridades de vigilância sanitária, no contexto de pandemia, em relação aos funerais e sepultamentos realizados na cidade de Manaus, em decorrência da pandemia de Covid-19.

Tatiana Paz de Almeida apresenta artigo no qual analisa a necessidade de celeridade e eficiência, requisitadas de maneira premente durante o período pandêmico da Covid-19, para a contratação de insumos pela Administração Pública, a fim de garantir e salvaguardar a segurança sanitária de seus agentes e seus administrados naquele contexto. Para tanto, sob a esfera do Poder Judiciário Estadual do Amazonas e normas relativas ao tema, a pesquisa trata de novas perspectiva que perpetuarão na cultura administrativa mesmo após o término da pandemia.

Tereza Cristina Coelho da Silva analisa a atuação do Ministério Público do estado do Amazonas durante a primeira onda da crise sanitária da pandemia, focando na criação do Gabinete de Enfrentamento de Crise, nas medidas de proteção de atividades meio e fim do referido Ministério e medidas direcionadas à proteção da população em geral.

Yuri Caminha Jorge apresenta artigo no qual, mediante análise de institutos do Direito Processual Civil, e dos efeitos subsequentes do período pandêmico da Covid-19 em face das relações interpessoais, de trabalho e no Poder Judiciário, perscruta a possibilidade de uso do aplicativo Whatsapp para a citação de partes nos processos judiciais.

Dessa maneira, finalizamos este Prefácio com um agradecimento especial ao Tribunal de Justiça do Estado do Amazonas e à Escola Superior da Magistratura do Amazonas, nas pessoas dos Desembargadores Flavio Humberto Pascarelli Lopes e João de Jesus Abdala Simões, profissionais vocacionados que humanizam a prestação jurisdicional.

THIAGO LOPES MATSUSHITA
LAURO ISHIKAWA
RENNAN THAMAY

SUMÁRIO

1
AUDIÊNCIAS DE CUSTÓDIA: EVOLUÇÃO NA HISTÓRIA, PREVISÃO LEGAL, IMPLEMENTAÇÃO E EFEITOS DA PANDEMIA

Andrea Medeiros

> "Fica proibido o uso da palavra liberdade, a qual será suprimida dos dicionários e do pântano enganoso das bocas. A partir deste instante a liberdade será algo vivo e transparente como um fogo ou um rio, ou como a semente de trigo, e a sua morada será sempre o coração do homem"
>
> *Artigo Final*
> *Estatutos do Homem*
> Thiago de Mello[1]

Introdução

O presente artigo visa uma análise histórica sobre a audiência de custódia, a necessidade de sua implementação no Brasil e do impacto a ela causada pela irrupção de grave crise sanitária mundial, a pandemia de Covid-19. Essa avaliação tem como pressuposto o fato de que a audiência de custódia foi criada pelo mesmo processo histórico que produziu o aparecimento e desenvolvimento da ideia de Direitos Humanos, para se constituir em mecanismo que lhes dê concretude e aplicação.

A fundamentação teórica decorre da consulta a livros e textos elaborados por autores, autoridades e juristas que se debruçaram sobre os temas tanto de Direitos Humanos, quanto da Audiência de Custódia.

[1] Thiago de Mello, *Estatutos do Homem*, 3. Ed. – Manaus: Valer. Governo do Estado do Amazonas, 2001, p. 43.

1. O homem, a história, o estado e a dignidade humana

Quando nos debruçamos sobre um tema como o da audiência de custódia, estamos, antes de tudo, mergulhando no mundo social criado pelos seres humanos no qual todos são juridicamente iguais. Mundo social esse que, no desenvolvimento histórico da humanidade nos conduz ao surgimento do Estado, do cidadão e dos Direitos Humanos.

O conceito de Direitos Humanos resulta de uma construção histórica que vai lhes dando a forma com que hoje se apresentam; através de lei escrita, hierarquicamente ordenada, interpretada e aplicada, que atribui ao Estado o dever de cuidar da sua inviolabilidade, por meio do Sistema Judicial que os declara inalienáveis e universais e que reconhece ser dos cidadãos a sua titularidade; é fundamentado e justificado como um direito natural; direito assim denominado porque existente antes mesmo do que o próprio Estado e por isso, inerentes à natureza humana.

Ramos (2021, p. 35) nos ensina sobre o nascimento dos Direitos Humanos:

> ...o seu cerne é a luta contra a opressão e busca do bem-estar do indivíduo; consequentemente, suas "ideias âncoras" são referentes à justiça, igualdade e liberdade, cujo conteúdo impregna a vida social desde o surgimento das primeiras comunidades humanas. Nesse sentido amplo, de impregnação de valores, podemos dizer que a evolução histórica dos direitos humanos passou por fases que, ao longo dos séculos, auxiliaram a sedimentar o conceito e o regime jurídico desses direitos essenciais. A contar dos primeiros escritos das comunidades humanas ainda no século VIII a.C. até o século XX d.C., são mais de vinte e oito séculos rumo à afirmação universal dos direitos humanos, que tem como marco a Declaração Universal dos Direitos Humanos de 1948.

A ideia de uma igualdade entre os homens despontou pela primeira vez no período Axial da História, entre os séculos VIII e II a.C. Comparato (2015, p. 23) diz em sua obra A Afirmação Histórica dos Diretos Humanos que: "[...] é a partir do período Axial que, pela primeira vez na História, o ser humano passa a ser considerado, em sua igualdade essencial, como ser dotado de liberdade e razão, obstantes as múltiplas diferenças de sexo, raça, religião ou costumes sociais".

Foi nesse período que nasceram princípios fundamentais de vida que até nos dia atuais tem reconhecimento, os fundamentos para a compreensão da pessoa humana e a existência de direitos universais, para séculos depois termos uma declaração onde "todos os homens nascem livres e iguais em dignidade e direito". (BRASIL, 1988)

No entanto, no contexto do nosso trabalho, voltamos um pouco na História para apresentar considerações sobre alguns feitos históricos a exemplo do *Código de Hamurabi* (Khammu-rabi), leis criadas pela primeira dinastia babilônica, no século XVIII a.C, tido como o primeiro código de normas e condutas. Contendo um total de 282 cláusulas que envolvem os vários aspectos da vida do povo babilônico, com preceitos como o direito à vida, à honra e à propriedade.

Deste total de determinações jurídico-políticas, destacamos uma que nos remete diretamente ao nosso estudo.

> Art. 5º – Um juiz deve julgar um caso, alcançar um veredicto e apresentá-lo por escrito. Se erro posterior aparecer na decisão do juiz, e tal juiz for culpado, então ele deverá pagar doze vezes a pena que ele mesmo instituiu para o caso, sendo publicamente destituído de sua posição de juiz, e jamais se sentar novamente para efetuar julgamentos. (DHNET, c.1995)

É impossível não destacar que em uma época tão marcada pela violência, visto os relatos oficiais dos resultados das guerras de conquista dos povos mesopotâmicos, um rei apresentar um código de leis para todos os povos sob o seu poder em que um agente público, que representaria o próprio rei no ato jurídico, pudesse ser punido pela sua incúria no exercício do seu cargo.

Mais adiante na história, no início da República Romana, obrigado pela ação política dos plebeus, o patriciado romano apresentou a *Lei das Doze Tábuas*. Um código que legislava sobre vários aspectos da vida do cidadão romano. É no artigo três da nona tábua que vamos encontrar novamente a preocupação com o julgamento indevido, aqui agravado pela corrupção: "se um juiz ou um árbitro indicado pelo magistrado receber dinheiro para julgar a favor de uma das partes em prejuízo de outrem, que seja morto". (DHNET, c.1995)

Novamente, notamos aqui a preocupação de se evitar uma sobreposição ao cidadão quando em posição de julgamento.

Contudo, a sociedade romana era notadamente escravagista e dividida em classes, nas quais os direitos eram diferenciados. Assim, os patrícios, os plebeus e os escravos não partilhavam dos mesmos direitos, e só os homens livres tinham, por óbvio, o direito de requerer a liberdade. Logo, escravos, mulheres, devedores, entre outros encontravam-se alijados desse direito.

Dessarte, passado o período axial da história, ficamos com o legado de obras e ideias de grandes pensadores como Zaratustra, Buda, Lao Tsé, Pitágoras, Confúcio entre tantos e como nos ensina Comparato (2015), com o enuncio de grandes princípios e diretrizes fundamentais vigentes até nos dias atuais.

Na idade moderna surge a tradição filosófica contratualista e com ela a ideia da existência de direitos naturais.

A ideia de que existe um Direito Natural está historicamente associada à tradição filosófica contratualista dos séculos XVI e XVII. Essa tradição propõe o contrato social como o meio racional para assegurar aqueles direitos inerentes ao homem no estado de natureza.

Esse estado de natureza é uma situação hipotética, presente em todos os contratualistas que remete a um tempo anterior à política, quando a guerra civil generalizada constituía permanente ameaça à sobrevivência do homem; tempo em que, para Hobbes, o homem era lobo do próprio homem.

A superação deste estado de natureza que a todos colocava em risco, seria por meio do contrato social que ao instaurar leis, instituiria um poder soberano responsável por manter a paz social, dando fim a guerra civil permanente. Assim, o homem se desfaria da liberdade natural submetendo-se ao Soberano, para em troca receber a segurança de que necessitava para sua sobrevivência.

Essa liberdade não era em Hobbes, de todo perdida, estaria limitada àquelas dimensões pessoais indispensáveis à sobrevivência do indivíduo e não alcançadas pela lei. Há nesse aspecto nítida diferença em relação ao pensamento de Locke, pois neste, a liberdade natural se transformaria em liberdade civil e a posse em propriedade, isto por considerá-la não como um valor absoluto, mas como uma condição material necessária à vida, e que seria o resultado do trabalho individual que transferiria a energia do corpo, empregada na aquisição da propriedade tornando-a como um prolongamento do próprio indivíduo.

Locke (2005) vai mais além e propõe que, se o contrato social resulta do consenso de todos e se as leis são elaboradas com a participação dos cidadãos através de seus representantes, o Estado que deste processo resulta não pode violar os direitos naturais e, caso assim proceda, tem o cidadão o direito natural de rebelar-se contra a tirania.

As Declarações de Independência dos Estados Unidos e da Revolução Francesa dos Direitos do Homem e do Cidadão foram inspiradas nos pensamentos de Locke e decisivamente no de Rousseau; isto porque, para este filósofo, a liberdade natural é subsumida na vontade geral que, por sua vez, é construída pelo consenso, colocando o indivíduo, simultaneamente na condição de súdito, face ao dever de obediência à vontade geral, mas também de cidadão, pelo direito de participar na elaboração desta mesma vontade geral.

Essas diferenças encontradas entre os contratualistas parecem ser graduações no exercício dos direitos naturais, mas em todos os pensadores dessa tradição filosófica encontram-se os mesmos elementos fundamentais da relação do indivíduo com o Estado e a vinculação que existe entre os Direitos Naturais, a Soberania e o Território no qual ela é exercida.

Precisamente na Inglaterra do final do século XVII, em meio às disputas entre o rei absolutista Carlos II e o Parlamento, obrigou-se a Coroa a aprovar em 1679 a medida até hoje conhecida como *habeas corpus*, um marco da inscrição das liberdades individuais no seio de uma sociedade marcadamente absolutista.

> 1ª Quando um cidadão inglês é preso, ele deve, nas vinte e quatro horas seguintes, receber a notificação escrita do delito que lhe é imputado;
>
> 2ª À exceção dos atos de alta traição ou de delitos excepcionalmente graves, qualquer pessoa presa pode obter sua liberdade provisória, através de fiança;
>
> 3ª Nos vinte dias que se seguem à prisão, o indigitado deve ser levado perante o Grande Juri, o qual se inteirará da existência dos fatos imputado e julgará da procedência das acusações, a fim de permitir a continuação do processo penal.
>
> (Mosca, 1968, p.175)

Vemos aqui que, no final do século XVII, já se produzia um documento legal que podemos colocar até mesmo como um embrião da nossa audiência de custódia, afinal estipulava-se um prazo para o cidadão inglês ter conhecimento do crime que lhe era imputado, bem como um prazo para ser apresentado a julgamento, para o prosseguimento do seu processo penal. Todavia, antes de ficarmos apenas na comemoração da iniciativa, é importante destacar que nos anos finais do reinado de Carlos II (1660-1685) houve um claro retrocesso no campo das liberdades individuais. A Inglaterra, deste período, estava continuamente agitada pelas disputas políticas de origem eclesiástica. A confissão religiosa professada por um político poderia ser utilizada para elevá-lo a cargos mais altos, assim como poderia custar-lhe a vida, pois se utilizava deste argumento para processos de traição à Coroa, não abrangidos pela lei de 1679, o que tornou comum a desobediência pela Coroa dos direitos assegurados pelo ato do *habeas corpus*.

Comparato (2015, p.101) afirma que o *habeas corpus* tem uma grande importância histórica, pois essa garantia judicial tornou-se a matriz de todas as criadas posteriormente.

Com a deposição de Jaime II, sucessor de seu irmão Carlos II, já em 1688, resultado da soma dos adversários, tanto a nobreza quanto o alto clero, subiu ao trono Maria II e seu marido holandês Guilherme III. Estes soberanos assinaram o *Bill of Rights* que resultou no efetivo controle das ações reais pelo Parlamento, pondo fim a monarquia absolutista.

Promulgado cem anos antes da Revolução Francesa, o documento centrava-se mais nas liberdades políticas do que nas garantias individuais dos súditos de sua Majestade Britânica, ainda assim, o documento permitiu aos ingleses, inclusive os do outro lado do Atlântico, a contestar atos emanados. Todavia, realmente, pouco avançou na definição dos direitos individuais da pessoa humana. Para tanto, devemos esperar o próximo grande terremoto político: a Revolução Francesa.

Na França, no conturbado âmbito político da Assembleia Nacional, foi discutido e aprovado em 26 de agosto de 1789 o documento que viria a receber o nome de *Declaração dos Direitos do Homem e do Cidadão*, composto de um preâmbulo e dezessete artigos referentes ao indivíduo e à Nação. Ele define os direitos naturais e imprescritíveis como a liberdade, a propriedade, a segurança e a resistência à opressão, além de reconhecer a igualdade do homem perante a lei e a justiça. Uma verdadeira revolução não só de um regime político, mas de toda a sociedade humana.

Duquesnoy *apud* Comparato (2015, p. 146) nos traz a explicação do caráter universal da declaração:

> "Uma declaração deve ser de todos os tempos e de todos os povos: as circunstâncias mudam, mas ela deve ser invariável em meios às revoluções. É preciso distinguir as leis e os direitos: as leis são análogas aos costumes, sofrem o influxo do caráter nacional; os direitos são sempre os mesmos".

A Declaração foi publicada logo no início do movimento revolucionário e a sua aceitação não foi imediata, visto que só foi ratificada por Luís XVI em 5 de outubro por pressão da Assembleia e da população que se dirigiu a Versalhes, sede do governo. A resistência dos então detentores do poder pode ser facilmente entendida, pois o texto eliminava boa parte da sustentação ideológica dos privilégios do regime gestado desde o final da Idade Média.

Destacamos, a seguir, quatro artigos em que localizamos mais precisamente o objeto de nossa análise, ou seja, a defesa do cidadão frente ao Estado.

> **Art. 7º** – Ninguém pode ser acusado, preso ou detido senão nos casos determinados pela lei e de acordo com as formas por esta prescritas. Os que solicitam, expedem, executam ou mandam executar ordens arbitrárias devem ser punidos; mas qualquer cidadão convocado ou detido em virtude da lei deve obedecer imediatamente, caso contrário torna-se culpado de resistência.
>
> **Art. 8º** – A lei só deve estabelecer penas estrita e evidentemente necessárias e ninguém pode ser punido senão por força de uma lei estabelecida e promulgada antes do delito e legalmente aplicada.
>
> **Art. 9º** – Todo acusado é considerado inocente até ser declarado culpado e, caso seja considerado indispensável prendê-lo, todo o rigor desnecessário à guarda da sua pessoa deverá ser severamente reprimido pela lei. (AMBASSADADE DE FRANCE AU BRÉSIL, 2017.)

No art. 8º, encontramos o princípio da legalidade, ou seja, não há crime sem lei anterior que o defina, nem pena sem prévia cominação legal, bem como no artigo 9º aparece a presunção de inocência e a repreensão, podemos dizer, de tratamento desumano.

Ainda sobre o tema, Comparato (2015, p. 145) afirma que: "efetivamente o espírito da Revolução Francesa foi difundido, em pouco tempo, não só na Europa, como também em regiões tão distantes quanto a Índia, a Asia Menor e a América Latina".

Caminhamos agora para o século XIX, marcado pelos movimentos autonomistas na América Latina que geraram tanto documentos altamente liberais quanto governos excessivamente autoritários. Aqui, iremos nos ater mais ao texto constitucional brasileiro outorgado a 25 de março de 1824, visto que a partir desse momento na história o nosso interesse passa ser o Brasil, em que pese não desconhecermos as implicações que existem entre as outras nações.

A Constituição do Império do Brasil foi elaborada por um Conselho de Estado nomeado pelo Imperador, após a dissolução militar da Assembleia Constituinte em novembro de 1823. Ocupada principalmente em organizar o novo Estado, os direitos dos cidadãos só aparecem no Título 8º (Das Disposições Gerais e Garantias dos Direitos Civis e Políticos dos Cidadãos Brasileiros).

O processo de independência do Brasil se deu, não obstante suas particularidades, no âmbito do período revolucionário desencadeado pela Revolução Francesa. Portanto, não é de se estranhar que na nossa constituição, apesar de ter sido resultado de um ato de força do Imperador, encontremos princípios liberais que nos tornava uma nação moderna. Dessa forma, ao mesmo tempo que se defendia a propriedade privada, temos a preocupação, por exemplo, com a liberdade religiosa, apesar de o Império ter como confissão oficial a Igreja Católica Romana. Destaca-se também a liberdade de imprensa que foi respeitada durante o período monárquico (a censura só foi implantada após o golpe militar de 1889).

Temos ainda, no artigo 179, as determinações de caráter criminal, tema pertinente ao nosso trabalho.

> **8º)** Ninguém poderá ser preso sem culpa formada, exceto nos casos declarados na lei; e nestes dentro de vinte e quatro horas contadas da entrada na prisão, sendo em cidades, vilas, ou outras povoações próximas aos lugares da residência do juiz; e nos lugares remotos dentro de um prazo razoável, que a lei marcará, atenta a extensão do território, o Juiz, por uma nota, por ele assinada, fará constar ao réu o motivo da prisão, os nomes do seu acusador, e os das testemunhas, havendo-as.
>
> **9º)** Ainda com culpa formada, ninguém será conduzido à prisão, ou nela conservado estando já preso, se prestar fiança idônea, nos casos que a lei a admite; e em geral nos crimes que não tiverem maior pena, do que a de seis meses de prisão, ou desterro para fora da comarca, poderá o réu livrar-se solto.
>
> **10)** À exceção de flagrante delito, a prisão não pode ser executada senão por ordem escrita da autoridade legítima. Se esta for arbitrária, o juiz, que a deu, e quem a tiver requerido serão punidos com as penas que a lei determinar.
>
> **11)** Ninguém será sentenciado senão pela autoridade competente, por virtude de lei anterior, e na forma por ela prescrita. (PLANALTO, 1824)

Veja-se que na alínea oito, temos o limite de vinte e quatro horas para que réu receba do juiz uma nota esclarecendo os motivos e outras informações sobre sua prisão. Entretanto, os legisladores de então sabiam que o país era muito grande e as comunicações muito primitivas, portanto, previram que nos lugares remotos a comunicação se dará dentro de um prazo razoável.

No mesmo título constitucional, o oitavo, vamos encontrar as seguintes determinações:

> **19)** Desde já ficam abolidos os açoites, a tortura, a marca de ferro quente, e todas as mais penas cruéis.
>
> **20)** Nenhuma pena passará da pessoa do delinquente. Portanto, não haverá em caso algum confiscação de bens, nem a infâmia do réu se transmitirá aos parentes em qualquer grau, que seja.
>
> **21)** As cadeias serão seguras, limpas, e bem arejadas, havendo diversas casas para separação dos réus, conforme suas circunstâncias, e natureza dos seus crimes. (PLANALTO, 1824)

Aqui, a lei constitucional já previa um tratamento digno ao preso. Um destaque que não podemos deixar de realizar é que nenhum artigo da Constituição se ocupa da escravidão, realidade no país naquela época. Quando se fala na abolição dos castigos como o açoite não se pensava no indivíduo escravizado, uma vez que ele não existia para o constitucionalista ou mesmo para a Marinha que só aboliu o açoite em 1910, após o levante da Armada na Baía de Guanabara.

Ao avançarmos na história brasileira, atingimos o século XX já sob a égide do regime republicano. Ali, as previsões legais são cada vez mais ignoradas na prática policial. Ocupando-se principalmente dos presos por motivos políticos.

Pinheiro (1991, p.87) nos ensina que:

> Desde o início da República, com as leis referentes a expulsão de estrangeiros, até os anos 20, com a legislação de repressão ao anarquismo e depois ao "bolchevismo", abrem-se na prática da repressão espaços cada vez mais alargados de arbítrio: a legalidade do aumento da repressão implica uma contrapartida de maior ilegalidade para seu funcionamento. Com cada lei de exceção, eliminam-se progressivamente as liberdades previstas pela Constituição de 1891.

A cada levante armado ou, o que era mais comum, a cada suspeita de levante, as forças policiais aproveitavam para eliminar, principalmente da capital federal, os chamados "indesejáveis".

Um momento profundamente marcado pela violência estatal foi o quatriênio de Arthur Bernardes (1922-1926), eleito ainda pelas velhas oligarquias agrárias, fortemente combatida pela luta do operariado brasileiro, que ali tomava um novo e mais combativo corpo.

Período esse em que funcionou o Núcleo Colonial Cleveland, as margens do Rio Oiapoque, no atual estado do Amapá, descrito por Romani (2003, p. 113) como "um campo brasileiro de confinamento de prisioneiros montados nos anos 20".

Assim nos relata também Pinheiro (1991, p. 96):

> Do Rio, enviados pela polícia civil, vieram alguns rapazes sem a menor culpa, apanhados na rua e sem que pudessem justificar o menor ato de defesa. Pois eram postos na mais rigorosa incomunicabilidade e dois ou três dias depois enviados foram para bordo do vapor *Campos* e mais tarde remetidos para Cleveland. Eram alguns acompanhados da nota "revolucionário", outro de "indesejável", mas nada apurado em inquérito ou processo regular, nem ao menos eram ouvidos por alguma autoridade capaz de sabiamente julgá-los merecedores de tamanho castigo, sendo que muitos tiveram até o sacrifício da própria vida.

A situação pouco mudou nos anos seguintes, apesar de os textos legais continuarem a garantir os direitos individuais do cidadão.

A vitória dos aliados contra o nazifascismo e a revelação das atrocidades cometidas na Segunda Guerra Mundial abalaram o mundo. Uma onda de democracia e descolonização redesenhou a geopolítica global; nasce a Organização das Nações Unidas.

A Carta das Nações Unidas, assinada no dia 26 de junho de 1945 em São Francisco, após o término da Conferência das Nações Unidas sobre Organização Internacional, afirma em seu preambulo

> NÓS, OS POVOS DAS NAÇÕES UNIDAS, RESOLVIDOS a preservar as gerações vindouras do flagelo da guerra, que por duas vezes, no espaço da nossa vida, trouxe sofrimentos indizíveis à humanidade, e a reafirmar a fé nos direitos fundamentais do homem, na dignidade e no valor do ser humano, na igualdade de direito dos homens e das mulheres, assim como das nações grandes

e pequenas, e a estabelecer condições sob as quais a justiça e o respeito às obrigações decorrentes de tratados e de outras fontes do direito internacional possam ser mantidos, e a promover o progresso social e melhores condições de vida dentro de uma liberdade ampla. (UNICEF, 1945)

A Organização das Nações Unidas nasce inspirada na missão precípua de unir todas as nações que demostram interesse na defesa da dignidade humana, com a vocação de se tornarem um organismo global, sob a consciência da preservação da humanidade.

Pelo disposto no artigo 68 da Carta, foi aprovado no ano seguinte a Comissão de Direitos Humanos, hoje substituída pelo Conselho de Direitos Humanos, o que culminou com a adoção da Declaração Universal dos Direitos Humanos em 1948, o grande marco na defesa dos direitos fundamentais do homem.

Apesar das grandes iniciativas anunciadas, boa parte delas não foram observadas ou mesmo ignoradas, conforme as novas condições geopolíticas exigiam. No Brasil, não foi diferente.

Aos 13 dias de dezembro de 1968, começa a vigorar o Ato Institucional nº 5, que no bojo dos artigos 10 e 11 determina:

> Art. 10 – Fica suspensa a garantia de *habeas corpus* nos casos de crimes políticos, contra a segurança nacional, a ordem econômica e social e a economia popular.
>
> Art. 11 – Excluem-se de qualquer apreciação judicial todos os atos praticados de acordo com este Ato Institucional e seus Atos Complementares, bem como os respectivos efeitos. (PLANALTO, 1968)

Depois de tão longa caminhada na história humana, chegávamos a uma legislação que assumia claramente que não respeitaria os direitos dos indivíduos, e a um tempo de comprovadas práticas de tortura e maus-tratos ao cidadão. Prática, sistematicamente, utilizada pelo regime militar no Brasil, apurada pela Comissão Nacional da Verdade instituída pela Lei 12.528/2011.

Nos anos seguintes, mesmo depois de promulgada a Constituição Federal de 1988, relatos de tortura, maus tratos e, por vezes, assassinatos, por parte da polícia continuaram a ser assustadoramente grande, criando um cenário de violência institucional sistemática.

A Constituição Federal de 1988 preconiza com destaque a defesa do cidadão contra os desmandos que poderiam ser cometidos por agentes do Estado.

Ao contrário das Constituições anteriores, a atual Constituição não se inicia com a organização do Estado e sim pelos direitos dos cidadãos. No artigo 5º e seus incisos nos apresenta os direitos e garantias fundamentais do cidadão, encontramos afirmação da igualdade de todos perante a lei, o direito à integridade física e psíquica do ser humano, ali encontramos a proibição a tortura, a tratamento desumano ou degradante.

Todavia, o estudo realizado pelo Instituto de Defesa do Direito de Defesa – IDDD, no ano de 2018, a partir de um termo de cooperação com o Conselho Nacional de Justiça – em resposta ao grave cenário de superlotação do sistema penitenciário brasileiro e ao constante e preocupante aumento do chamado encarceramento em massa – aponta que a prática de tortura e maus-tratos são recorrentes no momento da prisão em flagrante. (IDDD, c2015).

2. Audiência de custódia

Audiência de Custódia foi o termo adotado para a apresentação, sem demora, do indivíduo preso perante a autoridade judiciária, em uma audiência com a obrigatória presença de um membro do Ministério Público e da defesa do custodiado.

É neste momento que o juiz examinará as condições em que foi realizada a prisão do custodiado, bem como suas condições pessoais e então decidir – sem entrar no mérito da acusação, ouvido promotor e a defesa – sobre a necessidade de manutenção da prisão.

Observe-se que até então essa análise se dava apenas pelo auto de prisão em flagrante encaminhado ao juiz por vezes dias após a prisão do cidadão.

Não obstante a implementação da Audiência de Custódia somente ano 2015 em nosso país, o instituto já encontrava previsão legal em dois importantes pactos internacionais devidamente subscritos pelo Brasil.

Como principais razões para a realização obrigatória do procedimento temos: possibilitar ao magistrado ou magistrada a avaliação qualificada da necessidade e legalidade para manutenção da prisão provisória; bem como averiguar tratamentos desumanos ou degradantes que o indivíduo possa ter sofrido, durante atuação da polícia, ao ser preso em flagrante ou por mandado de prisão.

O Manual de Combate à Tortura e Maus-tratos para a Audiência de Custódia da Série Justiça Presente, capitaneado pelo CNJ, já no seu prefácio afirma:

> Um dos principais objetivos das audiências de custódias é o de verificar a ocorrência de torturas e maus-tratos que decorram do ato da prisão. A pesquisa "Does Torture Prevention Works?" encomendada pela Associação de Prevenção a Tortura (APT), conclui que as garantias do devido processo legal durante as primeiras horas da custódia policial constituem as medidas mais eficazes para inibir a tortura. (BRASIL, 2020)

O manual ainda afirma que o Brasil não configura uma exceção a essa preocupante realidade e que "as audiências de custódias constituem um momento privilegiado, e talvez único, para se realizar tal verificação" (BRASIL, 2020), viabilizando a coleta de relatos quase que de imediato em caso de violência e do abuso policial.

Portanto, não se trata, e isto devemos destacar enfaticamente, da defesa de criminosos, argumentação muito comum ouvida ainda em nossos dias, o que temos é a preocupação ética e legal de impor limites aos agentes do Estado para se evitar as atrocidades que o autoritarismo sem limites insiste em praticar.

2.1. Tratados internacionais

A previsão normativa da necessidade da apresentação do preso sem demora perante autoridade judiciária encontra-se presente em dois importantes tratados internacionais de direitos humanos subscritos pelo Brasil:

O Pacto Internacional sobre Direitos Civis e Políticos (1992) adotado pela Resolução n. 2.200-A (XXI) da Assembleia Geral das Nações Unidas, em 19 de dezembro de 1966, entrando em vigor somente no ano de 1976, quando atingido o número mínimo adesão de 35 Estados, atingindo no ano de 2020 o número de 173 Estados partes, constitui um dos três instrumentos da Carta Internacional dos Direitos Humanos e tem como missão precípua assegurar o devido respeito e observância aos direitos consagrados, abraçando uma extensa lista de direitos e liberdades.

É no seu artigo 9 que surge a primeira menção do seria a audiência de custódia.

> Artigo 9
>
> 1. Toda pessoa tem direito à liberdade e à segurança pessoal. Ninguém poderá ser preso ou encarcerado arbitrariamente. Ninguém poderá ser privado de liberdade, salvo pelos motivos previstos em lei e em conformidade com os procedimentos nela estabelecidos.
>
> 2. Qualquer pessoa, ao ser presa, deverá ser informada das razões da prisão e notificada, sem demora, das acusações formuladas contra ela.
>
> 3. Qualquer pessoa presa ou encarcerada em virtude de infração penal deverá ser conduzida, sem demora, à presença do juiz ou de outra autoridade habilitada por lei a exercer funções judiciais e terá o direito de ser julgada em prazo razoável ou de ser posta em liberdade. A prisão preventiva de pessoas que aguardam julgamento não deverá constituir a regra geral, mas a soltura poderá estar condicionada a garantias que assegurem o comparecimento da pessoa em questão à audiência, a todos os atos do processo e, se necessário for, para a execução da sentença. (PLANALTO, 1992)

Convenção Americana Direitos Humanos – Pacto de San José da Costa Rica, por ocasião da Conferência Especializada Interamericana sobre Direitos Humanos em San José, Costa Rica, em 22 de novembro de 1969, maior e mais importante dispositivo do sistema interamericano, com 82 artigos. Entra em vigor internacional na data de 18 de julho de 1978, após ter obtido onze instrumentos de ratificações dos Estados partes.

Piovesan (2021, p. 360) afirma que a Convenção Americana

> "[...] reconhece e assegura um catálogo de direitos civis e políticos similar ao previsto no Pacto Internacional dos Direitos Civis e Políticos. Desse universo de direitos, destacam-se: o direito à personalidade jurídica, o direito à vida, o direito de não ser submetido à escravidão, o direito à liberdade, o direito a um julgamento justo, o direito à compensação em caso de erro judiciário, o direito à privacidade, o direito à liberdade de consciência e religião, direito à liberdade de pensamento e expressão, o direito à resposta, o direito à liberdade de associação, o direito ao nome, o direito à nacionalidade, o direito à liberdade de movimento e residência, o direito de participar do governo, o direito à liberdade perante a lei e o direito a proteção judicial."

No que se ocupa mais diretamente à instituição da audiência de custódia, a Convenção Americana (1969) estabelece:

> Artigo 5. Direito à integridade pessoal
>
> (...)
>
> 2. Ninguém deve ser submetido a torturas, nem a penas ou tratos cruéis, desumanos ou degradantes. Toda pessoa privada da liberdade deve ser tratada com o respeito devido à dignidade inerente ao ser humano.
>
> Art. 7. Direito à liberdade pessoal
>
> (...)
>
> 5. Toda pessoa detida ou retida deve ser conduzida, sem demora, à presença de um juiz ou outra autoridade autorizada pela lei a exercer funções judiciais e tem o direito de ser julgada em prazo razoável ou de ser posta em liberdade, sem prejuízo de que prossiga o processo. Sua liberdade pode ser condicionada a garantias que assegurem o seu comparecimento em juízo.

O governo brasileiro não ratificou de imediato a sua adesão aos princípios estabelecidos nessas convenções, afinal, naqueles anos, vivíamos uma ditadura e os primeiros momentos sob o pesado manto do AI 5.

Somente pelos Decretos Leis nº 596/1992 e nº 678/1992, já em plena vigência da Constituição de 1988, é que foram incorporados ao nosso ordenamento jurídico aqueles princípios e desde então o Brasil tornou-se responsável pela implementação e proteção dos direitos fundamentais ali previstos, assegurando seu pleno exercício.

De natureza supra legal e integralizados pelos decretos, os pactos teriam aplicabilidade imediata, o que não ocorreu até o ano de 2015 no que concerne à audiência de custódia, uma irrefutável violação não somente aos direitos pactuados, mas sobretudo aos Direitos Humanos e sua história.

2.2. Implementação no Brasil

A demora na implementação, talvez pela longa tramitação no Congresso Nacional de projetos de leis, bem como a necessidade de dar cumprimento a uma obrigação imposta pelo Direito Internacional dos Direitos Humanos, levou o Conselho Nacional de Justiça, sob a presidência do Ministro Ricardo Lewandowski, a editar a Resolução 213 de dezembro de 2015, uma corajosa decisão de disciplinar e implementar as audiências de custódias em todos os estados brasileiros, buscando prevenir a manutenção de custódia ilegal e reprimir a prática de tortura e maus-tratos, assegurando o direito à integridade física e psicológica da pessoa submetida à custódia estatal.

Em que pese as inúmeras críticas que recebera – houve grande resistência em sua implementação, inclusive sendo contestada por meio da Ação Direta de Inconstitucionalidade nº 5240 – ADI nº 5240, proposta pela Associação dos Delegados de Polícia do Brasil, julgada improcedente pelo Supremo Tribunal Federal – a audiência de custódia se tornou uma importante política pública de enfrentamento às graves violações aos direitos humanos, a exemplos da prisão arbitrária, tortura e a chamada política do encarceramento, bem como pôs fim a necessidade premente do controle de convencionalidade no nosso ordenamento jurídico que se encontrava em uma mora que se estendia por mais de 25 anos. Até então, vigorou o sistema de enviar ao juiz apenas o auto de prisão em flagrante, enquanto que o custodiado era encaminhado diretamente ao sistema prisional ou permanecia por dias nas celas da Delegacias de Polícias.

Junior e Paiva (2014) afirmam que:

> São inúmeras as vantagens da implementação da audiência de custódia no Brasil, a começar pela mais básica: ajustar o processo penal brasileiro aos Tratados Internacionais de Direitos Humanos. Confia-se, também, à audiência de custódia a importante missão de reduzir o encarceramento em massa no país, porquanto através dela se promove um encontro do juiz com o preso, superando-se, desta forma, a "fronteira do papel" estabelecida no art. 306, § 1º, do CPP, que se satisfaz com o mero envio do auto de prisão em flagrante para o magistrado.

Após quatro anos da implementação da audiência de custódia em todos os Estados brasileiros, e em meio as conturbações políticas que marcaram o Brasil a primeira metade da segunda década do presente século, o Projeto de Lei, que recebera o nome de "Pacote Anticrime", depois de muitos debates no parlamento, foi aprovado, sendo promulgada em 24 de dezembro de 2019 a Lei nº 13.964.

É neste diploma legal que temos, no parágrafo 1º do Art. 3º B, pondo fim a falta de previsão legislativa, a previsão da audiência de custódia, impondo o prazo de 24 horas para apresentação do preso ao juiz das garantias, alterando os artigos 287 e 310 do Código de Processo Penal.

> Art. 3º-B. O juiz das garantias é responsável pelo controle da legalidade da investigação criminal e pela salvaguarda dos direitos individuais cuja franquia

tenha sido reservada à autorização prévia do Poder Judiciário, competindo-lhe especialmente:

§ 1º O preso em flagrante ou por força de mandado de prisão provisória será encaminhado à presença do juiz de garantias no prazo de 24 (vinte e quatro) horas, momento em que se realizará audiência com a presença do Ministério Público e da Defensoria Pública ou de advogado constituído, vedado o emprego de videoconferência.

Como podemos observar, a lei proíbe expressamente a realização de audiências por videoconferência. Não se previa, por óbvio, que no horizonte imediato aconteceria uma pandemia.

3. A pandemia

No final do ano de 2019, começou a surgir na mídia internacional a informação de que uma grave infecção pulmonar havia se manifestado na localidade de Wuhan China Popular. Enquanto se discutia se era uma recidiva da H1N1 (Gripe Suína) de 2009 ou se era um novo vírus, a doença se espalhou atingindo os Estados Unidos e a Europa Ocidental, tendo sido declarado em 11 de março de 2020 pela Organização Mundial da Saúde – OMS a existência de uma pandemia

Identificado o agente como um novo Coronavírus denominado de SARS-CoV-2, percebeu-se que ele era extremamente infeccioso, e a doença logo depois denominada como Covid-19, se espalhava celeremente por todo o mundo, atingindo o Brasil que registrou a primeira morte em março de 2020 no Estado de São Paulo. Logo depois, o número de vítimas não parou de crescer.

Enquanto se discutia quais procedimentos e medicamentosos deveriam ser observados, a OMS orientou que, naquele momento, o melhor a fazer eram medidas profiláticas, bastante comuns em casos de epidemias virais, ou seja, distanciamento social, uso de máscaras e constante higienização das mãos. Era o que se poderia fazer naquele momento em que certos países da Europa registravam mais de mil mortes diárias, levando ao caos os sistemas nacionais de saúde.

No Brasil não foi diferente. Batíamos, a cada dia, mais recordes no número de infectados e de mortos, ultrapassando a marca de 500 mil mortes em 19 de junho de 2021.

Simultaneamente ao avanço da doença, o Poder Executivo Federal defendia medidas sem eficácia comprovada, baseadas em um negativismo crônico. Por seu turno, os Poderes Legislativo e Judiciário passaram a defender e empreender as medidas preconizadas pelos especialistas. Dessa forma, o Poder Judiciário, por meio da Recomendação n. 62, de 17/03/2020, bem como da Resolução 329 de 30/07/2020 do CNJ, regulamentou o trabalho remoto dos Tribunais, passando a realizar sessões de julgamentos e audiências de instrução e julgamento por meio de videoconferência e audiências de conciliação via *WhatsApp*. Todavia, em seu artigo 19, a Resolução 329 proibia a realização da audiência de custódia por meio remoto.

Com a expressa vedação do emprego da videoconferência em sua realização, mesmo em tempo de pandemia, as audiências de custódias foram completamente suspensas, passando novamente a vigorar o sistema de recebimento e análise dos autos de prisão sem a presença do custodiado.

4. Audiência de custódia por vídeoconferência

Em 26 de novembro de 2020, o CNJ edita nova resolução de n. 357, alterando o artigo 19 da Resolução 329 e passa a admitir a realização das audiências de custódia por videoconferência, quando não for possível a realização, em 24 horas, de forma presencial. Contudo, com exceção de casos isolados, a recomendação não ganha os Tribunais estaduais e as audiências permaneceram suspensas.

Em 03 de maio de 2021, a Associação dos Magistrados Brasileiros – AMB, visando à declaração de inconstitucionalidade de parte da Lei n. 13.964, de 24 de dezembro de 2019, impetra a Ação Direta de Inconstitucionalidade no Supremo Tribunal Federal, requerendo a concessão de medida cautelar para suspender imediatamente a eficácia do § 1º do art. 3º-B, que alterou o artigo 310 do Código Penal, mantendo-se a atual redação prevista para artigo 19 da Resolução n. 329, do CNJ, de modo a manter a possibilidade de realização da audiência de custódia por videoconferência, observando-se as regras de segurança para movimentação de presos durante o período de pandemia da Covid-19. Sustenta para tanto a inconstitucionalidade material da parte final do dispositivo, ou seja, a proibição da realização da audiência de custódia por videoconferência, visto ser matéria de competência normativa dos Tribunais, além de violar os princípios da proporcionalidade e da razoabilidade, bem como a norma constitucional que assegura o "respeito à integridade física e moral dos presos".

A Liminar foi concedida parcialmente pelo Ministro Nunes Marques, em 29 de junho de 2021, para autorizar a realização das audiências de custódia por videoconferência, enquanto perdurar a pandemia da Covid-19. Para o Ministro, "a realização da audiência presencial, no atual contexto, coloca em risco os direitos fundamentais à vida e à integridade física das partes, inclusive do próprio preso."

Na data de 30 de junho de 2021, foi iniciado o julgamento virtual no Supremo Tribunal Federal – STF, todavia, houve pedido de destaque pelo Ministro Gilmar Mendes, sendo então retirado de pauta o julgamento, sem apontamento de data para retorno.

Vozes contra e favor de tal medida pululam no meio jurídico através da rede mundial de computadores.

Sanches (2020) no texto "Audiências de custódia virtuais: um ode à 'desumanização' do processo penal" é bastante enfático, ao utilizar as palavras do Desembargador Guilherme de Souza Nucci na sua condenação do sistema alegando que:

> "Uma tela de aparelho de TV ou de computador jamais irá suprir o contato direto que o magistrado deve ter com o acusado, até mesmo para constatar se ele se encontra em perfeitas condições físicas e mentais. Qual réu, detido numa penitenciária a quilômetros de distância, sentir-se-á à vontade para denunciar os maus-tratos que vem sofrendo a um juiz encontrado atrás de uma lente de uma câmara (sic) (...) Por outro lado, qual julgador terá a oportunidade de sentir as menores reações daquele que mente ou ter a percepção de que o réu conta a verdade visualizando-o por uma tela?
>
> (...)
>
> Por todo exposto e respondendo o questionamento inicial, parece-nos evidente que a realização da audiência de apresentação pelo novel sistema tecnológico, máxime em tempos de COVID-19, não encontra tipicidade nas hipóteses taxativas e excepcionais do artigo 185 do Código de Processo Penal como pretendem justificar e, nem tampouco, cumpre com uma das razões desta garantia pessoal, a qual seria, nas lições de Aury Lopes Júnior, de *humanizar o processo penal*."

Por outro lado, Foureaoux (2020), Juiz de Direito, contra argumenta no texto "A realização de Audiência de Custódia por videoconferência: de "a" a "z", os porquês que justificam autorizá-la."

> "Argumenta-se que a transmissão de som e imagem não tem condições de remediar as vantagens que o contato e a relação direta entre juiz e jurisdi-

cionado proporciona, todavia por videoconferência é perfeitamente possível detectar se houve agressões, que é a finalidade precípua, sendo possível registrar eventuais lesões pela filmagem da própria videoconferência e solicitar que o servidor que estiver com o preso fotografe, se for necessário."

O que não é possível negar é que o mundo vive uma situação excepcional devido à persistência da pandemia entre nós. As medidas excepcionais caracterizam as situações excepcionais.

O site do Conselho Nacional de Justiça – CNJ informa que alguns tribunais vêm implantando a iniciativa da realização da audiência de custódia por videoconferência, como o Tribunal Federal da 5ª Região, o Tribunal de Justiça do Maranhão e o Tribunal de Justiça de São Paulo.

Conclusões

Os direitos humanos representam uma conquista civilizatória em constante aperfeiçoamento através da História até chegarmos ao século XX, com a fundação da ONU e a Declaração Universal dos Direitos Humanos em 1948. A partir daí temos seguidos e constantes avanços através de cartas, pactos, protocolos e convenções que objetivaram efetivar os direitos do ser humano.

Como retratamos, em 1978, entrou em vigor o Pacto de San José da Costa Rica, resultado da Convenção Americana de Direitos Humanos da OEA, realizada em 1969 e no ano de 2015, o Pacto de San José passa a ser observado no Brasil e com isso, a audiência de custódia é inserida na rotina do Judiciário.

Ao se examinar a linha cronológica, temos que quando se trata do tema Direitos Humanos o tempo transcorre mais devagar. Entre a declaração política dos Estados na Convenção OEA e o início da vigência internacional do Pacto, passaram-se 9 anos; esperaríamos ainda mais 37 anos para o início das audiências de custódia no sistema judicial brasileiro.

Cada espaço institucional que é incorporado para lidar com os Direitos Humanos, como é no caso a audiência de custódia, é conquistado com dificuldades, encontrando resistências e enfrentando ações estatais que violam rotineiramente aqueles direitos, principalmente, mas não exclusivamente, contra a população mais pobre e moradora das periferias das grandes cidades.

E se obstáculos de toda ordem se colocaram no caminho dos Direitos Humanos, desde o momento histórico no qual apareceram até os dias atuais, é evidência de que existe contradições na relação do Estado com esses direitos e por consequência, com os seus titulares, os cidadãos.

Essa contradição é também um paradoxo, na medida em que durante o processo de formação dos Estados nacionais, entre os séculos XV e XVI, os Direitos Naturais foram utilizados pelos contratualistas para justificar a necessidade do Estado; isto porque, apenas o Estado, a quem os cidadãos prestariam obediência pela adesão ao contrato social que o instituiria, poderia garantir o respeito àqueles direitos.

Talvez, explique essa contradição – o fato de que o Estado, incumbido da proteção dos Direitos Humanos, seja ele próprio o responsável por violá-los – a crítica de Hannah Arendt aos contratualistas que, ao conceberem os Direitos Humanos, os fundamenta como direitos naturais, intrínsecos a natureza humana e por isso inalienáveis e universais.

Para Arendt, a emergência de ideologias raciais associadas ao nacionalismo e transformadas em políticas de estado por ocasião das duas Grandes Guerras, teve nos campos de concentração nazistas o meio pelo qual o homem foi reduzido a sua mera natureza, despindo-lhe de toda e qualquer roupagem jurídica e social, deixando-lhe apenas a própria vida nua.

O prisioneiro; nas condições a ele imposta nos campos de concentração, reduzido à sua mera humanidade, possuindo apenas a própria vida que a qualquer instante poderia ser-lhe tirada; é o fato a revelar, talvez, que os direitos humanos não são intrínsecos ao homem e muito menos na natureza, mas é fundamentado na política e que apenas no espaço público será possível a realização da liberdade e da igualdade.

Quiçá o pensamento de Hannah Arendt encontre eco na realidade se observarmos os reveses do processo de implantação das audiências de custódia e das dificuldades que ora se apresentam no contexto da pandemia, com a suspensão das audiências e com a continuidade das violações.

O fato de que para uma parcela da sociedade os direitos humanos significam conferir privilégios a quem comete delitos e que apenas os cidadãos de bem seriam os que poderiam deles usufruir, indica muito mais do que uma incompreensão do que sejam esses direitos, evidencia, antes de tudo, que os processos sociais e políticos que levaram o nazifascismo ao poder na Alemanha poderiam se repetir.

Isto porque os que negam os direitos humanos, assim o fazem por considerar ser possível destituir o homem da sua própria condição de homem, negando-lhe possuir aqueles direitos que lhes seriam inerentes, mas que na realidade não o são.

E se é no espaço público onde se afirmam os direitos humanos, também é certo que é o lugar de sua negação, o que nos leva a concluir que os direitos humanos são fundados, afirmados e defendidos no espaço da política e apenas nessa dimensão será possível conceber a plena realização da liberdade e da igualdade.

Referências

AMBASSADADE DE FRANCE AU BRÉSIL, 2017. A declaração dos direitos do homem e do cidadão. Disponível em: <https://br.ambafrance.org/A-Declaracao-dos-Direitos--do-homem-e-do-Cidadao>. Acesso em: 08 jul. 2021.

ARENDT, Hanna. **As origens do Totalitarismo**. Tradução de Roberto Raposo. São Paulo: Companhia das Letras, São Paulo, 1989.

ARRUDA, Vinicius. **Audiência de Custódia (Lei nº 13.964 de 24 de Dezembro de 2019)**. Disponível em https://viniciiiiuss.jusbrasil.com.br/artigos/821628258/audiencia-de--custodia-lei-n-13964-de-24-de-dezembro-de-2019, acesso em: 29 jun. de 2021.

BRASIL. **Constituição (1988)**. **Constituição** da República Federativa do Brasil. Brasília, DF: Senado Federal: Centro Gráfico, **1988**.

BRASIL. **Constituição da República Federativa do Brasil**. São Paulo: Imprensa Oficial, 2009.

BRASIL. Comissão Nacional da Verdade. Disponível em Página Inicial – CNV – Comissão Nacional da Verdade (memoriasreveladas.gov.br). Acesso em: 24 de jul. de 2021

BRASIL. Conselho Nacional de Justiça. **Manual de Prevenção e Combate à tortura e maus-tratos para audiência de custódia**. Conselho Nacional de Justiça, Programa das Nações Unidas para o Desenvolvimento, Escritório das Nações Unidas sobre Drogas e Crime; coordenação Luís Geraldo Sant'Ana Lanfredi ... [et.al]. Brasília: Conselho Nacional de Justiça, 2020. Disponível em: <https://www.cnj.jus.br/wp-content/uploads/2020/11/manual_de_tortura-web.pdf>. Acesso em: 08 jul. 2021.

BURNS, Edward McNall. **História da civilização ocidental**. Tradução de Lourival Gomes Machado, Lourdes Santos Machado e Leonel Vallandro. 2ª.ed. Porto Alegre: Globo, 1970, v.2.

COMPARATO, Fábio Konder. **A Afirmação Histórica dos Direitos Humanos**. 9. ed. – São Paulo: Saraiva. 2015.

COELHO, G. **CNJ decide que audiências de custódia podem ser por meio virtual na pandemia**. Brasília, 2020. Disponível em: < https://www.cnnbrasil.com.br/nacional/2020/11/24/cnj-decide-que-audiencias-de-custodia-podem-ser-por-meio-virtual--na-pandemia>. Acesso em: 29 jun. 2021.

PGE, 1969. **Convenção Americana de Direitos Humanos (1969) (Pacto de San José da Costa Rica)**. Disponível em: < http://www.pge.sp.gov.br/centrodeestudos/bibliotecavirtual/instrumentos/sanjose.htm>. Acesso em: 30 jun. 2021.

DHNET, c1995. **Código de Hamurábi**. Disponível em: <http://www.dhnet.org.br/direitos/anthist/hamurabi.htm>. Acesso em: 07 jul. 2021.

FOUREAOUX, R. **A realização de Audiência de Custódia por videoconferência: de "a" a "z", os porquês que justificam autorizá-la**. Disponível em: < https://meusitejuridico.editorajuspodivm.com.br/2020/02/17/realizacao-de-audiencia-de-custodia-por-videoconferencia-de-z-os-porques-que-justificam-autorizar-sua-realizacao/>. Acesso em: 29 jun. 2021.

IDDD, c.2015. **Audiência de Custódia**. Disponivel em: <ddd.org.br/projetos/audienciadecustodia/#:~:text=Intitulado%20"O%20fim%20da%20liberdade,do%20sistema%20de%20justiça%20criminal.>. Acesso em: 21 jul. 2021.

JÚNIOR, A. C. L. L; PAIVA, C. **Audiência de Custódia e a imediata apresentação do preso ao juiz:** rumo a evolução civilizatória do processo penal. Revista da Defensoria Pública do Estado do Rio Grande do Sul, v. 1, n.1, p. 161-182, 2014. Disponível em: < https://repositorio.pucrs.br/dspace/bitstream/10923/11256/2/Audiencia_de_custodia_e_a_imediata_apresentacao_do_preso_ao_juiz_Rumo_a_evolucao_civilizatoria_do_Processo_Penal.pdf>. Acesso em: 21 jul. 2021.

LEAKEY, Richard R.; LEWIN, Roger. **O povo do lago: o homem, suas origens,** *natureza e futuro*. Tradução de Nilce Galanti. São Paulo: Melhoramentos; Brasília: Editora Universidade de Brasília, 1988.

LEWANDOWSKI, Ricardo. **Audiência de Custódia do Conselho Nacional de Justiça**: Da Política à prática. Disponível em: ConJur – Lewandowski: Audiências de Custódia do CNJ — Da política à prática. Acesso em: 20 de jul. 2021.

LOCKE, J. **Segundo tratado sobre o governo.** In: Dois tratados sobre o governo. Trad. Julio Fischer. São Paulo. Martins Fontes, 2005.

MICHELET, Jules. **História da Revolução Francesa: da Queda da Bastilha à Festa da Federação**. Tradução de Maria Lucia Machado. São Paulo: Companhia das Letras : Círculo do Livro, 1989.

MOSCA, Gaetano & BOUTHOUL, Gaston. **História das doutrinas políticas: desde a Antiguidade**. Tradução de Marco Aurélio de Moura Matos. 3ª ed. Rio de Janeiro: Zahar, 1968.

PINHEIRO, Paulo Sérgio. **Estratégias da Ilusão: a revolução mundial e o Brasil 1922-1935**. 2ª.ed São Paulo: Companhia das Letras, 1991.

PLANALTO, 1824. **Constituição Política do Império do Brazil.** Disponível em <http://www.planalto.gov.br/ccivil_03/constituicao/constituicao24.htm>. Acesso em: 15 jun. 2021.

PLANALTO, 1968. **Ato Institucional nº 5**. Disponível em: <http://www.planalto.gov.br/ccivil_03/ait/ait-05-68.htm>. Acesso em: 24 jun. 2021.

PLANALTO, 1992. **Decreto nº 592, de 26 de julho de 1992.** Pacto Internacional sobre Direitos Civis e Políticos. Disponível em: < http://www.planalto.gov.br/ccivil_03/decreto/1990-1994/d0592.htm>. Acesso em: 21 jul. 2021.

PIOVESAN, Flávia. **Direitos Humanos e Direito Constitucional Internacional**. 19. Ed. – São Paulo: Saraiva Educação, 2021.

Ramos, André de Carvalho. **Curso de Direitos Humanos**. 8. ed. – São Paulo: Saraiva Educação, 2021.

Romani, Carlos. **Clevelândia (Oiapoque):** colônia Penal ou campo de concentração?. Verve, 4: 112-130, 2003. Disponível em: <https://revistas.pucsp.br/index.php/verve/article/viewFile/4965>. Acesso 08 jul. 2021.

Sanches, Henrique Gonçalves. **Audiências de custódia virtuais:** um ode à "desumanização" do processo penal. Disponível em <https://canalciencias criminais.com.br/audiencias-de-custodia-virtuais-um-ode-a-desumanizacao-do-processo>. Acesso em: 29 jun.2021.

Trevelyan, George Macaulay. **A Revolução inglesa: 1688-16**89. Tradução de Leda Bozaciyan. Brasília: Editora da Universidade de Brasília, 1982.

UNICEF, 1945. **Carta das Nações Unidas**. Disponível em: <https://www.unicef.org/brazil/carta-das-nacoes-unidas>. Acesso em: 20 jul. 2021.

2
MODELO CONTISTUCIONAL: PANDEMIA COVID-19 E O ESTADO DE MANAUS

Eline Paixão
Silva Gurgel do Amaral Pinto

Introdução

O presente artigo tem por objetivo demonstrar a necessidade de repensar o modelo instituído pela Constituição Federal para o julgamento de crimes contra a vida. Para tanto, foi feito um breve recorte sobre a situação pandêmica no Brasil e no Estado do Amazonas, com destaque para a cidade de Manaus. Em seguida, foram apresentadas as normatizações expedidas pelo Conselho Nacional de Justiça e pelo Tribunal de Justiça do Estado do Amazonas, em relação à suspensão dos trabalhos presenciais, audiências por videoconferência e, ainda, em relação ao retorno gradual às atividades nos fóruns e tribunais de justiça.

Diante da paralisação das atividades judiciais de forma presencial, o artigo aponta as consequências observadas em razão da pandemia de COVID-19, especialmente para os crimes de homicídio contra a vida, considerando que, após a autorização para o retorno gradual, muitos tribunais optaram por manter as sessões suspensas.

Realizou-se uma breve comparação com alguns países que adotam o Tribunal do Júri e as soluções que estão sendo discutidas para evitar novas paralisações. Após ser feita uma apresentação acerca da importância da instituição do júri, ao final, dedicou-se um tópico para justificar a necessidade urgente de serem discutidas alternativas pares garantir a continuidade dos julgamentos dos crimes contra a vida, sem solução de continuidade, considerando sua importância para a sociedade e para a tutela da vida.

1. Breve contextualização sobre o começo da pandemia no Brasil e no estado do Amazonas

O novo coronavírus trouxe impactos para todo o planeta, afetando o modo de vida da humanidade em vários setores, com destaque, porém, para o econômico e social.

Em 30 de janeiro de 2020, a Organização Mundial de Saúde – OMS, reconheceu o surto do novo coronavírus como Emergência em Saúde Pública de Importância Internacional (ESPIN). Logo em seguida, em 11 de março de 2020, declarou publicamente o estado de pandemia.

Desde então, o mundo vem experimentando uma série de transformações e adaptações para manter a vida em funcionamento, tentando minimizar os impactos sociais e econômicos causados pelo vírus.

No Brasil, o primeiro caso de Covid-19 foi confirmado em 26 de fevereiro de 2020. Sem revelar a identidade, sabe-se que era um homem residente em São Paulo e que viajou para a Itália. Desde então, o vírus foi tomando conta das principais capitais e logo atingiu as cidades menores, sem qualquer possibilidade de controle, deixando um rastro de dor e luto nas famílias.

O Estado do Amazonas teve o seu primeiro caso confirmado de Covid-19 no dia 13 de março de 2020, vindo de uma pessoa do sexo feminino que havia visitado Londres. Poucos dias após, foi noticiada a primeira morte. A vítima, um homem de 49 anos, não resistiu quando o quadro de saúde piorou. Desde então, se experimentou uma aceleração na transmissão do vírus, com aumento expressivo no número de infectados e mortos, além do colapso na saúde, em razão da insuficiência de leitos hospitalares para internação dos doentes mais graves.

Para conter o avanço da pandemia, o Governo do Estado decretou estado de emergência e, em seguida, estado de calamidade pública em todo território, implementando uma série de medidas voltadas a reduzir a circulação de pessoas nas ruas e o número de casos novos da doença.

Além do fechamento de estabelecimentos comerciais não essenciais, locais públicos de lazer e outros, os servidores passaram a trabalhar em regime de home office. Na mesma linha, o Poder Executivo e o Poder Judiciário reproduziram a orientação, suspendendo as atividades presenciais e mantendo o trabalho remoto para todos seus membros e servidores.

Entre abril e maio de 2020, o Amazonas enfrentou a primeira onda da Covid-19, e atingiu quase 100% de ocupação em leitos da rede pública e privada. Além do aumento nas internações, o número de mortes diárias foi tão grande que forçou o enterro em valas comuns.

Para o alívio geral, o número de mortos e infectados começou a diminuir no mês de junho, tendo ocorrido uma flexibilização gradual das medidas de restrição e, naturalmente, o retorno de algumas atividades que estavam suspensas.

Dentro do contexto da pandemia, foi um período de relativa tranquilidade, que se estendeu até setembro de 2020, quando, novamente, foi se constatando um aumento progressivo no número de casos novos da doença. Festas clandestinas, descuido com a higiene e com o uso de máscaras de proteção, aglomerações de diversas ordens, desrespeito ao distanciamento social em atividades políticas no período eleitoral, entre outras situações, trouxeram de volta o pesadelo.

Se a primeira onda deixou um rastro de trauma e dor, o que ocorreu em janeiro deixou o Brasil inteiro estarrecido. A segunda onda de covid-19 quebrou recordes, intensificou a crise na saúde e levou a óbito milhares de vidas. Para piorar o cenário, o aumento de casos foi tão expressivo que faltou oxigênio nos hospitais e a morte, para muitos, chegou de forma mais cruel ainda, pelo sufocamento!

Mais uma vez, e não poderia ser diferente, as medidas de restrição foram intensificadas no Estado do Amazonas e todo avanço antes conquistado teve que retroceder. Os estabelecimentos que haviam aberto suas portas tiveram que fechar novamente ou abrir com limitações, a autorização para circulação de pessoas foi bastante regulada e, quanto aos funcionários públicos, com exceção de algumas categorias como profissionais da saúde e da segurança pública, a prestação de serviço retornou ao modo não presencial.

Após o caos visto em janeiro e fevereiro de 2021, quando o número de mortes nesses dois meses ultrapassou o equivalente a todo ano de 2020, o mês de março foi um pouco menos trágico e, daí para frente, os novos casos de infectados e mortos começou a declinar.

O Estado do Amazonas vive atualmente, julho de 2021, uma fase que mescla estabilidade e redução do número de pessoas contaminadas, sendo importante ressaltar que a imunização, por meio das vacinas, está contribuindo para esse resultado e representa uma dose de esperança de dias melhores.

2. Consequências da pandemia para o poder judiciário

Pelas breves anotações acima, é previsível a conclusão de que o Poder Judiciário também sofreu com os impactos da pandemia em sua rotina. A capacidade de transmissibilidade do vírus, a taxa de letalidade e a inexistência de tratamentos eficazes para conter o avanço dos casos resultou na suspensão do expediente forense. A solução encontrada para evitar aglomerações nos fóruns e, ao mesmo tempo, garantir a continuidade da prestação jurisdicional foi autorizar o trabalho em regime de home office.

Nesse sentido, a Resolução 313 do Conselho Nacional de Justiça, que entrou em vigor em 19 de março de 2020, estabeleceu o regime de Plantão Extraordinário, com o objetivo de prevenir o contágio pelo novo coronavírus e garantir o acesso à justiça nesse período emergencial.

Mencionada resolução buscou, por um lado, compatibilizar a necessidade de continuação da atividade jurisdicional, diante de sua importância para o jurisdicionado, e, por outro lado, a preservação da saúde dos magistrados, agentes públicos, advogados e usuários em geral.

Assim, cuidou de garantir a todos os que figuravam no grupo de risco, o direito de não ser escalado na modalidade presencial, assim como, foi mantido o atendimento remoto pelos meios tecnológicos disponíveis.

A Resolução 313/2020 tinha o período de vigência estipulado até o dia 30 de abril de 2020. Contudo, diante da falta de controle na propagação do vírus, houve necessidade de publicar novas resoluções, as de nº 314 e 318, para manter as atividades presenciais suspensas.

Paralelamente à decisão que determinou a suspensão das atividades presenciais, o CNJ regulamentou, por meio da Portaria nº 61, de 32 de março de 2020, as regras para utilização da plataforma emergencial de videoconferência, no período de duração do isolamento social.

Apesar das dificuldades iniciais e compreensíveis de adaptação, os tribunais rapidamente se adequaram ao novo sistema, alterando a forma de realizar audiências e realizar julgamentos, sem perder a qualidade da prestação jurisdicional.

Assim sendo, de modo geral, não houve solução de continuidade em relação às demandas. Ao contrário, o Poder Judiciário apresentou um acréscimo em sua produtividade, sendo registrado um número superior a 25 milhões de sentenças e acórdãos pelas cortes brasileiras nesse período de pandemia.

Retomando a linha de raciocínio, o Poder Judiciário, em todo território nacional, atuava em regime de Plantão Extraordinário, realizando, por meio de videoconferência as audiências cíveis e criminais, bem como as sessões de julgamento de 2º grau.

Foi a solução que se mostrou segura para evitar um agravamento da crise. Com o passar do tempo, tendo o Brasil dimensão continental, a diferença pôde ser percebida: em algumas regiões, a curva de contaminação para novos casos de covid-19 começou a apresentar estabilidade e, até mesmo, redução. Em outras regiões, porém, havia uma situação inversa, demonstrando alta na ocupação de leitos hospitalares, no número de casos novos e de mortos.

Atento a essas diferenças, o Conselho Nacional de Justiça, em harmonia com a decisão proferida pelo Supremo Tribunal Federal na ADI nº 6343, editou a Resolução nº 322, de 01 de junho de 2020, estabelecendo critérios para a retomada dos trabalhos presenciais, que deveria ser seguida de acordo com a realidade de cada comarca.

A Resolução nº 322/2020 foi extremamente cautelosa e consignou uma série de medidas para viabilizar o retorno presencial, autorizando, inclusive, a realização das sessões do júri.

Como condição mínima para o retorno, previu a Resolução, dentre outras exigências, a obrigação dos tribunais em distribuir equipamentos de proteção contra a disseminação do vírus, a observação de distanciamento social adequado e redução do número de pessoas nos ambientes comuns, permanência dos sistemas de refrigeração desligados, salvo quando indispensáveis, intensificação de serviços de limpeza e desinfecção etc.

Os tribunais de justiça, autorizados pelo CNJ a retomar suas atividades presenciais, editaram regras a serem observadas para o gradativo e seguro retorno presencial dos magistrados, servidores e da população em geral que precisasse estar pessoalmente nos fóruns.

3. Funcionamento da justiça do amazonas durante a pandemia

O tribunal de justiça do Estado do Amazonas desde o princípio da pandemia agiu com extremo zelo, tomando imediatamente as providências necessárias para evitar o contágio em suas dependências.

Mesmo após o fim da primeira onda de covid-19, com o vírus sob controle no estado, a Portaria nº 1.236, de 02 de junho de 2020, manteve o sistema de trabalho em regime de home office, justificando que não haveria prejuízo à prestação do trabalho jurisdicional, ao mesmo tempo em que estaria em harmonia com as orientações do governo no sentido de evitar a circulação de pessoas e promover aglomerações desnecessárias.

Assim, o retorno presencial foi adiado, sendo determinada a elaboração de um plano de retomada gradativa do trabalho presencial, no prazo de 90 dias. O retorno foi autorizado para ter início em 21 de setembro de 2020, desde que obedecido o limite máximo de 30% do quadro de cada unidade, mantendo-se a realização tele presencial de audiências e sessões de julgamento. Numa segunda etapa, a partir de 05 de outubro, o limite de ocupação subiria para 50% do quadro e já permitindo, apenas se necessária, a realização das audiências presencialmente. E a terceira e última etapa seria o retorno integral de todo quadro, com exceção para os que integrassem o grupo de risco. Todas essas medidas foram regulamentadas na Portaria nº 1.753, de 31 de agosto de 2020.

Rememoro que o Estado do Amazonas foi atingido por uma segunda onda da covid-19 nos meses de janeiro e fevereiro, sofrendo consequências ainda mais brutais quando comparando com a primeira onda, uma vez que o vírus sofreu mutações e se apresentou com taxa de transmissibilidade maior e também com maior grau de letalidade.

Por essa razão, com base no parecer técnico sobre a situação epidemiológica elaborado pela Fundação de Vigilância Sanitária – FVS, assinado em 31 de dezembro de 2020, atestando que o Amazonas experimentava um incremento nas taxas de contaminação e morte por covid-19, as atividades presenciais, que retornavam gradativamente, mais uma vez precisaram ser suspensas.

Foi expedida uma nova instrução, por meio Portaria nº 002, de 5 de janeiro de 2021, regulamentando novo regime de plantão extraordinário e, de forma expressa, em seu art. 4º, § 2º, determinou a suspensão presencial do Tribunal do Júri.

E assim permaneceu a Justiça do Amazonas, pois ainda se verificava uma escalada crescente dos índices de contaminação, sendo expedidas sucessivas portarias de prorrogação das restrições temporárias das atividades presenciais.

Superado o período crítico, mais uma vez foi planejado o retorno de forma presencial, com três etapas distintas: a primeira delas, ocorrida em 03 de maio de 2021, observando o limite de presença de usuários internos de até 30% do quadro de cada unidade; a segunda etapa, iniciada em 14 de junho de 2021, elevando-se o limite para 50% do quadro de cada unidade, com a possibilidade de realização de audiências e sessões presenciais, caso necessário; por fim, a terceira etapa que irá liberar de forma integral as atividades presenciais em todas as unidades do Tribunal de Justiça do Amazonas, mediante portaria específica.

Após esse breve relato sobre os efeitos da pandemia no Poder Judiciário, tendo por base o Estado do Amazonas, passarei a tratar mais especificamente acerca da paralisação das sessões de julgamento no Tribunal do Júri e suas consequências.

4. Tribunal do júri como corolário do direito à vida

A vida, por ser o bem jurídico mais valioso do ser humano, encontra lugar de destaque na Constituição Federal. O Título II, dedicado aos direitos e garantias fundamentais, inaugura o rol desses direitos com a menção ao direito à vida, apresentando a seguinte redação:

Art. 5º Todos são iguais perante a lei, sem distinção de qualquer natureza, garantindo-se aos brasileiros e aos estrangeiros residentes no País a inviolabilidade do direito à vida, à liberdade, à igualdade, à segurança e à propriedade, nos termos seguintes: (*omissis*).

É a vida a fonte primária de todos os outros bens jurídicos, sem a qual os demais, liberdade, igualdade, segurança e propriedade não teriam razão de existir.

Na lição de José Afonso da Silva, o direito à vida significa também: "direito de estar vivo, de lutar pelo viver, de defender a própria vida, de permanecer vivo. É o direito de não ter interrompido o processo vital senão pela morte espontânea e inevitável. Existir é o movimento contrário ao estado de morte" (SILVA, 2ª ed, 2002).

Além da referência expressa do direito à vida no art. 5º, *caput*, o texto constitucional ainda reservou o inciso XXXVIII, deste mesmo artigo, para reconhecer o Tribunal do Júri como a instituição competente para julgar crimes dolosos contra a vida.

Um olhar abrangente acerca do direito à vida e sua proteção constitucional enxerga no Tribunal do Júri uma instituição voltada para a proteção plena desse direito, sem limitar seu alcance apenas como meio de resguardo às garantias dos acusados.

Em brilhante lição acerca da função do Tribunal do Júri como instituição destinada a tutelar o direito à vida, Caio Marcio Loureiro escreveu:

> Equivocam-se os que sustentam que a Instituição Tribunal do Júri tenha sido idealizada com o escopo principal de assegurar ao réu a plenitude de sua

defesa. Da mesma forma aqueles que veem no procedimento do Tribunal do Júri um ritual cuja existência somente se justifica para garantir ao acusado o direito de se defender, de ser ouvido, retirando a resistência à pretensão penal da abstração. Na verdade, essa Instituição Democrática foi concebida com o nítido propósito de dar concretude a um sistema propiciador da plena tutela da vida. Destarte, como porta de acesso da democracia no âmbito do Poder Judiciário, o Tribunal do Júri encontra-se composto por pares daquele que está sob julgamento, para que a vida seja tutelada. Por mais paradoxo que possa parecer, tutela-se a vida com a Instituição do Tribunal do Júri. Isso mesmo; apesar de sua instalação estar condicionada à morte ou ao menos à tentativa do ser humano de alcançar o término da vida alheia, os preceitos emanados do Conselho de Sentença trazem consigo a mais pura forma de defender a vida, bradando para a coletividade a intolerância com a prática de fatos dolosos contra a existência do semelhante (LOUREIRO, 2017, p.23).

E prossegue o autor, complementando:

"Com raízes no direito à vida, pois, todos os demais direitos insculpidos no texto constitucional são nutridos pelos fundamentos deste direito, quer sob o aspecto de justificação de existência de direitos, quer sob o enforque da necessidade de tutela destes direitos, ou seja, todos os direitos fundamentais justificam-se se, e somente, se, encarados como instrumentos para proteção efetiva do direito fundamental à vida.(...) As bases jus filosóficas alinhavadas até aqui impulsionam uma conclusão: o ideário do povo revelado no valor atribuído à vida provocou a inclusão do direto a vida na ordem constitucional como direito fundamental e, por ser substrato da ideologia de defesa da via em harmonia com os axiomas do povo, o mesmo povo que o erigiu à hierarquia constitucional também estabeleceu na Constituição da República Federativa do Brasil a instituição Tribunal do Júri como direito fundamental com referibilidade à plena tutela da vida. A razão motivadora da previsão constitucional da instituição Tribunal do Júri, pois, traduz-se na defesa do direito à vida, não sendo mera regra processual de competência. Até porque referida instituição encontra-se prevista no título destinado aos direitos e garantias fundamentais, os quais direcionam-se ao povo que, por isso, mesmo, escolheu julgar seu par pelo atentado ao principal direito da pessoa humana: a vida. Destarte a plenitude da tutela da vida não apenas existe e encontra assento da constituição da República Federativa do Brasil em vigor, mas tem status de princípio constitucional fundamental e, por assim ser, deve orientar e informar a instituição do Júri, como fazem os princípios da plenitude da defesa; do sigilo das votações; da soberania dos vereditos e da competência para o julgamento dos crimes dolosos contra a vida (LOUREIRO, 2017, p.23).

Estabelecida a base fundante do Tribunal do Júri como instituição predestinada a tutelar a vida, apresento nas próximas páginas uma análise acerca das consequências advindas da paralisação das sessões de julgamento em virtude da pandemia de Covid-19 e a possível violação do princípio de proteção da vida, inserto na Constituição Federal.

5. Consequências da paralisação das sessões de julgamento em razão da pandemia de COVID-19

Começo fazendo o seguinte questionamento: a decisão que determinou a paralisação das sessões de julgamento em razão da pandemia de Covid-19 está em harmonia com o princípio constitucional de tutela da vida, considerando ser o Tribunal do Júri o órgão competente para julgar crimes dolosos contra a vida?

É claro que tal pergunta não tem uma resposta pronta, mormente porque as questões relacionadas ao novo coronavírus causam controvérsias e discussões acaloradas.

Desde a declaração pública de pandemia, para evitar aglomerações e a possibilidade de contaminação pelo vírus, os julgamentos em plenário do júri foram interrompidos. A decisão afetou o país inteiro, visto que a pandemia se alastrou de forma acelerada por todas as regiões.

Não se discute a excepcionalidade daquele momento e a gravidade da doença, impondo a adoção de medidas drásticas por parte dos órgãos dirigentes dos tribunais de justiça. Efetivamente, nos períodos mais críticos de transmissão do vírus, superlotação de leitos hospitalares e elevados índices de óbito, a única solução viável foi a paralisação das sessões de júri e do trabalho realizado no modelo presencial.

Ocorre que passada a fase mais crítica, o que ocorreu em momentos distintos pelo Brasil, foi acontecendo uma adaptação de todo sistema de justiça.

De forma mais específica, a pandemia forçou os tribunais a buscar soluções para manter o acesso à justiça e, ao mesmo tempo, garantir a segurança de todo seu público. A mais importante delas, sem nenhuma dúvida, foi a implementação de novas tecnologias, que permitiu a realização das funções essenciais por meio de serviços remotos, além de fornecer maior flexibilidade aos usuários.

Dentre tantas inovações, cito a realização das audiências mediante as plataformas digitais, expansão do teletrabalho, autorização para cumprimento de atos judiciais por meios eletrônicos, atendimentos pelo balcão virtual etc.

Ao contrário do que muitos pregaram, não houve prejuízo para o Poder Judiciário e, consequentemente, para a prestação jurisdicional. Vozes mais conservadoras que resistiam às mudanças tiveram que ceder diante dos resultados alcançados e da comprovada eficiência das inovações.

Os números são impressionantes e revelam índices elevados na produção de atos judiciais. Nesse contexto, o Conselho Nacional de Justiça disponibilizou um painel para acompanhamento das movimentações processuais que revelam a produtividade semanal dos magistrados em regime de teletrabalho.

O resultado atualizado até o dia 20 de julho de 2021 era de 38.116.980 no número de sentenças e acórdãos proferidos; 57.807.343 de decisões e 99.446.206 despachos.

Ocorre que, em dissonância com os índices apresentados, quando se analisam os números relacionados ao Tribunal do Júri, a situação se inverte e o que se constata é uma redução drástica nas sessões de julgamento, em razão da paralisação.

Para que se tenha uma ideia, no ano de 2019, a comarca de Manaus, por meio das três varas especializadas no julgamento de crimes contra a vida, realizou 921 sessões de julgamento. No ano de 2020, com a pandemia, o número de sessões realizadas não passou de 90. Até o mês de junho de 2021, pelos dados colhidos do sistema de automação judiciária – SAJ – havia 1.122 processos prontos, aguardando julgamento. Há um inegável prejuízo para as vítimas, seus familiares e a sociedade de modo geral. Segue gráfico ilustrativo para representar o fenômeno acima narrado, no Quadro 1 e 2.

Quadro 1- Tabela quantitativa dos dados do Tribunal de Júri

Demonstrativos (Tabela)

		1ª VARA DO TRIBUNAL DO JÚRI	2ª VARA DO TRIBUNAL DO JÚRI	3ª VARA DO TRIBUNAL DO JÚRI	TOTAL
1	Nº DE PROCESSOS AGUARDANDO SESSÃO DE JULGAMENTO	300	635	187	1122
2	Nº DE SESSÕES REALIZADAS DURANTE AS DUAS REUNIÕES ORDINÁRIAS ANUAIS DO ANO DE 2019	227	466	228	921
3	Nº DE SESSÕES REALIZADAS DURANTE AS DUAS REUNIÕES ORDINÁRIAS ANUAIS DO ANO DE 2020	39	0	51	90

Quadro 2- Gráfico dos dados do Tribunal de Júri

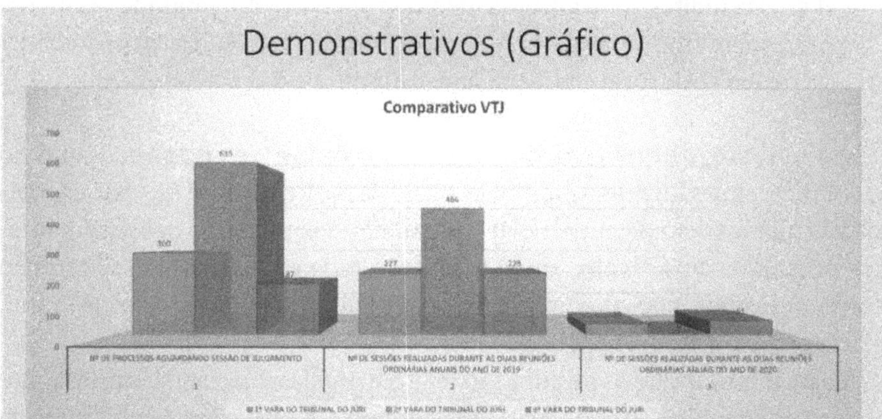

Fonte: www.tjam.jus.br e Sistema de Automação da Justiça – SAJ
Acesso em 21 de julho de 2021

Ora, o direito à vida, o mais importante de todos os direitos, uma vez violado, deve ser eficazmente combatido, os julgamentos devem ter prioridade absoluta e todos os esforços devem ser envidados para evitar solução de continuidade, ainda que em situações excepcionais, como a que se experimenta no momento.

Convém lembrar que o Brasil enfrenta uma das mais altas taxas de homicídio do mundo. Em paralelo a este dado, apenas 10% das mortes encontram autoria, e o restante permanece sem solução, aumentado as fileiras da impunidade. Portanto, é imperioso submeter a julgamento os crimes de homicídio que estão preparados, pelo bem da Justiça penal e, principalmente, para fazer valer o princípio constitucional de tutela da vida.

Afinal de contas, é o direito à vida que alimenta todos os demais direitos, do contrário, estes últimos perderiam sua razão de existir. Portanto, como já consignado em linhas acima, a razão fundamental para a previsão constitucional do Tribunal do Júri é a defesa da vida humana. Danilo Ribeiro de Novais, defende a mesma narrativa:

> "...qualquer desvalor à vida humana deve ser contestado, arrostado e censurado *in limine*, evitando-se a todo custo sua desproteção (...). Nessa linha, a regra é que a vida, como determina a Constituição Federal, na cabeça de seu quinto artigo, seja inviolável. Não por acaso, o mesmo artigo, em seu inciso XXXVIII, alçou o Tribunal do Júri como mecanismo jurídico de tutela do direito à vida. Logo, como instrumento protetivo, incumbe-lhe reafirmar, em seus vereditos, a inviolabilidade desse superdireito, punindo exemplarmente quem ousou atacar a existência de semelhante, ou seja, deve defender com denodo e de forma intransigente o direito à vida". (Novais, 2018, p.22).

Além disso, diferentemente de crimes comuns, o rito processual no Júri é diferenciado, possuindo peculiaridades que tornam as sessões mais longas que as demais audiências criminais. Assim sendo salvo se pautados processos cuja revelia tenha sido decretada e não possua rol extenso de testemunhas, não há como realizar com qualidade mais de uma sessão diária por Vara e por magistrado.

Basta lembrar que os jurados são leigos e precisam ser satisfatoriamente esclarecidos sobre todos os fatos, e assim possam proferir suas decisões da forma mais consciente possível.

Vemos, portanto, que o número de processos aguardando pauta se avolumou, o que demandará esforços gigantescos para tentar minimizar o prejuízo e evitar prescrições e mais impunidade.

Ainda, há que se mencionar a quantidade de réus que tiveram suas prisões preventivas revogadas em razão do excesso de prazo, aqui justificado pela impossibilidade de prever uma data para o retorno presencial das sessões, já que a pandemia de covid-19 não demonstrava sinais de alívio.

Tal medida elevou o risco à segurança e a própria vida dos cidadãos, já que muitos dos que foram libertados, em razão da periculosidade e personalidade voltada para a prática criminosa, representam um risco em potencial para a sociedade.

Não menos importante, há o direito dos réus de serem julgados com celeridade e receberem uma condenação ou absolvição pelos crimes que são acusados. Em relação ao tema, destaco trecho colhido do voto do Min. Gilmar Mendes, proferido no HC 106.382, *verbis*:

> No processo penal, o réu, preso ou não, tem o direito de obter uma resposta estatal – não pode ficar vinculado indefinidamente a um processo criminal. A investigação criminal e o processo penal afetam a intimidade, a vida privada e a própria dignidade do investigado ou do réu. Em outras palavras, em se tratando de processo penal, em que estão em jogo os bens mais preciosos do indivíduo – a liberdade e a dignidade –, para o cidadão torna-se ainda mais urgente alcançar a solução definitiva do conflito.
>
> Nesse particular, em comentários ao art. 1º da Constituição alemã, Günther Dürig afirma que a submissão do homem a processo judicial indefinido e sua degradação como objeto do processo estatal atentam contra o princípio da proteção judicial efetiva (rechtliches Gehör) e ferem o princípio da dignidade humana [“*Eine Auslieferung des Menschen an ein staatliches Verfahren und eine Degradierung zum Objekt dieses Verfahrenswäredie Verweigerung des rechtlichen Gehörs.*”] (Maunz-Dürig, 1990, 11 18 apud, Mendes 2011).

Em resumo, a paralisação continuada das sessões de júri trouxe um inegável e doloroso prejuízo a toda sociedade, resultando, a meu sentir, em afronta à proteção constitucional conferida a este bem jurídico.

Como dito anteriormente, a competência do Tribunal do Júri reforça a intenção do legislador em conferir absoluta prioridade e lugar de destaque à vida humana, razão pela qual deve ser dada a esta instituição o caráter de imprescindibilidade, com todos os meios necessários para o seu funcionamento, independentemente das adversidades que possam surgir.

5.1. Como pensar o tribunal do júri a partir de agora?

Após essa exposição, penso não existir dúvidas quanto às danosas consequências advindas da suspensão dos julgamentos, tanto para a sociedade quanto para os réus que estão sendo processados. Porém, frente à cruel realidade enfrentada, seria possível agir diferente, haveria alternativa para fazer frente à suspensão total dos julgamentos pelo júri?

Se pensarmos nos momentos mais agudos da doença, certamente não haveria como cogitar a manutenção dos julgamentos presenciais. Ainda que tomadas todas as providências para promover o distanciamento social, não seria possível garantir a segurança dos presentes.

Citei o exemplo da capital do Amazonas, que viveu um dos meses de janeiro mais tristes de sua história, com recordes de mortes, internações e casos confirmados de Covid-19.

A paralisação das sessões de julgamento foi também a providência tomada nos países que adotam o Tribunal do Júri. Nos períodos em que a transmissão do vírus se mostrou mais grave, as sessões também foram paralisadas. Aponto como exemplo o Reino Unido, o Canadá e os Estados Unidos da América. O tempo de paralisação variou para mais ou para menos, a depender da condição de cada região ou cidade. De outra forma, ocorreu de alguns locais terem adotado uma postura mais flexível e, logo em seguida, terem experimentado novo surto da doença, voltando a suspender as sessões.

Logo, a conclusão a que se chega é que o fechamento dos fóruns ao redor do mundo foi inevitável, não existindo alternativa segura a ser implementada nos locais em que a transmissão do vírus se deu de forma descontrolada e acelerada.

Dito isso, embora o Tribunal do Júri tenha por escopo a tutela da vida, ante a inexistência de alternativas, seria incompatível e afrontoso com essa mesma tutela a insistência na continuidade das sessões em períodos mais críticos.

Nesse momento atual, em que há uma queda no número de infectados e mortos e a vida está voltando à normalidade, seria correto pensar que tal discussão se tornou vazia e não haveria mais nenhuma razão para tais discussões? Muito pelo contrário, agora é que devemos intensificar o debate.

Ainda que as vacinas estejam sendo aplicadas e o número de imunizados aumente a cada dia, sabemos que o vírus não está vencido e que novas variantes resistentes às vacinas poderão surgir, como parece ser o caso da variante delta, originária da Índia.

Uma nova onda desse vírus resultaria em mais uma paralisação das sessões? Se nada mudar em relação ao regramento do júri, a resposta será afirmativa. E mais uma vez, o direito à vida estará sendo desamparado. Após essa pandemia, penso não restar dúvidas acerca da fragilidade desse modelo atual, já que totalmente dependente da presença física de pessoas para que o julgamento aconteça.

Então urge a apresentação de alternativas a serem amplamente discutidas, sempre tendo em mente a elevada importância da matéria em discussão.

A princípio, creio que as tratativas deveriam girar em torno de ideias para conciliar as balizas que conformam a ritualística do júri, ampliando a possibilidade de flexibilização de algumas regras e, com isso, evitar novas interrupções.

A resistência às mudanças é algo natural do ser humano. O novo assusta e traz, para muitos, uma sensação de insegurança. Contudo, a realidade é impositiva e não dá chances de escolha.

Quando o vírus se espalhou pelo mundo, todos foram surpreendidos e ninguém estava preparado. Salvo atividades essenciais, comércio e serviço tiveram o funcionamento suspenso e o funcionalismo público seguiu o mesmo destino.

Foi nesse momento que a tecnologia se mostrou uma grande aliada, tanto para o setor público quanto para o setor privado. Se antes o trabalho em *home office* era visto com reservas, esses meses de isolamento social mostraram que é possível prestar um serviço com a mesma excelência, sem a necessidade de ocupar um espaço físico em um órgão, empresa ou estabelecimento comercial.

Em relação ao Poder Judiciário, como já exposto, praticamente todos os atos estão sendo realizados por meio eletrônico e as dificuldades que aparecem são enfrentadas com inteligência e criatividade.

Essa mesma disposição não se observa quando o assunto é relacionado ao Tribunal do Júri. Há uma rejeição, a meu ver, sem sustentação, para recepcionar a realização de sessões por videoconferência. É preciso tentar experimentar, fazer testes, ampliando para além de vítimas, testemunhas e réus a possibilidade de participação de todos por meio eletrônico. Por que não autorizar que o Ministério Público, a Defensoria Pública ou os advogados participem das sessões em seus ambientes de trabalho? Qual seria o nível de comprometimento dos jurados se também pudessem participar por meio de videoconferência? Qual seria a efetiva violação à plenitude da defesa, se é que haveria alguma? São respostas que somente serão adequadamente respondidas se, concretamente, experimentadas as sessões nesse novo formato.

Claro que tais adaptações devem ser cuidadosamente implementadas, introduzindo-as de forma gradativa, para que cada uma delas seja apropriadamente avaliada e ajustada de acordo com os princípios constitucionais e infraconstitucionais que norteiam o Tribunal do Júri.

Cumpre destacar que flexibilização de regras não significa desamparar o acusado ou reduzir o rol de garantias que lhe foram cuidadosamente conferidas, especialmente, a plenitude da defesa. Na verdade, deve-se pensar em um meio de dar máxima efetividade à instituição do júri, respeitando o texto constitucional, sem violar direitos fundamentais de igual ou maior envergadura, como a vida.

O que não deve continuar, de forma alguma, é com a ausência de providências. Se, de início, a falta de conhecimento sobre o vírus e o despreparo para lidar com a situação justificou a paralisação das sessões de júri, nesse momento, não há mais como cogitar novas suspensões, pois os danos serão demasiadamente gravosos para todos.

Penso que a pandemia veio demonstrar a extrema necessidade de repensar o Tribunal do Júri em toda sua amplitude, para adequar à realidade e facilitar a realização das sessões, removendo entraves e burocracias, simplificando as etapas e, principalmente, permitindo sua continuidade, independentemente das vicissitudes que a sociedade possa vir a enfrentar daqui para frente.

Os países desenvolvidos, após um momento de paralisação, começaram a desenvolver estudos e imprimir mudanças no funcionamento da justiça criminal, já se preparando para o "novo normal" que poderá ser a realidade mundial.

Nesse sentido, colhe-se de pesquisas realizadas pela internet, algumas interessantes sugestões que estão sendo propostas em nos EUA e Inglaterra. Por exemplo, na Inglaterra, logo após a suspensão das sessões, formou-se um grupo de trabalho com objetivo de pensar alternativas para retomar os julgamentos interrompidos. Eis algumas das propostas apresentadas: a redução do número de 12 para 7 jurados, ampliação de espaços para as sessões, inclusive em prédios públicos distintos dos fóruns, realização de júris híbridos (presenciais e por videoconferência) e, a mais radical delas, que foi o deslocamento dos julgamentos para um juiz singular.

A Escócia utilizou salas de cinemas desocupadas para promover as sessões de julgamento. O formato foi idealizado pelo *Scottish Courts and Tribunal Service* (SCTS). Os jurados acompanharam o julgamento da sala de cinema e os demais atores judiciários (advogados, promotores, juízes e servidores) permaneceram fisicamente no tribunal. O telão do cinema foi dividido para apresentar vários ângulos de câmera e permitir uma visualização completa do plenário. No mais, os jurados permaneceram distantes uns dos outros e, pelo baixo risco, foi dispensado o uso de máscaras.

Nos EUA, o Estado da Califórnia produziu um manual com todas as orientações a serem seguidas pelos participantes dos júris, denominado "Conducting Jury Trials During the COVID-19 Pandemic". Esta cartilha foi distribuída para o público e possui um alto nível de detalhamento, demonstrando o elevado cuidado para que as sessões pudessem prosseguir com um alto nível de segurança.

Ainda analisando o comportamento de outros países, também verificou o uso de videoconferência para a realização de júris, tanto de causas cíveis como criminais – lembrando que nesses países não há limitação para julgamentos de crimes contra a vida, como ocorre no Brasil.

Os juízes brasileiros também não ficaram de braços cruzados e usaram sua criatividade para dar prosseguimento às sessões de júri. Autorizados pela Resolução nº 329/2020, publicada pelo Conselho Nacional de Justiça, quando não foi possível a realização do júri de forma 100% presencial, utilizaram o apoio da videoconferência para ouvir partes e testemunhas.

Além disso, todas as orientações de prevenção contra o novo coronavírus foram observadas, incluindo cuidados com o distanciamento social, disponibilização de álcool em gel, higienização das salas, redução da capacidade de pessoas presentes, entre outras.

A questão é que, como destacado em alguns parágrafos acima, uma nova onda do vírus, outro surto como os dois já experimentados anteriormente no Amazonas, conduziriam a uma nova interrupção, voltaríamos à situação pretérita de paralisação das sessões de julgamento, pois as soluções até o momento apresentadas não comportam atos presenciais.

O retorno somente foi possível após a queda no número de mortes, internações e infectados, do contrário, as medidas de prevenção, ao que tudo indica, não seriam suficientes para conter a transmissão do vírus.

Como dito, diante das experiências anteriores, impossível atestar que não haverá mais momentos de instabilidade ou, até mesmo, de nova onda de transmissão em massa. Assim, não vejo como deixar de temer outra ou outras suspensões.

O Tribunal do Júri entrará em colapso. Isso tudo nos revela que, em momentos de excepcionalidade, faz-se imperativa a alternância das sessões presenciais para as sessões *online*. A grande questão é conseguir um equilíbrio para não desprezar direitos tão caros ao cidadão. Por fim, coloco para debate o seguinte tema.

No Reino Unido, um renomado advogado chamado Richard Henriques propôs que, durante a pandemia, os júris passassem a ser conduzidos e decididos por juízes singulares (Hockaday, 2020).

O advogado destacou o número crescente de presos e de processos aguardando julgamento e mencionou precedentes para sua ideia, apontando para os 10.000 julgamentos de terrorismo que foram conduzidos sem júris durante os "Troubles" na Irlanda do Norte.

Além disso, enfatizou que seria uma medida de curto prazo para aliviar a crescente pressão sobre a justiça criminal do país durante a pandemia.

Em suas palavras: "Esta não é uma tentativa de minar o julgamento por júri, mas uma medida de curto prazo para conter uma situação que ameaça corroer permanentemente a confiança em nosso sistema de justiça criminal."

A despeito das diferenças existentes entre o modelo inglês e o brasileiro, seria uma ideia possível de ser implementada no Brasil?

O Tribunal do Júri foi inserido na Constituição Federal no capítulo destinado aos direitos e garantias fundamentais, recebendo, portanto, a condição de cláusula pétrea e a previsão expressa, prevista no art. 60, § 4º, da impossibilidade de ser proposta qualquer emenda tendente à sua abolição.

Portanto, seria uma discussão inútil qualquer ideia tendente a suprimir o tribunal do povo, mas não foi esse o sentido da pergunta. O que se pretende é analisar é a viabilidade de inserção no texto constitucional de uma PEC cujo objeto pretenda disciplinar o julgamento de crimes contra a vida por juízes singulares, em ocasiões excepcionais e que resultassem na absoluta impossibilidade de funcionamento do Tribunal do Júri.

Particularmente, não rejeito a ideia de forma absoluta.

O Supremo Tribunal Federal já enfrentou o tema referente à intangibilidade das cláusulas pétreas em várias oportunidades. Em interessante voto, o Min. Sepúlveda Pertence assim se pronunciou:

> "(...) as limitações materiais ao poder constituinte de reforma, que o art. 60, § 4º, da Lei Fundamental enumera, não significam a intangibilidade literal

da respectiva disciplina na Constituição originária, mas apenas a proteção do núcleo essencial dos princípios e institutos cuja preservação nelas se protege. Convém não olvidar que, no ponto, uma interpretação radical e expansiva das normas de intangibilidade da Constituição, antes de assegurar a estabilidade institucional, é a que arrisca legitimar rupturas revolucionárias ou dar pretexto fácil à tentação dos golpes de Estado" (MS 23.047/MC, Tribunal Pleno, julgado em 11/02/1998, DJ 14-11-2003).

Ou seja, as cláusulas pétreas se justificam para a proteção de direitos do cidadão e não para o sacrifício desses mesmos direitos. Assim, o fundamento de validade do Tribunal do Júri não deve ser interpretado apenas pela garantia ao réu de exercer a plenitude de sua defesa, mas também de propiciar a plena tutela da vida.

Quando o Conselho de Sentença, representado por pessoas do povo, se manifesta por meio do veredito final, este resultado reflete o mais legítimo desejo da sociedade em defesa da vida. Assim, a resposta contrária ao crime, emanada da própria sociedade, vai além do efeito repressivo para alcançar o comando preventivo, resultando no desestímulo para os que cogitam em violar o direito à vida.

Por essa razão, a contínua paralisação das sessões de julgamento pelo Tribunal do Júri mostra-se frontalmente ofensiva à tutela da vida, servindo de estímulo para que a violência se multiplique.

Utilizando-me mais uma vez dos ensinamentos colhidos da obra do Dr. Caio Marcio Loureiro, o autor apresenta a seguinte análise sobre a necessidade de valorizar a tutela da vida:

> "(...) pode-se grafar que a limitação, para não dizer displicência com a efetiva plenitude na tutela da vida pela instituição em voga, provoca deletério resultado social, eis que mitigará o mandamento *não matar*, desnutrindo o caráter inibitório da tutela jurisdicional e, por consequência necessária, a *missão mediata* da função jurisdicional será drasticamente afetada, eis que sua sublime finalidade de pacificar a sociedade não se verificará" (Loureiro: pg 24).

Então, em nome desse princípio maior, seria possível defender argumentos para aprovação de uma PEC com fins exclusivos de disciplinar o julgamento de crimes contra a vida em momentos de extrema excepcionalidade, como foi o caso da pandemia de Covid-19, que impossibilitou por meses a realização das sessões.

A proibição de qualquer emenda à Constituição Federal tendente a suprimir ou abolir o núcleo do texto dos direitos fundamentais estaria sendo respeitada, pois a previsão somente teria aplicação em casos de notável raridade.

Com fins de prestigiar a plenitude da defesa, a hipótese acima poderia ser objeto de escolha pelo réu que estivesse aguardando seu julgamento, deixando ao seu arbítrio a possibilidade de escolher esperar o fim da restrição ou ter seu processo apreciado por um juiz singular.

Lembro, por fim, que há outros casos previstos em legislação infraconstitucional que atribuem ao magistrado a competência para apreciar crimes cujo resultado tenha sido a morte, como o roubo seguido de morte, o sequestro com resultado morte, o estupro com resultado morte, para citar alguns exemplos.

Em suma, inexistindo outros meios de garantir que o Tribunal do Júri, em razão de sua natureza essencial e da necessidade de seu funcionamento ininterrupto, tenha sua atividade suspensa por motivos imprevisíveis, a solução apresentada, mesmo que polêmica, poderia ser colocada para o debate com a comunidade jurídica em geral.

O amadurecimento das instituições se faz com a participação de todos e com ideias divergentes, o importante é nunca perder de vista a própria essência da Constituição Federal.

Conclusões

A pandemia de COVID-19, se não o maior, foi um dos eventos mais dramáticos deste século, colocando em alerta a população mundial que se viu, de um dia para o outro, obrigada a permanecer dentro de casa, abandonando seu cotidiano. Serviços, comércios, órgãos públicos, quase todas as atividades foram paralisadas, com exceção das atividades consideradas essenciais.

Com esse cenário, o Poder Judiciário, que também foi atingido, se viu obrigado a readaptar seu funcionamento, passando a amplamente utilizar, a tecnologia para manter em funcionamento a atividade jurisdicional. Ocorre que o Tribunal do Júri, instituição que tem a competência para julgar os crimes dolosos contra a vida, em razão de seu regramento específico e das garantias constitucionais, permaneceu sem atividade.

Sendo correta a providência de suspender as sessões nos momentos de maior mortalidade e transmissão do vírus, a mesma providência não pode e não deve ser adotada como a única possível. Entendo que o Tribunal do Júri deve ser valorizado e cada vez mais prestigiado, porém, não se coaduna com os princípios constitucionais, especialmente com a plenitude da tutela da vida, aceitar que os julgamentos restem paralisados por meses sem que se tenha alternativas viáveis para evitar esta situação.

Se até o ano de 2019 seria inimaginável pensar que a humanidade poderia ser atingida por uma tragédia de tamanha proporção, hoje sabemos que é concreta a possibilidade de novas variantes se instalarem ou, até mesmo, outras situações inesperadas e excepcionais acontecerem.

Assim sendo, urge que os estudiosos do sistema penal promovam mudanças no vetusto sistema do júri, adequando as garantias previstas na Carta Magna, em relação aos direitos dos acusados, com a necessária continuidade das sessões de julgamento dos crimes contra a vida, mormente porque, ao final, é este o bem jurídico destinatário de todos os demais direitos e garantias existentes em nosso ordenamento jurídico.

Conclui-se que é imprescindível que tome consciência da imperiosa necessidade de discussão sobre o assunto, com a mente aberta e boa vontade para entender o problema em toda sua dimensão. Este é momento mais adequado para os debates, pois a situação pandêmica está aparentemente controlada e não há necessidade de tomar medidas açodadas ou que venham a violar direitos.

Referências

Hockaday, James. **Top lawyer says trials should be held without juries during pandemic.** Site Metro, 2020. Disponível em: https://metro.co.uk/2020/05/01/top-lawyer-says-trials-should-held-without-juries-pandemic-12637710/

Loureiro, Caio Marcio. **O princípio da proteção da tutela da vida no Tribunal do Júri.** Cuiabá-MT. Carlini & Caniato, p.23, 2017.

Novais, César Danilo Ribeiro. **A defesa da vida no Tribunal do Júri**. Cuiabá-MT: Carlini & Caniato, p.22, 2018.

Silva, José Afonso. **Curso de direito constitucional positivo**. 20ª ed. São Paulo: Malheiros, 2002.

Produtividade Semanal do Poder Jurídico: Regime de teletrabalho em razão do Covid-19. Site Paineisana Lytics, 2021. Disponível em: https://paineisanalytics.cnj.jus.br/single/?appid=ba21c495-77c8-48d4-85ec-ccd2f707b18c&sheet=b45a3a06-9fe1-48dc-97ca-52e929f89e69&lang=pt-BR&opt=currsel&select=clearall

Maunz-Dürig, Grundgesetz Kommentar, **Band I, München, Verlag C.H.Beck,** 1990, II 18, Hc 106.832 **Órgão julgador: Segunda Turma;** Relator(a): Min. Gilmar Mendes; Julgamento: 03/05/2011; Publicação: 20/05/2011.

UNITED, Kingdom – **Will COVID-19 Prove the Downfall of Jury Trials in the UK?.** Site Uianet Org. 2020. Disponível em: https://www.uianet.org/en/news/united-kingdom-will-covid-19-prove-downfall-jury-trials-uk

Courtroom Drama: Scottish Cinemas Help Tackle Case Backlog. Site Courthousenwes. 2020. Disponível em: https://www.courthousenews.com/courtroom-drama-scottish-cinemas-help-tackle-case-backlog/

Conducting Jury Trials During the COVID-19 Pandemic. 2021. Disponível em: https://www.cacd.uscourts.gov/sites/default/files/documents/Conducting%20Jury%20Trials%20During%20the%20COVID-19%20Pandemic.pdf

Conducting Jury Trials During the COVID-19 Pandemic. 2021. Disponível em: https://www.cacd.uscourts.gov/sites/default/files/documents/Conducting%20Jury%20Trials%20During%20the%20COVID-19%20Pandemic.pdf

3
O DIREITO DE ACESSO À JUSTIÇA COMO GARANTIDOR DA DIGNIDADE À MULHER AMAZÔNIDA VÍTIMA DE VIOLÊNCIA DOMÉSTICA SOB A ÓTICA DOS DIREITOS HUMANOS

Elza Vitória de Sá Peixoto Pereira de Mello

Introdução

A luta pelo bem-estar do indivíduo e o combate à opressão remontam aos primórdios da vida em sociedade.

Embora não seja recomendável analisar épocas longínquas da história da humanidade sob as lentes do presente, a incursão ao passado para um estudo crítico dos filósofos da Antiguidade e tradições religiosas é fundamental para a efetivação dos Direitos Humanos enquanto indicativo dos preceitos de dignidade humana e igualdade entre os seres humanos.

E, ao assim proceder, constata-se os diversos estágios da evolução histórica dos Direitos Humanos ao longo de mais de 28 séculos, até a constituição do seu marco legal enquanto universalização dos direitos humanos, qual seja, a Declaração Universal dos Direitos Humanos, em 1948.[1]

Sabe-se que o acesso à justiça constitui um dos mais importantes direitos fundamentais, posto que, por seu intermédio, concretizam-se os demais direitos.

Para as mulheres, o direito de acesso à justiça se apresenta multidimensional, sendo essencial à realização de todos os direitos protegidos

[1] Ramos, André de Carvalho. *Curso de Direitos Humanos*. 9. ed. São Paulo: Saraiva, 2022. p. 39-40.

pela Convenção sobre a Eliminação de Todas as Formas de Discriminação contra as Mulheres (CEDAW).[2]

Este trabalho, partindo do isolamento social da mulher amazônida como vetor dos casos de violência doméstica intrafamiliar no interior do Estado do Amazonas, problematiza o acesso à justiça das mesmas como mecanismo de proteção a uma vida mais digna, em harmonia com o núcleo essencial do princípio da dignidade da pessoa humana, que compõe-se, em última análise, por outros quatros princípios: igualdade, integridade física e psíquica, liberdade e solidariedade.

Nesse compasso, sem olvidarmos dos avanços ocorridos no Brasil nas duas últimas décadas, o objetivo é traçar um esboço acerca da imprescindibilidade de harmonia entre o progresso legislativo e o acesso à justiça, haja vista a latente dificuldade na efetivação da cidadania das mulheres, principalmente quanto ao enfrentamento à violência doméstica intrafamiliar; bem como, à luz das Recomendações Gerais da CEDAW, desenvolver uma reflexão acerca da imperiosa implementação de políticas públicas em todas as esferas governamentais do sistema social, ao fito de que esteja ao alcance de todos, inclusive das populações das comunidades mais longínquas e remotas do país, como é o caso da mulher amazônida.

2. O patriarcado e a naturalização da subjugação da mulher no mundo ocidental

O protagonismo da História sempre coube ao homem, enquanto a mulher seguiu como coadjuvante, restando-lhe ocupar um lugar histórico-social de inferioridade, submetida ao poder patriarcal, e por vezes, até esquecida ou marginalizada[3].

Na perspectiva filosófica, ao longo dos séculos, via de regra, imperou o desprezo ao gênero feminino.

[2] Em inglês, *Convention on the Elimination of All Forms of Discrimination Against Women* (CEDAW). Tratado internacional, aprovado em 1979 pela Assembléia Geral das Nações Unidas, entrou em vigor em setembro de 1981, tendo sido ratificado por 188 Estados. Foi assinado pelo Brasil, com reservas, em 31.03.1981 e ratificado, com reservas, em 01.02.1984, entrando em vigor em 02.03.1984. Em 22.06.1994 foi ratificado, sem reservas. Disponível em http://www.onumulheres.org.br/wp-content/uploads/2013/03/convencao_cedaw1.pdf . Acesso em: 08 de julho de 2021.

[3] Michelle Perrot, Rose Marie Muraro, Maíra Cardoso Zapater, Heleieth Saffioti, Simone de Beauvoir, Gerda Lerner, Judith Buthler, dentre outras autoras retratam bem isso.

Wittgenstein destaca que Pitágoras bradava que "existe um princípio bom que gerou a ordem, a luz e o homem; e um princípio mau que gerou o caos, as trevas e a mulher."[4]

Já Aristóteles, embora tenha sido discípulo de Platão, deste divergia, principalmente quanto à concepção das mulheres. Para ele, a mulher era um homem incompleto, mutilado[5].

Naquele período, até na concepção a mulher figurava como personagem secundária; tanto que o filósofo defendia que o sêmen masculino possuía todas as qualidades necessárias, cabendo à mulher tão-somente a função de hospedar e fazer brotar o fruto que vinha do homem, posto que reduzia-se a um mero corpo fértil.

Ou, como ele mesmo dizia, os homens dão a "forma" enquanto as mulheres entram com a "substância", uma vez que, na reprodução, estas são passivas e receptoras, e os homens, ativos e provedores.[6]

Já quanto à relação conjugal, a doutrina aristotélica relegou à mulher uma posição de dependência natural ao marido, chancelando que o lugar desta era em casa, tendo como único papel os deveres de esposa e mãe.

Para ele, as mulheres possuíam caráter, intelecto e alma inferiores aos homens; e esta inferioridade legitimava sua exclusão do âmbito político, posto que os fundamentos do ato de governar era inerente à racionalidade e virtudes intelectuais; às quais o sexo feminino era naturalmente inapto e, por consequência, não possuía condição hábil que a qualificasse como cidadã da pólis.

Foi mais além. Afirmou que havia uma tênue diferença entre as mulheres e os escravos, na medida em que estas possuem um pouco mais de virtudes que os escravos; porém, tais virtudes não as habilita para chefiar de forma eficaz, por não se equipararem às virtudes dos homens.

Assim, sendo inferiores aos homens, estavam impedidas de participarem da vida política, de terem cidadania plena. Estavam fadadas ao confinamento do lar (*oikos*) e a subserviência ao marido.

[4] WITTGENSTEIN, L. **Investigações filosóficas**. Tradução José Carlos Bruni. São Paulo: Abril Cultural, 1979.

[5] Ou, no dizer do filósofo, *"A fêmea é um macho mutilado"* (ARISTOTLE. Generation of animals. *In*: **The complete works of Aristotle**. BARNES, J. (org.). Princeton University Press, 1995. p.1111-1218).

[6] Segundo Aristóteles, quando ocorria a prevalência do elemento formal sobre o material, seria gerado um varão. Como corolário, a geração da mulher, por si só, já constituía um certo grau de imperfeição, na medida em que a forma era suplantada pela matéria.

Logo, pelo conceito aristotélico de cidadania, as mulheres, além de não reconhecidas como cidadãs, limitavam-se ao espaço privado (*oikos*), ao ambiente doméstico, destinado ao cuidado e à reprodução da vida[7]. Por outro lado, o espaço da *polis* pertencia aos homens; era lá, no espaço público, espaço político, que estes se libertavam da natureza (*bíos*) e participavam da vida politicamente qualificada, o bem viver, o *"telos"* da política.[8]

A percepção dessa subjugação da mulher é latente em diversas passagens nas obras de Aristóteles, como por exemplo em Ética a Nicômano, Metafísica, Da Geração dos Animais e Política:[9]

> "[...] o silêncio dá encanto à mulher, mas não ao homem [...] a força de um homem consiste em se impor; a de uma mulher, em vencer a dificuldade de obedecer. O mesmo ocorre com as demais virtudes."
>
> "O homem está mais apto para mandar, por natureza, que a sua mulher."
>
> "A natureza ainda subordinou um dos dois animais ao outro. Em todas as espécies, o macho é evidentemente superior à fêmea: a espécie humana não é exceção."

Pois bem. A história mostra que a teoria aristotélica da desigualdade natural dos sexos deixou sólido legado no pensamento dos maiores e mais importantes religiosos do medievo, principalmente em São Tomás de Aquino e na formação do antifeminismo do pensamento medieval.

De igual modo, a mística cristã e a sacralização do poder dos clérigos nesse período lhes foi extremamente desfavorável.

Não por acaso, a Idade Média é tida como "máscula", como uma das épocas mais violentas, em que tanto tribunais civis quanto religiosos não só permitiam como chancelavam castigos físicos, flagelações e torturas.

Durante o medievo, pregava-se a impureza feminina, acreditava-se que o sangue menstrual impedia a germinação das plantas, a prosperidade, a meditação, oxidava o ferro. Essa, inclusive, foi uma das razões atribuídas para que as mulheres não participassem dos ritos sacerdotais, ou mesmo tocassem os instrumentos sagrados.

7 Esse espaço esse chamado de *"zoé"*.

8 Esse espaço dedicado aos homens, era o que Hannah Arendt, denominava de espaço do fazer, do acontecer, do transformar, do recompor.

9 ARISTÓTELES. *Política*. Tradução de Therezinha Monteiro Deutsch e Baby Abrão. (Col. Os pensadores). São Paulo: Editora Nova Cultural, 2000. p. 10 e 91-97

Por outro lado, em contraposição à Eva[10], Maria figurava como a mais poderosa dentre todos os santos, aquela que veio para remição dos homens, exaltando-se a maternidade e as mulheres que se dedicavam apenas a cuidarem das atividades domésticas e familiares.

Avançando alguns séculos, chegamos à época das revoluções norte-americana (1776) e francesa (1789); período em que, embaladas pelos ideais iluministas de igualdade, fraternidade e liberdade, iniciam um novo marco histórico da mudança comportamental da mulher ao se aliarem aos homens na luta por uma vida mais justa e igualitária.

Ainda nessa esteira evolutiva, com a revolução industrial, a consolidação do capitalismo e consectárias transformações do cenário socioeconômico, novos padrões comportamentais surgiram.

Com o início da Primeira Guerra Mundial, a mão de obra feminina passou a ser permitida em larga escala nas fábricas, retirando-as de vez do âmbito privado e repensando o seu papel na sociedade.

Entretanto, as mulheres, muito embora todas essas mudanças comportamentais tenham sido implementadas, continuavam excluídas dos poderes hierárquicos e decisórios da vida em sociedade. São as raízes do patriarcado.

Como já dito alhures, a dicotomia entre os sexos sempre esteve presente ao longo da história, uma vez que a desigualdade entre homens e mulheres existiu em quase todas as civilizações, de sorte que a violência contra as mulheres não é resultado de uma condição individual, mas resultante de questões estruturais da sociedade e do Estado.

Até o dealbar da atual esquadra, a mulher esteve submergida pela cultura a um poder sistêmico altamente excludente e androcêntrico, que a subjugou e calou de tal forma, que ela própria não reconhece a violência sofrida.

Nesse compasso, Scott define patriarcado como a "forma de organização social onde suas relações são regidas por dois princípios basilares: as mulheres são hierarquicamente subordinadas aos homens, e os jovens estão subordinados hierarquicamente aos homens mais velhos, patriarcas da comunidade"[11].

[10] Eva, aquela que cometeu o primeiro pecado e sua carga pecadora se projetou sobre a existência feminina, sendo a responsável pela perda do Paraíso, sendo punida com a dor do parto. Castigo esse que foi transmitido a todas as mulheres como forma de penitência. Surgindo daí a crença na divindade da concepção como milagre da vida.

[11] SCOTT, J. *Gênero: uma categoria útil de análise histórica*. Educação & Realidade, *[S. l.]*, v. 20, n. 2, 2017. Disponível em https://seer.ufrgs.br/index.php/educacaoerealidade/article/view/71721. Acesso em: 25 mar. 2022.

E Kate Millet complementa:

> "a situação das mulheres no quadro do sistema patriarcal é tal que delas se espera justamente que sejam passivas, que sofram, que sejam objetos sexuais; é indubitável que a sua socialização as incita, com mais ou menos sucesso, a desempenhar este papel".[12]

Assim, estereótipos foram sendo inconscientemente internalizados e a mulher seguiu permanentemente tutelada ao longo da vida pelos homens – antes e depois do matrimônio – totalmente submissa à figura masculina[13].

Como bem destacou Simone de Beauvoir, as mulheres invejavam a liberdade dos homens, mas os homens, não invejavam as mulheres em nada. [14]

Mas, somente a partir do movimento de mulheres e das teorizações feministas que se inicia, finalmente, as prospecções da submissão ao poder patriarcal em direção ao reconhecimento dos direitos das mulheres.

De protestos a lutas silenciosas, a mulher seguiu colecionando inúmeros avanços: questionamentos acerca da sexualidade, estudos de gênero, pílula anticoncepcional, virgindade, sexo como fonte de prazer, etc. Surgem os movimentos libertários e feministas, dando início às lutas sociais em busca das mulheres assumirem o seu protagonismo na história.

Na década de 70, a temática era a dicotomia homem/mulher, até que, nos anos 80, as vozes se diversificaram e a discussão passou a interseccionar outros elementos de opressão como sexualidade, raça, etnia, nacionalidade, classe social etc.

Estudiosos renomados como Michelle Perrot e Georges Duby, dedicaram-se à história das minorias, do cotidiano, do privado, abrindo espaço para a construção histórica em busca da identidade daqueles até então esquecidos.

Durante esse longo percurso, os anseios sociais evoluíram e despontaram de tal forma que em 1979, a ONU instituiu o comitê que trata exclusivamente da Eliminação de Todas as Formas de Discriminação contra a Mulher (CEDAW)[15], que ressalta em seu preâmbulo a importância de

[12] MILLETT, Kate. *Política sexual*. Trad. Alice Sampaio, Gisela da Conceição e Manuela Torres. Lisboa: Dom Quixote, 1974. p. 198

[13] seja do pai, do irmão, ou do marido.

[14] BEAUVOIR, Simone. *O segundo sexo*. Tradução de Sérgio Milliet. 2. ed. Rio de Janeiro: Nova Fronteira, 2009. 2v.

[15] Cf. nota 3

modificar o papel tradicional do homem e da mulher na sociedade na promoção dos direitos desta em busca da igualdade plena entre ambos os sexos e repressão de quaisquer discriminações.[16]

Nesta esteira evolutiva da sociedade, as regras e costumes foram gradativamente sendo alterados e a violência contra a mulher – reconhecida, durante séculos, como uma referência de virilidade –, deixou de ser aceita tal como o era no século XIX, passando inclusive a ser punida.

No Brasil, a resistência das mulheres remonta ao Império, com a luta pela educação da mulher, tendo como ícone Nísia Floresta, fundadora da primeira escola para meninas do Brasil e grande ativista para a emancipação feminina; passando por Myrthes Gomes de Campos[17]; greve das costureiras (1907); Celina Guimarães[18] (1927); era Vargas (1932); Estatuto da Mulher Casada[19] (1962); ditadura militar (1964-1985); Carta da Mulher Brasileira aos Constituintes (1987) e Constituição Federal de 1988[20]; marcha das margaridas[21] (2000); Lei Maria da Penha (2006); Lei do Feminicídio (2015), dentre outros.

3. O acesso à justiça como direito humano fundamental das mulheres e as recomendações gerais da CEDAW[22]

É a dignidade humana que nos caracteriza e distingue dos objetos, assegurando-nos condições mínimas de sobrevivência.

[16] A CEDAW possui inclusive um comitê que monitora o progresso e efetivação da Convenção pelos Estados signatários, bem como emite recomendações aos seus Estados Parte.

[17] Que em 1899 foi a primeira mulher, no Brasil, a exercer a advocacia. Disponível em https://www.oabsp.org.br/sobre-oabsp/palavra-do-presidente/2012/174 . Acesso em: 08 de julho de 2021.

[18] Primeira eleitora mulher do Brasil, em 1927. Disponível em https://www.justicaeleitoral.jus.br/participa-mulher/#historia . Acesso em: 08 de março de 2022.

[19] Mulher adquire o direito a trabalhar sem a necessidade de autorização do marido

[20] Marco na luta pela igualdade de direitos entre os sexos, bem como a positivação de uma plêiade de "novos" direitos quanto à situação jurídica da mulhes

[21] Movimento para mostrar à sociedade brasileira a luta das mulheres para a superação das desigualdades de gênero e por um novo processo de desenvolvimento rural voltado para a sustentabilidade da vida humana e do meio ambiente.

[22] Dentre estas recomendações, para este estudo, merecem relevo: *a)* Recomendação nº 12, que determina a inclusão de relatórios periódicos com informações sobre a legislação vigente para proteger a mulher da violência, medidas adotadas para erradicação, serviços de apoio e dados estatísticos sobre essa violência e o número de mulheres vítimas; *b)* Recomendação nº 19, que trata da adoção de medidas para o combate à violência pública ou privada, por

Com o término da Segunda Guerra Mundial e as evidentes atrocidades cometidas, tornou-se latente a preocupação internacional referente à manutenção da paz social e dignidade humana em todos os seus aspectos. É dessa necessidade de reorganização da sociedade internacional que surgem a Organização das Nações Unidas (ONU) e os Direitos Humanos.[23]

Sarmento sustenta que "o princípio da dignidade da pessoa humana representa o epicentro axiológico da ordem constitucional, irradiando efeitos sobre todo o ordenamento jurídico e balizando não apenas os atos estatais, mas também toda a miríade de relações privadas que se desenvolvem no seio da sociedade civil e do mercado."[24]

A Constituição Federal Brasileira de 1988, em seu art. 1º, inciso III, rege que a dignidade da pessoa humana é um dos fundamentos do Estado Democrático de Direito, assegurando, com isso, condições materiais mínimas de sobrevivência inerente a todo ser humano.

Já os artigos 3º e 5º do mesmo diploma legal estabelem que:

> "Art. 3º Constituem objetivos fundamentais da República Federativa do Brasil:
>
> (omissis)
>
> III – erradicar a pobreza e a marginalização e **reduzir as desigualdades sociais e regionais**;
>
> IV – promover o bem de todos, **sem preconceitos** de origem, raça, **sexo**, cor, idade e **quaisquer outras formas de discriminação**." (grifei)
>
> "Art. 5º **Todos são iguais perante a lei, sem distinção de qualquer natureza,** garantindo-se aos brasileiros e aos estrangeiros residentes no País a inviolabilidade do direito à vida, à liberdade, **à igualdade**, à segurança e à propriedade, nos termos seguintes:
>
> I – **homens e mulheres são iguais em direitos e obrigações**, nos termos desta Constituição; [...]" (grifei)

meio de leis e outras medidas para proteção eficaz das mulheres contra a violência; *c)* Recomendação nº 33 que trata do acesso à justiça (justiciabilidade); e, *d)* Recomendação nº 35, publicada em parceria com o CNJ, que aponta a violência de gênero contra as mulheres em todos os espaços e esferas da interação humana, seja pública ou privada (incluindo família, comunidade, espaços públicos, local de trabalho, lazer, política, esporte, serviços de saúde e as organizações educacionais e também nos ambientes digitais).

[23] Ramos, André de Carvalho. *Curso de direitos humanos.* São Paulo: Saraiva, 2014. p. 56-57.

[24] Sarmento, Daniel apud Ramos, André de Carvalho. *Curso de direitos humanos.* São Paulo: Saraiva, 2022. p. 102

Atualmente, é incontestável que os direitos humanos são universais, transnacionais e indivisíveis. Como corolário, o fundamento do direito à igualdade é a universalidade do direitos humanos e, a universalidade dos direitos humanos concretiza-se pela igualdade.

E o acesso à justiça se apresenta como um dos mais importantes direitos fundamentais, posto que, por seu intermédio, ocorre o efetivo gozo dos demais direitos.

Por outro lado, as mulheres como sujeitos de direitos humanos é recente em termos de construção histórico-social; da mesma forma, o conceito de discriminação, opressão e violência contra estas. Mais nova ainda, é a categoria gênero.

A bem da verdade, os direitos humanos das mulheres, efetivamente, só passaram a ter relevância a partir da Conferência Mundial sobre a Mulher realizada na Cidade do México, em 1975, por ocasião do ano internacional da mulher[25] e, em 1979, como já mencionado anteriormente, com a aprovação da Convenção sobre a Eliminação de Todas as Formas de Discriminação contra a Mulher (CEDAW), que gerou compromissos e obrigações entre as Nações Unidas e os Estados-Membros, para promoverem políticas públicas e ampliar a participação política, econômica e social das mulheres, bem como diminuir a discriminação e violência praticadas contra as mesmas em todas as esferas da vida em sociedade.

Contudo, apesar da árdua caminhada, foi somente com a Conferência Mundial sobre Direitos Humanos (1993), realizada em Viena, na Áustria e, no âmbito interamericano, com a Convenção de Belém do Pará (1994)[26], realizada no Brasil, que os direitos das mulheres foram reconhecidos como

[25] Tendo por escopo despertar a atenção internacional para as necessidades das mulheres, uniu esforços e estratégias coletivas para a promoção do fortalecimento e avanço da situação feminina, inclusive com o evento Década da Mulher (ONU, 1975-1985).

[26] Convenção Interamericana para Prevenir, Punir e Erradicar a Violência contra a Mulher, popularmente denominada de Convenção de Belém do Pará, trata da violência contra as mulheres como uma violação aos direitos humanos, ampliando a proteção aos direitos humanos das mulheres, adotando um novo paradigma na luta internacional em relação a violação dos direitos das mulheres, estabelecendo obrigações aos Estados para assumirem a responsabilidade, erradicarem a violência e sancionarem aqueles que a violarem. Foi aprovada em 1994, ratificada pelo Brasil em 1995 e promulgada por meio do decreto nº 1.973 de 1996. Essa convenção se constitui no primeiro Tratado Internacional de proteção dos direitos humanos a reconhecer, de forma enfática, a violência contra a mulher como um fenômeno generalizado, que alcança, sem distinção de raça, classe, religião, idade ou qualquer outra condição, um

direitos humanos, universais, interdependentes, inalienáveis e indivisíveis, abordando, inclusive, temas como violência doméstica, saúde, reprodução e sexualidade, passando, "os estudos sobre gênero e feminismo a enfatizar o exercício da cidadania das mulheres, a ampliação dos direitos humanos das mulheres e as possibilidades e condições gerais de acesso à justiça das mulheres"[27].

No Brasil, o acesso à justiça vem insculpido como garantia fundamental no inciso XXXV do art. 5º ao estabelecer que "a lei não excluirá da apreciação do Poder Judiciário lesão ou ameaça a direito". É exatamente este direito de natureza assecuratória que valida todos os demais direitos.

Nesse passo, a Recomendação Geral nº 33 da CEDAW, trata especificamente da temática do acesso à justiça das mulheres vítimas de violência, apontando os obstáculos e restrições que impedem ou dificultam o acesso ao sistema de justiça, ressaltando a discriminação, desigualdade e estereótipos por meio de seis elementos, de aplicação imediata, a saber:

> "a) **Justiciabilidade** requer o acesso irrestrito das mulheres à justiça, bem como a capacidade e o empoderamento para reivindicarem seus direitos estabelecidos na Convenção enquanto titulares desses direitos;
>
> b) **Disponibilidade** exige o estabelecimento de tribunais, órgãos quase judiciais ou outros por todo o Estado parte, em áreas urbanas, rurais e remotas, bem como sua manutenção e financiamento;
>
> c) **Acessibilidade** requer que todos os sistemas de justiça, tanto formais como quase judiciais, sejam seguros, econômica e fisicamente acessíveis às mulheres, e sejam adaptados e apropriados às suas necessidades, incluindo as mulheres que enfrentam formas interseccionais ou compostas de discriminação;
>
> d) **Boa qualidade dos sistemas de justiça** requer que todos os componentes do sistema se ajustem aos estândares internacionais de competência, eficiência, independência e imparcialidade e proporcionem, em tempo opor-

elevado número de mulheres. Disponível em: http://www.planalto.gov.br/ccivil_03/decreto/1996/d1973.htm . Acesso em: 15 de julho de 2021.

[27] SEVERI, Fabiana. **Direitos humanos das mulheres e a transversalidade de gênero no sistema de justiça**. Revista de Estudos Jurídicos, a. 15, n. 22, p. 325-338, 2011. Disponível em: https://webcache.googleusercontent.com/search?q=cache:gv5edHvlkkAJ: https://dialnet.unirioja.es/descarga/articulo/3807739.pdf+&cd=1&hl=pt-BR&ct=clnk&gl=br&client=firefox-b-d . Acesso em: 15 de julho de 2021.

tuno, remédios apropriados e efetivos que levem à resolução de disputas de modo sustentável e sensível a gênero para todas as mulheres. Requer também que os sistemas de justiça sejam contextualizados, dinâmicos, participativos, abertos a medidas práticas inovadoras, sensíveis a gênero, e levem em consideração as crescentes demandas por justiça pelas mulheres;

e) **Provisão de remédios** requer que os sistemas de justiça ofereçam às mulheres proteção viável e reparação significativa por quaisquer danos que elas possam sofrer (ver artigo 2 da Convenção); e

f) **Prestação de contas** dos sistemas de justiça é assegurada através do monitoramento para garantir que funcionem em conformidade com os princípios de justiciabilidade, disponibilidade, acessibilidade, boa qualidade e provisão de remédios. A prestação de contas dos sistemas de justiça também se refere ao monitoramento das ações dos profissionais do sistema de justiça e de sua responsabilidade jurídica nos casos em que eles violam a lei."[28]

Para se adentrar à análise desses obstáculos e restrições que impedem ou dificultam o acesso ao sistema de justiça à mulher amazônida, afigura-se de fundamental importância conhecer a realidade do interior do Estado do Amazonas, principalmente nas suas comunidades rurais e mais remotas onde o acesso e comunicação são extremamente limitados.

4. Os municípios remotos do interior do Amazonas e o acesso à justiça da mulher amazônida

O Estado do Amazonas, formado pela capital e mais 61 municípios, localiza-se na Região Norte do país, sendo o maior estado brasileiro em área territorial, com 1.559.161,682Km^2..

Muito embora tenha, segundo o último Censo do IBGE, uma população de 3.483,985 habitantes, possui um dos menores índices de densidade demográfica do país, com 2,23 habitantes/Km^2. Desses, 2.755.490 vivem na área urbana e somente 728.495 na área rural.[29]

[28] ONU. Convenção sobre a Eliminação de Todas as Formas de Discriminação contra as Mulheres. Recomendação Geral nº 33 sobre o acesso das mulheres à justiça. Disponível em: https://assets-compromissoeatitude-ipg.sfo2.digitaloceanspaces.com/2016/02/Recomendacao-Geral-n33-Comite-CEDAW.pdf. Acesso em 15 de julho de 2021. p. 6-7.

[29] Dados fornecidos pelo Instituto Brasileiro de Geografia e Estatística (IBGE). Disponível em https://www.ibge.gov.br/cidades-e-estados/am.html?. Acesso em: 26 de março de 2022.

É difícil definir ou mesmo delimitar o Amazonas, em razao de ser um estado de dimensões continentais[30].

Seus caudalosos rios influenciam até mesmo na construção das casas dos amazônidas. Rio e ribeirinho são parte de um todo. Em razão do pequeno número de rodovias[31], o acesso intermunicipal é feito quase que exclusivamente por via fluvial, tornando a locomoção e o acesso às municipalidades totalmente dependente do regime dos rios.

Suas distâncias são calculadas em dias de barco, ficando, as cidades, distantes da capital até 15 a 20 dias – dependendo da época do ano[32].

Existem municípios, como por exemplo Japurá, na fronteira com a Colômbia, que dista mais de 1.000km da capital. Cumpre destacar, também, a distância entre as comunidades rurais e a sede do município, deixando-as perdidas ou isoladas na imensidão da floresta.

A realidade da população amazônida, que reside em comunidades remotas situadas ao longo das margens dos rios da amazônia, onde persiste elevado grau de abandono por parte de todas as esferas do poder público, em sua grande maioria, sequer contam com hospital dotado de médico especialista ou mesmo efetivo policial preparado.

O descaso é completo. Não há delegacias de polícia, médicos, psicólogos, Juízes, Defensoria Pública, Promotores de Justiça ou mesmo internet e farmácias.

De igual forma, os serviços para o atendimento das mulheres são escassos. Tal fato, além de potencializar as distâncias, dificulta a disseminação da justiça, provocando, não só um isolamenrto físico, mas também cultural frente à população da capital.

O acesso à justiça, quando se trata de combate à violência doméstica, concretiza não só da dignidade da pessoa humana, mas também os demais princípios a ela imbricados: igualdade, integridade (física e psíquica), liberdade e solidariedade.

Diante desse panorama, a distância geográfica enfrentada pela mulher amazônida para o pleno gozo e fruição dos seus direitos a deixa ainda mais

[30] É como outro país dentro do próprio Brasil.

[31] Em sua maioria, situadas nos arredores da capital.

[32] Os regimes dos rios da Amazônia dividem-se em períodos de cheia e vazante. São, em média, seis meses em cada período e dependendo da variação do nível das águas, tal fato pode retardar ou interromper – total ou parcialmente – a sua navegação fluvial, deixando, inclusive, comunidades ou municípios em completo isolamento.

vulnerável, na medida em que esta não tem onde, nem a quem recorrer; fato que constitui mola propulsora para a perpetuação da violência doméstica intrafamiliar e o aumento dos casos.

Em contraponto a esse cenário, tem-se que, para o enfrentamento da violência doméstica contra a mulher, a Lei Maria da Penha[33] exige um modelo de resposta estatal integral.

Destarte, sem olvidarmos os avanços ocorridos nas últimas décadas acerca da temática de combate à violência doméstica e intrafamiliar contra a mulher, percebe-se que a estrutura estatal nos municípios do interior do amazonas é incompatível com o preceituado na legislação pátria e, em especial, na Lei 11.340/2006.

A título de guisa, como bem observado por Roger Paz de Almeida[34] pode-se elencar as principais dificuldades estruturais enfrentadas pela população feminina do interior do Amazonas:

- ✓ Falta de acesso às campanhas de conscientização e prevenção à violência doméstica;
- ✓ Fequente ausência de representante da Magistratura, do Ministério Público e da Defensoria Pública nos municípios/comarcas;
- ✓ Ausência ou inexistência de advogados a serem constituídos pelas partes;
- ✓ Ausência de direitos de cidadania básicos como um simples registro de nascimento ou Registro Geral;
- ✓ Desconhecimento das partes acerca de seus direitos e obrigações, bem como do arcabouço jurídico mínimo para levá-los ao exercí-cio correlato;
- ✓ Inexistência de corpo técnico multidisciplinar como médicos legistas, assistentes sociais, psicólogos, médicos, entre outros;
- ✓ Longas distâncias para comunicação dos atos ou mesmo ausência de transportes fluviais para cumprimento de mandados;
- ✓ Falta de treinamento e qualificação dos servidores da Justiça;
- ✓ Falta de condições materiais para que os moradores de comunidades distantes se desloquem até a sede do município;

[33] Lei 11.340/2006, que entrou em vigor no Brasil em 22.09.2006 e ficou popularmente conhecida como Lei Maria da Penha, com objetivo de fornecer instrumentos eficazes no combate à violência doméstica e familiar praticada contra a mulher.

[34] ALMEIDA, Roger Luiz Paz de. Acesso à justiça na Amazônia: desafios e perspectivas à luz do neoconstitucionalismo. Curitiba: Juruá, 2021. p. 60-61 e 151-152.

- ✓ Ausência de estrutura ou profissionais da Polícia Civil (Polícia Judiciária)
- ✓ Ausência de serviços públicos especializados às vítimas de violência doméstica.

Tal realidade fática de flagrantes violações não ocorre apenas no Amazonas, razão pela qual, a CEDAW, constatando que os principais fatores que impedem o acesso das mulheres à justiça é a concentração de tribunais e órgãos quase judiciais nas principais cidades e sua não disponibilidade em regiões rurais e remotas; o tempo e dinheiro necessários para acessá-los; a complexidade dos procedimentos; a falta de acesso à orientação jurídica de alta qualidade e competente em matéria de gênero, incluindo a assistência jurídica, bem como as deficiências na qualidade dos sistemas de justiça, atribuiu aos Estados-Parte o dever de devida diligência, asseverando que é responsabilidade do Estado dar uma resposta eficiente a todos os eixos da justiça – prevenção, proteção e reparação – como medida de efetiva concretude do acesso à justiça e indispensável para a realização de todos os demais direitos dessas mulheres.

No que diz respeito ao Poder Judiciário, a efetividade da Lei Maria da Penha depende do desenvolvimento de políticas judiciárias que garantam a estrutura judicial e humana adequada para a tramitação dos processos, a qualificação profissional de servidores e magistrados e a articulação com Ministério Público, Defensoria Pública e Delegacias Especializadas de Atendimento à Mulher.

Como corolário, diversas resoluções no âmbito do CNJ foram editadas[35] entretanto, não basta o Judiciário editar um conjunto de políticas judiciárias sobre o acesso à justiça e aos direitos das mulheres sem que as mesmas sejam efetivamente implementadas.

Referidas resoluções tratam especificamente das formas de acesso à justiça por meio de acesso cibernético à rede mundial de computadores para atendimento, realização de vídeoaudiências e acompanhamento processual, como forma de reduzir não só o tempo de tramitação processual, mas também as distâncias territoriais para os vulneráveis geográficos, den-

[35] Como por exemplo a Resolução nº 254 de 04.09.2018, que Instituiu a Política Judiciária Nacional de enfrentamento à violência contra as Mulheres pelo Poder Judiciário e dá outras providências; a Resolução nº 345 de 09.10.2021, que Dispõe sobre o "Juízo 100% Digital"; e a Resolução nº 372 de 12.02.2021, que instituiu a plataforma de videoconferência denominada "Balcão Virtual".

tre eles, as mulheres amazônidas das longínquas barrancas do interior do Estado do Amazonas.

Nesse mesmo compasso, não obstante as dificuldades para a concretização do direito ao acesso à justiça para as amazônidas vítimas de violência doméstica, em âmbito estadual, o Tribunal de Justiça do Estado do Amazonas (TJAM), também regulamentou o sistema de vídeoaudiência por meio da Portaria nº 2.256 de 27.11.2020; o Juízo 100% Digital por meio da Portaria nº 2.330 de 04.12.2020 e o balcão virtual por meio da Portaria nº 337 de 24.02.2021, demonstrando, assim, encontrar-se em perfeita harmonia com a Recomendação Geral nº33 da CEDAW, principalmente quanto à justiciabilidade, disponibilidade e acessibilidade.

Conclusões

Como visto, apesar do longo caminho já percorrido pelas mulheres na defesa de seus direitos, ainda há muito a ser feito. A evolução é contínua, e a sociedade ainda não suplantou a visão misógina, androcêntrica e patriarcal que acompanha a humanidade desde os primórdios da civilização.

Por outro lado, é inegável que os direitos das mulheres, à luz das transformações da sociedade pós-moderna constituiu-se em Direitos Humanos e como tal, protegido em âmbito mundial, fruto do fortalecimento feminino reverberado nas vozes daquelas que outrora conseguiram notoriedade por meio da filosofia e da ciência, dentre as quais, Michelle Perrot, Rose Marie Muraro, Maíra Cardoso Zapater, Heleieth Saffioti, Simone de Beauvoir, Gerda Lerner, Judith Buthler, Hannah Arendt, Simone Weil, Edith Stein, Mari Zambrano, Alda Facio e Rosa Luxemburgo.

No Brasil, a Constituição Federal de 1988, ao instituir o Estado Democrático de Direito como o regime político do país, erigiu a dignidade humana como princípio norteador do arcabouço normativo pátrio. Tanto que a Lei Maria da Penha reconheceu a proteção às mulheres como direito humano da mulher fazendo parte de um projeto jurídico feminio brasileiro, na definição de Fabiana Severi[36].

[36] SEVERI, Fabiana. *Direitos humanos das mulheres e a transversalidade de gênero no sistema de justiça.* Revista de Estudos Jurídicos, a. 15, n. 22, p. 325-338, 2011. Disponível em: https://webcache.googleusercontent.com/search?q=cache:gv5edHvlkkAJ:https://dialnet.unirioja.es/descarga/articulo/3807739.pdf+&cd=1&hl=pt-BR&ct=clnk&gl=br&client=firefox-b-d . Acesso em 15 de julho de 2021.

Destarte, o sistema de justiça, quando efetivo, pode converter-se em valioso mecanismo de respeito aos direitos das mulheres, sendo fundamental, que haja um esforço do Estado em pensar na qualidade das suas respostas, em especial o Judiciário, abrindo diálogo com a Academia, a sociedade civil e demais partícipes desta empreitada de proteção dos direitos humanos das mulheres, garantindo o livre acesso à justiça de forma igualitária à todos, nos exatos termos propostos pela Constituição Federal, em seus arts. 5º, I c/c art. 226, *§ 8º*.

Estudando a temática da violência contra a mulher no âmbito da realidade amazônica, a literatura antropológica e sociológica, assim como as recomendações de organismos internacionais voltados à proteção de direitos humanos convergem quanto à necessidade de novos mecanismos de intervenção e enfrentamento mediante investimento em políticas públicas intersetoriais e integradas do Sistema de Justiça, Segurança, Saúde, Socioassistencial e Educacional, além da atuação conjunta de todos os atores que compõem a rede de enfrentamento à violência contra a mulher e da sociedade civil.

Nessa senda, compete ao Poder Judiciário aplicar as leis em nome do Estado, com o objetivo de reparar as relações sociais e jurídicas violadas, cumprindo sua finalidade de guardião dos direitos e deveres individuais e coletivos, assegurando os meios e os caminhos para a construção de uma sociedade saudável, justa e solidária.

Ora, ao Estado compete a obrigação de garantir, por meio de políticas públicas eficazes, que as mulheres tenham em suas mãos os mecanismos indispensáveis para romperem o silêncio e ultrapassarem a barreira da subjugação a que são diariamente submetidas. E sem dúvidas, as leis e políticas públicas precisam chegar à floresta, nas comunidades ribeirinhas.

Assim, a não disponibilidade de órgãos do sistema de justiça, ou mesmo a falta de proteção jurisdicional efetiva dos Estados Partes em regiões rurais e remotas – como no caso da mulher amazônida – constituem persistentes violações dos direitos humanos das mulheres.

O trabalho sincronizado – e em rede – de todos os atores do sistema de justiça é indispensável para a concretização dos direitos da mulher amazônida.

Juízo 100% digital, balcão virtual, videoaudiências dentre outras ações do Poder Judiciário, constituem esforços extremamente louváveis e necessários; entrementes, a estrutura estatal a ser ofertada nos municípios, há que ser compatível com o preceituado na legislação, em especial na Lei

Maria da Penha, sob pena de flagrante violação aos tratados internacionais de direitos humanos nos quais o Brasil figura como Estado Parte. Inclusive e principalmente quanto ao dever de devida diligência da Convenção de Belém do Pará.

Espera-se, dessa forma, ter evidenciado a imprescindibilidade de harmonia entre o progresso legislativo e o acesso à justiça, haja vista a latente dificuldade na efetivação da cidadania das mulheres, principalmente quanto ao enfrentamento à violência doméstica intrafamiliar; bem como, suscitado, à luz das Recomendações Gerais da CEDAW, uma reflexão acerca da imperiosa implementação de políticas públicas em todas as esferas governamentais do sistema social, ao fito de que esteja ao alcance de todos, inclusive das populações das comunidades mais longínquas e remotas do país, como é o caso da mulher amazônida.

Referências

ALMEIDA, Roger Luiz Paz de. *Acesso à justiça na Amazônia: desafios e perspectivas à luz do neoconstitucionalismo*. Curitiba: Juruá, 2021.

ARENDT, Hanna. *A condição humana*. Tradução de Roberto Raposo. 10a edição. Rio de Janeiro: Forense Universitária, 2001.

______. *Da violência*. Tradução de Maria Claudia Drummond. Brasília: Ed. Universidade de Brasília, 1985.

ARISTÓTELES. *Metafísica*. [Edición trilingue por Valentín García Yebra]. Madrid: Gredos, 1998.

______. *Política*. Trad. Therezinha Monteiro Deutsch e Baby Abrão. (Col. Os pensadores). São Paulo: Editora Nova Cultural, 2000.

ARISTOTLE. *"Generation of animals"*. In: BARNES, J. (org.). The Complete Works of Aristotle. New Jersey: Princeton University Press, 1995.

BEAUVOIR, Simone. *O segundo sexo*. Tradução de Sérgio Milliet. 2. ed. Rio de Janeiro: Nova Fronteira, 2009. 2v.

BELLINI, Lígia. *Concepções do corpo feminino no Renascimento. In*: O corpo feminino em debate. Org. Maria Izilda Santos de Matos e Rachel Soihet. São Paulo: UNESP, 2003.

BESSA, Karla Adriana. *Trajetórias do gênero*. Cadernos Pagu. Campinas, n. 11, 1998.

BRUSCHINI, Cristina; COSTA, Albertina (Org.). *Uma questão de gênero*. Rio de Janeiro: Fundação Carlos Chagas/Rosa dos Tempos, 1992.

BURKE, Peter (Org.). *A escrita da História: novas perspectivas*. São Paulo: Unesp, 1992.

CINTRÃO, Rosângela; SILIPRANDI, Emma. *O progresso das mulheres rurais. In* O Progresso das Mulheres no Brasil 2003–2010. Org. Leila Linhares Barsted e Jacqueline Pitanguy. Brasília: ONU Mulheres, 2011. p. 186-229

DEJOURS, Christophe. *A banalização da injustiça social*. Tradução de Luiz Alberto Monjardim. Rio de Janeiro: Editora Fundação Getulio Vargas, 1999.

Dos Santos, M. *Notas sobre a prova aristotélica do ato sobre a potência em Metafísica* Theta 8. *In*: Aristóteles: Ensaios de Ética e Metafísica. Storck, A. & Zillig, R. (Orgs). Porto Alegre: Linus, 2011.

______. *Nota sobre a natureza da mulher na comunidade familiar e política*. ethic@ Universidade Federal de Santa Catarina: Florianópolis, v. 17, n. 2, p. 159 – 177. Dez. 2018. Disponível em: https://www.google.com/url?sa=t&rct=j&q=&esrc=s&source=web&cd=&ved=2ahUKEwjdj9O_4oTyAhXjL7kGHcVuCGoQFjABegQIBRAD&url=https%3A%2F%2Fperiodicos.ufsc.br%2Findex.php%2Fethic%2Farticle%2Fdownload%2F1677--2954.2018v17n2p159%2F38225%2F208562&usg=AOvVaw0cFznscJJWgS2tZzXmS3oo . Acesso em 10 de julho de 2021.

Duarte, A. F. *A mística e o teologizar feminino: quatro exemplos medievais*. Humanística e Teologia, v. 36, n. 2, p. 31-62, 1 jul. 2015. Disponível em: https://www.google.com/url?sa=t&rct=j&q=&esrc=s&source=web&cd=&ved=2ahUKEwj8tdXh4oTyAhUaqZUCHbLLBegQFjAMegQIFhAD&url=https%3A%2F%2Fperiodicos.ufpb.br%2Findex.php%2Fgraphos%2Farticle%2FviewFile%2F16324%2F9352&usg=AOvVaw2So91rki59yO-cvLJjCrKY . Acesso em: 10 de julho de 2021.

Facio, Alda. *Metodologías para el análisis de género del fenómeno legal*. In: Santamaría, R. A.; Salgado, J.; Valladares, L. (comp.). El género en el derecho. Ensayos críticos. Equador: Ministério de Justicia y derechos humanos, 2009.

______. *La Carta Magna de todas las mujeres*. In: Santamaría, R. A.; Salgado, J.; Valladares, L. (comp.). El género en el derecho. Ensayos críticos. Equador: Ministério de Justicia y derechos humanos, 2009.

Lopes, Marisa. *Para a história conceitual da discriminação da mulher*. Cadernos de Filosofia Alemã: Crítica e Modernidade, [S. l.], n. 15, p. 81-96, 2010. Disponível em: https://www.revistas.usp.br/filosofiaalema/article/view/64831 . Acesso em: 05 de julho de 2021.

Matos, Maria Izilda Santos de. *Por uma história das mulheres*. 2. ed. São Paulo: EDUSC, 2001.

Millett, Kate. *Política sexual*. Trad. Alice Sampaio, Gisela da Conceição e Manuela Torres. Lisboa: Dom Quixote, 1974.

Newman, W. L. *The politics of Aristotle*. 4 Vol., Ayer Company, New Hampshire, 1991.

ONU – Organização das Nações Unidas. Convenção sobre a eliminação de todas as formas de discriminação contra a mulher. http://www.onumulheres.org.br/wp-content/uploads/2013/03/convencao_cedaw1.pdf . Acesso em: 08 de julho de 2021.

ONU. Convenção sobre a Eliminação de Todas as Formas de Discriminação contra as Mulheres. Recomendação Geral nº 33 sobre o acesso das mulheres à justiça. Disponível em: https://assets-compromissoeatitude-ipg.sfo2.digitaloceanspaces.com/2016/02/Recomendacao-Geral-n33-Comite-CEDAW.pdf . Acesso em 15 de julho de 2021.

Perrot, Michelle. *Les femmes, le pouvoir, l'histoire. In: Perrot, M. (Dir.). Une histoire de femmes est-elle possible?*. Paris: Rivage, 1984.

Ramos, André de Carvalho. *Curso de direitos humanos*. 9. ed. São Paulo: Saraiva, 2022.

Severi, Fabiana. *Justiça em uma perspectiva de gênero: elementos teóricos, normativos e metodológicos*. Revista Digital de Direito Administrativo, v. 3, p. 574-601, 2016. Disponível em: https://www.researchgate.net/publication/306338147_Justica_em_uma_perspectiva_de_genero_elementos_teoricos_normativos_e_metodologicos . Acesso em: 15 de julho de 2021.

______. *Direitos humanos das mulheres e a transversalidade de gênero no sistema de justiça.* Revista de Estudos Jurídicos, a. 15, n. 22, p. 325-338, 2011. Disponível em: https://webcache.googleusercontent.com/search?q=cache:gv5edHvlkkAJ:https://dialnet.unirioja.es/descarga/articulo/3807739.pdf+&cd=1&hl=pt-BR&ct=clnk&gl=br&client=firefox-b-d . Acesso em 15 de julho de 2021.

SCOTT, Joan. *The problem of invisibility.* In: KLEINBERG, Jay (Comp.). Retrieving women's history. Paris: Unesco/Berg., 1989.

______. *Gênero: uma categoria útil de análise histórica.* Educação & Realidade, *[S. l.]*, v. 20, n. 2, 2017. Disponível em: https://seer.ufrgs.br/index.php/educacaoerealidade/article/view/71721. Acesso em: 25 mar. 2022.

WITTGENSTEIN, L. Investigações filosóficas. Tradução de José Carlos Bruni. São Paulo: Abril Cultural, 1999.

WOLFF, Cristina Scheibe. Mulheres da floresta: outras tantas histórias. Revista de Estudos Amazônicos, Belém, v. 6, n. 1, 2011.

https://www.oabsp.org.br/sobre-oabsp/palavra-do-presidente/2012/174 . Acesso em: 08 de julho de 2021.

em https://www.justicaeleitoral.jus.br/participa-mulher/#historia . Acesso em: 08 de março de 2022.

https://www.ibge.gov.br/cidades-e-estados/am.html? . Acesso em: 26 de março de 2022.

4
A SUSPENSÃO DO CONTRATO DE PRESTAÇÃO DE SERVIÇO EM SAÚDE PARA OS SERVIDORES PÚBLICOS MUNICIPAIS EM PLENA PANDEMIA DE COVID-19

Gizella Maia Ribeiro Bolognese

Introdução

O Direito e a Saúde estão relacionados desde quando, na Declaração Universal dos Direitos Humanos, ficou definido que todo ser humano tem direito a um padrão de vida que assegure a si e a sua família, saúde e bem estar. No Brasil, o direito à saúde foi resultado de uma luta que se estabeleceu no contexto da Reforma Sanitária e que trouxe reflexos em nossa Constituição Federal de 1988. No entanto, apesar de a saúde ser um direito fundamental inerente ao direito à vida, essa garantia constitucional foi posta à prova enfrentando sérias dificuldades para a sua efetivação a partir de janeiro de 2020, quando do aparecimento do primeiro caso de Covid-19 no Brasil.

A pandemia que abalou a humanidade a partir de dezembro de 2019 veio colocar a descoberto as fragilidades das políticas públicas de saúde no Brasil, revelando a importância de um sistema de saúde universal que garanta acesso com equidade para todos. Nesse contexto, os problemas éticos se impõem, pois não dizem respeito a uma pessoa apenas, ética tem a ver com todos os outros. A situação de crise que o Brasil ainda vive, impõe que os gestores públicos tomem decisões de emergência para tentar conter a pandemia e contornem os problemas relacionados à ética nas tomadas de decisão.

Essa questão é discutida no primeiro item deste trabalho, "A Pandemia e a Ética no Sistema de Saúde". O tópico teve sua razão de ser, pois em momentos como esses que vivemos, definem-se comportamentos, valores, princípios e prioridades. O cenário de calamidade pública e a demanda por leitos, equipamentos e medicamentos precisam passar por um intenso debate para que não seja necessário deliberar sobre quem vai viver ou morrer.

No segundo tópico discutiram-se os impactos da pandemia no Amazonas, quando descrevemos os dilemas vividos pelos amazonenses diante da saturação do sistema hospitalar e o crescente número de contaminações pela covid-19. As situações extremas vividas pela população do Estado e a luta de cada um por sobrevivência, mostrou que o dilema de decidir para quem vai ser cedido o leito, o respirador ou a vaga na UTI levou-nos a um cenário de guerra. Apesar de doloroso, o assunto precisava ser abordado, pois é o conhecimento dessas mazelas sociais que nos joga abruptamente em contextos insustentáveis, que nos farão refletir sobre a sociedade que desejamos.

Também no segundo tópico refletimos sobre o objetivo principal deste artigo, ou seja, sobre a suspensão dos serviços hospitalares que agravou duplamente a vida dos servidores públicos do município de Manaus. Diante da situação caótica que o Amazonas vivia durante o auge da segunda onda da pandemia agravada pela nova cepa do coronavírus, o hospital que prestava serviço para os servidores do Município de Manaus, inesperadamente suspendeu o atendimento. É natural que pessoas lesadas em seus direitos tenham buscado a justiça para exigir uma solução que lhes garantisse o atendimento hospitalar. A ação interposta pelo Município de Manaus para que o prestador do serviço de saúde cumprisse com sua obrigação firmada em contrato e retomasse o atendimento, também foi analisada neste tópico. Mostra-se, com isso, o comprometimento da Manausmed com os servidores públicos municipais.

Por fim, no terceiro e último tópico desse artigo abordou-se o polêmico tema do protagonismo judiciário. Deverá o judiciário tomar nas mãos as decisões que deveriam ser tomadas pelo legislativo e executivo? Não obstante a autocontenção judicial seja uma postura prudente, entendeu-se aqui que existem condições nas quais os tribunais são exigidos como garantidores de direitos e controladores de políticas públicas. Aliás, essa é uma tendência mundial que o judiciário brasileiro tem adotado para a concretização dos direitos sociais e fundamentais. Essa postura do Poder Judiciário, apesar de ser criticada e muito controversa, ganha destaque e se legitima em situações críticas como a vivida na pandemia, por ser o meio eficiente, enérgico e oportuno de efetivar o amplo acesso à justiça que foi garantido ao cidadão pela Constituição de 1988.

1. A pandemia e a ética no sistema de saúde

A humanidade convive constantemente com agentes infecciosos como vírus, bactérias, fungos e parasitas por meio de contatos com animais, lixo ou água contaminada, porém essas infecções só saem do controle quando os microorganismos além de se instalaram no organismo, conseguem se reproduzir e transmitir para outros seres humanos.

Algumas dessas infecções têm se repetido por séculos e marcam a história da humanidade, não sendo, por certo, um fenômeno recente a proliferação em proporções continentais. A história registra, desde os tempos mais antigos, diferentes sociedades dizimadas por doenças infecciosas. Na Antiguidade, por exemplo, a Peste do Egito chegou a vitimar dois terços da população de Atenas deixando a todos impotentes diante do desconhecimento da natureza da doença. A gripe espanhola que não se originou na Espanha, causou a morte de mais de 50 milhões de pessoas. A gripe suína em 2009 surgiu em fazendas mexicanas mas levou pânico para o mundo inteiro. O Sars-CoV-2, coronavírus causador da covid-19, teve um primeiro caso na China e espalhou-se pelo mundo gerando mortes e sofrimento. (Biernath, 2020)

A China, é um país da Ásia Oriental, e uma das civilizações mais antigas do mundo. Com uma cultura repleta de tradições, tornou-se também a segunda maior economia mundial e ainda está em ascensão. Devido ao tamanho da população chinesa e do seu histórico de consumo de animais exóticos para alimentação, o país tem maiores probabilidades de disseminar doenças infecciosas. Aconteceu no passado, no século XIV, em plena Idade Média com a peste bubônica conhecida como Peste Negra, e mais recentemente, com a Sars -coV-1 em 2003, a gripe aviária em 2005 e agora o novo coronavírus, o Sars-coV-2 responsável pela Covid-19.

Segundo a Organização Panamericana de Saúde (OPAS), em 2019, mais precisamente no final de dezembro, a Organização Mundial de Saúde (OMS) recebeu um alerta sobre alguns casos de pneumonia ocorridos em Whuan, na República Popular da China. Era o novo coronavírus, a Covid-19, que se espalhou pelo mundo chamando a atenção pelo crescimento rápido e pelo grande número de mortes. Pouco mais de 3 meses depois do primeiro registro de contaminação, precisamente em 11 de março de 2020, a OMS declarou estado de pandemia do novo coronavírus, isto é, ficou reconhecida a disseminação global de uma doença para a qual as pessoas não tinham imunidade. Desde então, a OMS tem buscado, junto aos cientistas, aprender como o vírus afeta as pessoas, como elas devem ser tratadas e como o homem pode se defender da doença. De repente, a humanidade se viu ameaçada: "Estaria acontecendo uma volta das epidemias e pestes já relegadas aos livros de história?" (Expedito, 2020).

Sim ou não ainda é difícil estabelecer uma resposta a essa questão, no entanto, sabe-se por informação fornecida pela OMS que, 80% dos pacientes com COVID-19 apresentam sintomas leves e sem complicações, 15% evoluem para hospitalização que necessita de oxigenoterapia e 5% precisam ser atendidos em unidade de terapia intensiva (UTI). (Who, 2020)

A despeito dessas percentagens, a velocidade de propagação do vírus na população cresceu e gerou uma grande demanda por atendimento e em consequência, todos os sistemas de saúde, no mundo inteiro, foram fortemente pressionados. Apesar de não existirem, ainda, respostas a todas as questões, estudos continuam sendo feitos e o conhecimento vai sendo construído à proporção que a pandemia avança. Conforme Nohama e colaboradores (2020), "quatro aspectos parecem certos":

1) Sem acesso a recurso de terapia intensiva os pacientes graves não têm chance de sobreviver;
2) O acesso à terapia intensiva não é garantia de recuperação e parte substancial dos pacientes ainda assim não sobrevive;
3) O grau de sofrimento físico e psíquico dos pacientes em estado grave é muito elevado; e
4) A sobrevivência a quadros graves não é isenta de sequelas, algumas prolongadas e de difícil superação.

Esse foi o quadro que se verificou pelo mundo afora gerando, no Brasil uma demanda crescente ao Sistema Único de Saúde-SUS e revelando uma crise sanitária das mais graves em decorrência da insuficiente estrutura hospitalar. Conforme Campos e Canabrava (2020), além de insuficiente, a estrutura assistencial hospitalar é "geograficamente mal distribuída, irregularmente integrada aos sistemas locais e regionais, com indicadores de desempenho contestáveis, além de severamente desgastada pelo subfinanciamento crônico".

A saúde nunca constituiu um objetivo importante do estado brasileiro. Era sempre deixada como uma questão secundária, "como uma moldura de um quadro, tanto no que diz respeito a solução dos grandes problemas de saúde que afligem a população, quanto na destinação de recursos direcionados ao setor de saúde". (Madrigal, 2017)

Como se pode concluir, as questões são complexas e para elas não existem respostas simples. A realidade que a pandemia ensina aos brasileiros, é que um dos principais óbices do Sistema de Saúde é a dramática insuficiência de leitos nas Unidades de Terapia Intensiva e a desigualdade na distribuição desses leitos pelas diferentes regiões brasileiras, apontando para aquelas regiões com maiores vulnerabilidades.

Entende-se, afinal, que o mundo já não é o mesmo mundo das epidemias históricas. Hoje, o mundo globalizado já não possui barreiras nem muros e as pessoas circulam de um país para o outro livremente, lotando aeroportos e voos e dificultando a contenção do vírus. E é nesse contexto de avanço da pandemia que se levantam alguns dilemas éticos.

Um dos enfoques mais importantes sugeridos por Dall'Agnol (2020) é o critério ético que envolve os sistemas de saúde em relação à extrema escassez de recursos hospitalares e leitos de UTI em contraposição ao número elevado de pacientes. Quais seriam esses critérios? Gravidade? Ordem de chegada? Maiores chances de recuperação? Sorteio? (Dall'agnol, 2020)

Ainda que o direito à saúde esteja comprometido pela escassez de recursos, entende-se inadmissível o racionamento de recursos quando se torna necessário decidir que doentes tratar. Limitar o orçamento dos sistemas de saúde não deveria sequer ser uma opção, contudo a realidade sanitária obriga a decidir quais as necessidades devem ser priorizadas, "quem vai ter oportunidade de continuar a viver, às vezes quem vai morrer, ou mesmo quem vai ter suas necessidades de saúde atendidas em primeiro lugar". (Fortes, 2008)

É preciso ficar esclarecido que a escassez de recursos hospitalares no Brasil não é um problema novo, há décadas o Sistema Único de Saúde (SUS) enfrenta situações nas quais se torna necessário decidir quem vai ocupar os leitos disponíveis. Consequentemente, a pandemia trouxe um sintoma a mais nesse quadro de fragilização do cuidado e da atenção primária com a saúde, não só no Brasil, mas em inúmeros outros países que se viram diante de uma escolha crucial a qual chega aos limites da desumanidade.

Vale ressaltar que o Sistema Único de Saúde (SUS) brasileiro, tem um caráter universalista pautado no que reza a Constituição em seu art. 196: "A saúde é direito de todos e dever do Estado, garantindo, mediante políticas sociais e econômicas que visem à redução do risco de doença e de outros agravos e ao acesso universal e igualitário, as ações e serviços para sua promoção, proteção e recuperação ". (BRASIL, 1988).

Instituído pela Lei n. 8.080 de 19.09.1990 o Sistema Único de Saúde (SUS) é um dos maiores e mais complexos sistemas de saúde do mundo. Garante, desde o atendimento básico até transplantes de órgãos, o acesso integral, universal e gratuito para toda a população sem discriminação de qualquer espécie. Tem, portanto, como princípios, a universalização, a equidade e a integralidade. O princípio da equidade deve assegurar aos brasileiros, além de um atendimento igual para todos, a prioridade em casos graves e/ou urgentes, principalmente em situações de pandemias como a que estamos vivendo. Isto significa, segundo o professor Cláudio Claudino da Silva Filho (2020), "dar mais para quem precisa mais". É um princípio ligado ao "conceito de justiça social tão defendido desde a Reforma Sanitária para a criação do SUS e que ancora esse sistema de saúde como um projeto de sociedade". (Silva Filho, 2020)

No entanto, percebe-se que, da teoria à prática existe um caminho cheio de distorções. Como muito bem esclarecem Silva et. al., (2021) apesar do caráter universalista do SUS, na prática existem situações contingenciais "como é o caso dos recursos escassos nos serviços de urgência e emergência, em que se faz necessária a tomada de decisão [,,,]. Quanto a isso, segundo os autores, o maior desafio que se apresenta diante da necessidade de tomada de decisão "recai exatamente em praticar a justiça, considerando em aceitar qual seja o indivíduo priorizado enquanto que outro não terá o mesmo benefício".

Sobre isso, no Brasil, já existia uma regulamentação antes da pandemia, a Resolução 2.156/2016 do Conselho Federal de Medicina (CFM). O artigo 6º dessa Resolução cria 5 níveis hierárquicos de prioridade, favorecendo preferencialmente, conforme Lima e Marazowski (2020):

(1) os pacientes com elevada probabilidade de recuperação e sem limitações de suporte terapêutico,

(2) os pacientes que precisam de monitorização intensiva, mas também sem limitações de suporte,
(3) os que necessitam de intervenções de suporte à vida e com baixa probabilidade de recuperação,
(4) pacientes que necessitem de monitorização intensiva, pelo alto risco de precisarem de intervenção imediata, mas com limitação de intervenção terapêutica, e
(5) os pacientes terminais sem possibilidade de recuperação.

Esse elenco terapêutico é muito vago, não sendo suficientemente objetivo para atender a uma demanda crescente e acelerada como a que acontece no mundo devido aos casos de contaminação. Uma norma mais ampla e adequada à situação de extrema gravidade deveria ser elaborada pelo Ministério da Saúde, no entanto, o citado órgão teve uma administração profundamente comprometida por várias trocas de chefia. Considerando que a Resolução 2.156/2016, acima referida, foi de autoria do CFM, este órgão também teria competência para estabelecer novas regras as quais poderiam ser seguidas pelo Sistema de Saúde Privado e pelo Sistema Público. Nem o Ministério nem o Conselho, porém, se deram conta da emergência da crise e essa necessidade acabou sendo relativamente suprida por organizações como a Associação de Medicina Intensiva Brasileira, o Conselho Regional de Medicina de Pernambuco e o Conselho Regional de Medicina do Rio Grande do Sul que elaboraram protocolos baseados em normas vigentes em outros países. (Lima e Morozowski, 2020)

Essa realidade de insegurança se somou às carências anteriores principalmente aquelas decorrentes de cortes nas políticas de atenção à saúde, entre eles o fim do Núcleo Ampliado de Saúde da Família e Atenção Básica (NASF) criado em 2008 e o encerramento do programa "Mais Médicos", ambos os cortes, contribuíram para a diminuição da rede de atendimento. O NASF e o "Mais Médicos" oportunizavam um leque de profissionais com a missão de atuar ao lado de médicos e enfermeiros para melhor atender aos problemas de saúde da população e com o desmonte desses programas de atenção à saúde básica, os brasileiros, principalmente aqueles de baixa renda, perderam uma arma importante na luta contra a doença, agravando a situação de todos na pandemia do coronavírus.

São muitas as demandas envolvendo questões de saúde pública que buscam exigir do Estado a garantia de direitos sociais como distribuição de remédios, disposição de leitos e vagas hospitalares, autorizações de cirurgia etc. Na verdade, vai muito além a obrigação do Estado, pois conforme assegura a Constituição Federal:

> Art. 197. São de relevância pública as ações e serviços de saúde, cabendo ao poder público dispor, nos termos da lei, sobre sua regulamentação, fiscalização e controle, devendo sua execução ser feita diretamente ou através de terceiros e, também, por pessoa física ou jurídica de direito privado.

Assim, sendo a saúde um direito fundamental a cargo do Estado caso alguém precise de atendimento de emergência e não tenha escolha senão procurar o hospital mais próximo, ainda que não seja um hospital público, ela deve ser atendida e, neste caso, o hospital será reembolsado pelo Estado.

Rastreando-se no princípio constitucional, é emblemático o voto do Ministro Celso de Melo no Recurso Extraordinário com agravo (ARE) 727.864 interposto pelo estado do Paraná contra decisão do Tribunal de Justiça daquele estado. Conforme se extrai do Boletim de notícias Conjur, a obrigação foi imposta em ação civil pública movida pelo Ministério Público do Paraná e a sentença foi mantida pelo Tribunal de Justiça daquele estado. (CONJUR, 2014)

O estado do Paraná, em recurso junto ao STF, alegou que o acórdão do TJ-PR infringira alguns preceitos da Constituição Federal, entre os quais, a legitimidade do Ministério Público para propor a ação, o princípio da separação dos Poderes e a consequente impossibilidade de o Judiciário interferir em matéria de políticas públicas. Do voto do ministro Celso de Melo, extrai-se:

> Dentre as inúmeras causas que justificam esse comportamento afirmativo do Poder Judiciário, inclui-se a necessidade de fazer prevalecer a primazia da Constituição da República, muitas vezes transgredida e desrespeitada por pura, simples e conveniente omissão dos poderes públicos.
>
> [...] Entre proteger a inviolabilidade do direito à vida e à saúde ou fazer prevalecer um interesse financeiro e secundário do Estado, entendo que razões de ordem ético-jurídica impõe ao julgador uma só opção: aquela que privilegia o respeito indeclinável à vida e à saúde humanas. (CELSO DE MELO, 2014)

2. Os impactos da pandemia no Amazonas e o serviço de assistência à saúde dos servidores públicos do município de Manaus

O Brasil de diferentes paisagens também é palco de uma severa desigualdade social e como resultado, a pandemia também impactou as populações de forma desigual e algumas vezes perversa. Assim, a COVID-19 chegou ao país trazida por viajantes internacionais, de alto poder aquisitivo, mas em pouco tempo desceu da hierarquia social e encontrou ambiente favorável ao seu desenvolvimento nas classes socioeconomicamente menos favorecidas. Espalhou-se, assim, pelas favelas, periferias, terras indígenas e interiores do Brasil escancarando a situação de vulnerabilidade vivida por quase metade da população brasileira. Para essas pessoas, as medidas de prevenção que buscam evitar a contaminação, apesar de muito importantes, são medidas impensáveis, devido principalmente às condições de moradia e saneamento básico em que vivem.

No Amazonas o primeiro caso de infeção ocorreu em 13 de março de 2020. À época, as autoridades garantiram que o sistema de saúde estava preparado para o enfrentamento dos casos de contaminação, que todas as medidas de vigilância teriam sido tomadas e aprovadas pelo Ministério de Saúde, no entanto, entre abril e maio, a cidade sofria o primeiro pico da pandemia, quando o consumo de oxigênio medicinal alcançou 30 mil metros cúbicos. (Sassine, 2021)

Em Manaus, onde 85% da população depende da rede pública de saúde (SUS), até o início de abril os casos de contaminação estavam concentrados nas classes mais abastadas. Comprova isso, o fato de que 57% das internações por doenças respiratórias estavam em hospitais particulares de Manaus. Logo o cenário se inverteu, pois apesar de todos os prognósticos oriundos da Europa, a cidade não adotou medidas de isolamento e bloqueio à circulação da população. Nessas condições a doença avançou preferencialmente entre aqueles a quem não havia outra opção senão se expor ao vírus, os moradores de favelas, de moradias coletivas, os passageiros dos coletivos lotados e trabalhadores informais que precisavam sobreviver. "Quase 10% dos domicílios não têm água encanada. E como em outras capitais brasileiras, essa parcela menos favorecida da população não teve opção além de seguir a vida como era possível, apesar da pandemia". (Magenta, 2020)

Uma segunda onda atingiu os amazonenses no final do ano de 2020 agravada pelo surgimento de uma nova cepa do vírus a qual elevou o número de pessoas contaminadas. Para muitos faltou oxigênio, respiradores e leitos de UTI, gerando um caos nunca visto e jamais esperado. Precisamente no dia 14 de janeiro de 2020 a cidade de Manaus viveu o capítulo mais trágico da pandemia do coronavírus, quando o oxigê-

nio se esgotou nos hospitais e clínicas da cidade. Essa, no entanto, foi uma tragédia anunciada, pois desde dezembro de 2019, os dados da vigilância em saúde citados por Sassine (2021), "mostravam um aumento exponencial de novos casos e de mortes por Covid-19 em Manaus". (Sassine 2021)

Numa sequência desastrosa, "no dia 14 havia 399 pacientes internados em UTIs com o novo coronavírus ou com a suspeita de infecção pela doença". No dia 21 esse número se elevou a 450 e no dia 28 já eram 540 internações. Apesar disso, comerciantes da cidade impediram que medidas de restrição fossem tomadas pelo governo e os hospitais continuaram recebendo pacientes além da sua capacidade, evidenciando-se um cenário de superlotação e o aumento exponencial do consumo de oxigênio medicinal. O consumo de oxigênio medicinal que, entre abril e maio de 2020 fora de 30 mil metros cúbicos, em 11 de janeiro de 2021 chegou a 50 mil, no dia 13, 70 mil e no dia 14, quando houve o colapso do sistema, o consumo de oxigênio atingiu os 76 mil metros cúbicos. (Sassine, 2021)

Ainda assim, o consumo de oxigênio medicinal continuou crescendo até alcançar aproximadamente 100 mil metros cúbicos, quando finalmente se esgotou deixando os principais hospitais da rede pública e privada de saúde desabastecidos e um número incontável de pacientes literalmente asfixiados.

A maioria dos pacientes acometidos com o Covid-19 durante a segunda onda da pandemia que iniciou em dezembro de 2020, era das classes A e B, que haviam conseguido se manter em isolamento até então. A prova disso, segundo o infectologista Júlio Croda da Fundação de Medicina Tropical, é que o sistema privado de saúde sofreu esgotamento antes do público. Segundo ele, "Após o relaxamento das medidas de controle, o vírus voltou a circular com maior intensidade e atingiu a parcela da população que estava mais suscetível". (Toledo, 2021)

Por certo, as circunstâncias emergenciais vividas pela população brasileira durante os piores momentos da pandemia deixaram a descoberto o papel figurativo do poder público. Por outro lado e em especial, no Amazonas, com a evolução do número de pacientes e o desabastecimento de oxigênio, respiradores, leitos de UTI, equipamentos entre outras urgências, o caos deixou a todos com uma sensação de impotência e insegurança com relação ao futuro. A quem recorrer nesses momentos?

Uma situação duplamente crítica atingiu os servidores públicos do município segurados pelo Serviço de Assistência à Saúde de Manaus, a MANAUSMED. Criada pela Lei Nº 1975, DE 29 DE ABRIL DE 2015 a

Manausmed nasceu com o objetivo de garantir aos segurados (funcionários públicos do município de Manaus), acesso ao modelo humanizado de atenção integral à saúde. (MANAUS, 2015)

> **Art. 9º** Ficam criados na estrutura organizacional da Secretaria Municipal de Administração, Planejamento e Gestão – SEMAD o Serviço de Assistência à Saúde dos Servidores Públicos do Município de Manaus – MANAUSMED, com a finalidade de planejar, executar e controlar as atividades do Plano de Saúde Funcional, assim como de custear os encargos de assistência médica e hospitalar destinada aos servidores públicos municipais ativos e inativos, seus dependentes e pensionistas

Os serviços oferecidos envolvem consultas eletivas, exames de diagnóstico por imagem, exames laboratoriais, procedimentos cirúrgicos, tratamento renal e oncológico, atendimentos emergenciais gineco-obstétricos e serviços de maternidade. É natural que essa grande variedade de serviços tenha sido relativamente reduzida em consequência da maior demanda de leitos para atendimento exclusivo dos casos de contaminação, mas por outro lado, é de se esperar que os servidores do município não permaneçam sem os serviços de urgência e emergência, ou que precisem pagar por tais serviços na rede privada.

A possibilidade de contratualização de serviço de saúde privado como serviço complementar ao serviço público, não é novidade em nenhum lugar do mundo. Trata-se de um processo pelo qual o gestor (municipal ou estadual) e o representante legal do hospital, celebram um contrato ou convênio onde ficam estabelecidas as metas de atenção à saúde e de gestão hospitalar. O contrato é composto por duas partes: a primeira é o contrato propriamente dito e o segundo é um documento com a descrição das metas que deverão ser acompanhadas por uma Comissão de Acompanhamento. Muitos países, diante da dificuldade para garantir o direito à saúde de seus cidadãos, reconheceram a necessidade de realizar ajustes em seus sistemas sanitários entre os quais a celebração de contratos de parceria com a iniciativa privada. No Brasil, antes mesmo da Constituição de 1988, convênios e contratos eram formalizados para pagamentos mediante credenciamento de alguns serviços médicos

O processo de contratualização no Brasil é anterior à criação do SUS e encontra guarida na Constituição Federal do Brasil de 1988. Regulada pela Lei Orgânica da Saúde – Lei nº 8.080 de 19 de setembro de 1990, a participação privada no SUS prevê, no artigo 18º inciso X da Lei 8.080/90 "a competência do Município para celebrar contratos e convênios com entidades prestadoras de serviços privados de saúde bem como controlar e avaliar sua execução". (CNS, 1990)

Recentemente o Contrato de Gestão previsto pela Lei Federal n. 9.637/98 e o Contrato de Concessão Administrativa, previsto pela Lei n. 11.079/04 – conhecida como Lei das Parcerias Público-Privadas (PPP), são modelos mais modernos instituídos para disciplinar a gestão de serviços públicos de saúde pela iniciativa privada. Essas parcerias podem ser entendidas, conforme ensina Marques Neto (2017) como o "ajuste firmado entre Administração Pública e a iniciativa privada". Tem como objetivo:

> [...] a implantação e a oferta de empreendimento destinado à fruição direta ou indireta da coletividade, incumbindo-se a iniciativa privada da sua estruturação, financiamento, execução, conservação e operação, durante todo o prazo estipulado para a parceria, e cumprindo ao Poder Público assegurar as condições de exploração e remuneração pelo parceiro privado, nos termos do que for ajustado, e respeitada a parcela de risco assumida por uma e outra das partes.

Nesta seara, o Município de Manaus tem celebrado contratos de prestação de serviço de saúde através da Secretaria Municipal de Administração Planejamento e Gestão – SEMAD e por intermédio do Serviço de Assistência à Saúde dos Servidores Públicos do Município de Manaus – Manausmed, com hospitais da iniciativa privada. No entanto, em plena crise sanitária provocada pela pandemia do coronavírus, o hospital parceiro que detinha a maior concentração de atendimentos dos servidores públicos suspendeu inesperadamente os atendimentos de urgência e emergência justificando o fato pela ausência de leitos para assistência adequada, causada pelo aumento de contaminações na cidade de Manaus. A guisa de esclarecimento, informa-se que o hospital em questão, firmara sucessivos contratos com o Município de Manaus sendo o último, assinado em 01 de dezembro de 2020, no auge da crise sanitária causada pelo Covid-19. Por meio deste, teria que prestar os seguintes serviços (cláusula primeira): a) médico-hospitalares, especialização em consulta de urgência hospitalar; b) serviços médicos hospitalares, especializados em internações clínicas e/ou cirúrgicas em geral, centro cirúrgico, urgência/emergência adulto e/ou infantil UTI/CTI, adulto e/ou infantil e/ou apoio ao diagnóstico laboral/imagem para atendimentos realizados na urgência e emergência.

De modo abrupto e inesperado em 13/01/2021, o hospital notificou o município dizendo que não poderia mais prestar os serviços justificando o seu inesperado encerramento de atividades com o agravamento da pandemia e a consequente impossibilidade de atender a demanda que lhe era dirigida. Mediante notificação extrajudicial, deu como rescindido o contrato de prestação de serviços médicos com o município, alegando igualmente a necessidade de atender a diversas pessoas e planos e invocando caso fortuito ou de força maior.

Entende-se que força maior e caso fortuito são eventos imprevisíveis ou inevitáveis que implicam uma alteração da equação econômico-financeira o que, no caso específico não ocorreram, pois quando da assinatura do contrato, a direção do hospital conhecia os riscos da crise sanitária, não podendo alegar imprevisibilidade. Nessas condições, a medida tomada unilateralmente pelo hospital não encontra guarida no contrato e muito menos na legislação constituindo uma medida ilegal e abusiva.

Constata-se, ao analisarmos a situação, que o hospital justificou a suspensão do contrato dada a necessidade de ter que atender a outros pacientes particulares e de outros convênios. A alegação parece incidir numa violação ao princípio da equidade por dar preferência aos pacientes pagantes ou conveniados de outros planos de saúde em detrimento dos servidores municipais.

O caso acima exposto foi objeto de ação impetrada pela Procuradoria Geral do Município junto à Vara da Fazenda Pública da Comarca de Manaus onde foi requerido o deferimento da tutela provisória de urgência de modo que o hospital volte a cumprir com a obrigação do objeto do contrato, retornando de maneira imediata com o atendimento aos beneficiários da Manausmed. Na mesma ação a Procuradoria solicita que o referido hospital se abstenha de impedir o acesso ao hospital pelos servidores, sob pena, em caso de descumprimento, de incidir multa diária de R$100.000,00 (cem mil reais)

A ação foi deferida como consta da decisão erigida pela juíza de direito da 3ª Vara da Fazenda Pública da Capital determinando que o hospital cumpra com a obrigação do objeto do contrato e que retorne de maneira imediata com o atendimento aos beneficiários da Manausmed, bem como se abstenha de impedir os seus respectivos acessos ao hospital sob pena de multa diária de R$100.000,00 (cem mil reais) até o limite de 10 dias.

É evidente que todo esse processo trouxe prejuízos e frustrações decorrentes do não atendimento por alguns serviços emergenciais nos hospitais conveniados, obrigando alguns servidores a procurar outros atendimentos, na maioria das vezes, o serviço público que também estava lotado e sobrecarregado. Outros optaram por levar à justiça, suas pretensões de forma a assegurar-lhes o atendimento desejado. Isso porque a espera por um leito de UTI, por exemplo, pode levar um tempo que o paciente não possui, uma vez que a o seu estado de saúde tende a se agravar. Diante desse fato, a lei garante ao paciente a busca pela tutela jurisdicional, com escopo de fazer valer os preceitos constitucionais e infraconstitucionais que amparam o cidadão no que concerne à saúde pública.

Apesar de o Brasil possuir um dos maiores sistemas de saúde do mundo, ancorado em extensa rede de APS (Atenção Primária à Saúde), a crise sanitária veio desnudar os problemas crônicos de financiamento, gestão, provisão de profissionais e estruturação dos serviços. Momentos como esse, de enfrentamento de uma pandemia de proporções tão grandes, os problemas se tornam evidentes e deixam a tona a importância da valorização do nosso Sistema de Saúde. (Sarti; Lazarini; Fontenelle e Almeida, 2020)

Percebe-se que os problemas de financiamento que atingem a área de saúde, no Brasil, inviabilizam políticas mais efetivas e essa questão se agrava muito mais por causa da acentuada desigualdade social, das péssimas condições de vida de uma parcela significativa da população, dos baixos salários, além do aumento da população urbana. Tudo isso somado ao quadro deteriorado do financiamento da saúde e temos a eclosão da crise sanitária que veio a se agravar com a pandemia do coronavírus.

Mas não só o SUS sofreu com o impacto da crise sanitária; o sistema privado também foi vítima do avanço inesperado da crise e do aumento da demanda por serviços de saúde. Um fato incontestável é que a crise sanitária desestabilizou diversos contextos, principalmente na área da saúde. A economia, o comércio, os serviços e igualmente os empreendedores na área de saúde tiveram de enfrentar a rápida escalada do número de casos e de vítimas sem a estrutura necessária em seus empreendimentos.

3. O protagonismo do sistema de justiça

A nova Carta Constitucional de 1988 traz uma ampla gama de direitos, inclusive alguns de natureza prestacional, como é o caso dos serviços de saúde pelo sistema privado, concebidos no artigo 199 que também consolidou o Sistema Único de Saúde (SUS) e trouxe mudanças importantes com relação à assistência. (BRASIL, 1988)

> **Art. 199.** A assistência à saúde é livre à iniciativa privada.
>
> § **1º** As instituições privadas poderão participar de forma complementar do sistema único de saúde, segundo diretrizes deste, mediante contrato de direito público ou convênio, tendo preferência as entidades filantrópicas e as sem fins lucrativos.
>
> § **2º** É vedada a destinação de recursos públicos para auxílios ou subvenções às instituições privadas com fins lucrativos.
>
> § **3º** É vedada a participação direta ou indireta de empresas ou capitais estrangeiros na assistência à saúde no País, salvo nos casos previstos em lei.
>
> § **4º** A lei disporá sobre as condições e os requisitos que facilitem a remoção de órgãos, tecidos e substâncias humanas para fins de transplante, pesquisa e tratamento, bem como a coleta, processamento e transfusão de sangue e seus derivados, sendo vedado todo tipo de comercialização.

Esse modelo constitucional inaugurou no Brasil uma realidade que garante ao cidadão brasileiro amplo acesso à justiça, no entanto, apesar do vasto rol de direitos previstos na Lei Maior, nota-se uma inação ou uma incapacidade do Estado em "satisfazer expectativas socialmente criadas pelo legislador constituinte". Em decorrência, e considerando "o modelo de tripartição do poder que foi explicitado no texto constitucional", o Poder Judiciário passa a ser cada vez mais cobrado e provocado pela sociedade para "decidir a respeito de tais direitos, pronunciando-se quanto ao âmbito de proteção, aos limites e às restrições das normas jusfundamentais que sobre os direitos sociais versam". (SANTOS, 2020; MARQUES, 2018)

Como bem descreve Alessandra Garcia Marques (2018),

> À mingua de bons serviços e ações de saúde ofertados pelo Sistema Único de Saúde, esculpidos na Constituição como de relevância pública, o Judiciário tem sido convocado a decidir sobre o fornecimento de medicamentos constantes ou não constantes nas listas de medicamentos oficiais estabelecidas pelo Estado, sobre a determinação de internação em unidades de terapia

intensiva, sobre o fornecimento de tratamento fora do domicílio, sobre a prestação de serviço de transporte em unidade de terapia intensiva aérea, etc

Assim, levando em conta que os direitos fundamentais são deveres assumidos pelos três poderes, é compreensível que, diante do contexto de crise, as instituições de justiça ocupem espaço de crescente importância adotando medidas auxiliares e complementares. Note-se, no entanto, que essa ascensão do Poder Judiciário se dá em função da "omissão e recalcitrância do Legislativo e do Executivo, principalmente no que diz respeito a decisões impopulares". (Santos, 2020)

Aliás, essa interferência já vinha ocorrendo em várias circunstâncias, tanto no âmbito de políticas públicas de saúde, como de educação e meio ambiente. Ocorre que esse protagonismo judiciário tem crescido na proporção que cresce a ineficiência do sistema político tradicional resultando numa exigência cada vez maior da participação e interferência dos juízes na gestão pública. Por outro lado, é natural, também, que frente às emergências geradas pela pandemia, o judiciário tenha demonstrado uma agilidade maior, adotando práticas substanciais de proteção à vida.

Existe, no dizer de Cortez (2020), "um déficit democrático" em nossa sociedade e essa carência é revelada pelo número crescente de ações que buscam dar efetividade a direitos em função da ineficiência estatal. Portanto,

> [...] se há ausência de políticas públicas voltadas ao fomento dos direitos fundamentais sociais ou se, embora existentes, são insuficientes, entra em cena o Poder Judiciário, o qual, no seio de ações individuais ou coletivas, passa a realizar a sua defesa e/ou promoção, até por serem direitos normatizados constitucionalmente. (Chaves; Araújo, 2020)

No entanto, a interferência do Judiciário nas políticas públicas deve se revestir de muita cautela de forma a evitar o caos que se estabeleceria, se cada juiz, de cada município decidisse independentemente das normas já estabelecidas pelas autoridades competentes, correndo o risco de uma "avalanche de decisões contraditórias". Apesar disso, não obstante a importância da autocontenção judicial, "inevitavelmente o Poder Judiciário irá se deparar com situações de latente violação de direitos fundamentais por parte dos outros poderes, não podendo descurar do seu papel de guardião da Constituição". (Santos, 2020)

Especificamente, a judicialização da saúde, como é conhecida a busca por direito à saúde na esfera do Poder Judiciário, tem uma expressiva demanda, ocupando todas as instâncias do Judiciário desde os juízes de primeiro grau nas esferas estadual e federal até as Cortes Superiores. Vale aqui observar que, em épocas de normalidade, a jurisprudência das Cortes Constitucionais era majoritariamente favorável às demandas individuais de saúde. No tocante à concessão judicial de leitos de UTI durante a pandemia, porém, quando os índices de ocupação dos leitos de UTI alcançaram 100%, como aconteceu no Amazonas, há que se considerar valores éticos, pois ao deferir um leito de UTI por meio de demanda individual, ficam indeferidos outros leitos para pacientes que estão igualmente, aguardando por uma vaga (Santos, 2020)

Dentro do mesmo contexto, o Ministério Público também tem exercido um papel importante com ações rápidas adotando medidas de extrema importância nesses momentos de crise. São exemplos dessas medidas que buscam contribuir com a gestão pública no combate ao COVID-19, o cancelamento de eventos, fechamento de estabelecimentos e restrição a aglomerações, fiscalização de preços de insumos como álcool em gel e máscaras, regularização de visitas e serviços a instituições de acolhimento de idosos, medidas de proteção da população em situação de rua, disponibilidade de merendas mesmo com as aulas presenciais canceladas, controle de doenças nas prisões e muitas outras. (Rodrigues, 2020)

Fica claro, por tudo o que foi exposto, que a pandemia de Covid-19 gerou transformações que impactaram determinados segmentos da sociedade, inclusive o Poder Judiciário e o Ministério Público, bem como os outros poderes constituídos. Todos esses impactos constituíram um teste para a capacidade de reinvenção de juízes, procuradores e promotores de justiça que, apesar das dificuldades enfrentadas diariamente, buscam superá-las a fim de contribuir para a efetivação de políticas públicas e manutenção do Estado Democrático de Direito. (Murrieta, 2020)

Conclusões

Buscou-se, neste trabalho, expor e avaliar situações específicas de suspensão do atendimento à saúde por parte de um hospital prestador de serviço aos servidores públicos do Município de Manaus, em meio à pandemia do coronavírus. Entende-se que a crise sanitária em decorrência da Covid-19, apresenta um cenário doloroso nos contextos social, econômico e na saúde, obrigando que pacientes recorram à justiça, por meio de ações, para garantir-lhes o direito à vida.

No entanto, mesmo levando em conta o frágil aporte financeiro destinado aos serviços de saúde, a Prefeitura de Manaus, preocupou-se efetivamente com a regularidade na prestação dos serviços de saúde ao renovar o contrato com o prestador de serviços, parceiro desde 2014. Esse fato, e a comprovação de que em dezembro/2020 foi efetivada a renovação de contrato, anula os argumentos apresentados pelo prestador do serviço de saúde segundo os quais o aumento da demanda impossibilitava a prestação dos serviços até então oferecidos.

Discutiu-se no terceiro tópico deste trabalho sobre a incursão do Poder Judiciário na seara das políticas públicas, assunto polêmico e controverso que, de acordo com o que preceituam vários doutores, tem se revestido de muita indefinição. Considerando o contexto da crise no setor da saúde, torna-se muito mais urgente definir seus limites com cautela e prudência. O chamado ativismo judicial nesse contexto de pandemia, responde, de forma célere e legítima, às demandas da população em situação de urgência, no entanto como se deixou bem claro no decorrer do terceiro tópico deste artigo, impõe-se cautela na medida em que existe uma população numerosa na mesma situação emergencial. Atender a um indivíduo, especificamente, talvez signifique deixar outros entregues à própria sorte. Essa é uma questão ética e o que se espera da postura judicial é uma atuação autocontida em respeito à competência dos outros poderes, sem contudo negligenciar sua função de guardião da constituição

Este artigo partiu de dados colhidos junto à Procuradoria Geral do Município de Manaus e do Poder Judiciário do Estado do Amazonas, bem como de publicações em sites e revistas especializadas de forma a contextualizar a análise aqui contida. Evidentemente, não se pode encontrar respostas definitivas quanto ao problema pois é fato que a situação de crise é vivida e sentida por todos, servidores, gestores e toda a população, pois apesar de assegurado o direito à vida, nenhum país, estado ou município estava preparado para enfrentar a enorme tragédia que se abateu sobre o mundo.

No entanto, em se tratando do cumprimento da lei, o que a ninguém é dado o direito de se furtar, entende-se que o serviço privado deve ser responsabilizado pela suspensão do atendimento, muito embora se compreenda que a demanda adicional gerada pela Covid-19 tenha exercido uma pressão muito grande sobre os sistemas de saúde. Os servidores do município, porém, não podem ser penalizados pela falta de políticas públicas adequadas no Brasil, nem pela ausência de planejamento da rede privada e conveniada para o enfrentamento de crises de emergência.

Referências

ASCOM-PGE-AM. Assessoria de Comunicação da Procuradoria Geral do Amazonas, novembro de 2020. AM: DPE obtém decisão para obrigar Prefeitura a garantir atendimento a gestantes seguradas pelo Manaumed. Disponível em: https://anadep.org.br/wtk/pagina/materia?id=46508. Acesso em 18.06.2021

BIERNATH, André. A geografia das pandemias: o que faz um novo vírus surgir em determinado lugar do mundo? In: BBC News Brasil. Disponível em: https://www.bbc.com/portuguese/internacional-54669808. Acesso em: 20.06.2021

BRASIL, 1988. Constituição da República Federativa do Brasil. Presidência da República. Casa Civil. Subchefia para assuntos jurídicos. Disponível em: http://www.planalto.gov.br/ccivil_03/constituicao/constituicao.htm. Acesso em 20.06.2021.

BRASIL, Ministério da Saúde. Manual de Orientações para Contratação de Serviços no Sistema Único de Saúde. SECRETARIA DE ATENÇÃO À SAÚDE DEPARTAMENTO DE REGULAÇÃO, AVALIAÇÃO E CONTROLE DE SISTEMA. Disponível em: https://bvsms.saude.gov.br/bvs/publicacoes/manual_orientacoes_contratacao_servicos_sus.pdf. Acesso em 19.06.2021

CAMPOS, Francisco Carlos Cardoso de; CANABRAVA, Cláudia Marques. O Brasil na UTI: atenção hospitalar em tempos de pandemia. In: ***Scielo préprints.*** Saúde em Debate. Disponível em: file:///Users/ilsacoelho/Dropbox/My%20Mac%20(MacBook-Air-de--Ilsa-2.local)/Documents/2143.pdf. Acesso em: 18.06.2021.

CELSO DE MELO. STF – ARE: 727864 PR, Relator. Data de Julgamento: 04/11/2014, Segunda Turma, Data de Publicação: ACÓRDÃO ELETRÔNICO DJe-223 DIVULG 12-11-2014 PUBLIC 13-11-2014

CHAVES, Carlos Augusto Chada; ARAÚJO, José Henrique Mouta de. INTERVENÇÃO JUDICIAL EM POLÍTICAS PÚBLICAS ADOTADAS EM ALTAMIRA E MARABÁ EM TEMPOS DE PANDEMIA DE CONVID-19 À LUZ DA JURISPRUDÊNCIA DO TRIBUNAL REGIONAL FEDERAL DA PRIMEIRA REGIÃO. In: Direito e Desenvolvimento na Amazônia: estudos interdisciplinares e interinstitucionais. Santa Catarina: Qualis, 2020

CNS – Conselho Nacional de Saúde. **LEI Nº 8.080, DE 19 DE SETEMBRO DE 1990.** Dispõe sobre as condições para a promoção, proteção e recuperação da saúde, a organização e o funcionamento dos serviços correspondentes e dá outras providências. Disponível em: https://conselho.saude.gov.br/legislacao/lei8080.htm. Acesso em 20.06.2021

CONJUR. Consultor Jurídico. Ministro do STF obriga Paraná a custear internações em hospitais particulares. Boletim de Notícias Conjur. Disponível em: https://www.conjur.com.br/2014-set-13/stf-obriga-pr-custear-internacoes-hospitais-particulares. Acesso em: 18.06.2021.

CORTEZ, Luis Francisco Aguilar. O Judiciário e as políticas públicas no combate à pandemia. Cadernos Jurídicos, São Paulo, ano 21, nº 55, p. 11-22, Julho-Setembro/2020

DALL'AGNOL, Darlei. Reflexões éticas sobre a COVID-19. In: Reflexões sobre uma pandemia. Universidade Federal de Santa Catarina, Programa de Pós-Graduação em Filosofia, Núcleo de Ética e Filosofia Política. Florianópolis, 2020. Disponível em: http://www.nefipo.ufsc.br/files/2012/11/LIVRO.-Reflex%C3%B5es-sobre-uma-pandemia-2020.pdf. Acesso em 10.06.2021.

EXPEDITO, J.A., Luna. A emergência das doenças emergentes e as doenças infecciosas emergentes e reemergentes no Brasil. Rev. Brasileira de Epidemiologia. Vol. 5, Nº 3, 2002.

FORTES, Paulo Antônio de Carvalho. Refl exão bioética sobre a priorização e o racionamento de cuidados de saúde: entre a utilidade social e a equidade. Cad. Saúde Pública, Rio de Janeiro, 24(3):696-701, mar, 2008

JORNAL NACIONAL, 2021. **Amazonas lembra um ano do primeiro caso de Covid no estado.** Disponível em: https://g1.globo.com/jornal-nacional/noticia/2021/03/13/amazonas-lembra-um-ano-do-primeiro-caso-de-covid-no-estado.ghtml. Acesso em 18.06.2021

LIMA, George Marmelstein; MOROZOWSKI, Ana Carolina. Que vidas salvar? Critérios para alocação de leitos em situação de escassez. In: Consultor Jurídico,2020. Disponível em: https://www.conjur.com.br/2020-jun-16/criterios-alocacao-leitos-situacao-escassez#author. Acesso em 10.06.2021

MADRIGAL, Alexis Gabriel. **As Políticas Públicas de Saúde no Brasil.** In: Jus Brasil, 2017. Disponível em: https://alexismadrigal.jusbrasil.com.br/artigos/453983097/as-politicas-publicas-de-saude-no-brasil. Acesso em: 20.06.2021

MANAUS, 2015. **LEI Nº 1975, DE 29 DE ABRIL DE 2015.** Dispõe sobre a reorganização administrativa do Poder Executivo Municipal, e dá outras providências. Disponível em: https://leismunicipais.com.br/a/am/m/manaus/lei-ordinaria/2015/197/1975/lei-ordinaria-n-1975-2015-dispoe-sobre-a-reorganizacao-administrativa-do-poder-executivo-municipal-e-da-outras-providencias. Acesso em: 20.06.2021

MANGENTA, Matheus. Coronavírus: como desigualdade entre ricos e pobres ajuda a explicar alta de casos de covid-19 em Manaus. In: BBC News Brasil, outubro de 2020. Disponível em: https://www.bbc.com/portuguese/brasil-54472139. Acesso em 18.06.2021.

MARQUES, Alessandra Garcia. O DIREITO FUNDAMENTAL À SAÚDE E O PODER JUDICIÁRIO: QUANDO O SUS DEVE FORNECER "O REMÉDIO MAIS CARO DO MUNDO". Revista de Direito Brasileira | São Paulo, SP | v. 20 | n. 8 | p. 104-127 |Mai./Ago. 2018

MARQUES NETO, Floriano de Azevedo. Parcerias público-privadas: conceito. In: Enciclopédia Jurídica. PUCSP. Disponível em: https://enciclopediajuridica.pucsp.br/verbete/32/edicao-1/parcerias-publico-privadas:-conceito. Acesso em: 20.06.2021

MURRIETA, Manoel. **Os desafios da Justiça brasileira em tempos de pandemia.** In: Justiça & Cidadania. Direito Público, setembro de 2020. Disponível em: https://www.editorajc.com.br/os-desafios-da-justica-brasileira-em-tempos-de-pandemia/. Acesso em 18.06.2021.

NOHAMA, Norton; SILVA, Jefferson Soares da; SIMÃO-SILVA, Daiane Priscila. Desafios e conflitos bioéticos da covid-19: contexto da saúde global. In: **Revista Bioética.** Disponível em: https://doi.org/10.1590/1983-80422020284421. Acesso em: 12.06.2021

OPAS, Organização Panamericana de Saúde. Histórico da Pandemia de COVID-19. Disponível em: https://www.paho.org/pt/covid19/historico-da-pandemia-covid-19. Acesso em: 10.06.2021

RODRIGUES, Rayane Vieira. O papel do Ministério Público no combate ao coronavirus. In: Nexo. Disponível em: https://www.nexojornal.com.br/ensaio/debate/2020/O-papel-do-Minist%C3%A9rio-P%C3%BAblico-no-combate-ao-coronav%C3%ADrus. Acesso em: 11.06.2021.

SANTOS, Talita D. F. M. dos. A concessão judicial de leitos de UTI durante a pandemia de Covid-19: um debate sobre o ativismo judicial e suas implicações para o futuro. In: Direito e Desenvolvimento na Amazônia. Estudos Interdisciplinares e Interinstitucionais. Santa Catarina: Qualis, 2020.

SARTI, Thiago Dias; LAZARINI, Welington Serra; FONTENELLE, Leonardo Ferreira; ALMEIDA, Ana Paula Santana Coelho. **Qual o papel da Atenção Primária à Saúde diante da pandemia provocada pela COVID-19?** In: Scielo Public Health. Epidemiologia e Serviços de Saúde. Disponível em: https://www.scielosp.org/article/ress/2020.v29n2/e2020166. Acesso em: 19.06.2021

SASSINE, Vinicius. **Entenda a crise da Covid no Amazonas e os sinais de negligência do governo que serão investigados na CPI.** In: Folha de São Paulo, abril de 2021. Disponível em: https://www1.folha.uol.com.br/poder/2021/04/entenda-a-crise-da-covid-no-amazonas-e-os-sinais-de-negligencia-do-governo-que-serao-investigados-na-cpi.shtml?origin=folha. Acesso em 19.06.2021.

SILVA FILHO, Cláudio Claudino da Fronteira do Sul. Campo de Chapecó. Entrevista apresentada em 03 de abril de 2020. Disponível em: https://www.uffs.edu.br/campi/chapeco/noticias/professor-explica-sobre-o-sus-no-contexto-da-pandemia. Acesso em: 17.06.2021

SILVA, Karla Rona da; MELLO, Denise Silva de; RIBEIRO, Rafael Mendonça; ROQUETE, Fática Ferreira. TOMADA DE DECISÃO EM SITUAÇÃO DE RECURSOS ESCASSOS: uma discussão bioética. In: XII SEGeT – Simpósio de Excelência em Gestão e Tecnologia, 2016. Disponível em: https://www.aedb.br/seget/arquivos/artigos15/8122199.pdf. Acesso em 12.06.2021.

TOLEDO, Karina. Nova onda de Covid-19 em Manaus reacende debate sobre imunidade de rebanho. Agência Fapesp. Disponível em: https://agencia.fapesp.br/nova-onda-de-covid-19-em-manaus-reacende-debate-sobre-imunidade-de-rebanho/34958/. Acesso em 18.06.2021.

WHO. World Health Organization. Oxygen sources and distribution for COVID-19 treatment centres: interim guidance, 4 April 2020. Geneva: World Health Organization; 2020.

5

ACESSO À JUSTIÇA E EXCLUSÃO DIGITAL: O ATENDIMENTO VIRTUAL À POPULAÇÃO CARENTE DO INTERIOR DO AMAZONAS DURANTE A CRISE SANITÁRIA DO NOVO CORONAVÍRUS

HELTON BRAGA DE OLIVEIRA

Introdução

O acesso à justiça pode ser tido como a garantia de que toda pessoa, ao buscar a tutela do Estado, obterá uma manifestação correspondente. É através dele que todos os outros direitos podem ser exercidos e tutelados.

Alçado ao patamar de cláusula pétrea, deve ser interpretado não somente como a possibilidade de acesso ao Judiciário (perspectiva interna), mas, também, como o acesso à ordem jurídica justa, que garanta efetivos impactos sociais e o pleno exercício da cidadania (perspectiva externa). Deve ser combatida toda e qualquer prática tendente a mitigar ou abolir esta garantia fundamental.

A aplicação prática deste princípio, contudo, é desafiadora. Somada à crise sanitária imposta pelo novo coronavírus (Sars-Cov-2), a falta de estrutura tecnológica do interior do Amazonas representa verdadeira ameaça ao pleno exercício do acesso à justiça. Durante o biênio 2020/2021, antes da notícia de qualquer imunizante, os fóruns do estado passaram a realizar suas atividades de modo remoto, buscando evitar aglomeração de pessoas e retardar a proliferação do vírus. De um lado, o órgão judicial detinha estrutura tecnológica. De outro lado, a comunidade ribeirinha, a comunidade carcerária e as crianças em situação de risco não possuíam acesso à computadores e internet nos locais onde estariam isolados. A busca por solução inspirou o Judiciário durante a pandemia.

O presente artigo objetivou, portanto, confrontar o princípio constitucional do acesso à justiça em face dos atos normativos expedidos pelo Conselho Nacional de Justiça e pelo Tribunal de Justiça do Amazonas, visando identificar as eventuais lesões à garantia constitucional. Ademais, o artigo tece comentários acerca das soluções desenvolvidas pelo Poder Judiciário amazonense para contornar os obstáculos geográficos e a carência tecnológica, em especial nas comarcas do interior do estado. Para a realização deste estudo, foi utilizada base bibliográfica e documental, especialmente a consulta da legislação aplicável e dos atos normativos decorrentes.

1. Previsão constitucional do acesso à justiça

A previsão do "acesso à justiça" não possui um marco histórico definido. Há vaga preocupação com esta garantia desde a Antiguidade, a exemplo do Código de Hamurabi (séculos XXI a XVII a. C.).

No Brasil, sua primeira menção expressa foi no art. 141, § 4º da Constituição de 1946. Entretanto, por pressões políticas e governamentais, foi limitado ao plano da validade, sendo corroída sua eficácia prática. A corrosão foi tamanha que, em 13 de dezembro de 1968, o Ato Institucional 5 previu em seu artigo 11 que "excluem-se de qualquer apreciação judicial todos os atos praticados de acordo com este Ato institucional e seus Atos Complementares, bem como os respectivos efeitos"[1].

Nos dias atuais, existe previsão do acesso à justiça desde o plano internacional. Senão, veja-se o teor do artigo 8º da Convenção Interamericana de Direitos Humanos (Pacto de São José da Costa Rica)[2]:

> Artigo 8. Garantias judiciais
>
> 1. Toda pessoa tem direito a ser ouvida, com as devidas garantias e dentro de um prazo razoável, por um juiz ou tribunal competente, independente e imparcial, estabelecido anteriormente por lei, na apuração de qualquer acusação penal formulada contra ela, ou para que se determinem seus direitos ou obrigações de natureza civil, trabalhista, fiscal ou de qualquer outra natureza.

[1] BRASIL. *Ato Institucional nº 5* (AI-5), 1968. Disponível em: http://www.planalto.gov.br/ccivil_03/ait/ait-05-68.htm. Data de acesso: 26 de julho de 2021.

[2] ORGANIZAÇÃO DOS ESTADOS AMERICANOS. *Convenção Americana de Direitos Humanos ("Pacto de San José de Costa Rica")*, 1969. Disponível em: https://www.cidh.oas.org/basicos/portugues/c.convencao_americana.htm. Data de acesso: 26 de julho de 2021.

Referido Pacto foi recepcionado pelo ordenamento jurídico pátrio, mediante promulgação do Decreto nº 678/92 e possui status supralegal, ou seja, tem a possibilidade de tornar inaplicável legislação infraconstitucional que com ele seja conflitante, seja anterior ou posterior ao ato de adesão.

A Constituição Federal de 1988, em seu Título II, denominado "Dos Direitos e Garantias Fundamentais" previu uma série de salvaguardas constitucionais aos cidadãos brasileiros, dentre elas, novamente, o acesso à justiça para todos os brasileiros e estrangeiros residentes no país.

Conforme teor do artigo 5º, XXXV, da Constituição Federal de 1988, "a lei não excluirá da apreciação do Poder Judiciário lesão ou ameaça a direito"[3]. Nestes moldes, o Estado deve garantir que todo brasileiro, nato ou naturalizado, bem como os estrangeiros residentes no país, possam submeter-lhe suas questões, tanto para garantir eventual compensação (em caso de lesão), quanto para garantir a proteção (em caso de ameaça) dos bens jurídicos tutelados.

A doutrina menciona que o acesso à justiça possui duas perspectivas processuais: a interna e a externa. Em sua perspectiva interna, é conhecido como "acesso à jurisdição" o princípio constitucional que garante a todos a apreciação de suas demandas, seja de forma repressiva ou preventiva. A perspectiva interna, contudo, reveste-se de cunho eminentemente formal, na medida em que garante às partes a porta de entrada ao Poder Judiciário, mas não a porta de saída. Neste sentido, Novelino ressalva que "por sua imprescindibilidade para a efetiva participação do cidadão na vida social, o direito de acesso à jurisdição (CF, art. 5º, XXXV) não pode ser compreendido sob o ponto de vista eminentemente formal".[4]

Ademais, Marinoni pontua que "(...) obstáculos econômicos e sociais não podem impedir o acesso à jurisdição, já que isso negaria o direito de usufruir de uma prestação social indispensável para o cidadão viver harmonicamente na sociedade".[5]

[3] BRASIL. *Constituição da República (CF 88)*, 1988. Disponível em: http://www.planalto.gov.br/ccivil_03/constituicao/constituicao.htm. Data de acesso: 26 de julho de 2021.

[4] NOVELINO, Marcelo. *Curso de Direito Constitucional.* 15ª ed. Salvador: Juspodivm, 2020. p. 466 – 468.

[5] MARINONI, Luiz Guilherme. *Teoria geral do processo.* São Paulo: RT, 2006.

Seixas e Souza mencionam que:

> Atualmente, o problema do nosso tempo, com relação aos direitos do homem, não é mais a falta de previsão em leis, e sim como proteger e efetivar tais direitos garantidos, para impedir que, apesar das solenes declarações, eles sejam continuamente violados.[6]

Neste prisma, não basta que o Judiciário receba as demandas formalmente, mas que, de igual modo, tenha condições de atuar materialmente, visando garantir que direitos não sejam suprimidos.

Em uma sociedade globalizada, com demandas sociais complexas, garantir amplo e irrestrito acesso à justiça é missão árdua. Somando-se a isso o recente cenário de crise sanitária global, os órgãos judiciais deparam-se com a delicada tarefa de garantir que os serviços essenciais não sejam descontinuados, equilibrando especialmente durante a pandemia, de um lado, o acesso à justiça e, do outro, o direito à saúde coletiva.

A solução do conflito acima, contudo, não passa incólume a um segundo obstáculo: garantir que as populações vulneráveis possam acessar os serviços judiciais, executados majoritariamente pela rede mundial de computadores e conciliar tal vulnerabilidade com a carência tecnológica do interior do Amazonas, estado de proporções continentais e pouco urbanizado.

2. O início da pandemia e a recomendação nº 62 do CNJ

Em 31 de dezembro de 2019[7], um escritório da Organização Mundial de Saúde (OMS), situado na China, identificou uma declaração pública de autoridades em saúde de Wuhan acerca de casos de uma chamada "pneumonia viral". O escritório local notificou, então, o escritório regional da OMS que constatou uma notícia, de outro veículo jornalístico, acerca de casos similares de "pneumonia de causa desconhecida" em Wuhanº No dia seguinte, a OMS requisitou maiores informações sobre os casos atípicos de pneumonia e, em paralelo, deu início a um incidente de resposta à emergência. Três dias após a solicitação de esclarecimentos, a OMS informou em seus canais de comunicação acerca da investigação que fora instaurada.

[6] SEIXAS, B. S.; SOUZA, R. K. S. *Evolução histórica do acesso à justiça nas constituições brasileiras*. Direito e Democracia, Canoas, v.14, nº1, p. 69 – 85, jan./jun. 2013.

[7] Disponível em: https://www.who.int/emergencies/diseases/novel-coronavirus-2019/interactive-timeline#event-0. Acesso em: 29 de julho de 2021.

Em 09 de janeiro de 2020, autoridades chinesas declararam que a dita pneumonia era causada por um novo coronavírus. Imediatamente, iniciaram-se reuniões globais para compartilhar informações acerca da prevenção, controle e testagem laboratorial do novo vírus. Em 11 de janeiro de 2020, foi registrado o primeiro óbito em Wuhanº Dois dias após, a Tailândia reportou testagem positiva em seu território, sendo este o primeiro caso confirmado fora da China.

Ainda em janeiro, os Estados Unidos da América e a França notificaram os primeiros casos da América e da Europa, respectivamente. A África teria seu primeiro e segundo casos confirmados poucos dias depois. Na primeira quinzena de fevereiro, a OMS batizou o vírus com a sigla "COVID-19" e, em 11 de março de 2020, declarou "estado de pandemia global".

No Brasil, o primeiro caso confirmado data de 26 de fevereiro de 2020[8], em São Paulo/SP. No Amazonas, o primeiro caso foi confirmado em 16 de março daquele ano[9].

Naquele contexto, o Conselho Nacional de Justiça expediu a Recomendação nº 62/2020 – CNJ[10]. Nela, considerando sua prerrogativa de fiscalizar e normatizar os atos praticados pelo Poder Judiciário brasileiro, o CNJ priorizou resguardar a população inserida no sistema prisional e socioeducativo nacional, mormente a alta taxa de transmissibilidade do vírus, a superlotação dos presídios e a presença de pessoas encarceradas com doenças preexistentes. Ao fim, o ato normativo considerou a necessidade de assegurar condições para a continuidade dos serviços e a saúde dos magistrados e demais agentes públicos envolvidos na atividade.

O documento recomendou aos magistrados, divididos com base em competências por matéria, a adoção de práticas visando a aplicação excepcional de medidas encarceradoras. Sem embargo, a Recomendação nº 62/2020 – CNJ também sugeriu a reavaliação das medidas privativas de liberdade determinadas anteriormente, visando reduzir a população já existente no sistema.

Quanto às pessoas que necessitavam cumprir medidas cautelares diversas da prisão, o CNJ recomendou que fosse suspenso o dever de apresentação

[8] Disponível em: https://www.unasus.gov.br/noticia/coronavirus-brasil-confirma-primeiro-caso-da-doenca. Acesso em: 29 de julho de 2021.

[9] Disponível em: http://www.saude.am.gov.br/visualizar-noticia.php?id=4327. Data de acesso: 29 de julho de 2021.

[10] Disponível em: https://atos.cnj.jus.br/atos/detalhar/3246. Acesso em: 29 de julho de 2021.

periódica ao Juízo, por 90 (noventa) dias, priorizando sua colocação em prisão domiciliar. A tratativa abrangeu, inclusive, prisões civis por dívida alimentícia.

Em relação aos atos de instrução processual, o CNJ recomendou que fossem redesignados ou, havendo possibilidade, fossem praticados por videoconferência. Caso persistisse a necessidade de realização de audiências presenciais, o CNJ recomendou a restrição temporária de circulação do público em geral, a realização das audiências em espaços ampliados (por exemplo, em auditórios ou plenários do Júri) e a substituição de magistrados e agentes públicos pertencentes aos grupos de risco. A realização de atos por videoconferência necessitaria, portanto, que todos os participantes dispusessem de tecnologia mínima, e este foi o primeiro desafio para a população carente do interior do Amazonas.

Acerca das matérias criminais urgentes, típicas de plantões judiciais, o CNJ recomendou não fossem realizadas audiências de custódia e que os flagrantes fossem utilizados, inclusive, para gestão da população carcerária, excepcionalmente convertendo-os em prisão preventiva. Caso optassem pela realização da audiência de custódia, os magistrados foram exortados a realizá-la por meio telemático, indagando sobre possíveis sintomas de Covid-19 e disponibilizando equipe psicossocial e de saúde para identificar sintomas e realizar os encaminhamentos médicos necessários. Neste ponto, o segundo desafio foi garantir resposta rápida e integrada de toda a equipe de profissionais envolvida. Em muitas localidades, a testagem coletiva era restrita aos casos graves de internação, excluídos aí os flagrantes habituais.

3. Atos normativos do CNJ durante a pandemia

A primeira Resolução expedida pelo CNJ, com menção expressa ao Covid-19, foi a Resolução nº 313/2020 – CNJ[11]. Publicada em 19 de março de 2020, dois dias após a Recomendação nº 62/2020 – CNJ, a Resolução estabeleceu regime de Plantão Extraordinário no âmbito do Poder Judiciário e, destacando atividades administrativas essenciais (distribuição de processos, publicação de atos, pagamentos, segurança institucional, comunicação, tecnologia da informação e saúde), restringiu a prática de atos a matérias específicas. A saber:

[11] Disponível em: https://atos.cnj.jus.br/files/compilado162516202005065eb2e4ec55d06.pdf. Acesso em: 29 de julho de 2021.

> Art. 4º No período de Plantão Extraordinário, fica garantida a apreciação das seguintes matérias:
>
> I – *habeas corpus* e mandado de segurança;
>
> II – medidas liminares e de antecipação de tutela de qualquer natureza, inclusive no âmbito dos juizados especiais;
>
> III – comunicações de prisão em flagrante, pedidos de concessão de liberdade provisória, imposição e substituição de medidas cautelares diversas da prisão, e desinternação;
>
> IV – representação da autoridade policial ou do Ministério Público visando à decretação de prisão preventiva ou temporária;
>
> V – pedidos de busca e apreensão de pessoas, bens ou valores, interceptações telefônicas e telemáticas, desde que objetivamente comprovada a urgência;
>
> VI – pedidos de alvarás, pedidos de levantamento de importância em dinheiro ou valores, substituição de garantias e liberação de bens apreendidos, pagamento de precatórios, Requisições de Pequeno Valor – RPVs e expedição de guias de depósito;
>
> VII – pedidos de acolhimento familiar e institucional, bem como de desacolhimento;
>
> VIII – pedidos de progressão e regressão cautelar de regime prisional, concessão de livramento condicional, indulto e comutação de penas e pedidos relacionados com as medidas previstas na Recomendação CNJ no 62/2020;
>
> IX – pedidos de cremação de cadáver, exumação e inumação; e
>
> X – autorização de viagem de crianças e adolescentes, observado o disposto na Resolução CNJ no 295/2019.

Nos processos excluídos do rol acima, a norma previu a suspensão de prazos até o dia 30 de abril de 2020, não obstando neles a prática de atos classificados como urgentes pelos juízes e juízas. Verifica-se, portanto, que nem todas as demandas sociais pendentes de julgamento, ou pendentes de distribuição, seriam analisadas com a mesma celeridade.

Atribuiu-se às chefias imediatas a tarefa de colocar seus servidores em regime de trabalho remoto, cabendo o estabelecimento de rodízio presencial de servidores na impossibilidade do *home office* de toda a equipe. Neste ponto, um valioso adendo: muitos servidores do Judiciário não possuíam internet wireless em suas casas, mesmo porque tal serviço, no interior do Amazonas, ainda é oneroso e pouco difundido. Assim, o rodízio de servidores virou a regra para a maioria da força de trabalho lotada no interior do estado.

Merece especial destaque a previsão acerca do atendimento presencial de partes, advogados e interessados, em caráter excepcional. Senão, veja-se o teor do artigo 3º, *caput* e parágrafos, da Resolução retro:

> Art. 3º Fica suspenso o atendimento presencial de partes, advogados e interessados, que deverá ser realizado remotamente pelos meios tecnológicos disponíveis.
>
> § 1º Cada unidade judiciária deverá manter canal de atendimento remoto, a ser amplamente divulgado pelos tribunais.
>
> § 2º Não logrado atendimento na forma do parágrafo primeiro, os tribunais providenciarão meios para atender, presencialmente, advogados, públicos e privados, membros do Ministério Público e polícia judiciária, durante o expediente forense.

No Amazonas, foi difundido o atendimento de partes e procuradores por intermédio de aplicativos de mensagens, tais como o *Whatsapp*. Nele, o interessado teria acesso em tempo real à um canal de informação, atrelado a um telefone celular: equipamento com maior difusão na atualidade.

Dias antes do fim do prazo previsto na Resolução nº 313, o CNJ publicou a Resolução nº 314/2020 – CNJ[12], prorrogando a suspensão para o dia 15 de maio daquele ano. Aqui, diferiu-se a tramitação: caso o processo tramitasse em meio eletrônico, a contagem de seus prazos deveria ser retomada, ainda que fora do rol taxativo trazido na resolução anterior. Previu-se, ainda, que os prazos fossem dilatados caso comprovada a dificuldade na tramitação, a exemplo da produção de provas documentais.

Por intermédio da Resolução nº 317/2020 – CNJ[13], o artigo 4º da Resolução nº 313/2020 – CNJ teve acrescentado mais um inciso, prevendo a apreciação de "processos relacionados a benefícios previdenciários por incapacidade e assistenciais de prestação continuada". Outrossim, normatizou-se a realização de perícias psicossociais por videoconferência.

[12] Disponível em: https://atos.cnj.jus.br/files/original071045202004285ea7d6f57c82e.pdf. Acesso em: 29 de julho de 2021.

[13] Disponível em: https://atos.cnj.jus.br/files/original161656202005085eb585f8b31d5.pdf. Acesso em: 29 de julho de 2021.

Necessário aduzir que, em virtude da ausência de Varas Federais no interior dos estados, grande parte do acervo processual das varas comuns da Justiça Estadual no interior do Amazonas é composto por ações previdenciárias. Nestas ações, os demandantes são tidos como hipervulneráveis, seja pela idade avançada ou pelo estado de saúde. Regulamentar a possibilidade de realização virtual de perícias, embora a carência tecnológica, possibilitou o impulsionamento dos feitos na medida do possível.

Em 7 de maio, a Resolução nº 318/2020 – CNJ[14] prorrogou uma vez mais a suspensão de prazos processuais. Desta vez, foi acrescida uma condicionante: os prazos seriam suspensos até 31 de maio, desde que as autoridades locais não tivessem imposto medidas sanitárias restritivas (*lockdown*). Caso contrário, os prazos de processos eletrônicos e físicos ficariam suspensos enquanto perdurassem as medidas.

Em setembro daquele mesmo ano foi expedida a Resolução nº 337/2020 – CNJ[15] onde, considerando o aumento da demanda por sistemas de videoconferência, a expansão do trabalho remoto e a autonomia administrativa de cada órgão, foi determinado que cada Tribunal adotasse, em até 90 (noventa) dias, um sistema de videoconferência de sua escolha, comunicando a decisão ao CNJ e dando ampla publicidade aos interessados. A plataforma escolhida deveria conter uma quantidade mínima de funcionalidades, sem prejuízo de garantir a segurança, a privacidade e a confidencialidade dos atos administrativos praticados.

A Resolução nº 341/2020 – CNJ[16], expedida no mês seguinte, voltou-se especialmente para a realização de audiências por videoconferência. Tópico central da Resolução foi a previsão de criação de sala, no andar térreo dos fóruns, para que os depoentes pudessem ser ouvidos sem utilizar elevadores ou circular livremente pelas instalações.

Em outubro de 2020, a Resolução nº 345/2020 – CNJ[17] autorizou a adoção, pelos Tribunais, do chamado "Juízo 100% Digital". Com ele, as citações, notificações e intimações seriam praticados exclusivamente por meio eletrônico e remoto, desde que os advogados fornecessem telefones e e-mails para tanto. Além disso, houve a previsão de atendimento de advo-

[14] Disponível em: https://atos.cnj.jus.br/files/original165735202005095eb6e0ffbda3a.pdf. Acesso em: 29 de julho de 2021.

[15] Disponível em: https://atos.cnj.jus.br/atos/detalhar/3498. Acesso em: 29 de julho de 2021.

[16] Disponível em: https://atos.cnj.jus.br/atos/detalhar/3508. Acesso em: 29 de julho de 2021.

[17] Disponível em: https://atos.cnj.jus.br/atos/detalhar/3512. Acesso em: 29 de julho de 2021.

gados por meio de videoconferência, um embrião do atual Balcão Virtual, regulado pela Resolução nº 372/2021 – CNJ[18]. Aqui foi excepcionalizado o uso do Balcão Virtual nas comarcas onde "a deficiência de infraestrutura tecnológica for notória e inviabilizar o atendimento por videoconferência".

A Resolução nº 354/2020 – CNJ[19] regulamentou a realização de audiências de instrução e sessões de julgamento na primeira e segunda instâncias da Justiça. Neste ato, desencorajou-se a expedição de cartas precatórias inquiritórias, bem como, a necessidade de fundamentação para eventuais pedidos de realização presencial das audiências ou sessões de julgamento. A regra, a partir desta Resolução, seria a realização do ato à distância; a exceção, o ato presencial, submetido ao crivo judicial. Ademais, previu-se a possibilidade de citação e intimação por meio eletrônico "que assegure ter o destinatário do ato tomado conhecimento do seu conteúdo" (art. 8º, da Resolução nº 354/2020 – CNJ).

Do arcabouço de atos normativos expedidos pelo CNJ, depreende-se uma tentativa de disseminar a prática de atos por meio virtual. Ciente das peculiaridades geográficas de cada estado, o CNJ autorizou a criação de espaços físicos, diferenciados da circulação geral dos fóruns, para que as partes e interessados sem acesso à computador ou internet fossem atendidos de forma virtual. A intenção, embora nobre, encontrou óbices na restrição de serviços de adequação, especialmente nos campos da engenharia predial e telemática. Além disso, com a redução de servidores trabalhando presencialmente, a gestão dos espaços (tanto o da secretaria comum, quanto o do eventual terminal de acesso remoto de interessados) ficou prejudicada.

4. Compatibilização do atendimento à população carente no interior do amazonas

No Amazonas, a Presidência do Tribunal de Justiça Estadual editou a Portaria nº 02/2020 – PTJ[20], que dispôs sobre medidas preventivas para a redução dos riscos de contaminação com o coronavírus. O ato normativo previu o afastamento de servidores com sintomas característicos de COVID-19

[18] Disponível em: https://atos.cnj.jus.br/files/original15412620210219602fdc26a38d2.pdf. Acesso em: 29 de julho de 2021.

[19] Disponível em: https://atos.cnj.jus.br/atos/detalhar/3579. Acesso em: 31 de julho de 2021.

[20] Disponível em: https://consultasaj.tjam.jus.br/cdje/consultaSimples.do?cdVolume=12&nuDiario=2809&cdCaderno=1&nuSeqpagina=10. Acesso em: 31 de julho de 2021.

e, de igual modo, servidores que tivessem retornado de viagem recente. Em ambos os casos, deveriam desempenhar suas funções em *home office* pelo prazo mínimo de 14 (quatorze) dias, mantendo isolamento antes de retornarem às suas atividades.

Foi prevista, ainda, a possibilidade de restrição do atendimento ao público externo, a critério do magistrado titular da unidade; a tramitação normal de processos eletrônicos e a suspensão da realização de audiências de custódia. Determinou-se que cada setor disponibilizasse um canal de comunicação aberto ao público, como telefone e e-mail. Ademais, foi determinada a realização de campanhas de conscientização sanitária entre funcionários.

Dias após, foi publicada a Portaria nº 764/2020 – GABPRES[21]. Alinhada à Recomendação nº 62/2020 – CNJ, estabeleceu regime de plantão extraordinário no âmbito do Tribunal de Justiça do Amazonas, estabelecendo as atividades essenciais e suspendendo o atendimento presencial de partes e procuradores. Dita Portaria estabeleceu matérias que seriam apreciadas durante o regime de plantão extraordinário, sem prejuízo das matérias urgentes, não elencadas no dito rol, serem analisadas a critério do juízo.

A Portaria nº 788/2020 – GABPRES[22] limitou a expedição e o cumprimento de mandados àqueles inseridos em processos urgentes. Outrossim, previu a devolução, sem cumprimento, de todos os mandados expedidos anteriormente que, emitidos em processos não elencados no artigo 4º da Portaria nº 764, ainda pendessem de cumprimento. O ato cingiu-se apenas à capital do Amazonas. Para o interior, foi editada a Portaria nº 840/2020 – GABPRES[23], com teor semelhante.

A primeira Resolução expedida pelo órgão, motivada pela pandemia, foi a Resolução nº 10/2020 – TJAM[24]. Nela disciplinou-se, no âmbito do Tribunal de Justiça do Estado do Amazonas, a realização de sessões Plenárias, das Câmaras Reunidas e as Câmaras Isoladas por meio de videoconferência.

[21] Disponível em: https://consultasaj.tjam.jus.br/cdje/consultaSimples.do?cdVolume=12&nuDiario=2811&cdCaderno=1&nuSeqpagina=1. Acesso em: 31 de julho de 2021.

[22] Disponível em: https://consultasaj.tjam.jus.br/cdje/consultaSimples.do?cdVolume=12&nuDiario=2815&cdCaderno=1&nuSeqpagina=1. Acesso em: 31 de julho de 2021.

[23] Disponível em: https://consultasaj.tjam.jus.br/cdje/consultaSimples.do?cdVolume=12&nuDiario=2822&cdCaderno=1&nuSeqpagina=6. Acesso em: 31 de julho de 2021.

[24] Disponível em: https://consultasaj.tjam.jus.br/cdje/consultaSimples.do?cdVolume=12&nuDiario=2822&cdCaderno=1&nuSeqpagina=8. Acesso em: 31 de julho de 2021.

No segundo semestre de 2020, foi editada a Portaria nº 1.753/2020 – GABPRES[25], onde ficou disposto o protocolo para retorno gradual das atividades presenciais do Poder Judiciário Amazonense. Além de prever o retorno por etapas e limites de pessoas (30% na etapa I; 50% na etapa II e 100% na etapa III), a Portaria manteve as disposições sobre o atendimento por meio de videoconferência, sem prejuízo de, caso houvesse a necessidade de atendimento presencial, houvesse a aferição de temperatura e o uso ostensivo de máscaras nos ambientes internos dos fóruns. Em virtude da segunda onda de contágio do COVID-19, os prazos desta Portaria foram alterados, sendo retomado o retorno gradual somente em junho de 2021.

5. Impactos da pandemia no atendimento de partes e procuradores

Um dos primeiros impactos, aquele trazido pela Resolução nº 313, foi separar todo o acervo processual por matérias. Uma vez separado, o segundo impacto consistiu em tramitar somente aqueles processos elencados no rol taxativo do art. 4º, sem prejuízo de controlar os prazos de suspensão dos processos fora do rol. Para os interessados, gerou-se a obrigação tácita de informar às secretarias que seus processos estariam inseridos em alguma das hipóteses autorizadoras de tramitação. Isto significa dizer que houve aumento no peticionamento de petições intermediárias, sem prejuízo do aumento de atendimentos por telefone e outros meios de comunicação.

Outro impacto, ainda em relação às partes processuais, foi relativo à coleta de telefones e e-mails para comunicação dos atos. Impossível prever quem possuía e-mail ativo, quem estaria interessado em receber informações deste modo e se a mensagem, de fato, tinha sido lida e compreendida pelo destinatário do ato. Sem a intermediação humana para o cumprimento das citações, intimações e notificações, as partes mais vulneráveis (em alguns casos, analfabetos funcionais) não conseguiam interpretar as comunicações e, por conseguinte, cumprir com o que foi determinado no prazo. Vale mencionar que muitos desses demandantes, por conta de sua carência econômica, são assistidos pela Defensoria Pública, e que esta instituição, por sua vez, também não detinha informações acerca de telefones e e-mails das partes, pouco servindo a sua intimação eletrônica para que prestasse os esclarecimentos.

[25] Disponível em: https://consultasaj.tjam.jus.br/cdje/consultaSimples.do?cdVolume=13&nuDiario=2919&cdCaderno=1&nuSeqpagina=4. Acesso em: 31 de julho de 2021.

As audiências de instrução por videoconferência esbarraram, muitas vezes, na falta de habilidade técnica das partes e procuradores. Isto porque a participação no ato impunha, previamente, o download de aplicativos específicos, criação de perfis de usuário e domínio mínimo da plataforma. O manejo fluído da ferramenta, pelos servidores, foi gradual. Já para as partes, especialmente aquelas que não são grandes demandantes e encaram a ferramenta pela primeira vez, atrasou a pauta de audiências do Juízo e criou gargalo na vazão do acervo.

Conforme dito anteriormente, a carência tecnológica no interior do Amazonas impôs o rodízio de servidores como regra para continuidade dos serviços. Isso implica dizer que, excluindo-se aqueles com estrutura para trabalhar em *home office*, os demais servidores revezavam-se entre trabalhar ou ficar ociosos, dada a limitação quantitativa de pessoas nas unidades judiciais. Em um período regular de tempo, havia troca de funcionários e, com isso, as soluções de atendimento, encontradas pela equipe anterior, acabavam perdidas com a chegada da nova equipe. Por certo que a comunicação entre a chefia e os servidores teve de ser otimizada, visando padronização da atuação e o incentivo ao compartilhamento constante de informação por meio de grupos de mensagem em aplicativos próprios.

Os atos normativos do CNJ previram a possibilidade de adequação dos espaços físicos para atendimento presencial de partes, em caráter excepcional. A realidade, contudo, é que a racionalização de despesas e a cautela quanto à realização dos serviços de engenharia impôs, em alguns fóruns, a adaptação de espaços preexistentes, que não necessariamente otimizaram o fluxo de pessoas ou o atendimento virtual. Por vezes, fez-se necessário o deslocamento de um servidor até o terminal remoto de atendimento, visando orientar a parte sobre como manusear a máquina.

Noutro giro, a criação de terminais remotos para atendimento presencial não garantia o pleno acesso à justiça. Isto porque muitos municípios decretaram medidas restritivas de circulação (lockdown), o que significa que, não somente a população carente não tinha conhecimento sobre como utilizar as ferramentas, ela igualmente não possuía alternativa caso necessário seu deslocamento. As audiências de instrução realizadas por videoconferência garantiram a tramitação dos processos, mas não a participação das partes.

O acesso à justiça também restou prejudicado nos Juizados Especiais: por conta do distanciamento, partes que necessitassem de atermação tinham que, obrigatoriamente, preencher um formulário prévio para encaminhar. Com isso, embora o tempo de atendimento por telefone tenha sido reduzido, perdeu-se a oralidade e simplicidade típica destas varas especializadas: justamente o que atraía a população carente.

Por derradeiro, a implementação do "Juízo 100% Digital" pôs a fé pública dos atos processuais em xeque. Ainda não há um protocolo padrão para realizar citações e intimações por *Whatsapp*, considerando-as válidas se cumprido. Impossível saber, com mínima certeza, se o número de telefone é de propriedade do destinatário do ato, mesmo com a sua foto no perfil. Pedir fotos do destinatário segurando seus documentos de identificação tampouco representa incremento na validade da citação ou intimação, mormente porque a foto pode não ter sido tirada naquele instante. Noutra banda, realizar videoconferência para a prática da citação ou intimação impõe aquisição de pacote de dados de internet, tanto dos cumpridores do ato quanto das partes destinatárias. Relembrando, o interior do Amazonas é carente de rede *wireless* de internet e, portanto, a videoconferência seria possível somente se ambas as pontas da conversa possuíssem recursos – coisa que mais falta para quem é carente.

Conclusões

A pandemia impôs mais um obstáculo ao pleno acesso à justiça da população carente do interior do Amazonas. Muito embora a preocupação inicial de prever a possibilidade de espaços físicos para atender quem não possuísse internet, a medida esbarrou no contingenciamento de despesas, na redução de servidores e na restrição de locomoção do público atendido nos municípios.

Além das barreiras de cunho operacional, o atendimento virtual de partes e procuradores sofre com a barreira intelectual: o público-alvo, em sua grande maioria, nunca teve contato com as ferramentas propostas. Isto ocasiona demora nos atendimentos e na solução das demandas. Espera-se que, superada a pandemia, haja espaço para que o atendimento virtual permaneça e a prática possa ser melhor difundida entre a população, para que passe a utilizar as ferramentas de modo rotineiro e não emergencial.

Os órgãos judiciais, quando da implementação do plantão extraordinário e do trabalho remoto, não se atentaram para as instalações físicas e tecnológicas onde os trabalhadores exerceriam suas atividades, especialmente aqueles do interior do Amazonas. Estabeleceram que deveria ser priorizado o trabalho remoto, mas não se responsabilizaram pelo custeio da atividade. A quem caberia adquirir os materiais de expediente e os equipamentos necessários? De quem é a responsabilidade pela manutenção das estações de trabalho em caso de falha técnica? Pensa-se que, na medida em que o trabalho remoto foi imposto no interesse da Administração Pública, o custeio da atividade deve-se, de igual modo, ser responsabilidade do Poder Judiciário. A discussão, contudo, está longe de findar.

Por derradeiro, a prática de citações e intimações com utilização de meios de comunicação (telefone e *Whatsapp*) precisa de maior aprofundamento doutrinário e jurisprudencial. Discutir os limites do ato virtual, além de impulsionar a razoável duração do processo, garante que não haja o deslocamento em grandes distâncias (seja de quem vai receber a intimação e praticar algum ato, seja de quem vai executar a ordem). Por certo a possibilidade de praticar atos pela internet garantiria a redução do "tempo morto" dos processos, ou seja, o tempo em que o processo simplesmente espera o cumprimento de determinada diligência, a exemplo das cartas precatórias.

Referências

AMAZONAS CONFIRMA 1º CASO DE COVID-19 E AUTORIDADES GARANTEM QUE REDE DE ASSISTÊNCIA ESTÁ PREPARADA. SESAM – Secretaria de Estado de Saúde do Amazonas, 2020. Disponível em: http://www.saude.am.gov.br/visualizar-noticia.php?id=4327. Acesso em: 29 de jul. de 2021.

AMAZONAS. *Portaria Conjunta nº 2/2020*. Dispõe sobre medidas preventivas para a redução dos riscos de contaminação com o coronavírus, causador da COVID-19, no âmbito do Estado do Amazonas. Diário de Justiça. Manaus, AM, 2809, mar. de 2020. Disponível em: https://consultasaj.tjam.jus.br/cdje/consultaSimples.do?cdVolume=12&nuDiario=2809&cdCaderno=1&nuSeqpagina=10. Acesso em: 31 de jul. de 2021.

AMAZONAS. *Portaria nº 764/2020 – GABPRES*. Dispõe sobre o funcionamento do Tribunal de Justiça do Amazonas durante a vigência das medidas temporárias de prevenção ao contágio pelo novo Coronavírus (Covid-19). Diário de Justiça. Manaus, AM, 2811, mar. de 2020. Disponível em: https://consultasaj.tjam.jus.br/cdje/consultaSimples.do?cdVolume=12&nuDiario=2811&cdCaderno=1&nuSeqpagina=1. Acesso em: 31 de jul. de 2021.

AMAZONAS. *Portaria nº 788/2020 – PTJ*. Dispõe sobre o cumprimento de mandados judiciais no curso dos plantões extraordinário e ordinário de que trata a Portaria nº 764/2020 da Presidência do Tribunal de Justiça do Estado do Amazonas. Diário de Justiça. Manaus, AM, 2815, mar. de 2020. Disponível em: https://consultasaj.tjam.jus.br/cdje/consultaSimples.do?cdVolume=12&nuDiario=2815&cdCaderno=1&nuSeqpagina=1. Acesso em: 31 de jul. de 2021.

AMAZONAS. *Portaria nº 870/2020 – PTJ*. Disciplina, no âmbito do Tribunal de Justiça do Estado do Amazonas, o cumprimento das diligências contidas no art. 4º, da Portaria 764/20 – GABPRES – com fito de garantir o andamento processual de urgência. Diário de Justiça. Manaus, AM, 2822, abr. de 2020. Disponível em: https://consultasaj.tjam.jus.br/cdje/consultaSimples.do?cdVolume=12&nuDiario=2822&cdCaderno=1&nuSeqpagina=6. Acesso em: 31 de jul. de 2021.

AMAZONAS. *Resolução nº 10/2020 – PTJ*. Disciplina, no âmbito do Tribunal de Justiça do Estado do Amazonas, a realização de sessões Plenárias, das Câmaras Reunidas e as Câmaras Isoladas por meio de videoconferência, tendo em vista medidas de prevenção ao contágio pelo Novo Coronavírus – COVID-19 – e a necessidade de garantir o acesso à justiça neste período emergencial. Diário de Justiça. Manaus, AM, 2822, abr. de 2020. Disponível em: Disponível em: https://consultasaj.tjam.jus.br/cdje/consultaSimples.do?cdVolume=12&nuDiario=2822&cdCaderno=1&nuSeqpagina=8. Acesso em: 31 de jul. de 2021.

AMAZONAS. *Portaria nº 1753/2020 – PTJ*. Dispõe sobre o protocolo mínimo de retomada gradual dos serviços presenciais no âmbito das unidades administrativas e jurisdicionais do Tribunal de Justiça do Estado do Amazonas, nos termos da Resolução nº 322/2020, do Conselho Nacional de Justiça, como forma de prevenção ao contágio da COVID-19 e dá outras providências. Diário de Justiça. Manaus, AM, 2919, ago. de 2020. Disponível em: https://consultasaj.tjam.jus.br/cdje/consultaSimples.do?cdVolume=13&nuDiario=2919&cdCaderno=1&nuSeqpagina=4. Acesso em: 31 de jul. de 2021.

BRASIL. *Ato Institucional nº 5 (AI-5)*, 1968. Disponível em: http://www.planalto.gov.br/ccivil_03/ait/ait-05-68.htm. Data de acesso: 26 de julho de 2021.

BRASIL. *Constituição da República (CF 88)*, 1988. Disponível em: http://www.planalto.gov.br/ccivil_03/constituicao/constituicao.htm. Data de acesso: 26 de julho de 2021.

CONSELHO NACIONAL DE JUSTIÇA (Brasil). *Recomendação nº 62, de 17 de março de 2020*. Diário da Justiça [do] Conselho Nacional de Justiça, Brasília, DF, nº 65/2020. Disponível em: https://atos.cnj.jus.br/atos/detalhar/3246. Acesso em: 29 de jul. de 2021.

CONSELHO NACIONAL DE JUSTIÇA (Brasil). *Resolução nº 313, de 19 de maço de 2020*. Diário da Justiça [do] Conselho Nacional de Justiça, Brasília, DF, nº 71/2020. Disponível em: https://atos.cnj.jus.br/files/compilado162516202005065eb2e4ec55d06.pdf. Acesso em: 29 de jul. de 2021.

CONSELHO NACIONAL DE JUSTIÇA (Brasil). *Resolução nº 314, de 20 de abril de 2020*. Diário da Justiça [do] Conselho Nacional de Justiça, Brasília, DF, nº 106/2020. Disponível em: https://atos.cnj.jus.br/files/original071045202004285ea7d6f57c82e.pdf. Acesso em: 29 de jul. de 2021.

CONSELHO NACIONAL DE JUSTIÇA (Brasil). *Resolução nº 317, de 06 de maio de 2020*. Diário da Justiça [do] Conselho Nacional de Justiça, Brasília, DF, nº 125/2020. Disponível em: https://atos.cnj.jus.br/files/original161656202005085eb585f8b31d5.pdf. Acesso em: 29 de jul. de 2021.

CONSELHO NACIONAL DE JUSTIÇA (Brasil). *Resolução nº 318, de 08 de maio de 2020*. Diário da Justiça [do] Conselho Nacional de Justiça, Brasília, DF, nº 131/2020. Disponível em: https://atos.cnj.jus.br/files/original165735202005095eb6e0ffbda3a.pdf. Acesso em: 29 de jul. de 2021.

CONSELHO NACIONAL DE JUSTIÇA (Brasil). *Resolução nº 337, de 30 de setembro de 2020*. Diário da Justiça [do] Conselho Nacional de Justiça, Brasília, DF, nº 320/2020. Disponível em: https://atos.cnj.jus.br/atos/detalhar/3498. Acesso em: 29 de jul. de 2021.

CONSELHO NACIONAL DE JUSTIÇA (Brasil). *Resolução nº 341, de 08 de outubro de 2020*. Diário da Justiça [do] Conselho Nacional de Justiça, Brasília, DF, nº 328/2020. Disponível em: https://atos.cnj.jus.br/atos/detalhar/3508. Acesso em: 29 de jul. de 2021.

CONSELHO NACIONAL DE JUSTIÇA (Brasil). *Resolução nº 345, de 09 de outubro de 2020*. Diário da Justiça [do] Conselho Nacional de Justiça, Brasília, DF, nº 331/2020. Disponível em: https://atos.cnj.jus.br/atos/detalhar/3512. Acesso em: 29 de jul. de 2021.

CONSELHO NACIONAL DE JUSTIÇA (Brasil). *Resolução nº 354, de 19 de novembro de 2020*. Diário da Justiça [do] Conselho Nacional de Justiça, Brasília, DF, nº 366/2020. Disponível em: https://atos.cnj.jus.br/atos/detalhar/3579. Acesso em: 31 de jul. de 2021.

CONSELHO NACIONAL DE JUSTIÇA (Brasil). *Resolução nº 372, de 12 de fevereiro de 2021*. Diário da Justiça [do] Conselho Nacional de Justiça, Brasília, DF, nº 38/2021. Disponível em: https://atos.cnj.jus.br/files/original15412620210219602fdc26a38d2.pdf. Acesso em: 29 de jul. de 2021.

CORONAVÍRUS: Brasil confirma primeiro caso da doença. UNASUS – Universidade Aberta do SUS, 2020. Disponível em: https://www.unasus.gov.br/noticia/coronavirus-brasil-confirma-primeiro-caso-da-doenca. Acesso em: 29 de jul. de 2021.

MARINONI, Luiz Guilherme. *Teoria geral do processo*. São Paulo: RT, 2006.

NOVELINO, Marcelo. *Curso de Direito Constitucional*. 15ª ed. Salvador: Juspodivm, 2020. p. 466 – 468.

ORGANIZAÇÃO DOS ESTADOS AMERICANOS. *Convenção Americana de Direitos Humanos ("Pacto de San José de Costa Rica")*, 1969. Disponível em: https://www.cidh.oas.org/basicos/portugues/c.convencao_americana.htm. Data de acesso: 26 de julho de 2021.

SEIXAS, B. S.; SOUZA, R. K. S. *Evolução histórica do acesso à justiça nas constituições brasileiras*. Direito e Democracia, Canoas, v.14, nº1, p. 69 – 85, jan./jun. 2013.

6
A *INTERNET* COMO IMPLEMENTAÇÃO DO DIREITO FUNDAMENTAL AO ACESSO AO JUDICIÁRIO DURANTE A PANDEMIA, NA PERSPECTIVA DO INTERIOR DO AMAZONAS

IGOR CAMINHA JORGE

Introdução

De que adianta construir um castelo internamente preparado para total acessibilidade, com corrimãos, barras, piso tátil, tradutores de libras, instrumentos em braile e tudo o que a modernidade permite pensar, se ao seu redor existir um fosso intransponível?

A analogia se amolda perfeitamente ao caso dos excluídos digitais por ocasião do intento de acesso digital ao sistema de justiça, no contexto de crise sanitária.

Esse panorama se acentua exponencialmente quando se pensa sob a perspectiva da população habitante do interior do Amazonas, tendo em vista as vicissitudes da região amazônica e a precariedade dos serviços públicos e privados nessa localidade.

No presente artigo, busca-se demonstrar que os avanços tecnológicos são fatos indissociáveis do desenvolvimento, cujos efeitos não se mostram passíveis de retrocesso, uma vez que praticamente todas as relações humanas hodiernas estão direta ou indiretamente ligadas pelo acesso em rede.

A partir desse conceito e considerando as já mencionadas particularidades estruturais da região amazônica, busca-se demonstrar que o acesso a *internet* deve ser encarado como importante direito fundamental apto a se apresentar como alternativa à superação dessas deficiências estruturais.

Nesse ponto, não se pode deixar de fora o acesso ao sistema de justiça, em especial ao Poder Judiciário.

É inegável o forte e rápido avanço das tecnologias e o Poder Judiciário, como não poderia deixar de ser, vem acompanhado, em seu ritmo, esse movimento factual. Ocorre que todo avanço tecnológico acarreta, a par de seus benefícios, a exclusão daqueles que não conseguem ou não podem a ele se adaptar.

Concomitantemente, a crise sanitária decorrente da pandemia de Covid-19 modificou a forma como a população se relacionou com o Poder Judiciário e colocou uma lente de aumento na importância dos meios digitais para acesso ao sistema de justiça. Durante a crise, os prédios públicos em que se prestam serviços essenciais, exceto onde se trabalha na chamada "linha de frente", por vezes, foram completamente fechados ao público, mantendo-se operante graças à tecnologia.

A *internet* possibilitou a continuidade dos serviços públicos essenciais, em especial da atividade forense, mas sua apresentação como único meio efetivo de acesso ao Poder Judiciário terminou por representar uma barreira a ser transposta na busca pela efetivação do acesso à justiça.

1. Acesso à justiça

A partir dos anos 70 com a condução do projeto Florença por Brian Garth e Mauro Cappelletti, os estudos acerca do acesso à justiça aumentaram exponencialmente.

Segundo os expoentes do projeto:

> A expressão "acesso à justiça" é reconhecidamente de difícil definição, mas serve para determinar duas finalidades básicas do sistema jurídico – o sistema pelo qual as pessoas podem reivindicar seus direitos e/ou resolver litígios sob os auspícios do Estado. Primeiro, o sistema deve ser igualmente acessível a todos; segundo, ele deve produzir resultados que sejam individual e socialmente justos. (...). Sem dúvida, uma premissa básica será a de que a justiça social, tal como desejada por nossa sociedade moderna, pressupõe o acesso efetivo. [1]

Na clássica doutrina de Canotilho, a garantia da via judiciária comporta dimensões materiais, funcionais e organizatórias. Trata-se, em um de seus aspectos, de uma imposição jurídico-constitucional ao legislador, no sen-

[1] Cappelletti, Mauro; Garth, Bryant G. **Acesso à justiça**. tradução de Ellen Gracie Northfleet. Porto Alegre: Fabris, 1988. p. 8.

tido de dar operatividade prática à defesa de direitos. Sob o aspecto da proteção jurídica, reforça o princípio da efetividade dos direitos fundamentais, proibindo sua inexequibilidade ou eficácia por falta de meios judiciais.[2]

Em outra passagem de sua obra, Canotilho leciona:

> Todavia, a garantia de acesso aos tribunais pressupõe também dimensões de natureza prestacional na medida em que o Estado deve criar órgãos judiciários e processos adequados (direitos fundamentais dependentes da organização e procedimento) e assegurar prestações («apoio judiciário», «patrocínio judiciário», dispensa total ou parcial de custas e preparos), tendentes a evitar a denegação da justiça por insuficiência de meios econômicos.[3]

Nota-se, portanto, que a efetivação do princípio do acesso à justiça pressupõe sua disponibilidade a todos indistintamente e, sendo um direito prestacional, demanda políticas públicas que assegurem seu exercício.

Nas nações com regime democrático consolidado, o acesso à justiça é princípio basilar do ordenamento jurídico por ser seu pressuposto jurídico de existência.

A partir do momento que o Estado avocou para si o monopólio da resolução dos conflitos e a atribuição de pacificação social por meio do Direito atraiu, também, o ônus de proporcionar o acesso aos meios disponíveis para a concretização da justiça.

É certo que existem ao menos duas principais vertentes do princípio do acesso à justiça, de forma que se faz necessária uma delimitação para fins do presente artigo. Uma delas trata o acesso à justiça como sinônimo de acesso ao Judiciário e a segunda compreende o acesso à justiça como acesso a uma ordem jurídica justa.

Nos termos dos ensinamentos de Horácio Rodrigues:

> [...] frente à vagueza do termo acesso à justiça, que a ele são atribuídos pela doutrina diferentes sentidos. São eles fundamentalmente dois: o primeiro, atribuindo ao significante justiça o mesmo sentido e conteúdo que o de Poder Judiciário, torna sinônimas as expressões acesso à justiça e acesso ao Judiciário; o segundo, partindo de uma visão axiológica da expressão jus-

[2] CANOTILHO, José Joaquim Gomes. **Direito Constitucional e Teoria da Constituição.** 7.ed. Coimbra: Almedina, 2003, p. 275.

[3] CANOTILHO, José Joaquim Gomes. **Direito Constitucional e Teoria da Constituição.** 7.ed. Coimbra: Almedina, 2003, p. 501

tiça, compreende o acesso a ela como o acesso a uma determinada ordem de valores e direitos fundamentais para o ser humano. Esse último, por ser mais amplo, engloba no seu significado o primeiro.[4]

Seguindo a mesma ótica, Watanabe esclarece que:

> A problemática do acesso à Justiça não pode ser estudada nos acanhados limites dos órgãos judiciais já existentes. Não se trata apenas de possibilitar o acesso à Justiça enquanto instituição estatal, e sim de viabilizar o acesso à ordem jurídica justa.[5]

Por sua vez, Ada Pellegrini Ginover destacou que "[...] o efetivo acesso à justiça é aquele que gera acesso à ordem jurídica justa, por intermédio de uma tutela adequada que solucione os conflitos e leve a pacificação social."[6]

Parece, portanto, ser consenso na doutrina que o acesso à justiça é instituto mais amplo e engloba o acesso ao Poder Judiciário. Entretanto, conquanto não sejam, de fato, sinônimos, uma vez que é possível ter acesso à justiça, sem bater às portas do Poder Judiciário, é verdade, também, que o Poder Judiciário desempenha relevantíssimo papel na concretização desse princípio.

Muito influenciado pelo valoroso trabalho de Garth e Cappelletti, o ordenamento jurídico brasileiro, notadamente a partir da Constituição Federal de 1988, enveredou pela busca efetiva do acesso à Justiça.

A Constituição Federal de 1988 preconiza o instituto, em seu art. 5º, XXXV, ao dispor que "[...] a lei não excluirá da apreciação do Poder Judiciário lesão ou ameaça a direito." Anuncia o princípio da inafastabilidade da jurisdição como direito fundamental, segundo o qual não se pode alijar de quem quer que seja a postulação em juízo de reparação de lesão ou ameaça a direitos.

Destaque-se que o parágrafo primeiro do mesmo artigo aponta que esse direito tem aplicação imediata, ou seja, não há necessidade de qualquer outra norma para seu exercício.

[4] RODRIGUES, Horácio Wanderley. **Acesso à Justiça no Direito Processual Brasileiro.** São Paulo: Editora Acadêmica, 1994, p. 28.

[5] WATANABE, Kazuo. **Acesso à justiça e sociedade moderna.** In: GRINOVER, Ada Pellegrini; DINAMARCO, Cândido Rangel; WATANABE, Kazuo (Coords.). Participação e processo. São Paulo: Revista dos Tribunais, 1998, p. 128.

[6] GRINOVER, Ada Pellegrini, **Ensaios sobre a processualidade – fundamentos para uma nova teoria geral do processo.** 1ª ed. Gazeta Jurídica. 2018. p 75.

Inegavelmente, o Brasil tem avançado ao longo do tempo na questão do acesso à Justiça. Não se pode olvidar que inúmeras leis e atos normativos preveem rotineiramente maior facilidade aos jurisdicionados. Como exemplos, pode-se citar a criação dos juizados especiais, da assistência jurídica gratuita e da gratuidade de justiça, promoção de formas alternativas de solução dos litígios, tais como a arbitragem, conciliação, mediação, entre outros. O acesso foi tão amplamente facilitado e difundido que o Poder Judiciário enfrenta sérios problemas de supercongestionamento de processos.

O ministro Luiz Fux, ao tratar do juízo 100% digital, mencionou:

> A facilitação do acesso à justiça erodiu a eficiência e a celeridade com que se deveriam resolver os conflitos, aplicando-se a máxima *better roads, more the traffic*, a Justiça ficou muito abarrotada de processos, ações e recursos.
>
> Trata-se, portanto, de um valor central e em permanente evolução. Sempre que surgem novas injustiças e barreiras, impõem-se novos meios de acessar e garantir a justiça.[7]

E, com razão, aponta que ao se deparar com um novo óbice ao acesso à justiça, deve-se buscar meios para afastá-lo.

Isso porque o acesso à justiça certamente pode ser alçado ao direito mais importante, "[...] na medida em que dele depende a viabilização dos demais".[8] Se por um lado, a tecnologia cria a facilidade de acesso ao Poder Judiciário, por outro traduz-se em barreira àqueles que estão, por qualquer razão, alijados da tecnologia.

Nesse aspecto, não se ignora o conceito maior de acesso à justiça, mas, para fins do presente artigo, a análise do princípio terá por base a problemática de acesso ao Poder Judiciário, como foco central, notadamente pela ausência de disponibilização de *internet* nos rincões do interior amazonense. O que leva ao enfrentamento de um dos grandes problemas trazidos pelo avanço tecnológico: a exclusão digital.

[7] FUX, Luiz; ÁVILA, Henrique; CABRAL, Trícia Navarro Xavier (Ed.). **Tecnologia e Justiça Multiportas: Teoria e prática**. Editora Foco, 2021 p. 29. Disponível em: <https://pt.scribd.com/read/506216148/Tecnologia-e-Justica-Multiportas-Teoria-e-pratica>. Acesso em 02/07/2021.

[8] GRINOVER, Ada Pellegrini. **Novas tendências do direito processual**. São Paulo: Forense Universitária, 1990, p. 244.

2. O acesso à *internet* como direito fundamental e a realidade do Amazonas

Praticamente todos os atos da vida cotidiana estão envoltos direta ou indiretamente pelo uso de tecnologia, informação e comunicação, em especial com o acesso à rede mundial de computadores.

Não é sem razão que, há muito, é possível falar em excluídos digitais, tido como aqueles excluídos de oportunidades de acesso às novas tecnologias da comunicação e informação.

O Centro Regional para o Desenvolvimento de Estudos sobre a Sociedade da Informação, órgão vinculado ao Comitê Gestor da *Internet* no Brasil indicou uma preocupante, mas esperada realidade: em 2019, ano da última pesquisa realizada, 74% dos brasileiros acessaram a *internet* no período de 3 meses anteriores à pesquisa, o que indica que 47 milhões de pessoas, ou seja, 26% dos brasileiros estiveram completamente alijados da rede.[9]

Mais de um quarto da população brasileira é formada, portanto, de completos excluídos digitais, de forma que é imperiosa a adoção de políticas públicas que minimizem os deletérios efeitos desse alijamento, por meio de ato que promovam a inclusão digital dessa parcela populacional.

A Inclusão digital é o processo de garantia de acesso igualitário e universal às tecnologias da Informação e comunicação. O acesso precisa ser garantido não apenas formalmente, ou seja, estar à disposição dos usuários, mas deve ser resultado de promoção plena de condições de utilização como instrumento de melhoria da qualidade de vida e das condições sociais.

Em localidades como o interior do Amazonas, onde o aparato estatal é extremamente deficitário, a *internet*, caso efetivamente existente, sobressai como um interessante meio alternativo de desenvolvimento social.

Isso porque a realidade no interior do Amazonas é marcada pelas dificuldades que o isolamento e distâncias trazem consigo, além do notório abandono estrutural por parte do Estado. Parece difícil crer, mas a vivência cotidiana em várias dessas localidades permite verificar, exemplificativamente, que não há qualquer médico especialista disponível. Em verdade, por vezes, sequer há médicos em geral nas unidades de saúde para fazer o

[9] COMITÊ Gestor da Internet no Brasil (CGI.br). (2020). Pesquisa sobre o uso das tecnologias da informação e comunicação no Brasil: pesquisa **TIC Domicílios**, ano 2019: Relatório de coleta de dados. São Paulo: CGI.br. Disponível em: <https://cetic.br/media/analises/tic_domicilios_2019_ coletiva_imprensa.pdf>. Acesso em 03 jul. 2021.

atendimento básico da população ou mesmo para realizar perícias previdenciárias. Os Beneficiários da seguridade social necessitam se deslocar por várias horas pela via fluvial para simplesmente realizar o saque de seus benefícios sociais. Em várias comarcas, não há sequer a figura do Promotor ou Defensor Público.

Ao tratar do acesso à justiça em zonas rurais, Wilfredo Ardito Vega[10] traz um panorama da realidade na Amazônia peruana, mas que é retrato fiel da realidade brasileira:

> No caso da Amazônia, são ainda maiores as distâncias até as sedes das instituições estatais e os percursos fluviais implicam um elevado custo do combustível ou viagens muito prolongadas. Por essa razão, a maioria dos cidadãos das áreas rurais da selva acabou abstendo-se de procurar o Judiciário.
>
> Além disso, os camponeses e nativos não apenas precisam investir muito dinheiro na transporte até as sedes do Ministério Público ou do Poder Judiciário, mas também para os escritórios do Banco de la Nación, porque neles é que se devem pagar os devem pagar custas judiciais, bem como a até outras dependências estatais, como o médico legista. Mesmo para quem mora perto das cidades, ajustar-se aos horários dessas instituições pode implicar ter de sair de casa na noite anterior. [11] (tradução livre)

Não é difícil imaginar que o acesso ao Poder Judiciário também seja penoso. Pior: toda a sistemática processual é pensada à revelia das peculiaridades locais da Amazônia. José Eduardo Carreira Alvim aponta esse fato:

[10] VEGA, Wilfredo Ardito. **La Promoción del Acceso a la Justicia en las Zonas Rurales.** Tesis [Doctoral]. Pontificia Universidade Católica del Perú, Lima. 2010. p. 23. Disponível em <https://tesis.pucp.edu.pe/repositorio/handle/20.500.12404/1399>. Acesso em 7 jul. 2021.

[11] "En el caso de la Amazonia, son todavia mayores las distancias hasta las sedes de las instituciones estatales y los recorridos que se realizan por via fluvial implican un elevado costo de combustible o un viajes muy prolongados. Por esta razón, la mayoria de ciudadanos de las zonas rurales de la selva ha terminado absteniendose de acudir al Poder Judicial. Además, los campesinos y nativos no solo deben invertir mucho dinero en trasladarse hacia las sedes del Ministerio Publico o del Poder Judicial, sino también a las oficinas del Banco de la Nación, porque en ellas se deben pagar los aranceles judiciales, asÌ como hacia otras dependencias estatales, como el médico legista. Aún para quienes viven más cerca de las ciudades, ajustarse a los horarios que tienen estas instituciones puede implicar dejar el domicilio la noche anterior."

> [...] desconhecem a geografia brasileira, sendo concebidos com as vistas voltadas para regiões desenvolvidas, como a sul e a sudeste, pelo que não se adequam a regiões de parco desenvolvimento econômico, como a norte e nordeste, sendo idênticos os prazos para a prática de atos numa região metropolitana, servida por metrô, e naquelas em que o transporte ainda se faz em canoa, movida a remo, ou em lombo de jegue, movido a chibata; ... Por isso, essa terceira onda só cumprirá o seu objetivo quando, além de um sistema processual uniforme para todo o País, tivermos uma diversidade procedimental que atenda a essa diversidade geográfica, deixando a cargo de cada Estado-membro normatizar os procedimentos judiciais, de acordo com os seus padrões sociais, econômicos e culturais.[12]

Em sua obra, "Acesso à justiça na Amazônia", Roger Luiz Paes de Almeida leciona que:

> [...] muitos impasses para se assegurar direitos sociais básicos no interior dos municípios amazônicos são combatidos por medidas não convencionais, como a utilização de satélites e a utilização das tecnologias de comunicação e informação, como é o caso das atuais tecnologias de educação à distância que estão favorecendo a adaptação do sistema de ensino, garantindo o aprendizado para estudantes isolados, independentemente das distâncias apresentadas. [13]

Indica, ainda, que:

> No caso da saúde, que lista também muitos problemas como a falta de médicos, enfermeiros, ambulatórios, hospitais, igualmente experiências não convencionais são utilizadas. É o caso da ferramenta da telemedicina, que se traduz em um recurso tecnológico de assistência medica para sua promoção e prevenção, além da capacitação profissional para comunidades isoladas.[14]

[12] ALVIM, José Eduardo Carreira. **Justiça: acesso e descesso.** Revista Jus Navigandi, ISSN 1518-4862, Teresina, ano 8, n. 65, 1 maio 2003. Disponível em: <https://jus.com.br/artigos/4078>. Acesso em: 02 jul. 2021

[13] ALMEIDA, Roger Luiz Paes de. **Acesso à justiça na Amazônia: Desafios e perspectivas a luz do neoconstitucionalismo**. Curitiba: Juruá, 2021, p. 76

[14] ALMEIDA, Roger Luiz Paes de. **Acesso à justiça na Amazônia:** Desafios e perspectivas a luz do neoconstitucionalismo. Curitiba: Juruá, 2021, p. 76

Inegável, portanto, em uma região com carências estruturais do poder público e ante as próprias características peculiares da região, a *internet* pode exercer papel fundamental para o contorno dessas dificuldades.

Ainda que a realidade não fosse essa e os benefícios da *internet* não fossem inegáveis ao interior do Amazonas, a Constituição Federal, assegura aos cidadãos o direito fundamental da liberdade de informação dispondo, em seu em seu artigo 5º, no inciso XIV: "é assegurado a todos o acesso à informação e resguardado o sigilo da fonte, quando necessário ao exercício profissional".

Já no plano internacional, o artigo 19 da Declaração Universal dos Direitos Humanos assegura a todos os seres humanos o direito à informação:

> Artigo 19: Todos os seres humanos têm direito à liberdade de opinião e expressão; este direito inclui a liberdade de, sem interferência, ter opiniões e de procurar, receber e transmitir informações e ideias por quaisquer meios e independentemente de fronteiras.[15]

No plano infraconstitucional, o Marco Civil da *Internet*, Lei 12.965/14, estatui que o acesso à *internet* um direito de todos e essencial ao exercício da cidadania:

> Art. 4º – A disciplina do uso da *internet* no Brasil tem por objetivo a promoção:
>
> I – do direito de acesso à *internet* a todos;
>
> Art. 7º O acesso à *internet* é essencial ao exercício da cidadania, e ao usuário são assegurados os seguintes direitos:
>
> IV – não suspensão da conexão à *internet*, salvo por débito diretamente decorrente de sua utilização;

Muito embora a Constituição consagre o direito ao acesso à informação, até o momento da realização deste artigo, não indica especificamente que a *internet* seja direito fundamental. É certo que os direitos fundamentais não estão elencados de forma exaustiva no artigo 5º da Constituição, mas não há qualquer menção expressa e direta ao acesso à *internet*.

[15] ORGANIZAÇÃO DAS NAÇÕES UNIDAS. **Declaração Universal dos Direitos Humanos**, 1948. Disponível em: <https://www.unicef.org/brazil/declaracao-universal-dos-direitos-humanos>. Acesso em: 04 jul. 2021.

Sobre o ponto, atualmente, tramita no Senado a Proposta de Emenda à Constituição nº 8/2020, a qual pretende a alteração do artigo 5º da Constituição Federal para incluir o direito de acesso à *internet* no rol dos direitos fundamentais.

A elevação desse direito à categoria de direito fundamental expressamente previsto tem o condão de permitir que a sociedade tenha condições igualitárias de acessar a *internet* e, consequentemente, viabilizar o exercício de outros direitos, como se verá na sequência.

Compreende-se que, sendo um direito prestacional, o dispêndio de recursos públicos na consecução da garantia constitucional seja de relevante monta. É importante, entretanto, que a previsão constitucional não se encerre apenas em sua formalidade, como acontece com vários outros direitos sociais previstos, mas que as políticas públicas sejam promovidas no sentido de empregar-lhe efetividade.

Não se pode olvidar que, em razão da função social que o Direito deve resguardar, é possível extrair seu papel fundamental na implementação da inclusão digital.

3. Acesso à *internet* como meio necessário ao acesso a justiça durante a pandemia

Já foi dito que o período excepcional de pandemia vivido nos últimos dois anos (2020/2021) causou críticas modificações, ainda que temporárias, na forma como se vivencia o sistema de justiça no Brasil.

No Amazonas não foi diferente. A forma como os jurisdicionados passaram a dialogar com o Poder Judiciário e o sistema de justiça em geral, foi profundamente alterado. Se em grandes centros esse aspecto teve relevante impacto no cotidiano profissional, nem se diga nos rincões mais distantes do interior do estado amazonense.

As populações rurais, indígenas, ribeirinhas e mesmo as populações concentradas nas pequenas aglomerações urbanas passaram a conviver com realidades que nem de longe imaginavam.

A necessidade de distanciamento social, termos como *lock down* e toque de recolher jamais fizeram parte da cultura desses cidadãos. De uma hora para outra, viram-se envoltos por uma realidade que, mesmo que teimassem em aceitar, não conseguiriam ficar alijados das consequências.

A par das consequências devastadoras da contração do novo Coronavírus, a dinâmica social, à revelia da vontade popular, teve de ser alterada.

No início de março de 2020, quando os efeitos da pandemia insistiram em se alastrar pela Amazônia, o Poder Público em geral e, especialmente o Poder Judiciário, adotaram medidas restritivas de acesso às dependências dos prédios públicos, com intuito de minorar as aglomerações e resguardar a integridade dos servidores públicos e da própria população usuária.

Entretanto, sendo as funções do Poder Judiciário serviço essencial, não se poderia paralisar suas atividades. Dessa forma, os Tribunais pátrios e o CNJ trataram de regulamentar a continuidade dos serviços, notadamente por meio virtual.

No contexto do dia a dia forense, o atendimento dos advogados passou ser realizado pelo meio digital. A mesma tendência, inevitavelmente, foi transportada às audiências que passaram acontecer por meio de videoconferência.

Em muitas localidades, o acesso físico às dependências dos fóruns e tribunais amazonenses foi completamente proibido[16], sendo posteriormente flexibilizado ou recrudescido, ao sabor das evidências de melhora ou piora dos casos de mortes e infecções locais.

A exemplo, pode-se citar as tentativas de retorno gradual adotada pelo Tribunal de Justiça do Amazonas, que por meio da Portaria nº 1.846, de 14 de setembro de 2020, previu a retomada das atividades presenciais em suas unidades, de forma gradual, a partir do dia 5 de outubro de 2020. Posteriormente, com aumento dos casos, o retorno gradual foi suspenso e retomado apenas em 03 de maio de 2021, por meio da Portaria nº 608/2021.

Fato é que, por diversos períodos, o acesso físico aos fóruns foi tolhido integralmente e a única forma de contato entre o jurisdicionado e o Poder Judiciário foi por meio da *internet*.

Sem o acesso à *internet*, portanto, não havia qualquer possibilidade de se falar com um juiz, acessar processos, distribuir as demandas nas quais o *jus postulandi* é admissível, entre outros atos do cotidiano forense. Isso tudo sem contar com a falta de acesso ao Ministério Público[17], que muitas vezes tem como sede uma pequena sala no interior dos fóruns nas

[16] Conforme Portaria 764/2020 – GABPRES, de 20 de março de 2020, a qual tratou da suspensão do atendimento externo nos fóruns do Tribunal de Justiça do Amazonas.

[17] Conforme Ato nº 108/2020/PGJ, oriundo da Procuradoria Geral de Justiça do Amazonas, que suspendeu temporariamente o atendimento ao público externo.

comarcas menores e a impossibilidade de qualquer contato com a defensoria pública[18].

Como se vê, durante boa parte do ano de 2020 e 2021, a população não teve acesso irrestrito ao Judiciário, da forma como era acostumada. Não é incomum o jurisdicionado ter amplo acesso ao juiz nas Comarcas do interior do Amazonas, afinal, em muitas localidades não há sequer a figura do advogado disponível ou mesmo a Defensoria Pública para intermediar esse contato. É dizer: o homem amazonense interiorano, na prática, para acessar ao judiciário, muitas vezes o faz por meio presencial, no balcão das varas, seja para ajuizar sua demanda ou para consultar andamento processual, mesmo que 100% do acervo do Tribunal de Justiça do Amazonas seja digitalizado e tramite pelo meio eletrônico.

Isso porque a tecnologia ainda não faz parte da realidade de boa parte dessa população. É inegável a exclusão digital do povo, sobretudo, da parcela mais pobre. Mesmo quando esse acesso, por alguma forma, é franqueado, a ligação com a *internet* é extremamente débil, em razão da precária prestação dos serviços de telefonia.

Nessas condições o homem mais simples do interior, na prática, não tem a garantia de acesso à justiça.

Ciente da precariedade da prestação do serviço no interior do Amazonas, o Tribunal de Justiça, não raro, se depara com julgamentos de ações civis públicas que buscam a melhoria do serviço[19].

[18] A exemplo do Ato Normativo nº 02/2021-GDPG/DPE/AM, oriundo do Gabinete do Defensor Público Geral, que dispõe sobre a suspensão de atendimentos presenciais na instituição.

[19] Um por todos: 4005004-64.2020.8.04.0000 – Agravo de Instrumento – Ementa: AGRAVO DE INSTRUMENTO. DIREITO PROCESSUAL CIVIL E DO CONSUMIDOR. AÇÃO CIVIL PÚBLICA. PRESTAÇÃO DE SERVIÇO DE TELEFONIA MÓVEL E DE INTERNET. INVERSÃO DO ÔNUS DA PROVA EM FAVOR DA DEFENSORIA PÚBLICA. IRRESIGNAÇÃO. SUBSTITUTO PROCESSUAL. RELAÇÃO CONSUMERISTA. HIPOSSUFICIÊNCIA. POSSIBILIDADE. PRECEDENTES JURISPRUDENCIAIS. DECISÃO MANTIDA. RECURSO CONHECIDO, E NÃO PROVIDO. 1. A cognição do Tribunal, por ocasião do julgamento da presente espécie recursal, se limita a analisar o preenchimento, ou não, dos requisitos legais para o deferimento da medida liminar, sem a oitiva da outra parte, já que o meritum causae será decidido pelo Juízo a quo; 2. A ação civil pública originária tem como fundamento a proteção dos interesses da coletividade de consumidores da cidade de Nhamundá/AM, diante da alegação de ineficiência da prestadora de serviços de telefonia e internet; 3. É possível a inversão do ônus da prova por estar a Defensoria Pública do Estado do Amazonas atuando como substituta processual em defesa

É por isso que o acesso à *internet*, em especial no contexto excepcional de pandemia e a necessidade de resguardo social, ganha especial relevo e ainda mais características de direito fundamental por ser o único meio necessário ao acesso ao sistema de justiça.

Fácil perceber que a disponibilidade de conexão minimamente aceitável com a *internet* deve ser elevada à qualidade de serviço essencial. Não é demais, portanto, garantir ao cidadão meio necessário e disponível ao acesso ao Judiciário.

Tanto é verdade que a Lei nº 7.783/86 definiu, entre outros, a telecomunicação e o processamento de dados ligados a serviços essenciais, como serviços essenciais.

Mais recentemente, como decorrência dos efeitos da crise sanitária, o decreto 10.282/2020 que regulamentou a Lei nº 13.979/20, definiu como atividade essencial a *internet*.[20]

Daí se extrai que garantir o acesso à internet é garantir o acesso aos serviços públicos essenciais, tal como é a atividade judiciária e demais atores do sistema de justiça.

Aliás, todo o sistema de justiça tem se aperfeiçoado conforme o desenvolvimento de novas tecnologias vão surgindo.

Atualmente, já é possível falar em juízo 100% digital, conforme se extrai da Resolução nº 345/2020, do CNJ. Por ora, essa modalidade de prestação jurisdicional é opcional, mas não será qualquer surpresa se, em um futuro próximo, passar a ser obrigatória.

E não é para menos. O Poder Judiciário atual não pode pretender ser ágil e eficiente e estar alheio às novas tecnologias e utilização dos meios virtuais. A função jurisdicional precisa acompanhar a inovação e se adaptar.

dos interesses e direitos dos consumidores, com base nas disposições do Código de Defesa do Consumidor, conforme inteligência do art. 21 da Lei nº 7.347/1985; 4. Decisão mantida; 5. Recurso conhecido, e não provido. (Relator (a): Yedo Simões de Oliveira; Comarca: Manaus/AM; Órgão julgador: Segunda Câmara Cível; Data do julgamento: 29/03/2021; Data de registro: 30/03/2021)

[20] Art. 3º As medidas previstas na Lei nº 13.979, de 2020, deverão resguardar o exercício e o funcionamento dos serviços públicos e atividades essenciais a que se refere o § 1º.

§ 1º São serviços públicos e atividades essenciais aqueles indispensáveis ao atendimento das necessidades inadiáveis da comunidade, assim considerados aqueles que, se não atendidos, colocam em perigo a sobrevivência, a saúde ou a segurança da população, tais como:

[...]

VI – telecomunicações e internet;

Embrionariamente, o Código de Processo Civil previu em seu artigo 453, §§ 1º e 2º, a possibilidade de inquirição de testemunha que resida em local diverso de onde tramita o feito por meio de videoconferência, cabendo ao Poder Judiciário instalar e manter nas dependências dos fóruns equipamento para a transmissão e recepção de sons e imagens para a realização de audiências por videoconferência ou outro recurso tecnológico de transmissão e recepção de sons e imagens em tempo real.[21]

É certo que ao tempo da previsão legal, nem se imaginava que o mundo enfrentaria uma pandemia. A crise sanitária impôs a adoção de mecanismos alternativos a garantir a manutenção do acesso ao Judiciário, até porque a parcela da população mais atingida pelos efeitos da pandemia não poderia ficar desamparada quanto ao enfrentamento de uma violação de direito, quando mais precisasse do Judiciário.

Tal fato agilizou e tornou imprescindível o alargamento da possibilidade de utilização da via digital e telepresencial no decorrer dos feitos, não apenas nas estreitas hipóteses previstas. As hipóteses excepcionais previstas tornaram-se regra.

O Conselho Nacional de Justiça, recentemente, por meio do ato normativo sob o nº 0004219-51.2021.2.00.0000, determinou aos tribunais brasileiros que disponibilizassem, em suas unidades físicas, um servidor em trabalho presencial para atendimento aos cidadãos que não têm acesso à *internet*, em clara sinalização da indispensabilidade da *internet* para o acesso à Justiça.

A relatoria do ato expôs que muitos brasileiros não têm acesso a *internet*, fato que pode criar barreiras ao acesso à justiça, afastar o cidadão dos serviços prestados pelo Poder Judiciário e reiterou que o momento de crise sanitária reforça a necessidade da ação. Segundo a Conselheira, é imprescindível a adoção de medidas garantidoras do acesso à Justiça aos excluí-

[21] Art. 453. As testemunhas depõem, na audiência de instrução e julgamento, perante o juiz da causa, exceto:
I – as que prestam depoimento antecipadamente;
II – as que são inquiridas por carta.
§ 1º A oitiva de testemunha que residir em comarca, seção ou subseção judiciária diversa daquela onde tramita o processo poderá ser realizada por meio de videoconferência ou outro recurso tecnológico de transmissão e recepção de sons e imagens em tempo real, o que poderá ocorrer, inclusive, durante a audiência de instrução e julgamento.
§ 2º Os juízos deverão manter equipamento para a transmissão e recepção de sons e imagens a que se refere o § 1º.

dos digitais, notadamente nesse momento de crise pandêmica. Ela afirmou que o ato está em consonância com o objetivo de fornecer subsídios para a adoção de iniciativas que promovam os direitos humanos e fundamentais no âmbito dos serviços judiciários, assinalado pelo Observatório de Direitos Humanos do Poder Judiciário.[22]

Tudo isso representa um importante avanço na democratização do acesso ao sistema de justiça, mas ainda imprescinde da presença física dentro de um fórum de justiça para sua efetivação.

Uma indagação vem à tona: se a população do interior do Amazonas, via de regra, não conta com acesso à *internet* e quando conta o serviço não detém qualidade mínima, como garantir o acesso ao sistema de justiça por meio digital com os fóruns fechados, como ocorreu durante a pandemia?

Não é a pretensão deste trabalho apresentar solução definitiva para o problema, mas chamar a atenção para o fato. De toda sorte, para minimizar os efeitos pode-se pensar em centros digitais comunitários com servidores suficientemente treinados para auxílio e efetivar o acesso não só ao Poder Judiciário mas a todos os serviços públicos disponíveis em linha, ou a disponibilização de acesso à *internet* de forma gratuita à população nos logradouros públicos, como forma de universalização do acesso.

Nota-se, é verdade, que os Poderes Judiciário e Legislativo têm adotado medidas para efetivar o acesso à *internet* como forma de garantir o acesso ao sistema de Justiça. Resta, portanto, ao Poder Executivo assumir o protagonismo que dele se espera na formulação da política pública respectiva.

Conclusões

O acesso à justiça é, inegavelmente, um direito fundamental basilar à sociedade democrática por ser um dos pilares essenciais na busca da efetivação dos demais direitos humanos.

Encampando os avanços tecnológicos, o Poder Judiciário vem se remodelando para transmudar os atos diários do meio físico para o digital e caminha a passos largos para a sua completa digitalização.

Durante a pandemia do COVID-19, o avanço tecnológico, como visto, representou a alternativa a permitir a continuidade dos serviços essenciais,

[22] TRIBUNAIS devem garantir atendimento a cidadãos sem acesso à internet. **Revista Consultor Jurídico**. 2021; Disponível em: <https://www.conjur.com.br/2021-jul-07/tribunais-garantir-atendimento-cidadaos-acesso-internet>. Acesso em: 08 jul. 2021.

como é a atividade do Poder Judiciário. Por outro lado, trouxe a lume a patente exclusão digital da parte vulnerável da população do interior do Amazonas.

Considerando-se que a realidade da população do interior do Amazonas é lastreada na precariedade dos serviços público e no verdadeiro abandono estrutural por parte do poder público, apontou-se o uso da *internet* como alternativa viável a minimizar os efeitos da deficiência estatal.

Assim, também ficou clara a necessidade de se entender o acesso à *internet* como direito fundamental. Isso porque as relações interpessoais, bem como a relação entre particulares e as instituições oficiais são, por tendência mundial, permeadas em maior ou menor grau pelo acesso à rede mundial de computadores.

Por silogismo, pode-se estabelecer que a falta de acesso à *internet*, notadamente no contexto pandêmico de crise sanitária, em que se proibiu o acesso físico aos órgãos do Poder Judiciário, implica barreira ao acesso à justiça. Em outras palavras, significa óbice à concretização dos direitos humanos mais básicos.

O acesso digital à justiça se apresenta como meio imprescindível e inevitável para sua universalização.

Não se desconhece que as políticas públicas que permitam o efetivo acesso à *internet* pelas populações mais vulneráveis do interior do Amazonas dependem da alocação dos escassos recursos públicos, o que pode dificultar sua implementação.

Por outro lado, o Direito, sob a bandeira de sua função social, tem papel importante na implementação do acesso digital à justiça.

A população do interior amazonense não é composta de cidadãos de segunda classe. Nesse diapasão, cabe ao poder público concretizar a conexão digital entre os cidadãos e as instituições do sistema de justiça, como efetivação dos direitos humanos decorrentes do acesso à justiça, em especial, durante o período excepcional de crise sanitária, quando a população mais vulnerável fica ainda mais alijada do sistema de justiça.

Referências

ALMEIDA, Roger Luiz Paes de. **Acesso à justiça na Amazônia: Desafios e perspectivas à luz do neoconstitucionalismo**. Curitiba: Juruá, 2021.

ALVIM, José Eduardo Carreira. **Justiça: acesso e descesso**. Revista Jus Navigandi, ISSN 1518-4862, Teresina, ano 8, n. 65, 1 maio 2003. Disponível em: <https://jus.com.br/artigos/4078>. Acesso em: 02 jul. 2021

BRASIL. Constituição (1988). **Constituição da República Federativa do Brasil.** Brasília, DF: Centro Gráfico, 1988.

BRASIL. **Decreto nº 10.282**, de 20 de março de 2020. Regulamenta a Lei nº 13.979, de 6 de fevereiro de 2020, para definir os serviços públicos e as atividades essenciais. Brasília. 2020. Disponível em: <http://www.planalto.gov.br/ccivil_03/_ato2019-2022/2020/decreto/D10282.htm>. Acesso em: 04 jul. 2021.

BRASIL. **Lei nº 12.965**, de 23 de abril de 2014. Estabelece princípios, garantias, direitos e deveres para o uso da *Internet* no Brasil. Brasília. 2014. Disponível em: <http://www.planalto.gov.br/ccivil_03/_ato2011-2014/2014/lei/l12965.htm>. Acesso em: 04 jul. 2021.

BRASIL. **Lei nº 13.105,** de 16 de março de 2015. Código de Processo Civil. Brasília. 2015. Disponível em: <http://www.planalto.gov.br/ccivil_03/_ato2015-2018/2015/lei/l13105.htm>. Acesso em: 02 jul. 2021.

BRASIL. **Lei nº 7.783**, de 28 de junho de 1989. Dispõe sobre o exercício do direito de greve, define as atividades essenciais, regula o atendimento das necessidades inadiáveis da comunidade, e dá outras providências. Brasília. 1989. Disponível em: <http://www.planalto.gov.br/ccivil_03/leis/l7783.HTM>. Acesso em: 04 jul. 2021.

Canotilho, José Joaquim Gomes. **Direito Constitucional e Teoria da Constituição**. 7.ed. Coimbra: Almedina, 2003.

Cappelletti, Mauro; Garth, Bryant G.; **Acesso à justiça**. tradução de Ellen Gracie Northfleet. Porto Alegre: Fabris, 1988.

COMITÊ Gestor da Internet no Brasil (CGI.br). (2020). Pesquisa sobre o uso das tecnologias da informação e comunicação no Brasil: pesquisa **TIC Domicílios**, ano 2019: Relatório de coleta de dados. São Paulo: CGI.br. Disponível em: <https://cetic.br/media/analises/tic_domicilios_2019_coletiva_imprensa.pdf>. Acesso em: 03 jul. 2021.

CONSELHO NACIONAL DE JUSTIÇA (Brasil). Resolução n. 345, de 9 de outubro de 2020. Diário da Justiça [do] Conselho Nacional de Justiça, Brasília, DF, n. 331, p. 2-3, 9 out. 2020.

Fux, Luiz; Ávila, Henrique; Cabral, Trícia Navarro Xavier (Ed.). **Tecnologia e Justiça Multiportas: Teoria e prática**. Editora Foco, 2021 p. 29, disponível em: <https://pt.scribd.com/read/506216148/Tecnologia-e-Justica-Multiportas-Teoria-e-pratica>. Acesso em: 02 jul. 2021.

Grinover, Ada Pellegrini, **Ensaios sobre a processualidade – fundamentos para uma nova teoria geral do processo.** 1ª ed. Brasília. Gazeta Jurídica. 2018.

Grinover, Ada Pellegrini. Novas tendências do direito processual. São Paulo: Forense Universitária, 1990.

ORGANIZAÇÃO DAS NAÇÕES UNIDAS. **Declaração Universal dos Direitos Humanos**, 1948. Disponível em: <https://www.unicef.org/brazil/declaracao-universal-dos-direitos-humanos>. Acesso em: 04 jul. 2021.

Rodrigues, Horácio Wanderley. **Acesso à Justiça no Direito Processual Brasileiro.** São Paulo: Editora Acadêmica, 1994.

TRIBUNAIS devem garantir atendimento a cidadãos sem acesso à internet. **Revista Consultor Jurídico**. 2021; Disponível em: <https://www.conjur.com.br/2021-jul-07/tribunais-garantir-atendimento-cidadaos-acesso-internet>. Acesso em: 08 jul. 2021.

VEGA, Wilfredo Ardito. **La Promoción del Acceso a la Justicia en las Zonas Rurales.** Tesis [Doctoral]. Pontificia Universidade Católica del Perú, Lima. 2010. Disponível em: <https://tesis.pucp.edu.pe/repositorio/handle/20.500.12404/1399>. Acesso em: 07 jul. 2021.

WATANABE, Kazuo. **Acesso à justiça e sociedade moderna.** In: GRINOVER, Ada Pellegrini; DINAMARCO, Cândido Rangel; WATANABE, Kazuo (Coords.). Participação e processo. São Paulo: Revista dos Tribunais, 1998.

7
A ATUAÇÃO DA ADVOCACIA PÚBLICA EM TEMPOS DE PANDEMIA

Jucelinno Araújo Lima

Introdução

A Pandemia do novo Coronavírus que assola o mundo desde o final de 2019 trouxe mudanças em toda a sociedade, desde questões relativas ao convívio social, como a necessidade de distanciamento social e higiene constante das mãos com água e sabão ou álcool em gel, até a internação de doentes sem acompanhantes e a realização de funeral com restrição ao número de pessoas presentes, até a tomada de decisão célere e fora dos padrões regulares de gestores para aquisição de produtos e contratação de serviços, bem como uma maior oferta do tratamento de saúde direcionada a essa doença que acarretou um aumento significativo na ocupação de leitos hospitalares e o uso intenso de medicamentos, insumos e equipamentos.

Essa necessidade de ação com rapidez por parte dos administradores públicos não prescinde da segurança e juridicidade que devem nortear os atos administrativos, por esse motivo um bom assessoramento jurídico em momento ímpar como este é fundamental, ainda mais considerando a queda na arrecadação de receitas públicas devido à restrição da atividade econômica e ao distanciamento, o que requer estratégias criativas para manter em funcionamento o Fisco e o pagamento da Dívida Ativa.

Importante registrar, ainda, o aumento de demandas judiciais considerando a procura por internações, leitos de Unidade de Tratamento Intensivo – UTI, oxigênio, medicamentos, insumos e equipamentos, além de diversas ações coletivas, o que requer um trabalho a mais durante esse período turbulento, em que os processos judiciais ordinários continuam em alta, inclusive com movimentação mais célere considerando a ausência de atendimento presencial ao público nos órgãos públicos, o que libera servidores do Ministério Público, da Defensoria Pública e do Poder Judiciário para se concentrarem apenas no trabalho interno.

Nesse cenário, sobressai o papel imprescindível que a advocacia pública tem e que vem exercendo no auxílio ao combate a esta pandemia, seja no assessoramento jurídico para que os gestores públicos tomem decisões com segurança e juridicidade, seja na atuação judicial defendendo os cofres públicos, cuja preservação é essencial, inclusive neste momento em que o Sistema Único de Saúde é o responsável pela maioria esmagadora do tratamento da Covid-19 e da exclusividade em relação à vacinação contra o Coronavírus.

Acrescente-se a esse quadro a questão do distanciamento social que levou ao trabalho remoto, que a tecnologia ajudou em grande parte, com reuniões e conversas à distância e o uso de sistemas de computação interligados à rede mundial de computadores, mas que também tem seus desafios como a dificuldade de algumas pessoas em usar essas mídias, causando uma diminuição na arrecadação de receitas públicas, problemas de comunicação e outros decorrentes da ausência das pessoas em um mesmo ambiente, além dos problemas de conexão à internet e as distrações normais do *home office*.

O presente trabalho está estruturado com base nessas premissas e analisa a atuação da Advocacia Pública diante desse horizonte de incertezas com base em consulta a obras relacionadas ao tema, manifestação de advogados públicos representantes de suas classes ou que estão diretamente envolvidos com questões relativas à Pandemia, inclusive o próprio autor.

1. O papel da advocacia pública. previsão legislativa. representação e consultoria

A Advocacia Pública se encontra prevista nos artigos 131 e 132 da Constituição da República de 1988, na Seção II do Capítulo IV, que trata das Funções Essenciais à Justiça, do Título IV – Da Organização dos Poderes. Cabe a ela a representação das pessoas jurídicas de direito público interno, União, Estados e Distrito Federal, além das atividades de consultoria e assessoramento jurídico do Poder Executivo.

A Advocacia Pública da União é exercida pela Advocacia-Geral da União, que está dividida em três órgãos: Procuradoria-Geral da União, que representa a Administração Direta (União e órgãos vinculados); a Procuradoria-Geral da Fazenda Nacional, que atua na execução da dívida ativa de natureza tributária; e a Procuradoria-Geral Federal, que atua junto à Administração Indireta (autarquias e fundações). Por sua vez, os Procuradores dos Estados e do Distrito Federal compõem as Procuradorias Gerais de cada um desses entes federativos.

Embora sem assento constitucional, a Advocacia Pública exerce as mesmas atividades em alguns municípios, principalmente nos maiores, bem como nas demais pessoas jurídicas de direito público interno, como as autarquias e fundações públicas das três esferas de governo. A falta de previsão constitucional em relação aos municípios se deu considerando a situação econômica e estrutural de alguns desses entes, com pouca capacidade de estruturar um órgão com essa magnitude, mas é dever de toda municipalidade que reunir condições, instalar sua procuradoria jurídica nos moldes da previsão constitucional referida aos Estados e Distrito Federal.

O Código de Processo Civil brasileiro, Lei nº 13.105, de 16 de março de 2015, prevê, em seu art. 183, que:

> Art. 183. Incumbe à Advocacia Pública, na forma da lei, defender e promover os interesses públicos da União, dos Estados, do Distrito Federal e dos Municípios, por meio da representação judicial, em todos os âmbitos federativos, das pessoas jurídicas de direito público que integram a administração direta e indireta.

Como se viu o advogado público detém as funções de representação judicial e extrajudicial do ente público e de consultoria e assessoramento jurídico. Na representação o advogado público cumula duas funções: a de advogado e de representante. Fredie Didier Júnior e Leonardo Carneiro da Cunha[1] elucidam essa questão:

> O advogado público, além de ter a função de representar a Fazenda Pública judicial e extrajudicialmente, exerce o assessoramento jurídico e as atribui-

[1] Mendes, Gilmar Ferreira; Sarlet, Ingo Wolfgang; LTDA, I. C. E. P.; Canotilho, José Joaquim Gomes; Leoncy, Leo Ferreira; Streck, Lenio Luiz. *Comentários à constituição do Brasil*. 2. ed. São Paulo: Saraiva, 2017. s. p.

ções próprias de advogado. Quer isso dizer que o advogado público cumula as duas funções: além de advogado, é também representante judicial e extrajudicial da respectiva pessoa jurídica de direito público. Geralmente, uma pessoa de direito privado tem seu representante, que não se confunde com o advogado contratado para assessorá-la e defender seus interesses em juízo ou fora dela. O advogado público cumula as duas funções.

Os cargos de advogados públicos são ocupados por advogados regularmente inscritos na Ordem dos Advogados do Brasil – OAB, o que lhes confere capacidade postulatória. Como a representação decorre diretamente da lei, não há necessidade de juntada de instrumento de mandato, considerando o vínculo legal existente entre o procurador e a Administração Pública[2]. Aos advogados públicos é aplicado o Estatuto da Advocacia e da OAB, Lei nº 8.906, de 4 de julho de 1994, sendo-lhes inerentes as prerrogativas, vantagens e direitos da advocacia.

Desse modo, os advogados públicos exercem papel fundamental na consultoria e assessoramento jurídicos dos gestores públicos. Esse apoio técnico é primordial para a boa execução dos serviços e políticas públicas, pois favorece a legalidade e segurança jurídica necessárias para a busca dos fins do Estado, lastreado pelos princípios da Administração Pública insculpidos na cabeça do art. 37 da Constituição da República de 1988, quais sejam, Legalidade, Impessoalidade, Moralidade, Publicidade e Eficiência.

Por outro lado, os advogados públicos fazem a representação judicial e extrajudicial dos entes públicos. No caso da representação judicial, esta se mostra imprescindível na defesa do erário, pautada no interesse público, bem como na cobrança judicial e extrajudicial da dívida ativa dos entes federados. Essa atuação garante a proteção dos cofres públicos, salvaguardando a saída de numerário e buscando judicialmente a receita que não foi recebida voluntariamente. Essa atividade é primordial para a manutenção do orçamento equilibrado para cobrir as despesas públicas.

[2] Op. Cit. n. p.

2. A pandemia de covid-19 causada pelo coronavírus. regência legislativa da crise

No final de 2019 o mundo acompanhou atônito a infecção de pessoas por um vírus, SARS-CoV-2[3], que ficou conhecida como "novo" Coronavírus, transmissor da doença que pode causar uma síndrome respiratória grave, chamada comumente de Covid-19, iniciado na cidade chinesa de Wuhan. Rapidamente os casos e morte se espalharam pelo mundo inteiro, alterando sobremaneira a vida das pessoas. Em 30/01/2020 a Organização Mundial de Saúde declarou Estado de Emergência de Saúde Pública de Importância Internacional.

Essa pandemia vem se arrastando e em dezembro/2021 tem-se mais de 280 milhões de pessoas infectadas no mundo, com quase cinco milhões e meio de óbitos segundo dados da Organização Mundial de Saúde[4]. A notícia esperançosa é que mais de oito bilhões de doses de vacina contra a Covid-19 foram administradas até o final de 2021 e espera-se que esse número cresça a cada dia mais ao passo em que se diminui o número de contágios e mortes, apesar dos efeitos do aparecimento de variantes como a Delta e a Ômicron.

No Brasil, os primeiros casos foram notificados no início de 2020. Foi recomendado pelas autoridades sanitárias o uso constante de álcool em gel e a lavagem das mãos com água e sabão, logo depois o uso de máscara de proteção, além do distanciamento social, o que levou a necessidade de se estabelecer trabalho e outras reuniões de modo remoto. Os hábitos mudaram e viu-se a necessidade de adaptação de praticamente todos os setores da sociedade, inclusive a Administração Pública. Em 03/02/2020 o governo federal brasileiro, por meio do Ministério de Estado da Saúde, editou a Portaria GM/MS nº 188, declarando Emergência de Saúde Pública de Importância Nacional – ESPIN (prevista no Decreto nº 7.616/2011).

Na seara legislativa, foi editada a Lei nº 13.979, de 6 de fevereiro de 2020, que dispõe sobre as medidas para enfrentamento da emergência de saúde pública de importância internacional decorrente do coronavírus responsável pelo surto de 2019, entre elas o isolamento e a quarentena, previstos no art. 2º da lei:

[3] Do inglês **Severe Acute Respiratory Syndrome Coronavirus 2,** que significa, em tradução livre, Coronavírus 2 da síndrome respiratória aguda grave.

[4] Disponível em <https://www.who.int/emergencies/diseases/novel-coronavirus-2019> Acesso em 30/12/2021.

I – isolamento: separação de pessoas doentes ou contaminadas, ou de bagagens, meios de transporte, mercadorias ou encomendas postais afetadas, de outros, de maneira a evitar a contaminação ou a propagação do coronavírus; e

II – quarentena: restrição de atividades ou separação de pessoas suspeitas de contaminação das pessoas que não estejam doentes, ou de bagagens, contêineres, animais, meios de transporte ou mercadorias suspeitos de contaminação, de maneira a evitar a possível contaminação ou a propagação do coronavírus.

Com diversas alterações legislativas posteriores, o art. 3º prevê que, para o enfrentamento da Pandemia de Covid-19, as autoridades poderão ainda adotar, diversas medidas excepcionais, tais como o uso obrigatório de máscaras de proteção individual; exumação, necropsia, cremação e manejo de cadáver; restrição excepcional e temporária, por rodovias, portos ou aeroportos, de entrada e saída do País e locomoção interestadual e intermunicipal. Isso demonstra o alto grau de excepcionalidade do qual se vive em tempos de pandemia. Essa lei teve como fim de vigência a data de 31/12/2020 causando diversos problemas jurídicos considerando que a Pandemia continuou sem maiores diferenças após essa data.

Seguiram a essa lei, ainda em 2020, diversos diplomas normativos[5] que tratam do assunto, como por exemplo: **Lei 13.989/2020**, que autoriza o uso da telemedicina durante a crise causada pelo coronavírus (SARS-CoV-2); **Lei 13.994/2020**, que altera a Lei dos Juizados Especiais para possibilitar a conciliação não presencial no âmbito dos Juizados Especiais Cíveis; **Lei 14.020/2020**, que institui o Programa emergencial de manutenção do emprego e renda; **Lei 14.046/2020**, que disciplina as regras para cance-

[5] Mais exemplos: **Lei 13.982/2020**, que institui auxílio-emergencial para trabalhadores autônomos; **Lei 13.993/2020**, que proíbe a exportação de produtos médicos, hospitalares e de higiene essenciais ao combate do coronavírus; **Lei 14.019/2020**, que dispõe sobre a obrigatoriedade do uso de máscaras de proteção individual durante a pandemia da Covid-19; **Lei 14.022/2020**, que dispõe sobre medidas de enfrentamento à violência doméstica, contra crianças, adolescentes, idosos e pessoas com deficiência durante a pandemia da Covid-19; **Lei nº 14.030/2020**, que flexibilizou os prazos para a realização das assembleias gerais diante da pandemia do covid-19; **Lei 14.034/2020**, que dispõe sobre medidas emergenciais para a aviação civil brasileira em razão da pandemia da Covid-19; **Lei 14.124/2021**, que estabelece medidas para aquisição de vacinas; **14.125/2021**, que disciplina a responsabilidade civil por eventos adversos das vacinas contra a Covid-19; **Lei 14.128/2021**, que estabelece compensação financeira paga aos profissionais e trabalhadores da saúde na Covid-19.

lamento de serviços, reservas e eventos dos setores de turismo e cultura em razão da Covid-19.

Um pacto federativo foi viabilizado por meio da **Lei Complementar 173/2020**, que institui o Programa Federativo de enfrentamento do coronavírus. A Constituição da República de 1988 foi alterada por meio da **Emenda Constitucional 106/2020**, que institui regime extraordinário fiscal, financeiro e de contratações para enfrentamento da calamidade pública decorrente do coronavírus; e da **Emenda Constitucional 107/2020**, que determinou o adiamento das eleições municipais em razão da Covid-19. No nível infralegal, destaca-se a **Portaria conjunta 1/2020 – Conselho Nacional de Justiça e Ministério da Saúde**, que autoriza que os estabelecimentos de saúde possam encaminhar o corpo do falecido para sepultamento ou cremação mesmo sem prévia lavratura do registro de óbito.

A essa massa de atos normativos federais, acrescente-se as normas advindas dos 27 estados e de 5.571 municípios da federação, bem como as diversas decisões judiciais e recomendações de órgãos como Ministério Público, Defensoria Pública, Advocacia Pública, Tribunais de Contas, além das autoridades sanitárias, o que requer do operador do Direito uma atualização diária para um bom assessoramento a seu cliente, principalmente se esse for o Poder Público. Acrescente a esse grande número de normas, a comoção social pelas perdas de tantas vidas e o medo do contágio, a necessidade de paralisação dos serviços considerados não essenciais, além do aumento do desemprego e da renda.

Diante desse cenário de mudanças sociais, em razão do alto contágio, o distanciamento social é necessário acarretando a necessidade de avanço para o trabalho remoto, teletrabalho ou *home office*, atendimentos profissionais, palestras, cursos e seminários por videoconferência. Nesse ponto, a tecnologia e as mídias sociais aliadas à ampliação da oferta e do sinal de internet colaboraram para que isso fosse possível, apesar dos diversos desafios enfrentados como a ausência de presença física das pessoas às reuniões de trabalho ou no recebimento de orientações, os problemas de conexão à internet ou falhas dos sistemas de computação, e as distrações normais do lar como crianças, animais domésticos e barulhos da vizinhança.

Tudo isso aumentou o grau de responsabilidade e a necessidade de uma ainda mais elevada dedicação no assessoramento jurídico e na defesa judicial e extrajudicial da Fazenda Pública para fazer frente a todos esses novos obstáculos.

3. Atividades desenvolvidas nas diversas esferas de governo

Desde que os primeiros casos de contágio foram registrados no Brasil, foi necessária uma mobilização que uniu forças de todos os Poderes da República para atuar diminuindo os danos causados pela pandemia. A nova e grave situação trouxe necessidades urgentes que a burocracia que permeia os procedimentos da Administração Pública não ajudaria a solucionar. A criatividade e novas estratégias, pautadas pela juridicidade, vem sendo a saída encontrada para enfrentar esse momento drástico para a vida das pessoas.

No âmbito federal, Advogados Públicos membros da Advocacia-Geral da União – AGU integram o Centro de Coordenação das Operações do Comitê de Crise da Covid-19 (CCPO). Eles atuam no assessoramento jurídico dando o aval necessário para as decisões e demandas emergenciais do Ministério da Saúde, como, pode-se citar, o repasse de verbas para a aquisição de testes além da liberação de recursos para compra de insumos e equipamentos necessários ao combate à pandemia. Esse trabalho possibilita a execução de políticas públicas com agilidade e eficácia.[6]

Vale ressaltar que os advogados públicos federais são responsáveis, por determinação constitucional, pela representação judicial de 159 autarquias e 22 ministérios que formam o Poder Executivo Federal, representando juridicamente os Poderes Legislativo e Judiciário. O trabalho remoto não diminuiu o trabalho realizado. Em teletrabalho a partir de 17 de março de 2020, a Procuradoria-Geral Federal, um dos braços da AGU, até 20 de abril de 2020, menos de um mês, atuou em 93.539 processos judiciais e 101.852 atividades jurídicas, além de 16.098 atividades consultivas.[7]

Vale registrar, ainda, o trabalho de consultoria jurídica realizado para a aquisição de vacinas para imunização à Covid-19 que, até o presente momento, é de exclusividade do Sistema Único de Saúde.

Sabe-se que a pandemia trouxe diversos efeitos nefastos à Administração Pública, entre eles o impacto nas finanças públicas. Desde a chegada

[6] Rodrigues, Marcelino. *A Advocacia Pública Federal e seu papel em tempos de coronavírus:* O trabalho remoto desses profissionais já registra milhares de horas em atividades jurídicas. Artigo publicado em 10/04/2020 em <https://www.jota.info/opiniao-e-analise/artigos/a-advocacia-publica-federal-e-seu-papel-em-tempos-de-coronavirus-10042020> Acesso em 14/06/2021. O autor é Presidente da Associação Nacional dos Advogados Públicos Federais (ANAFE) e Secretário-Geral do Fórum Nacional Permanente das Carreiras Típicas de Estado (FONACATE).

[7] Op. Cit.

da Covid-19 ao Brasil, a urgência na tomada de decisão por parte de gestores públicos tem agravado a situação. Denúncias sobre irregularidades e desvios em compras de equipamentos e insumos para o combate a pandemia agravam a situação.

Com efeito, para citar como exemplo, no Estado do Pará, os respiradores comprados da China não funcionaram e teve pagamento antecipado ao custo de R$ 50,4 milhões[8]. No Estado do Rio de Janeiro, denúncia do Ministério Público estadual sobre superfaturamento na compra de cestas básicas[9]. No Estado do Amazonas, denúncias de superfaturamento na compra de respiradores[10] e na contratação de um hospital privado para campanha[11].

Vicente Braga, Procurador do Estado do Ceará e Presidente da Associação Nacional dos Procuradores dos Estados e do DF – ANAPE, entende que contratações com duvidosa regularidade como essas não seriam realizadas se essas aquisições tivessem passado pelo crivo da Advocacia Pública.[12] Isso porque cabe ao advogado público a análise da contratação sob o manto das rígidas regras dos princípios da Administração Pública e da legislação de regência que exige a verificação se o contratado tem capacidade econômico-financeira para a boa execução do contrato e se os preços são compatíveis com os de mercado.

O procurador chama a atenção para o fato de que um recurso público mal-empregado afeta a sociedade duplamente, pois ele nem atende às vítimas além de onerar os cofres públicos. Ele noticia que as procuradorias

[8] Disponível em: < https://www2.mppa.mp.br/noticias/investigacao-vai-apurar-compra-de-respiradores-que-nao-funcionam.htm> Acesso em 16/06/2021.

[9] Disponível em: <https://www.mprj.mp.br/home/-/detalhe-noticia/visualizar/87302> Acesso em 16/06/2021.

[10] Disponível em <https://g1.globo.com/jornal-nacional/noticia/2020/10/19/policia-federal-apura-superfaturamento-na-compra-de-respiradores-no-amazonas.ghtml> Acesso em 16/06/2021.

[11] Disponível em: < https://www.gov.br/cgu/pt-br/assuntos/noticias/2021/05/covid-19-cgu-pf-e-mpf-deflagram-4a-fase-da-operacao-sangria-no-amazonas> Acesso em 16/06/2021.

[12] Braga, Vicente Martins Prata. *Covid-19: o olhar da Advocacia Pública para o equilíbrio das contas.* Diante da urgência, estados têm tomado decisões açodadas sobre compras emergenciais e acabam virando caso de polícia. Artigo publicado em 23/08/2020 em < https://www.jota.info/opiniao-e-analise/artigos/covid-19-o-olhar-da-advocacia-publica-para-o-equilibrio-das-contas-23082020> Acesso em 16/06/2021. O autor é doutorando em Direito Processual Civil pela US.

têm atuado para encontrar soluções de curto prazo para a grave situação gerada com a pandemia. Cita como exemplo que, em Rondônia, a Procuradoria Geral do Estado – PGE, conseguiu por meio de Suspensão de Liminar nº 1337, junto ao Supremo Tribunal Federal – STF, a destinação de R$ 83 milhões, sobra da arrecadação de 2019, para ações de combate à Covid-19.[13]

Os Estados membros da federação assumiram um papel de protagonismo no combate à Pandemia. O Supremo Tribunal Federal – STF fixou o entendimento de que Estados e Municípios têm autonomia para o enfrentamento da crise ocasionada pelo Coronavírus nos limites de sua competência administrativa, com fulcro no art. 23, II, da Constituição da República de 1988, a exemplo do julgamento da Medida Cautelar na Ação Direta de Inconstitucionalidade – ADI nº 6341/DF.

Com efeito, o STF consignou que a União poderia legislar em relação ao combate ao Coronavírus, mas não poderia subtrair a autonomia dos demais entes em relação àquele tema. Foi decidido que o art. 3º da Lei 13.979/2020 deve ser interpretado conforme à Constituição, sem impor limites aos Estados e Municípios, mas possibilitando uma atuação conjunta destes com a União, conforme estabelece a Carta Magna. Desse modo, Estados e Municípios podem, sem anuência do Governo Federal, efetivar medidas que estão na esfera de suas competências, mormente em se tratando de situação de manifesta anormalidade na saúde pública, como a pandemia de COVID-19.

A Procuradora do Estado do Amazonas Vanessa Lima do Nascimento, que é Coordenadora do Procuradoria Judicial de Saúde do Amazonas, relata[14] o aumento da judicialização da saúde com o advento da Pandemia de Coronavírus, trazendo números bem significativos, o que fez com que a advocacia pública amazonense, além do aumento da carga de trabalho em relação às respostas rápidas que o gestor precisava para a tomada de decisão no âmbito consultivo, ainda tivesse esse levante de novas ações judiciais.

Ainda segundo a Procuradora, no que se denominou de "Primeira Onda", momento em que o número de casos e mortes aumentaram signi-

[13] Op. Cit. n. p.

[14] NASCIMENTO, Vanessa Lima do. COSTA, Mateus Severiano da. PAULITSCH, Aline Fayh (palest). *Os reflexos da Covid 19 nas contratações públicas e nas demandas judiciais.* Webinar: **2º Encontro Nacional de Procuradorias de Saúde. Associação Nacional dos Procuradores dos Estados e do Distrito Federal – ANAPE.** Palestra proferida em 15/06/2021. Disponível em <https://www.youtube.com/watch?v=GptpBzzWpTQ> Acesso em 19/06/2021.

ficativamente, ocorrida no Amazonas entre abril e maio de 2020, foram apresentados em juízo 56 (cinquenta e seis) novos processos, mais da metade deles em busca de leitos de Unidade de Tratamento Intensivo – UTI. Na "Segunda Onda", ocorrida entre janeiro e fevereiro de 2021, a situação foi ainda pior, com 192 (cento e noventa e dois) novos processos, sendo a grande maioria em busca de leitos de UTI. Isso apenas no campo do direito individual.

Em relação às ações coletivas, foram judicializadas 13 (treze) ações civis públicas – ACP's em 2020, principalmente buscando a implementação de leitos de UTI's nos municípios do interior, mas não apenas isso. Diversas outras demandas como disponibilização de Equipamentos de Proteção Individual – EPI's para profissionais da saúde, adoção de medidas sanitárias em relação aos moradores de rua e retorno das aulas. Em 2021 a situação se agravou, foram apresentadas 20 (vinte) ACP's, com novos pleitos como a crise de falta de oxigênio, que gerou várias mortes em janeiro/2021, e gerou noticiário nacional, mas também aquisição de vacinas, de pagamento de auxílios, entre outros.

Por outro lado, a própria Procuradoria Geral do Estado do Amazonas ajuizou uma ACP[15] em face da empresa produtora de oxigênio para que ela fornecesse uma quantidade necessária de oxigênio, sem obediência ao limite de acréscimo de 25% (vinte e cinco por cento) no contrato previsto no § 1º do art. 65 na Lei nº 8.666, de 21 de junho de 1993, Lei de Licitações e Contratos, com liminar deferida pelo Poder Judiciário. De outra banda, foram ajuizadas 14 (quatorze) ações de indenização por responsabilidade civil em razão de morte decorrente da falta de oxigênio, o que totaliza o montante de mais de R$ 11 milhões (onze milhões de reais) no total dos valores atribuídos às causas.

O Procurador do Estado do Amazonas Mateus Severiano da Costa[16] informou que foram feitas requisições administrativas de grande quantidade de oxigênio para fins medicinais, por ocasião da "Segunda Onda" da Covid-19 no estado, bem como de um hospital particular para fins de uso

[15] Processo nº 0602891-22.2021.8.04.0001, em trâmite na Justiça Estadual do Amazonas.

[16] Nascimento, Vanessa Lima do. Costa, Mateus Severiano da. paulitsch, Aline Fayh (palest). *Os reflexos da Covid 19 nas contratações públicas e nas demandas judiciais.* Webinar: **2º Encontro Nacional de Procuradorias de Saúde. Associação Nacional dos Procuradores dos Estados e do Distrito Federal – ANAPE** Palestra proferida em 15/06/2021. Disponível em <https://www.youtube.com/watch?v=GptpBzzWpTQ> Acesso em 19/06/2021.

em campanha. O instituto, apesar de há muito conhecido na doutrina e previsto na Constituição da República de 1988 (art. 5º, XXV), é pouco utilizado na prática, o que demandou estudo e aprofundamento da matéria.

Além disso, empresários ajuizaram ações de responsabilidade civil do Estado buscando indenização por danos morais e materiais decorrentes do fechamento do comércio não essencial e da restrição de circulação da população determinadas por decretos do governo do Amazonas[17]. Esses interessados defendem que o Estado não poderia ir além do comando da lei federal, esquecendo-se que o STF entendeu está autorizada a adoção de medidas de combate à Pandemia por Estados e Municípios sem necessidade de anuência do Governo Federal.

Desse modo, a Pandemia trouxe essa sobrecarga de trabalho aos advogados públicos, com um aumento significativo no assessoramento jurídico e nas demandas judiciais, tanto na defesa de ações com interesses individuais quanto coletivos, além de respostas rápidas a órgãos de controle sobre a atuação do Poder Executivo. Acrescente-se a isso o fato de a maioria das Secretarias de Estado estarem trabalhando remotamente em razão das restrições impostas e ao distanciamento social previsto em normativos relativos a medidas de enfrentamento à Covid-19.

Os municípios maiores e alguns mais estruturados possuem procuradorias jurídicas. O procurador do município de Campina Grande (Paraíba) e diretor da Associação Nacional dos Procuradores Municipais – ANPM, Alessandro Leite[18], apresenta o quadro trazido pela pandemia:

> Neste contexto, escancaram-se os espaços para a atuação normativa e discricionária da Administração, há situações urgentes em que o gestor não pode simplesmente ficar preso às amarras da lei em sentido formal, devendo ser guiado pelo Ordenamento Jurídico como um todo, notadamente à Constituição Federal.

O procurador destaca a figura do procurador municipal e sua atuação no assessoramento do Poder Executivo no controle interno de legalidade dos atos de gestão e na colaboração para viabilização de políticas públicas.

[17] Informação do autor deste trabalho que atua na área de responsabilidade civil do Estado na Procuradoria Geral do Estado do Amazonas.

[18] LEITE, Alessandro Farias Leite. *O papel da advocacia pública municipal na pandemia de Covid.* Artigo publicado em 10/07/2020 em <https://www.conjur.com.br/2020-jul-10/papel-advocacia-publica-municipal> Acesso em 18/06/2021.

No primeiro ponto, aponta que o simples indeferimento direto de procedimentos não o suficiente para o exercício que é exigido do assessor jurídico, é necessário avançar, apontando caminhos, propor soluções, como verdadeiros parceiros da gestão. No segundo ponto, a inércia sob o prisma da ausência de lei, não colabora para a consecução das demandas urgentes causadas pela pandemia. É necessária uma atuação mais proativa, não se furtando da legalidade, mas buscando alternativas decorrentes da legitimidade conferida aos representantes dos munícipes, a exemplo da instituição dos auxílios emergenciais.[19]

É preciso, no entanto, entender que se manifestar pela maior liberdade de atuação do gestor público diante de quadro excepcional de incertezas não é uma ausência de controle. Pelo contrário, nesse momento, tanto Advocacia Pública, quanto os órgãos externos de controle devem exercer seu papel, porém sem afogos políticos, mas pautados pelos preceitos de improbidade administrativa e pelo interesse público primário, alicerçado no bem comum.[20]

4. Atuação nas contratações públicas considerando o vácuo legislativo deixado pelo fim da vigência da Lei Nº 13.979/2020

A situação decorrente da Pandemia trouxe diversos desafios aos gestores públicos, principalmente a necessidade de aquisição de produtos e a contratação de serviços em caráter célere e que não se harmonizava com a burocracia contida pela Lei nº 8.666, de 21 de junho de 1993, Lei de Licitações e Contratos. Inclusive essa lei é considerada ultrapassada e morosa mesmo para tempos ordinários, tanto que um projeto de lei tramitava no Poder Legislativo para a edição de outra lei de regência das contratações públicas, que foi aprovada em 1º de abril de 2021, a Lei nº 14.133.

Para resolver essa situação, a já citada Lei nº 13.979, de 6 de fevereiro de 2020, que dispõe sobre as medidas para enfrentamento da emergência de saúde pública de importância internacional, dispensou licitação para aquisição de bens, serviços e insumos de saúde destinados ao enfrentamento da emergência de saúde pública de importância internacional decorrente do coronavírus (art. 4º), previu um Termo de Referência (TR) simplificado, com flexibilização na estimativa de preços e requisitos de habilitação,

[19] Op. Cit. n.p.

[20] Op. Cit. n.p.

bem como atenuou diversas exigências da Lei nº 8.666/1993, tornando a contratação mais ágil.

O Congresso Nacional, em 20/03/2020, promulgou o Decreto Legislativo nº 06, que reconheceu o estado de calamidade pública nacional, com efeitos até 31/12/2020, o que facilitou ainda mais os procedimentos para contratação. Assim, durante o ano de 2020 foi possível a aquisição de bens e serviços pelo Poder Público de modo mais célere, o que aumentou a importância e responsabilidade dos advogados públicos na consultoria jurídica considerando a necessidade de emissão de pareceres em menor tempo, sem se descuidar da lisura e moralidade e da prevenção a possíveis irregularidades[21].

Ocorre que em 31/12/2020 a Lei nº 13.739/2020 perdeu seus efeitos porque, com a alteração do art. 8º pela Lei nº 14.035, de 12 de agosto de 2020, a sua vigência passou a ser vinculada ao previsto no DL nº 6/2020, mas a Pandemia continuou e a necessidade de procedimentos de contratação mais ágeis também.

Provocado, o Supremo Tribunal Federal deferiu, de forma monocrática, depois referendada pelo Pleno, medida cautelar na Ação Direta de Inconstitucionalidade – ADI 6625 MC/DF[22] para conferir interpretação con-

[21] Algumas dessas irregularidades citadas no Tópico 4.

[22] Ementa: TUTELA DE URGÊNCIA EM AÇÃO DIRETA DE INCONSTITUCIONALIDADE. CONCESSÃO MONOCRÁTICA. INTERPRETAÇÃO CONFORME À CONSTITUIÇÃO PARA CONFERIR SOBREVIDA A MEDIDAS TERAPÊUTICAS E PROFILÁTICAS EXCEPCIONAIS PARA O ENFRENTAMENTO DA COVID-19. PROVIDÊNCIAS PREVISTAS NA LEI 13.979/2020 CUJA VIGÊNCIA FINDOU EM 31 DE DEZEMBRO DE 2020. RECRUDESCIMENTO DA PANDEMIA COM O DESENVOLVIMENTO DE NOVAS CEPAS VIRAIS. EMERGÊNCIA DE SAÚDE PÚBLICA QUE SE MANTÉM INALTERADA. INCIDÊNCIA DOS PRINCÍPIOS DA PREVENÇÃO E PRECAUÇÃO. CAUTELAR REFERENDADA PELO PLENÁRIO. I – A Lei 13.979/2020, com o propósito de enfrentar de maneira racional e tecnicamente adequada o surto pandêmico, permitiu que as autoridades adotassem, no âmbito das respectivas competências, determinadas medidas profiláticas e terapêuticas. II – Embora a vigência da Lei 13.979/2020, de forma tecnicamente imperfeita, esteja vinculada àquela do Decreto Legislativo 6/2020, que decretou a calamidade pública para fins exclusivamente fiscais, vencendo em 31 de dezembro de 2020, não se pode excluir, neste juízo precário e efêmero, a conjectura segundo a qual a verdadeira intenção dos legisladores tenha sido a de manter as medidas profiláticas e terapêuticas extraordinárias, preconizadas naquele diploma normativo, pelo tempo necessário à superação da fase mais crítica da pandemia, mesmo porque à época de sua edição não lhes era dado antever a surpreendente persistência e letalidade da doença. III – A prudência – amparada nos princípios da prevenção e da precaução, que devem reger as decisões em matéria de saúde pública – aconselha que

forme a Constituição ao art. 8º, que trata da vigência da lei, a fim de excluir do seu âmbito de aplicação os artigos relacionados às medidas sanitárias, com fundamento no princípio da prevenção e da precaução. A decisão não albergou as medidas excepcionais relativas às contratações públicas.

Apenas em 04/05/2021 o governo federal publicou a Medida Provisória nº 1.047, que dispõe sobre as medidas excepcionais para aquisição de bens e a contratação de serviços, inclusive de engenharia, e insumos destinados ao enfrentamento da pandemia da covid-19. Assim, durante mais de quatro meses, de janeiro/2021 a início de maio/2021, as contratações públicas ficaram sem uma norma que amparasse um procedimento mais célere diante da necessidade que permanecia em razão da manutenção do estado de emergência pandêmica, o que levou advogados públicos a soluções diversas para tentar amenizar a situação.

Os Estados do Rio Grande do Sul e de Goiás, por exemplo, segundo, respectivamente, as Procuradoras do Estado Aline Fayh Paulitsch e Marcella Parpinelli Moliterno[23], optaram para orientar aos gestores desses estados a seguirem as normas previstas na Lei nº 8.666/1993, pois entendiam que a medida cautelar na ADI 6625 apenas alcançava as medidas sanitárias. No Amazonas, diferentemente, o Procurador do Estado Mateus Severiano da Costa, Coordenador da Comissão Especial de Compras Emergenciais para combate à COVID-19, entendeu ser possível a aplicação, em analogia, da decisão da referida ADI para as contratações públicas[24].

Assim, o Procurador Mateus Severiano exarou parecer, diante do pior momento da saúde pública da história do Estado, no qual entendeu que, embora a decisão na medida cautelar na ADI 6625 se refere às medidas sanitárias, a razão de decidir poderia ser arrastada para o art. 4º para o fim

as medidas excepcionais abrigadas na Lei 13.979/2020 continuem, por enquanto, a integrar o arsenal das autoridades sanitárias para combater a pandemia. IV – Medida cautelar referendada pelo Plenário do Supremo Tribunal Federal para conferir interpretação conforme à Constituição ao art. 8º da Lei 13.979/2020, com a redação dada pela Lei 14.035/2020, a fim de excluir de seu âmbito de aplicação as medidas extraordinárias previstas nos arts. 3º, 3º-A, 3º-B, 3º-C, 3º-D, 3º-E, 3º-F, 3º-G, 3º-H e 3º-J, inclusive dos respectivos parágrafos, incisos e alíneas.

[23] NASCIMENTO, Vanessa Lima do. COSTA, Mateus Severiano da. PAULITSCH, Aline Fayh (palest). *Os reflexos da Covid 19 nas contratações públicas e nas demandas judiciais.* Webinar: **2º Encontro Nacional de Procuradorias de Saúde. Associação Nacional dos Procuradores dos Estados e do Distrito Federal – ANAPE** Palestra proferida em 15/06/2021. Disponível em <https://www.youtube.com/watch?v=GptpBzzWpTQ> Acesso em 19/06/2021.

[24] Op. Cit.

de estender os efeitos da Lei 13.979/2020 para as contratações públicas considerando o excepcional estado da saúde pública que requer procedimentos céleres. Ou seja, o assessor jurídico foi progressista em seu entendimento a fim de garantir a rapidez dos atos necessários ao combate à Pandemia.

Vale registrar que a MP Nº 1.047/2021, em seu artº 17, corroborou com esse entendimento, senão veja-se:

> Art. 17. O disposto nesta Medida Provisória aplica-se aos atos praticados e aos contratos ou instrumentos congêneres firmados durante o período de enfrentamento da situação de emergência em saúde pública de importância nacional decorrente da pandemia de **covid-19**, independentemente do seu prazo de execução ou de suas prorrogações.
>
> Parágrafo único. Ato do Ministro de Estado da Saúde disporá sobre a duração da situação de emergência de saúde pública referida no **caput.**

Desse modo, a advocacia pública se viu diante de um dilema: qual entendimento jurídico aplicar para as contratações públicas diante de um estado de incertezas jurídicas? O papel do procurador foi ainda mais importante nesse apoio ao administrador para a tomada de decisão e a eficiência na gestão da crise.

Conclusões

O momento de incertezas trazido pelo Pandemia de Coronavírus trouxe diversos desafios para os advogados públicos, alguns de cunho instrumental como a ausência do contato presencial com os colegas, colaboradores e demais interessados, até a montagem de estrutura para realizar o trabalho de modo remoto, muitas vezes em seus lares, com crianças, animais domésticos e o barulho da vizinhança, sem falar nos problemas de conexão com a internet e falhas nos sistemas de computação.

Todavia, a empreitada maior foi em relação ao assessoramento jurídico ao mesmo tempo célere e seguro, com fundamentação adequada, para que os gestores pudessem conduzir o combate ao Coronavírus com presteza e atendendo aos princípios da Administração Pública, além da atuação nas diversas demandas judiciais que se seguiram, desde as voltadas ao atendimento à saúde pública, quanto às ações indenizatórias em caso de suposto erro médico ou falha no atendimento prestado.

Outro fator que aumentou a dificuldade no trabalho dos advogados públicos, principalmente daqueles atuantes no assessoramento jurídico às contratações públicas, foi o vácuo jurídico causado pelo fim da vigência da Lei 13.979/2020, em 31/12/2020, data a partir da qual faltou substrato legal para dar agilidade às tão necessárias aquisições durante o período pandêmico.

Para todos esses obstáculos, no entanto, é possível à advocacia pública brasileira, nas três esferas da federação, conseguir soluções criativas, legais, legítimas e seguras para colaborar nesse momento histórico em que mais de 600.000 brasileiros perderam suas vidas e mais de 22 milhões foram infectados[25], devastando milhões de famílias no país.

Como se verificou ao longo desse trabalho, o papel que a advocacia pública vem exercendo é fundamental para a prestação dos serviços públicos, principalmente os relativos ao tratamento da Covid-19 e a proteção do erário, que devem ser exercidos com segurança e amparado nos princípios constitucionais que regem a Administração Pública, colaborando, assim, para a concretização dos direitos fundamentais.

Referências

ANAPE. Webinar *"A atuação da Advocacia Pública na garantia dos direitos fundamentais e na manutenção do Estado Democrático de Direito em tempos de pandemia"* em 11/08/2020. Disponível em: <https://www.youtube.com/watch?v=97esFhPwqeo> Acesso em 02/07/2021.

BATISTA, Nacelmo Oliva. *Contingência e Gestão Pública – lições da pandemia mundial.* Disponível em <https://portais.univasf.edu.br/profiap/contingencia-e-gestao-publica.pdf> Acesso em 30/06/2021.

BRAGA, Vicente Martins Prata. *Covid-19: o olhar da Advocacia Pública para o equilíbrio das contas.* Diante da urgência, estados têm tomado decisões açodadas sobre compras emergenciais e acabam virando caso de polícia. Artigo publicado em 23/08/2020 em < https://www.jota.info/opiniao-e-analise/artigos/covid-19-o-olhar-da-advocacia-publica-para-o-equilibrio-das-contas-23082020> Acesso em 16/06/2021.

CARVALHO FILHO, José dos Santos. *Manual de Direito Administrativo.* 34. ed. rev., ampl. e atual. São Paulo: Atlas, 2020.

CUNHA, Leonardo Carneiro da. *A Fazenda Pública em Juízo.* Rio de Janeiro, Forense, 2020. 17. ed., rev., atual. e ampl.

BRASIL. *Constituição da República Federativa do Brasil,* de 5 de outubro de 1988.

BRASIL. *Código de Processo Civil.* Lei nº 13.105, de 16 de março de 2015.

BRASIL. Lei nº 13.979, de 6 de fevereiro de 2020.

[25] Fonte: Ministério da Saúde. Disponível em: < *https://covid.saude.gov.br*> Acesso em 30/12/2021.

LEITE, Alessandro Farias Leite. *O papel da advocacia pública municipal na pandemia de Covid.* Artigo publicado em 10/07/2020 em < https://www.conjur.com.br/2020-jul-10/papel--advocacia-publica-municipal> Acesso em 18/06/2021.

MELLO, Celso Antônio Bandeira de. *Curso de Direito Administrativo.* 34. ed. rev., ampl. e atual. São Paulo: Malheiros, 2019.

MENDES, Gilmar Ferreira; SARLET, Ingo Wolfgang; LTDA, I. C. E. P.; CANOTILHO, José Joaquim Gomes; LEONCY, Leo Ferreira; STRECK, Lenio Luiz. *Comentários à constituição do Brasil.* 2. ed. São Paulo: Saraiva, 2017.

NASCIMENTO, Vanessa Lima do. COSTA, Mateus Severiano da. PAULITSCH, Aline Fayh (palest). *Os reflexos da Covid 19 nas contratações públicas e nas demandas judiciais.* Webinar: **2º Encontro Nacional de Procuradorias de Saúde. Associação Nacional dos Procuradores dos Estados e do Distrito Federal – ANAPE** Palestra proferida em 15/06/2021. Disponível em https://www.youtube.com/watch?v=GptpBzzWpTQ Acesso em 19/06/2021.

OAB/RS. Comissão de Advocacia Pública. Webinar: *Os desafios da advocacia pública no combate à pandemia.* Evento ocorrido em 01/04/2021. Disponível em: <https://www.youtube.com/watch?v=-2wCxC6H8no&t=6s> Acesso em 01/07/2021.

RIBEIRO, Gláucia Maria de Araújo; FERREIRA, Magdalena Araújo Pereira. *Estratégias de Gestão Pública ante a Pandemia de Covid-19*: os institutos legais da requisição administrativa e contratação temporária de pessoal. In: Revista da Procuradoria Geral do Estado. a. 36, n. 41, Manaus, Imprensa Oficial do Estado do Amazonas, 2021.

RODRIGUES, Marcelino. *A Advocacia Pública Federal e seu papel em tempos de coronavírus:* O trabalho remoto desses profissionais já registra milhares de horas em atividades jurídicas. Artigo publicado em 10/04/2020 em <https://www.jota.info/opiniao-e--analise/artigos/a-advocacia-publica-federal-e-seu-papel-em-tempos-de-coronavirus-10042020> Acesso em 14/06/2021.

WORLD HEALTH ORGANIZATION. Dados atualizados sobre a Covid-19. Disponível em <https://www.who.int/emergencies/diseases/novel-coronavirus-2019> Acesso em 30/12/2021.

8
AUDIÊNCIAS DE INSTRUÇÃO E JULGAMENTO CÍVEIS NA PANDEMIA

Kathleen dos Santos Gomes

Introdução

A pandemia causada pelo vírus da Covid-19 trouxe para realidade várias reflexões vividas na história por doenças transmissíveis em alto grau de contágio, principalmente a gripe espanhola no início do século XX, que por um intervalo de cem anos, não houve o preparo para o enfrentamento de uma nova doença imprevisível com alcance mundial de contaminação e que abalasse a estrutura social, econômica, sanitária e política de todas as nações.

No momento em que Tedros Adhanom, diretor geral da Organização Mundial de Saúde (OMS), declarou em 11 de março de 2020 sobre o novo Coronavírus, chamado Sars-Cov2, informando o aumento de inúmeros casos fora da China, atingindo um patamar de incontáveis pessoas infectadas de doença altamente contagiosa, atingiu todos os setores públicos e privados do mundo.[1]

A declaração oficial da OMS teve impacto expressivo no Brasil, que no mesmo dia através do Ministério da Saúde foi publicada a Portaria

[1] BRASIL, UNA-SUS. Organização nacional de saúde declara pandemia do novo Coronavírus. Disponível em: https://www.unasus.gov.br/noticia/organizacao-mundial-de-saude-declara-pandemia-de-coronavirus. Acesso em: 24 jul. 2021.

nº 356/2020[2] dispondo sobre a regulamentação e operacionalização referente a Lei nº 13.979/2020[3] estabelecendo as medidas para o enfrentamento da pandemia da Covid-19 e, no dia seguinte o Conselho Nacional de Justiça (CNJ) publicou a Portaria nº52/2020[4] que estabelece medidas temporárias de prevenção ao contágio pela Covid-19, seguida da Portaria 53/2020[5] instituindo o comitê para o acompanhamento e supervisão das medidas de prevenção ao contágio da nova doença tomadas pelos Tribunais brasileiros.

Com a situação de emergência, foram editadas pelo CNJ várias Portarias, como a Portaria nº 58/2020[6] instituindo grupo de trabalho destinado a elaborar parecer sobre a realização de videoconferência no âmbito da justiça criminal e apresentar proposta de ato normativo e protocolos técnicos voltados à regulamentação da temática, posteriormente alterada pela Portaria nº 86/2020[7], Portaria 61/2020[8] instituindo a plataforma

[2] BRASIL, Portaria nº 356, de 11 de março de 2020. ed.49, Seção 1. Brasília: Ministério da Saúde, 2020. Dispõe sobre a regulamentação e operacionalização do disposto na Lei nº 13.979, de 6 de fevereiro de 2020, que estabelece as medidas para enfrentamento da emergência de saúde pública de importância internacional decorrente do coronavírus (COVID-19). Disponível em: https://www.in.gov.br/en/web/dou/-/portaria-n-356-de-11-de-marco-de-2020-247538346. Acesso em:24 de jul.2021.

[3] BRASIL, **Lei 13.979 de 06 fevereiro de 2020.** Brasília: Secretaria Geral, 2020. Dispõe sobre as medidas para enfrentamento da emergência de saúde pública de importância internacional decorrente do coronavírus responsável pelo surto de 2019. Disponível em: http://www.planalto.gov.br/ccivil_03/_Ato2019-2022/2020/Lei/L13979.htm. Acesso em 24 jul.2021.

[4] CONSELHO NACIONAL DE JUSTIÇA (Brasil). Portaria 52, de 12 de março de 2020. Estabelece, no âmbito do Conselho Nacional de Justiça, medidas temporárias de prevenção ao contágio pelo Novo Coronavírus – COVID-19, considerada a classificação de pandemia pela Organização Mundial de Saúde – OMS. **Portal CNJ,** Brasília. Disponível em: https://atos.cnj.jus.br/atos/detalhar/323. Acesso em: 24 jul. 2021

[5] *IDEM*, Portaria 53 de 16 de março de 2020.. Institui Comitê para o acompanhamento e supervisão das medidas de prevenção ao contágio pelo Novo Coronavírus – Covid-19 tomadas pelos tribunais brasileiros. **Portal CNJ.** Brasília. Disponível em: https://atos.cnj.jus.br/atos/detalhar/3241. Acesso em:24 jul.2021.

[6] *IDEM*, Portaria 58 de 24 de março de 2020. Institui Grupo de Trabalho destinado a elaborar parecer sobre a realização de videoconferências no âmbito da justiça criminal e apresentar proposta de ato normativo e protocolos técnicos voltados à regulamentação da temática. **Portal CNJ**. Brasília. Disponível em: https://atos.cnj.jus.br/atos/detalhar/3257. Acesso em 24 jul. 2021.

[7] *IDEM*. Portaria nº 86 de 8 de junho de 2020. Altera a Portaria nº 58, de 24 de março de 2020, que institui Grupo de Trabalho destinado a elaborar parecer sobre a realização de videoconferências no âmbito da justiça criminal e apresenta proposta de ato normativo

emergencial de videoconferência para realização de audiências e sessões de julgamento nos órgãos do Poder Judiciário, no período de isolamento social, não obstante já haver dispositivo legal nos artigos 236, §3º; 385, §3º; 453, §1º e 461,§2º do Código de Processo Civil (CPC), porém, sem perspectiva de alteração no quadro, prorrogou-se o prazo de vigência das Resoluções nº 313/2020[9], nº 314/2020[10] e nº 318/2020[11] pela Portaria nº 79/2020[12], bem como as Resoluções 329/2020[13] e 330/2020[14].

e protocolos técnicos voltados à regulamentação da temática, e prorroga o prazo para a conclusão dos trabalhos. **Portal CNJ**. Brasília. Disponível em: https://atos.cnj.jus.br/atos/detalhar/3357. Acesso em: 24 jul. 2021.

[8] *IDEM*. Portaria nº 61 de 31 de março de 2020. Institui a plataforma emergencial de videoconferência para realização de audiências e sessões de julgamento nos órgãos do Poder Judiciário, no período de isolamento social, decorrente da pandemia Covid-19. **Portal CNJ**. Brasília. Disponível em: https://atos.cnj.jus.br/atos/detalhar/3266. Acesso em: 25 jul.2021.

[9] *IDEM*. Resolução nº 313 de 19 de março de 2020. Estabelece, no âmbito do Poder Judiciário, regime de Plantão Extraordinário, para uniformizar o funcionamento dos serviços judiciários, com o objetivo de prevenir o contágio pelo novo Coronavírus – Covid-19, e garantir o acesso à justiça neste período emergencial. **Portal CNJ**. Brasília. Disponível em: https://atos.cnj.jus.br/atos/detalhar/3249. Acesso em: 25 jul.2021.

[10] *IDEM*. Resolução nº 314 de 20 de abril de 2020. Prorroga, no âmbito do Poder Judiciário, em parte, o regime instituído pela Resolução nº 313, de 19 de março de 2020, modifica as regras de suspensão de prazos processuais e dá outras providências. **Portal CNJ**. Brasília. Disponível em: https://atos.cnj.jus.br/atos/detalhar/3283. Acesso em: 25 jul.2021.

[11] *IDEM*. Resolução nº 318 de 7 de maio de 2020. Prorroga, no âmbito do Poder Judiciário, em parte, o regime instituído pelas Resoluções nº 313, de 19 de março de 2020, e nº 314, de 20 de abril de 2020, e dá outras providências. **Portal CNJ**. Brasília. Disponível: https://atos.cnj.jus.br/atos/detalhar/3308 Acesso em: 25 jul. 2021.

[12] *IDEM*. Portaria nº 79 de 22 de maio de 2020. Prorroga o prazo de vigência das Resoluções CNJ nº 313/2020, nº 314/2020 e nº 318/2020. **Portal CNJ**. Brasília Disponível em: https://atos.cnj.jus.br/atos/detalhar/3326. Acesso em: 25 jul.2021.

[13] *IDEM*. Resolução nº 329 de 30 de julho de 2020. Regulamenta e estabelece critérios para a realização de audiências e outros atos processuais por videoconferência, em processos penais e de execução penal, durante o estado de calamidade pública, reconhecido pelo Decreto Federal nº 06/2020, em razão da pandemia mundial por Covid-19. **Portal CNJ**. Brasília. Disponível em: https://atos.cnj.jus.br/atos/detalhar/3400. Acesso em: 25 jul. 2021.

[14] *IDEM*. Resolução nº 330 de 26 de agosto de 2020. Regulamenta e estabelece critérios para a realização de audiências e outros atos processuais por videoconferência, em processos de apuração de atos infracionais de execução de medidas socioeducativas, durante o estado de calamidade pública, reconhecido pelo Decreto Federal nº 06/06/2020. em razão da pandemia mundial por Covido-19. **Portal CNJ**. Brasília. Disponível em: https://atos.cnj.jus.br/atos/detalhar/3435Acesso em: 25 jul. 2021.

A maior parte dos Tribunais já estava avançada em relação aos processos digitais, ao peticionamento eletrônico e ao teletrabalho realizado pelos servidores, e já havia as primeiras audiências por videoconferência nas dependências dos fóruns conforme art.185§ 2º; art. 222, § 3º e art.222--A, todos do Código de Processo Penal. As orientações do CNJ conforme Resolução 329/2020 alterada pela Resolução 357/2020[15] só veio a implementar e ampliar o uso do procedimento eletrônico pois, pouco se sabia do uso nos Juízos Cíveis e Trabalhistas. Com a pandemia, fora necessário acelerar os projetos de trabalhos em *home office* e das audiências telepresenciais com magistrados e servidores como já dispunha a Resolução nº 227/2016[16] alterada pela Resolução nª 375/2021[17]a regulamentar o teletrabalho para toda jurisdição federal.

Reconhecida a pandemia pelo Decreto Federal nº 06/2020[18], o CNJ definiu os conceitos sobre as audiências por videoconferências e telepresenciais, regulamentando o uso para todas as unidades de primeira e segunda instâncias do Poder Judiciário à exceção do STF (Resolução 354, 2020, CNJ)[19]

Ao explanar sobre as providências tomadas pelo CNJ quanto ao funcionamento das atividades judiciárias, fundamenta-se este trabalho na

[15] *IDEM.* Resolução nº 357 de 26 de novembro de 2020. Dispõe sobre a realização de audiências de custódia por videoconferência quando não for possível a realização em 24 horas, de forma presencial. **Portal CNJ**. Brasília. Disponível em: https://atos.cnj.jus.br/atos/detalhar/3595. Acesso em 25 jul. 2021.

[16] *IDEM.* Resolução nº 227 de 15 de junho de 2016. Regulamenta o teletrabalho no âmbito do Poder Judiciário e dá outras providências. **Portal CNJ**. Brasília. Disponível em: https://atos.cnj.jus.br/atos/detalhar/2295. Acesso em: 25 jul.2021.

[17] *IDEM.* Resolução nº 375/2021 de 2 de março de 2020. Altera a Resolução CNJ nº 227/2016, que regulamenta o teletrabalho no âmbito do Poder Judiciário e dá outras providências, criando a Equipe de Trabalho Remoto e dando outras providências. **Portal CNJ**. Brasília. Disponível em: https://atos.cnj.jus.br/atos/detalhar/3761. Acesso: 25 jul.2021.

[18] BRASIL. Decreto legislativo nº 06 de 20 de março de 2020. reconhece, para os fins do art. 65 da Lei Complementar nº 101, de 4 de maio de 2000, a ocorrência do estado de calamidade pública, nos termos da solicitação do Presidente da República encaminhada por meio da Mensagem nº 93, de 18 de março de 2020. Brasília. Disponível em: http://www.planalto.gov.br/ccivil_03/portaria/DLG6-2020.htm. Acesso em: 20 de julho de 2021.

[19] CONSELHO NACIONAL DE JUSTIÇA. Resolução nº 354 de 19 de novembro de 2020. Dispõe sobre o cumprimento digital de ato processual e de ordem judicial e dá outras providências. **Portal CNJ**. Brasília. Disponível em: https://atos.cnj.jus.br/atos/detalhar/3579. Acesso em: 25 jul. 2021.

análise do regramento das audiências de instrução e julgamento cível, a adaptação virtual como solução para tramitação dos processos com maior complexidade que exijam esse procedimento após decisão saneadora, a fim de não prejudicar os autores do processo, pois represadas pelas medidas sanitárias impostas por Decretos de alguns Estados da Federação, a exemplo do Estado do Amazonas, principalmente quanto ao isolamento e distanciamento social não haveria possibilidade da realização de nenhum ato presencial como determina o Código de Processo Civil sem risco de maior propagação de contágio, apresentando como problemática os pontos positivos e negativos quanto a utilização dessa ferramenta digital e demais plataformas, consubstanciando a realização do ato aos princípios da boa-fé objetiva e cooperação na coleta da prova oral, utilizando metodologia de pesquisas bibliográficas, leis, decretos, atos normativos, jurisprudências, *sites* e portais de notícias, concluindo com o legado dos meios tecnológicos e retomada das atividades forenses gradual, observando as ações para a prevenção de contágio pelo novo Coronavírus – Covid-19 conforme Resolução 396/2021.

1. Audiência de instrução e julgamento cível CPC/2015

Antes do início da fase instrutória, o magistrado tem como dever sanear e organizar o processo (art. 357, CPC), e por decisão interlocutória, resolver questões pendentes, delimitar as questões de fato e de direito (art.357, II e IV, CPC), especificando os meios de provas admitidos e relevantes para a decisão de mérito, definir a distribuição do ônus da prova e designar a audiência de instrução e julgamento.

Assim, o juiz define o que são fatos controvertidos e quais os meios de prova necessários ao seu convencimento ao prolatar a sentença, podendo inclusive inverter o ônus da prova.

> O encerramento da fase saneadora pode significar duas coisas: ou os pedidos estão prontos para serem julgados ou eles ainda precisam ser submetidos à instrução probatória. Explico. Se a matéria a ser julgada for unicamente de direito ou, sendo de direito ou de fato, este já se encontrar comprovado por documento, não haverá necessidade de se produzir qualquer outra prova. Se, no entanto, houver necessidade de prova oral, perícia ou inspeção judicial, o juiz somente julgará os pedidos quando essas provas forem realizadas.[20]

[20] DONIZETTI, Elpídio. **Curso de direito processual civil.** 24 ed. São Paulo. Atlas, 2021. p. 516.

Na fase instrutória, o juiz concede às partes o direito de produzir as provas que desejarem por ocasião da audiência de instrução e julgamento, este direito está consubstanciado nos princípios constitucionais do devido processo legal, contraditório e ampla defesa dispostos no art. 5º, LIV, LV da Constituição Federal que violados anulará a sentença. O cerceamento de defesa está intrinsicamente ligado a estes princípios, vez que trata de um impedimento na apresentação das provas ou delas tomar conhecimento, prejudicando uma das partes em relação ao objetivo processual.

Caso as partes tenham requerido a produção de prova testemunhal como dispõe o art. 357, §4º do CPC, o juiz determinará o prazo comum de 15 (quinze dias) para que as partes apresentem rol de testemunhas e, havendo maior complexidade para solucionar a lide, podem se valer da prova pericial, em que o juiz observará os termos do art. 465 do CPC.

Para maior celeridade e efetividade dos atos processuais as intimações correrão em nome dos advogados das partes, por publicação no Diário de Justiça, para se fazerem presentes na audiência de instrução e julgamento no dia e hora designados, podendo trazer o rol de testemunhas, caso não tenha requerido previamente as devidas intimações.

Com abertura da audiência de instrução e julgamento, pregão das partes, respectivos advogados e outras pessoas que dela devam participar (art.358, CPC) é declarada instalada a audiência buscando o juiz a conciliação entre as partes (art. 359, CPC).

Neste interim, o magistrado ao tentar a conciliação entre as partes explana as nuances do processo sem adentrar no mérito e a melhor forma de solucionar o conflito, nada impedindo que as partes possam utilizar de outros meios para conseguirem um acordo, como a arbitragem e mediação, ou mesmo pugnarem prazo para a avença por escrito para posterior homologação pelo magistrado.

Ressalta-se a importância da tentativa de conciliação realizada pelo magistrado antes de iniciados os depoimentos e, em não havendo acordo, ouvirá preferencialmente: peritos e assistentes técnicos, o autor e o réu em depoimento pessoal e, por fim, inquiridas as testemunhas do autor e réu respectivamente (art. 361, CPC).

> O dever de impor a ordem em audiência significa dever de exercer a autoridade para manter a tranquilidade da audiência e a boa execução dos trabalhos e segurança dos que estiverem presentes. Em razão disso, nada mais natural que possa o juiz determinar a retirada dos que não se comportarem,

> bem como requisitar força policial, se necessário. A condução dos fatos em audiência depende, pois, da postura do juiz na ocasião – talvez não seja exagerado dizer que o alcance das finalidades pretendidas pela audiência depende quase que exclusivamente disso, se o juiz estiver atento aos rumos dos acontecimentos.[21]

Denota-se pelo art. 360 e incisos do mesmo *Códex*, regras para o juiz exercer o poder de polícia a fim de manter a ordem e o decoro na audiência, retirar da sala quem tiver comportamento inconveniente, tratar com urbanidade todos os sujeitos do processo e qualquer outro que dela participe, e o registro em ata de todos os requerimentos apresentados em audiência, podendo requisitar força policial se necessário.

A audiência de instrução e julgamento pode ser adiada por convenção das partes, por motivo justificado não puder comparecer qualquer pessoa que dela deva participar (art. 362, I, II, CPC) comprovando até a abertura da audiência (362, §1º, CPC) e por atraso injustificado do seu início superior a 30 minutos. (art.362 III, CPC).

Encerrada a instrução o magistrado iniciará a fase das alegações finais pela oralidade no prazo de 20 minutos sucessivos para o autor e réu bem como para o Ministério Público se for o caso de sua intervenção, podendo ser substituída por razões finais escritas no prazo de 15 dias sucessivos para o autor, réu e Ministério Público se for o caso de sua intervenção. (art. 364, *caput,* §2º, CPC) e havendo litisconsorte ou terceiro interveniente, o prazo que se formará com o da prorrogação em um só todo. (art.364, §1º, CPC). Após, o magistrado poderá sentenciar na mesma audiência ou na impossibilidade trinta dias após as razões finais. (art.366, CPC).

A audiência de instrução e julgamento é una e continua podendo ser excepcional e justificadamente cindida da ausência do perito ou testemunha com assentimento as partes (art.365, CPC).

O termo de audiência será lavrado pelo escrivão ou chefe de secretaria sob ditado do juiz sobre tudo o que ocorrera na audiência, bem como por extenso, despachos, decisões e sentenças, se proferida no ato (art.367, *caput,* CPC) e em se tratando de autos eletrônicos, observar-se-á as disposições do CPC, legislação específica e as normas internas dos Tribunais,

[21] NERY JURIOR, Nelson; NERY, Rosa Maria de Andrade. **Código de processo civil comentado.** 19. ed. São Paulo: Thompson Reuters Brasil, 2020. ed.19. p.1008.

podendo ser integralmente gravada em imagem ou em áudio, em meio digital ou analógico nas condições que especifica. As partes poderão gravar independentemente da autorização do juiz. (art. 367, §§ 5º e 6º do CPC).

É importante frisar quanto a produção da prova oral referente a inquirição das testemunhas, o que dispõe o art. 455, *caput* do mesmo diploma legal, como dever do advogado da parte informar ou intimar a testemunha por ele arrolada no dia, da hora e do local da audiência designada, sendo dispensada a intimação do juízo, devendo o patrono da parte intimar por meio de carta com aviso de recebimento, cabendo a ele juntar aos autos, com antecedência de pelo menos três dias da audiência, cópia da correspondência de intimação e do comprovante de recebimento (art.455,§1º), podendo também se comprometer a levar ao juízo independentemente de intimações, e em não comparecimento, considerar-se-á desistência da inquirição da testemunha. (art.455, §§ 2º,3º, CPC). As intimações quando frustradas poderão ser renovadas por via judicial como também as quer figurarem como servidor ou militar sendo requisitadas por chefe da repartição ou ao comando do corpo em que servir.

> O testemunho contém o relato daquilo que foi percebido pela testemunha por meio de qualquer um dos seus sentidos: visão, olfato, paladar, tato e audição. Não cabe à testemunha fazer juízos de valor sobre os fatos, muito menos enquadrá-los juridicamente – isso é função do órgão jurisdicional –, embora não se possa ignorar que todo depoimento traz consigo, inevitavelmente, as impressões pessoais do depoente.[22]

A produção de provas orais consubstancia-se no depoimento pessoal da parte requerida pela outra parte ou de ofício pelo juiz, sendo vedado a quem ainda não depôs assistir ao interrogatório da outra parte (ar. 385, *caput*, § 1º. § 2º, CPC), de igual forma o depoimento das testemunhas, devem ser ouvidas separadamente e sucessivamente, primeiro as do autor e depois as do réu, e providência para que uma não ouça o depoimento das outras, podendo ser alternadas caso haja concordância entre as partes. (art. 456, *caput*, parágrafo único, CPC).

Denota-se que o regramento processual pouco altera no tocante ao momento pandêmico causado pelo Covid-19, apenas algumas adaptações

[22] DIDIER JR, Fredie; BRAGA, Paula Sarno; OLIVEIRA, Rafael Alexandria de. **Curso de direito processual civil**, V 2. 10. ed. São Paulo: JusPodivm, 2015. p.239

foram necessárias para dar fluidez aos processos que tiveram sua suspensão decretada pelo CNJ por um breve período, pelo menos no tocante aos eletrônicos já utilizados na grande maioria dos Tribunais. Todavia, o que era excepcional como as audiências virtuais tornaram-se usuais pela imposição de medidas impositivas de circulação.

2. Adaptação do regramento processual civil para as audiências virtuais na pandemia

Durante o período da pandemia, ocasionado pelo Covid-19, o regramento jurídico processual foi adequado conforme as medidas sanitárias impostas pelos governos federal, estaduais e municipais, principalmente quanto ao isolamento e distanciamento social, obrigando o CNJ a regulamentar normas para o funcionamento e tramitação dos processos através de meios tecnológicos, uma vez que as resoluções nº 313, 314 e 318 prorrogadas pela Portaria nª79 determinaram a suspensão do atendimento e audiências presenciais, regulamentando a realização dos atos por meio de videoconferência ou telepresencial.

Não houve muitas modificações quanto às normas do diploma processual cível, a maior preocupação foi o impacto quanto aos atos suspensos e o consequente volume de demandas represadas a colapsar o Judiciário, mesmo a despeito da evolução tecnológica na maior parte dos Tribunais do Brasil, que já contavam com processos digitalizados, com intimações de advogados por publicações no Diário de Justiça Eletrônico, audiências gravadas em tempo real e disponibilizada nos autos digitais, bem como algumas decisões pioneiras com intimações de peritos e partes por Whatzapp e correio eletrônico – *E-mail*, como previsto nos arts. 193 e 246, V do CPC.

É importante relembrar da existência da Lei nº 11.419 de 19 de dezembro de 2006[23] que dispõe sobre a informatização do processo judicial e foi recepcionada pelo novo CPC no Livro IV, Título I, Capítulo I, seção II que dispõe da Prática eletrônica de atos processuais em seus artigos 183 a 199 e bem demonstrada no art.367, § 4º do mesmo diploma processual, já visando a realidade dos processos eletrônicos utilizados na maioria dos Tribunais do país, tendo como meta atual do CNJ a padronização dos Sistemas.

[23] BRASIL. **Lei nº 11.419, de 19 de dezembro de 2006**. Brasília: Casa Civil. Dispõe sobre a informatização do processo judicial, altera a Lei nª 5.869, de 11 de janeiro de 1973 – Código de Processo Civil e dá outras providências. Disponível em: http://www.planalto.gov.br/ccivil_03/_ato2004-2006/2006/lei/l11419.htm. Acesso em: 20 jul. 2021.

O avanço da publicidade dos atos processuais chegou à rede mundial de computadores dando acesso às partes e advogados através dos sítios eletrônicos de todas as unidades judiciárias, trabalhando o CNJ para uniformizar a implementação através do Sistema Processo Judicial Eletrônico (PJE), uma vez que vários Tribunais utilizam diversos sistemas, tais como: Sistema de Automação Judicial (SAJ), Projudi, dentre outros.

Noutro giro, o Diploma de Processo Civil/2015 dispõe em vários artigos a admissão de atos processuais por meio de videoconferência ou outro recurso tecnológico de transmissão de som e imagens em tempo real, (art. 236§3º), colher depoimento pessoal de parte bem como oitiva de testemunhas, acareação, a requerimento da parte inclusive de ofício, nos casos em que elas residam em foro diverso daquele de tramitação do processo. (arts. 385, § 3º, e 453, § 1º e 461, § 2º).

Como se vê, sem a perspectiva do retorno às atividades judiciárias presenciais, o CNJ avançou nos projetos já existentes a fim de dar maior efetividade e celeridade nos processos na prática. O maior impasse seria como aplicar em curto espaço de tempo a implementação e funcionamento de uma plataforma para apoio às unidades judiciárias sem ônus e ao mesmo tempo não prejudicar as partes e advogados envolvidos no processo.

Diante das restrições de locomoção e a necessidade da prática dos atos processuais, principalmente quanto as audiências de instrução e julgamento cíveis por ser um ato complexo e meio de prova oral com depoimento pessoal das partes e inquirição de testemunhas, além da possibilidade da oitiva de perito, o CNJ colocou à disposição dos magistrados e demais sujeitos do processo a Plataforma Emergencial de Videoconferência para Atos Processuais.

Segundo Melo, houve uma parceria desenvolvida entre o Conselho Nacional de Justiça e Cisco Brasil Ltda, permitindo que as unidades do Poder Judiciário utilizassem de forma gratuita e emergencial, a ferramenta de videoconferência Webex para realizar atos administrativos e processuais em regime de trabalho remoto, sendo utilizada até o dia 31 de janeiro de 2021. E neste período, os Tribunais de todo o Brasil conseguiram a adequação para outras ferramentas digitais para a continuidade dos serviços sem interrupção e prejuízos para todos os autores do processo e jurisdicionados.[24]

[24] MELO, Jeferson. Videoconferência: parceria entre CNJ e Cisco segue até final de janeiro. **Portal CNJ**. Brasília, 22 dez. 2021. Disponível em https://www.cnj.jus.br/videoconferencia-parceria-entre-cnj-e-cisco-segue-ate-final-de-janeiro/. Acesso em: 26 jul. 2021.

Remate-se que as resoluções nº 313,314 e 318, prorrogadas pela Portaria nº 79, continuam vigentes até ulterior deliberação do Presidente do CNJ, com os prazos suspensos para os processos físicos, fluindo a tramitação dos processos eletrônicos com algumas ressalvas, qual seja, a suspensão automática no caso de imposição de medidas sanitárias restritivas à livre circulação de pessoas (**lockdown**) por parte da autoridade estadual competente e a requerimento do Tribunal justificando situação que impeça o livre exercício das atividades forenses regulares, independentemente de Decreto impositivo de isolamento e distanciamento social. (arts. 1º, 2º, 3º, Resolução 318/2020).

No Tribunal de Justiça do Estado do Amazonas (TJAM) foram utilizadas pelos magistrados e servidores várias plataformas digitais, dentre as quais, *Zoom, Google meet, WhatsApp* e o Balcão virtual do TJAM, no entanto, pela Portaria nº2.256/2020 [25]seguindo recomendação do CNJ através da Resolução nº 337/2020[26], que dispõe, em seu art 1º, que cada Tribunal deverá adotar um único sistema de videoconferência para suas audiências e atos oficiais, foi determinada a utilização uniforme da plataforma digital *Google meet* para toda jurisdição amazonense.

O TJAM em consonância com as diretrizes do Conselho Nacional de Justiça editou portarias para que as audiências de Instrução e Julgamento pudessem ser realizadas colocando à disposição técnicos de informática para auxiliar magistrados, servidores, advogados e partes, nas plataformas digitais, a fim de ser criado *links* e assim realizar o ato processual, garantindo o acesso à justiça, prestação judicial efetiva e célere e com razoável duração do processo, como determina a Constituição Federal de 1988 em seu art. 5º, LXXVIII.[27]

O Estado do Amazonas através do Governador Wilson de Miranda Lima editou vários decretos de restrições de locomoção durante os anos de 2020

[25] AMAZONAS. Portaria 2.256, de 27 de novembro de 2020. Diário de Justiça Eletrônico: Gabinete da Presidência do Tribunal de Justiça, de 1º de dezembro de 2020.p.4. Disponível em: https://consultasaj.tjam.jus.br/cdje/consultaSimples.do?cdVolume=13&nuDiario=2980&cdCaderno=1&nuSeqpagina=4. Acesso em: 25 de julho de 2021.

[26] CONSELHO NACIONAL DE JUSTIÇA. Resolução nº337, de 29 de setembro de 2020. Dispõe sobre a utilização de sistemas de videoconferência no Poder Judiciário. **Portal CNJ**. Brasília. Disponível em: https://atos.cnj.jus.br/atos/detalhar/3498. Acesso em: 25 jul. 2021.

[27] BRASIL. [Constituição (1988)] Constituição da República Federativa do Brasil. Brasília, DF: Presidência da República: Casa Civil subchefia para assuntos jurídicos. Disponível em: http://www.planalto.gov.br/ccivil_03/constituicao/constituicao.htm. Acesso em 25 jul. 2021.

e 2021, distanciamento e isolamento social, obrigando o Judiciário local, a obedecer às medidas restritivas e seguir as orientações do CNJ (arts. 1º, 2º, 3º, Resolução 318/2020).

Diante das medidas temporárias de prevenção ao contágio pelo novo Coronavírus o Desembargador Yêdo Simões de Oliveira, então, Presidente do Tribunal de Justiça do Estado do Amazonas, através da Portaria nº 764/2020-GABPRES[28], estabeleceu o regime de Plantão Extraordinário, no âmbito do Poder Judiciário amazonense, para uniformizar o funcionamento dos serviços judiciários no mesmo horário ao do expediente regular e garantir à justiça neste período emergencial, suspendendo o atendimento presencial das partes, advogados e interessados, oportunizando os atendimentos por meio remoto, no entanto, com o surgimento de novos casos da doença, foram editadas portarias de prorrogação de prazos sendo a última 487/2021[29], todas da lavra do atual Presidente do TJAM, Desembargador Domingos Jorge Chalub Pereira, cujos prazos poderão ser ampliados ou reduzidos diante da persistência da emergência em saúde pública.

Citou-se o Estado do Amazonas, apenas para demonstrar a situação do alto índice de mortes da primeira infecção no início da pandemia em março de 2020 e em janeiro de 2021 com as variantes de novas cepas do Covid-19 e o colapso do sistema de saúde com várias internações com falta de leitos, demonstrando que foi necessária a interrupção dos trabalhos presenciais para segurança dos magistrados, servidores, advogados, defensores, promotores, jurisdicionados e evitar maior propagação de contágio, fato registrado com repercussão mundial na imprensa estrangeira. (G1, 2021)[30].

Gize-se, diante da imprevisibilidade da pandemia causada pelo novo Coronavírus, o CNJ editou a Resolução 354/2020 estabelecendo sobre o cumprimento digital de ato processual e de ordem judicial, regulamen-

[28] AMAZONAS. Portaria nº 764, de 20 de março de 2021. Diário de Justiça eletrônico: Gabinete da Presidência do Tribunal de Justiça, de 20 de março de 2020. p. 3-5. Disponível em: https://consultasaj.tjam.jus.br/cdje/consultaSimples.do?cdVolume=12&nuDiario=2811&cdCaderno=1&nuSeqpagina=3. Acesso em: 26 jul. 2021.

[29] *IDEM*, Portaria nº 487, de 29 de março de 2021. Diário de Justiça eletrônico: Gabinete da Presidência do Tribunal de Justiça, de 30 de março de 2021. Disponível em: https://consultasaj.tjam.jus.br/cdje/consultaSimples.do?cdVolume=13&nuDiario=3057&cdCaderno=1&nuSeqpagina=5. Acesso em 26 jul. 2021.

[30] IMPRENSA internacional repercute caos nos hospitais de Manaus, **G1**, São Paulo, 15 de janeiro de 2021. Disponível em: https://g1.globo.com/mundo/noticia/2021/01/15/imprensa-internacional-repercute-caos-nos-hospitais-de-manaus.ghtml. Acesso em 26 de jul.2021.

tando a realização de audiência e sessões por videoconferência e telepresenciais bem como comunicação de atos processuais por meio eletrônico nas unidades jurisdicionais de primeira e segunda instancia da Justiça dos Estados, Federal, Trabalhista, Militar e Eleitoral, bem como dos Tribunais Superiores, à exceção do Supremo Tribunal Federal.[31]

Depreende-se que no art. 2º, I e II da susomencionada Resolução, consta definição de videoconferência, como comunicação a distância realizada em ambientes de unidades judiciárias, e telepresenciais, como as audiências e sessões realizadas a partir de ambiente físico externo às unidades judiciárias, seguindo todos os trâmites já consagrados no CPC, no caso telado, sempre que houver oposição à realização de audiência telepresencial deve ser fundamentada, submetendo-se ao controle judicial. (CNJ, Parágrafo único. Resolução 354/2020).

[31] Interessante analisar o julgado do STF, ao decidir ADIN 3.367. BRASIL. Supremo Tribunal Federal. **Ação Direta de Inconstitucionalidade 3.367.** É importante ressaltar que o Supremo Tribunal Federal não é subordinado ao CNJ por ser a corte mais alta da solução dos conflitos judiciais e administrativos o qual o CNJ é hierarquicamente inferior. A Ação direta. EC 45/2004. Poder Judiciário. CNJ. Instituição e disciplina. Natureza meramente administrativa. Órgão interno de controle administrativo, financeiro e disciplinar da magistratura. Constitucionalidade reconhecida. Separação e independência dos Poderes. História, significado e alcance concreto do princípio. Ofensa a cláusula constitucional imutável (cláusula pétrea). Inexistência. Subsistência do núcleo político do princípio, mediante preservação da função jurisdicional, típica do Judiciário, e das condições materiais do seu exercício imparcial e independente. Precedentes e Súmula 649. Inaplicabilidade ao caso. Interpretação dos arts. 2º e 60, § 4º, III, da CF. Ação julgada improcedente. Votos vencidos. São constitucionais as normas que, introduzidas pela EC 45, de 8-12-2004, instituem e disciplinam o CNJ, como órgão administrativo do Poder Judiciário nacional. Poder Judiciário. Caráter nacional. Regime orgânico unitário. Controle administrativo, financeiro e disciplinar. Órgão interno ou externo. Conselho de Justiça. Criação por Estado-membro. Inadmissibilidade. Falta de competência constitucional. Os Estados-membros carecem de competência constitucional para instituir, como órgão interno ou externo do Judiciário, conselho destinado ao controle da atividade administrativa, financeira ou disciplinar da respectiva Justiça. Poder Judiciário. CNJ. Órgão de natureza exclusivamente administrativa. Atribuições de controle da atividade administrativa, financeira e disciplinar da magistratura. Competência relativa apenas aos órgãos e juízes situados, hierarquicamente, abaixo do STF. Preeminência deste, como órgão máximo do Poder Judiciário, sobre o Conselho, cujos atos e decisões estão sujeitos a seu controle jurisdicional. Inteligência dos arts. 102, **caput**, I, **r**, e 103-B, § 4º, da CF. O CNJ não tem nenhuma competência sobre o STF e seus ministros, sendo este o órgão máximo do Poder Judiciário nacional, a que aquele está sujeito. (STF – ADI:3367 DF, Relator: Min. CEZAR PELUSO, Data do Julgamento: 13/01/2005, Tribunal Pleno, Data de Publicação: DJ 17-03-2006 -PP00004 EMENT VOL – 02225-01 PP- 00182 REPUBLICAÇÃO: DJ, 22-09-2006 pp – 00029).

O Juiz ao deferir a participação por videoconferência deverá observar da viabilidade técnica e de juízo de conveniência para que sejam inquiridos, o ofendido, as testemunhas e o perito residentes fora da sede do Juízo com exceção da apresentação espontânea e assim como as audiências telepresenciais serão equiparadas às audiências presenciais para todos os fins legais, asseguradas a publicidade dos atos praticados e as prerrogativas dos advogados, membros do Ministério Público, defensores públicos e testemunhas. (art.4º, *caput*; art. 5º, §2º; art. 7º, I, todos da Resolução 354).

Como dito alhures, a Resolução 354 trouxe como regras quanto a realização das audiências telepresenciais e por videoconferência algumas já positivadas no CPC e na Lei nº 11.419/2006, e a critério do juiz em decisão fundamentada os atos processuais poderão ser repetidos dos quais as partes, as testemunhas ou os advogados não tenham conseguido participar em virtude de obstáculos de natureza técnica, desde que devidamente justificado, devendo as partes e os terceiros interessados informar, por ocasião da primeira intervenção nos autos, endereços eletrônicos para receber notificações e intimações, mantendo-os atualizados durante todo o processo, bem como daqueles que requerer citação ou intimação.(CNJ, art. 9º, Resolução 354).

O Magistrado ao designar a audiência virtual determina a intimação das partes para informar acerca do interesse na realização da audiência, por meio de videoconferência e, em não sendo possível por questões técnicas ou de ordem prática seja comunicado ao Juízo, para eventual suspensão do ato processual.

Cabe aos advogados enviar o *link*, devidamente inserto na decisão de saneamento que designou dia, hora e plataforma, para o acesso à audiência às partes, assim como das testemunhas a caso arroladas.

Portanto, observa-se que mesmo com as audiências virtuais e todo aparato dos recursos tecnológicos fora cumprida a liturgia do CPC, e o Judiciário Brasileiro conseguiu prestar a assistência necessária a todos os atores do processo e interessados.

Com a crise pandêmica causada pelo Covid-19 o Conselho Nacional de Justiça editou portarias e resoluções para adaptação urgente dos atos procedimentais eletrônicos, uma vez que a maioria dos Estados estavam com restrições de locomoção, não obstante a flexibilização de alguns decretos estaduais, pela diminuição dos índices de mortes e internados, o CNJ já editou normas para o retorno gradativo, ressaltando a observância rigorosa dos protocolos médico-sanitários de prevenção, bem como a obediência aos decretos do Poder Executivo impositivos de isolamento e distanciamento social de cada unidade judiciária para a volta dos atos presenciais sem desconsiderar o avanço tecnológico, agora, integrado aos atos judiciais, com toda a Estratégia Nacional de Segurança da Informação e Cibernética conforme a Resolução nº 396/2021.[32]

3. Pontos negativos e positivos das audiencias de instrução e julgamento pelo método virtual

O primeiro óbice no que se refere aos pontos negativos é a falta de condição financeira para o acompanhamento das audiências virtuais das partes e testemunhas, vez que necessário uma conexão de boa qualidade, equipamentos eletrônicos, tais como: computadores e celulares com franquias, estrutura de lugar apropriado para audiência sem intervenção externa, principalmente no momento pandêmico.

Problemas técnicos que atrasam as audiências, como a quebra da conexão com a internet, qualidade de som e imagem por conta de operadoras de internet da região, energia, dentre outras, dificultando a concentração de alguns advogados, não obstante a repetição do ato, e a recomendação do CNJ a orientar aos juízes a serem cordiais e urbanos com as partes e patronos ou outro operador do direito e terceiros presentes na audiência.

O próprio CNJ, ao regulamentar a realização de audiências e sessões por videoconferência e telepresenciais, trouxe dúvidas quanto ao uso dessas modalidades virtuais conforme Resolução 354, *verbis*:

> Art. 2º Para fins desta Resolução, entende-se por:
>
> I – Videoconferência: comunicação a distância realizada em ambientes de unidades judiciárias; e
>
> II – Telepresenciais: as audiências e sessões realizadas a partir de ambiente físico externo às unidades judiciárias.
>
> Parágrafo único. A participação por videoconferência, via rede mundial de computadores, ocorrerá:
>
> I – Em unidade judiciária diversa da sede do juízo que preside a audiência ou sessão, na forma da Resolução CNJ nº 341/2020; e

[32] CONSELHO NACIONAL DE JUSTIÇA. Resolução nº 396 de 07 de junho de 2021. Institui a Estratégia Nacional de Segurança Cibernética do Poder Judiciário (ENSEC-PJ). **Portal CNJ.** Brasília. Disponível em: https://atos.cnj.jus.br/atos/detalhar/3975. Acesso em: 13 ago.2021,

II – Em estabelecimento prisional.

Art. 3º As audiências telepresenciais serão determinadas pelo juízo, a requerimento das partes, se conveniente e viável, ou, de ofício, nos casos de:

I – Urgência;

II – Substituição ou designação de magistrado com sede funcional diversa;

III – Mutirão ou projeto específico;

IV – Conciliação ou mediação; e

V – Indisponibilidade temporária do foro, calamidade pública ou força maior.[33]

A única justificativa para a utilização da teleaudiência para todos os processos cíveis seria o inciso V que dispõe da indisponibilidade temporária de foro, calamidade pública ou força maior e, com esteio nesta última regra os procedimentos cíveis tiveram fluidez no momento de crise pandêmica causado pelo novo Coronavírus. vez que cada juízo cível flexibilizou as normas emanadas pelo CNJ, para dar vasão aos processos que impunham audiência de instrução e julgamento por ser a fase da coleta de prova oral, fato questionado por alguns operadores do direito, pois muitos patronos não cumpriram a vedação da incomunicabilidade das testemunhas, a exemplo de presenciar os depoimentos das partes todos no mesmo escritório de advocacia, por contar com a fragilidade financeiras delas.

Advogados também resistentes às audiências telepresenciais reclamaram do cerceamento de defesa, sem contar da falsa arguição de problemas técnicos da parte que prefere o sobrestamento do feito, ganhando tempo de uma causa perdida com único intuito procrastinatório.

Alguns Tribunais editaram portarias especificando os casos de urgência no momento de maior crise no sistema de saúde, como ocorreu no Amazonas que por meses vigorava o sistema de plantão extraordinário nos horários de expediente sem prejuízo do plantão regulamentar.

Muitos operadores do direito resistem a esse sistema de audiências virtuais de forma preferencial e contínua, como acima referenciado, pela falta de controle quanto a liturgia e regras processuais, no que tange a proibi-

[33] CONSELHO NACIONAL DE JUSTIÇA. Resolução nº 354 de 19 de novembro de 2020. Dispõe sobre o cumprimento digital de ato processual e de ordem judicial e dá outras providências. **Portal CNJ**. Brasília. Disponível em: https://atos.cnj.jus.br/atos/detalhar/3579. Acesso em: 25 jul. 2021.

ção de uma parte não assistir ao interrogatório de outra parte, (art. 385, §2º, CPC) bem como a acesso de escritos de advogados ou terceiros que possam ter acesso a audiência (art. 387, CPC) da mesma forma em relação as testemunhas (art. 456, CPC).

> Depoimento livre. O legislador pretende que o juiz tenha acesso ao depoente da maneira mais próxima possível, de sorte que possa perceber e interpretar tudo o que ele lhe disser, sem auxílio de advogado ou de estranhos. O poder de persuasão do depoimento, no espírito do julgador, deve ter como única linguagem a expressão comunicada diretamente pela parte, oralmente, por escrito (CPC 162 III) ou por intermédio de intérprete (CPC 162 II).[34]

Por outro giro, os pontos positivos superam os pontos negativos, pois a maioria dos profissionais do direito verificaram a economia de tempo por não enfrentar trânsito, ao se deslocar do escritório, casa, gabinete para as dependências do fórum, economia nos rendimentos, uma vez que jurisdicionados não custearam passagens para acompanhamento de processo, advogados ganharam por economia de tempo, melhoria do trabalho em *home office* com maior produtividade e praticidade por acompanhar as audiências por qualquer equipamento eletrônicos dotados de câmera e microfone, a exemplo de um *smartphone,* além do fato de não haver constrangimentos, como acontecia no mesmo ambiente presencial de partes litigantes ou mesmo testemunhas por se sentirem intimidadas com autor ou réu que iria depor contra.

Além dessas vantagens, as audiências por videoconferências substituíram as cartas precatórias que até antes da pandemia a realização da audiência de instrução e julgamento era realizada pelo juiz deprecado que realizava a coleta da prova oral, o que diminuiu substancialmente a morosidade processual.

Remate-se, que todo regramento processual nas atividades presenciais houve adequação para o método virtual como já previsto na legislação para ser utilizada, gerando segurança aos processos com o apoio tecnológico no combate inclusive de ataques cibernéticos na proteção de dados, assim como qualquer exposição evitada, ademais, como divulgado pelo

[34] NERY JURIOR, Nelson; NERY, Rosa Maria de Andrade. **Código de processo civil comentado.** 19. ed. São Paulo: Thompson Reuters Brasil, 2020. ed.19, p.1060.

CNJ, segundo Rodrigues (2020), o Judiciário demonstrou maior produtividade, por mais célere o trâmite processual.[35]

De acordo com Melo citando Braulio Gusmão:

> Ao apresentar os resultados obtidos com o uso da Plataforma Cisco Webex pelo Poder Judiciário, o juiz auxiliar da Presidência do CNJ e coordenador do projeto, Bráulio Gusmão, destacou que, para a realização das mais de 366 mil videoconferências, foram criadas 19.616 salas de reuniões. "No dia 4 de agosto, registrou-se um recorde de 9.142 reuniões em um único dia. Os dados demonstram a aceleração exponencial do processo de transformação digital do Judiciário brasileiro.[36]

Assim, verifica-se que o uso da tecnologia veio para ficar, a saber da Resolução 345, de 09/10/20, do Conselho Nacional de Justiça que autorizou a adoção, pelos tribunais, das medidas necessárias à implementação do "Juízo 100% Digital" no Poder Judiciário, modelo em que todos os atos processuais devem ser praticados exclusivamente por meio eletrônico e remoto, por intermédio da rede mundial de computadores, e em caso de inviabilização pelo método virtual, a realização pelo modo presencial não impedirá a continuidade dos outros atos processuais pelo meio digital, podendo contar com a cooperação de outros órgãos dos Tribunal desde que convertido em eletrônicos. (art.1º *caput.* §1º, §2º e §3º), não haverá competência modificada e a escolha pelo "Juízo 100% Digital" é facultativa e consensual; cabe às partes fazer essa opção na peça inicial e na contestação (arts.2º e 3º, *caput*), podendo aplicar o "juízo 100% digital" nos processos em tramitação com direito às partes retratarem-se da escolha até a sentença. (art. 3º, § 2º e §4º).[37]

[35] RODRIGUES, Alex. Justiça em números 2020: nova edição confirma maior produtividade do Judiciário. **Portal CNJ.** Brasília, 25 ago. 2020. Disponível em https://www.cnj.jus.br/justica-em-numeros-2020-nova-edicao-confirma-maior-produtividade-do-judiciario/. Acesso em:28 jul.2021.

[36] MELO, Jeferson. Com mais de 366 mil videoconferências, Justiça eleva produtividade na pandemia. **Portal CNJ**. Brasília, 8 ago. 2020. Disponível em https://www.cnj.jus.br/com-mais-de-366-mil-videoconferencias-justica-eleva-produtividade-na-pandemia/. Acesso em 28 jul. 2021.

[37] CONSELHO NACIONAL DE JUSTIÇA. Resolução 345/2020. Dispõe sobre o "Juízo 100% Digital" e dá outras providências. **Portal CNJ.** Brasília. Disponível em: https://atos.cnj.jus.br/atos/detalhar/3512. Acesso em: 27 jul.2021.

De acordo com Montenegro citando o Secretário-geral do CNJ, Valter Shuenquener:

> Com o Juízo 100% Digital, o cidadão que busca o TJAM terá o direito a aderir "a um rito que permite a tramitação via nuvem", de acordo com o secretário-geral do CNJ, juiz Valter Shuenquener. Em um estado em que há grandes distâncias entre as cidades e, entre aglomerações humanas e as sedes do Poder Judiciário nas comarcas, o Juízo 100% Digital possibilitará o atendimento virtual, prestado pelo sistema e por servidores, durante o horário de expediente.[38]

A realização de audiências via videoconferência ou telepresencial é uma realidade que todos os jurisdicionados e operadores do direito não poderão dispensar, pois apesar de uma pandemia que ceifou tantas vidas e impactou toda uma nação com muitos reflexos negativos sociais, políticos e econômicos, mostrou a adaptação rápida aos avanços tecnológicos e que serão utilizados doravante para todos os atos judiciais, com isso a implantação do "juízo 100% Digital", com a faculdade das partes para o uso exclusivo por meio eletrônico ou remoto e até mesmo se arrependerem até a prolação da sentença, haverá efetividade e celeridade na prestação jurisdicional.

4. Princípios processuais da boa-fé objetiva e cooperação nas audiências virtuais na pandemia.

Neste tópico, evidencia-se os princípios da boa-fé objetiva e o da cooperação pelo fato de ambos interagirem como regra a exigir de todos os participantes do processo comportamento probo, leal, correto de forma objetiva, todos a cooperar para o desenvolvimento do processo eficaz e a finalidade alcançada com a efetiva entrega da prestação jurisdicional, tendo como aplicação no procedimento da audiência de instrução e julgamento pelo método virtual no período pandêmico causado pelo Covid-19.

Segundo a lição de Donizetti:

> A boa fé processual está intimamente ligada à boa-fé objetiva, comumente tratada no Direito Civil como princípio norteador das relações contratuais,

[38] Montenegro, Manuel Carlos. CNJ e tribunal amazonense lançam Juízo 100% Digital. **Portal CNJ**. Brasília, 4 de dezembro de 2020. Disponível em: https://www.cnj.jus.br/cnj-e-tribunal-amazonense-lancam-juizo-100-digital/. Acesso em: 03 ago. 2021.

> mas que no sistema processual orienta a conduta das pessoas que, de qualquer forma, participam do processo. Como exemplo cite-se a situação do juiz verificar a existência de um proposito protelatório do réu e, consequentemente, aplicar-lhe a pena de litigância de má-fé. (art. 80. VII. e 81 do CPC/2015).[39]

A audiência de instrução e julgamento por ser um ato solene, com ritos próprios exige para a sua realização, comportamento de acordo com a boa-fé, possuindo as partes o dever de agir com base nos valores éticos e morais da sociedade. Desse comportamento, decorrem outros deveres, como lealdade, transparência e colaboração.

Antes dessa realidade pandêmica ocasionada pelo Covid-19, a boa-fé objetiva era direcionada ao processo em si, no tocante ao contraditório e ampla defesa num contexto mais normativo, muito embora, exijam-se de todos os participantes do processo uma cooperação de ética e probidade em todos os atos.

Verifica-se em todo o procedimento processual civil a advertência do legislador sobre os deveres e obrigações de todos os sujeitos do processo, com aplicações de sanções quanto a litigância de má-fé e atos atentatórios a dignidade da justiça, como bem delineia os arts. 77 e seguintes e 142 do mesmo diploma legal.

De acordo com Arruda Alvim *apud* Nery Junior:

> Dever das partes e procuradores. Não é ônus, mas dever de probidade e lealdade processual, que dever ser observado pelas partes e seus procuradores. Caso a parte ou seu procurador descumpra o dever de probidade, fica sujeita a são repressiva do CPC 79 a 81, independentemente do resultado da demanda. O termo "parte" deve ser entendido em seu sentido lato, significando todo aquele que participa do processo, incluindo-se o assistente, o litisdenunciado, o chamado ao processo.[40]

O Conselho Nacional de Justiça flexibilizou o uso de videoconferência no sentido de que haja o consentimento das partes, no entanto, os patronos devem trazer justificativas fundamentadas para a não realização da audiência de instrução e julgamento pelo meio virtual.

[39] Donizetti, Elpídio. *Op cit.* p. 33

[40] Nery Jurior, Nelson; Nery, Rosa Maria de Andrade. **Código de processo civil comentado**. 19. ed. São Paulo: Thompson Reuters Brasil, 2020. ed.19. p.1008.

A teoria da boa-fé objetiva trouxe maior visibilidade no tocante a colheita de provas orais principalmente quanto as desvantagens ao uso dos meios virtuais como maior preocupação dos advogados pois, não há controle pelo magistrado quanto ao acesso antecipado da oitiva da testemunha ou parte e difícil percepção quanto ao uso de meios eletrônicos como: teleponto acoplado na câmera de vídeo ou mesmo roteiro e a falsa justificativa de problemas técnicos com o fito de protelar o feito.

Antes da pandemia as desvantagens reclamadas pelos operadores do direito eram quase inexistentes, uma vez que havia pouco uso da audiência por videoconferência e o profissional que incentiva essas ações ardilosas está contribuindo com litigância de má-fé.

Notadamente, quando o advogado se propõe a trapaças na realização do ato impedindo a busca da verdade real, está descumprindo preceitos éticos e morais, normatizado na Constituição Federal, Estatuto da Advocacia e a Ordem dos Advogados do Brasil e Código de Ética e Disciplina da OAB, tendo o Magistrado o dever de encaminhar representação a seccional que o causídico esteja inscrito, para depois do procedimento administrativo seja punido pelo órgão por infração disciplinar. No entanto, toda a responsabilidade pela cominação legal será do seu constituinte, nada obstando, o regresso pela responsabilidade do seu patrono no ato, principalmente quando aos fundamentos de fato, e desleal ao falsear problemas técnicos para fins procrastinatórios cometendo atos contrários a dignidade da Justiça.

Neste particular, o magistrado deverá ter percepção e sempre advertir as partes sobre as regras dos arts. 385§2º e 456 do CPC frisando sobre a litigância de má-fé com atos atentatórios a dignidade da Justiça, como um dos sujeitos do processo a colaborar com a lisura do processo.

A parte que violar a boa-fé será condenada a pagamento de multa, a indenizar a parte contrária pelos prejuízos sofridos com o ônus de pagar ao patrono da outra parte além das despesas do processo. No entanto, mesmo não havendo previsão do Código de Processo Civil de sanção ao advogado infrator como destaca o §6º do artigo 77 do *Códex*, alguns magistrados já estão condenando solidariamente o patrono causador do dano processual.[41]

[41] Sobre a solidariedade na litigância de má-fé do Advogado, interessante a análise do julgado da Ação Declaratória de inexistência de débito c.c. indenização por danos morais – autora que alega desconhecer a origem da dívida que deu ensejo à inscrição de seu nome nos

Talvez, com a continuidade das audiências virtuais ainda possamos nos deparar com a condenação solidária por litigância de má-fé a parte e seu patrono que tiveram comportamento desleal afim de prejudicar o andamento processual em prejuízo a parte ou terceiros intervenientes no processo ainda que seja em ação própria de regresso.

> A cooperação, no processo, tem liame direto com a boa-fé enquanto expressão de vida reta e de Direito *lato sensu* (não é direito o que não se conforma com a boa-fé: é canhestro ou obtuso o que se conforma com a má-fé) e importa num comportamento processualmente solidário.[42]

Todavia, além da lealdade intrínseca ao princípio da boa-fé, a situação pandêmica aflorou a necessidade de se valer do princípio da cooperação tão bem normatizada no art. 6º, VIII do CPC.

Martins em seu artigo "A Pandemia e a Marcha Processual" aduz:

> Antes de qualquer medida a ser tomada pelo Judiciário, as partes dos processos, orientadas por seus advogados, devem se imbuir do ânimo de cooperar com as medidas de enfrentamento ao COVID-19, a bem da não paralisação completa do Sistema de Justiça, de maneira a não oporem resistências infundadas, vazias de justificativas, em relação às medidas total virtualização da persecução do processo eletrônico, até o fim deste estado de coisas ora vivido (art. 6º do CPC)[43].

cadastros de inadimplentes análise com observância das orientações do Comunicado CG 02/2017 documentos juntados aos autos que afastam a verossimilhança das alegações, além de sonegação de informações por parte da autora conduta que evidencia abuso de direito como forma de dificultar a defesa e elevar os ganhos com indenizações e honorários – verdadeira pretensão de enriquecimento ilícito, bem diversa do direito de ação tutelado constitucionalmente – ação improcedente com multa por litigância de má-fé também à advogada – recurso de autora improvido. (TJ-SP -AC:10146099720198260068 SP 1014609-97.2019.8.26,0068, Relator: Jovino de Sylos, Data de Julgamento: 27/03/2021, 16ª Câmara de Direito Privado, Data de publicação: 27/03/2021). Disponível em: https://tj-sp.jusbrasil.com.br/jurisprudencia/1185396198/apelacao-civel-ac-10146099720198260068-sp-1014609-9720198260068/inteiro-teor-1185396218. Acesso em: 29 jul.2021.

[42] Silva, Augusto Vinicius Fonseca e. **Princípios pamprocessuais ou metaprocessuais**: normas fundamentais do CPC – princípios de todo processo. Salvador: JusPodivm, 2018. p.283-284.

[43] Martins, Jorge Bezerra Ewerton. **A pandemia e a marcha processual**: a vida dá lições que só se dão uma vez. Disponível em https://jorgebemartins.jusbrasil.com.br/artigos/831989801/a-pandemia-e-a-marcha-processual. Acesso em: 1 ago.2021.

Destarte, o princípio da cooperação tem suas origens no direito europeu, estando positivado no art.6º do Código de Processo Civil, e chamou atenção a participação ativa do Magistrado, uma vez que deve como forma de colaboração orientar e advertir a todos que participam do processo, não mais apenas às partes litigantes, não estando mais em função estática como mero observador dos cumprimentos das normas.

O artigo 6º do CPC é amplo para todos os sujeitos do processo, seja o juiz, advogado, partes, membros do Ministério Público e todos os auxiliares da Justiça para que todos cooperem entre si para obtenção de decisão de mérito justa e efetiva, de modo que se cumpra o consagrado no art. 5º LXXVIII da Carta Magna que dispõe: "a todos, no âmbito judicial e administrativo, são assegurados a razoável duração do processo e os meios que garantam a celeridade de sua tramitação."[44].

Defende Mitidiero:

> Na linha da colaboração, nas causas complexas, refere o Código de 2015 ainda que o saneamento deve ser feito em audiência pelo juiz em cooperação com as partes (art.357, §3º). Organizado o processo oralmente, até mesmo para estimular o debate e a autorresponsabilidade das partes, o direito de pedir esclarecimentos ou solicitar ajustes preclui com o seu encerramento. Nesse caso, as questões decididas visando à organização do processo só poderão ser novamente examinadas pelo Tribunal, se impugnadas em apelação ou nas respectivas contrarrazões (art.1009 do CPC/2015, ressalvada eventual decisão sobre a distribuição do ônus da prova em audiência, hipótese em que será cabível agravo de instrumento (art. 1015, XI, do CPC/2015 – caso em que tenha sido deferido ou indeferido o requerimento (arts. 5ª, I e LV, da CF/1988, e 7º,9º e 10 do CPC/2015).[45]

Denota-se que mesmo antes da instrução e julgamento, o magistrado deve sanear o feito em cooperação com as partes e patronos, e da mesma forma é aplicada por meio virtual, basta que as partes e seus procuradores tenham ao menos um smartphone a mão com uma franquia com opera-

[44] BRASIL, **Constituição Federativa do brasil.** de 05 de outubro de 1988. Brasília, 1988. Disponível em: http://www.planalto.gov.br/ccivil_03/constituicao/constituicao.htm. Acesso em.26 jul.2021.

[45] MITIDIERO, Daniel. **Colaboração no processo civil**: do modelo ao princípio. 4ª ed. São Paulo. Thompson Reuters Brasil, 2019. p. 138.

dora com sinal para que a audiência tenha fluidez. Fato como comentado alhures mesmo com um período de tormentas causado pelo coronavírus que impôs medidas restritivas e de circulação, o judiciário realizou centenas de audiências telepresenciais e alavancou a produtividade como bem divulgou o CNJ.

Assim, como a boa-fé está intimamente ligada ao princípio da cooperação e estes são esteios para todo o desenvolvimento do processo, espera-se comportamento probo e correto de todos, principalmente ao que toca as audiências virtuais, a fim de que obtenha a efetiva e justa prestação jurisdicional.

Conclusões

Nesse sentir, a situação causada pela pandemia demonstrou o quão importante o avanço da ciência e da tecnologia para o enfrentamento de uma doença tão avassaladora, como o novo Coronavírus, no entanto, inevitável o impacto de natureza econômica, social e política principalmente quando há imposição legal quanto ao isolamento e distanciamento social.

As audiências virtuais, tanto as realizadas por videoconferência como telepresencial apenas comprovaram que o ambiente virtual em quase nada prejudicou o andamento do feito, tendo em vista que proporcionou a interação em tempo real para os que estavam em cidades longínquas, que mesmo por imposição legal de circulação, a solução foi segura e, no final, com vantagens de redução de custos, riscos e tempo.

Destarte, buscou este trabalho demonstrar a adaptação da Audiência de Instrução e Julgamento positivada no Código de Processo Civil/2015 para a realidade pandêmica ocasionada pelo vírus da Covid-19 com supedâneo nas Resoluções e Portarias do Conselho Nacional de Justiça.

Reconhecida a pandemia pelo Decreto Federal nº 06/2020 coube aos Tribunais da Federação adaptar as resoluções do CNJ já existentes, ao novo Código de Processo Civil quanto a realização das audiências de instrução e julgamento por meio de audiências virtuais de forma ampla e, em curto espaço de tempo, com recursos tecnológicos ao preparo à proteção da privacidade digital e de dados a não prejudicar a rotina dos trabalhos conforme edição da Resolução 334/2020 do CNJ e Resolução nº354/2020.

Verificou-se que os Tribunais de todo o território brasileiro seguiram os atos normativos do Conselho Nacional de Justiça em perfeita sintonia, todos buscaram novas tecnologias para dar maior fluidez aos processos, atendimentos a todos os jurisdicionados, aprimorando os meios eletrônicos já existentes para melhor prestação jurisdicional e que por certo continuarão para os pós pandemia.

Com o retorno das atividades presenciais, o Conselho Nacional de Justiça já sinalizou quanto ao legado ao acesso à justiça e a utilização da tecnologia tão bem adaptada no período pandêmico, e a aposta em audiências híbridas com a utilização das audiências por videoconferência, bem como, a criação de núcleos para que todos os atos do processo sejam praticados por meio eletrônico ou remoto, e já sendo abraçada pelos Tribunais do país a Resolução 345, de 09 de outubro de 2020 do CNJ que autorizou a implementação do "Juízo 100% digital" que por certo dará maior fluidez aos processos com a consequente solução e pacificação dos conflitos. Merecendo destaque o Tribunal de Justiça do Estado do Amazonas que aderiu ao projeto com incentivo ao acesso à Justiça digital – a chamada Justiça 4.0.

Referências

AMAZONAS. Portaria 2.256, de 27 de novembro de 2020. Diário de Justiça Eletrônico: Gabinete da Presidência do Tribunal de Justiça, de 1º de dezembro de 2020.p.4. Disponível em: https://consultasaj.tjam.jus.br/cdje/consultaSimples.do?cdVolume=13&nuDiario=2980&cdCaderno=1&nuSeqpagina=4. Acesso em: 25 de julho de 2021.

BRASIL, **Constituição Federativa do brasil.** de 05 de outubro de 1988. Brasília, 1988. Disponível em: http://www.planalto.gov.br/ccivil_03/constituicao/constituicao.htm. Acesso em.26 jul.2021

BRASIL. **Decreto nº 6 de 20 de março de 2020**. Brasília: Congresso Nacional, 2020, Reconhece, para os fins do art. 65 da Lei Complementar nº 101, de 4 de maio de 2000, a ocorrência do estado de calamidade pública, nos termos da solicitação do Presidente da República encaminhada por meio da Mensagem nº 93, de 18 de março de 2020. Disponível em: http://www.planalto.gov.br/ccivil_03/portaria/DLG6-2020.htm. Acesso em: 20 de julho de 2021.

BRASIL. **Lei nº 11.419, de 19 de dezembro de 2006**. Brasília: Casa Civil. Dispõe sobre a informatização do processo judicial, altera a Lei nª 5.869, de 11 de janeiro de 1973 – Código de Processo Civil e dá outras providências. Disponível em: http://www.planalto.gov.br/ccivil_03/_ato2004-2006/2006/lei/l11419.htm. Acesso em: 20 jul. 2021.

BRASIL, **Lei 13.979 de 06 fevereiro de 2020.** Brasília: Secretaria Geral, 2020. Dispõe sobre as medidas para enfrentamento da emergência de saúde pública de importância internacional decorrente do coronavírus responsável pelo surto de 2019. Disponível em: http://www.planalto.gov.br/ccivil_03/_Ato2019-2022/2020/Lei/L13979.htm. Acesso em 24 jul.2021.

BRASIL, **Portaria nº 356, de 11 de março de 2020**. ed.49, Seção 1. Brasília: Ministério da Saúde, 2020. Dispõe sobre a regulamentação e operacionalização do disposto na Lei nº 13.979, de 6 de fevereiro de 2020, que estabelece as medidas para enfrentamento da emergência de saúde pública de importância internacional decorrente do coronavírus (COVID-19). Disponível em: https://www.in.gov.br/en/web/dou/-/portaria-n-356-de-11-de-marco-de-2020-247538346. Acesso em:24 de jul.2021.

BRASIL. Supremo Tribunal Federal. **Ação Direta de Inconstitucionalidade 3.367/DF**. É importante ressaltar que o Supremo Tribunal Federal não é subordinado ao CNJ por ser a corte mais alta da solução dos conflitos judiciais e administrativos o qual o CNJ é hierarquicamente inferior. A Ação direta. EC 45/2004. Poder Judiciário. CNJ. Instituição e disciplina. Natureza meramente administrativa. Órgão interno de controle administrativo, financeiro e disciplinar da magistratura. Constitucionalidade reconhecida. Separação e independência dos Poderes. História, significado e alcance concreto do princípio. Ofensa a cláusula constitucional imutável (cláusula pétrea). Inexistência. Subsistência do núcleo político do princípio, mediante preservação da função jurisdicional, típica do Judiciário, e das condições materiais do seu exercício imparcial e independente. Precedentes e Súmula 649. Inaplicabilidade ao caso. Interpretação dos arts. 2º e 60, § 4º, III, da CF. Ação julgada improcedente. Votos vencidos. São constitucionais as normas que, introduzidas pela EC 45, de 8-12-2004, instituem e disciplinam o CNJ, como órgão administrativo do Poder Judiciário nacional. Poder Judiciário. Caráter nacional. Regime orgânico unitário. Controle administrativo, financeiro e disciplinar. Órgão interno ou externo. Conselho de Justiça. Criação por Estado-membro. Inadmissibilidade. Falta de competência constitucional. Os Estados-membros carecem de competência constitucional para instituir, como órgão interno ou externo do Judiciário, conselho destinado ao controle da atividade administrativa, financeira ou disciplinar da respectiva Justiça. Poder Judiciário. CNJ. Órgão de natureza exclusivamente administrativa. Atribuições de controle da atividade administrativa, financeira e disciplinar da magistratura. Competência relativa apenas aos órgãos e juízes situados, hierarquicamente, abaixo do STF. Preeminência deste, como órgão máximo do Poder Judiciário, sobre o Conselho, cujos atos e decisões estão sujeitos a seu controle jurisdicional. Inteligência dos arts. 102, **caput**, I, **r**, e 103-B, § 4º, da CF. O CNJ não tem nenhuma competência sobre o STF e seus ministros, sendo este o órgão máximo do Poder Judiciário nacional, a que aquele está sujeito. Relator: Min. CEZAR PELUSO, Data do Julgamento: 13/01/2005, Tribunal Pleno, Data de Publicação: DJ 17-03-2006 -PP00004 EMENT VOL – 02225-01 PP- 00182 REPUBLICAÇÃO: DJ, 22-09-2006 pp – 00029.

BRASIL, UNA-SUS. Organização nacional de saúde declara pandemia do novo Coronavírus. Disponível em: https://www.unasus.gov.br/noticia/organizacao-mundial-de-saude-declara-pandemia-de-coronavirus. Acesso em: 24 jul. 2021.

CONSELHO NACIONAL DE JUSTIÇA (Brasil). Portaria 52, de 12 de março de 2020. Estabelece, no âmbito do Conselho Nacional de Justiça, medidas temporárias de prevenção ao contágio pelo Novo Coronavírus – COVID-19, considerada a classificação de pandemia pela Organização Mundial de Saúde – OMS. **Portal CNJ,** Brasília. Disponível em: https://atos.cnj.jus.br/atos/detalhar/323. Acesso em: 24 jul. 2021

CONSELHO NACIONAL DE JUSTIÇA (Brasil). Portaria 53 de 16 de março de 2020. Institui Comitê para o acompanhamento e supervisão das medidas de prevenção ao contágio pelo Novo Coronavírus – Covid-19 tomadas pelos tribunais brasileiros. **Portal CNJ.** Brasília. Disponível em: https://atos.cnj.jus.br/atos/detalhar/3241. Acesso em:24 jul.2021.

CONSELHO NACIONAL DE JUSTIÇA (Brasil). Portaria 58 de 24 de março de 2020. Institui Grupo de Trabalho destinado a elaborar parecer sobre a realização de videoconferências no âmbito da justiça criminal e apresentar proposta de ato normativo e protocolos técnicos voltados à regulamentação da temática. **Portal CNJ**. Brasília. Disponível em: https://atos.cnj.jus.br/atos/detalhar/3257. Acesso em 24 jul. 2021.

CONSELHO NACIONAL DE JUSTIÇA (Brasil). Portaria nº 61 de 31 de março de 2020. Institui a plataforma emergencial de videoconferência para realização de audiências e sessões de julgamento nos órgãos do Poder Judiciário, no período de isolamento social, decorrente da pandemia Covid-19. **Portal CNJ**. Brasília. Disponível em: https://atos.cnj.jus.br/atos/detalhar/3266. Acesso em: 25 jul.2021.

CONSELHO NACIONAL DE JUSTIÇA (Brasil). Portaria nº 79 de 22 de maio de 2020. Prorroga o prazo de vigência das Resoluções CNJ nº 313/2020, nº 314/2020 e nº 318/2020. **Portal CNJ**. Brasília Disponível em: https://atos.cnj.jus.br/atos/detalhar/3326. Acesso em: 25 jul.2021.

CONSELHO NACIONAL DE JUSTIÇA (Brasil). Portaria nº 86 de 8 de junho de 2020. Altera a Portaria nº 58, de 24 de março de 2020, que institui Grupo de Trabalho destinado a elaborar parecer sobre a realização de videoconferências no âmbito da justiça criminal e apresenta proposta de ato normativo e protocolos técnicos voltados à regulamentação da temática, e prorroga o prazo para a conclusão dos trabalhos. **Portal CNJ**. Brasília. Disponível em: https://atos.cnj.jus.br/atos/detalhar/3357. Acesso em: 24 jul. 2021.

CONSELHO NACIONAL DE JUSTIÇA (Brasil). Resolução nº 227 de 15 de junho de 2016. Regulamenta o teletrabalho no âmbito do Poder Judiciário e dá outras providências. **Portal CNJ**. Brasília. Disponível em: https://atos.cnj.jus.br/atos/detalhar/2295. Acesso em: 25 jul.2021.

CONSELHO NACIONAL DE JUSTIÇA (Brasil). Resolução nº 313 de 19 de março de 2020. Estabelece, no âmbito do Poder Judiciário, regime de Plantão Extraordinário, para uniformizar o funcionamento dos serviços judiciários, com o objetivo de prevenir o contágio pelo novo Coronavírus – Covid-19, e garantir o acesso à justiça neste período emergencial. **Portal CNJ**. Brasília. Disponível em: https://atos.cnj.jus.br/atos/detalhar/3249. Acesso em: 25 jul.2021.

CONSELHO NACIONAL DE JUSTIÇA (Brasil). Resolução nº 314 de 20 de abril de 2020. Prorroga, no âmbito do Poder Judiciário, em parte, o regime instituído pela Resolução nº 313, de 19 de março de 2020, modifica as regras de suspensão de prazos processuais e dá outras providências. **Portal CNJ**. Brasília. Disponível em: https://atos.cnj.jus.br/atos/detalhar/3283. Acesso em: 25 jul.2021.

CONSELHO NACIONAL DE JUSTIÇA (Brasil). Resolução nº 318 de 7 de maio de 2020. Prorroga, no âmbito do Poder Judiciário, em parte, o regime instituído pelas Resoluções nº 313, de 19 de março de 2020, e nº 314, de 20 de abril de 2020, e dá outras providências. **Portal CNJ**. Brasília. Disponível: https://atos.cnj.jus.br/atos/detalhar/3308 Acesso em: 25 jul. 2021.

CONSELHO NACIONAL DE JUSTIÇA (Brasil). Resolução nº 329 de 30 de julho de 2020. Regulamenta e estabelece critérios para a realização de audiências e outros atos processuais por videoconferência, em processos penais e de execução penal, durante o estado de calamidade pública, reconhecido pelo Decreto Federal nº 06/2020, em razão da pandemia mundial por Covid-19. **Portal CNJ**. Brasília. Disponível em: https://atos.cnj.jus.br/atos/detalhar/3400. Acesso em: 25 jul. 2021.

CONSELHO NACIONAL DE JUSTIÇA (Brasil). Resolução nº 330 de 26 de agosto de 2020. Regulamenta e estabelece critérios para a realização de audiências e outros atos processuais por videoconferência, em processos de apuração de atos infracionais de execução de medidas socioeducativas, durante o estado de calamidade pública, reconhecido pelo Decreto Federal nº 06/06/2020. em razão da pandemia mundial por Covido-19. **Portal CNJ**. Brasília. Disponível em: https://atos.cnj.jus.br/atos/detalhar/3435Acesso em: 25 jul. 2021.

CONSELHO NACIONAL DE JUSTIÇA. Resolução nº 337, de 29 de setembro de 2020. Dispõe sobre a utilização de sistemas de videoconferência no Poder Judiciário. **Portal CNJ**. Brasília. Disponível em: https://atos.cnj.jus.br/atos/detalhar/3498. Acesso em: 25 jul. 2021.

CONSELHO NACIONAL DE JUSTIÇA. Resolução 345/2020. Dispõe sobre o "Juízo 100% Digital" e dá outras providências. **Portal CNJ.** Brasília. Disponível em: https://atos.cnj.jus.br/atos/detalhar/3512. Acesso em: 27 jul.2021.

CONSELHO NACIONAL DE JUSTIÇA (Brasil). Resolução nº 357 de 26 de novembro de 2020. Dispõe sobre a realização de audiências de custódia por videoconferência quando não for possível a realização em 24 horas, de forma presencial. **Portal CNJ**. Brasília. Disponível em: https://atos.cnj.jus.br/atos/detalhar/3595. Acesso em 25 jul. 2021.

CONSELHO NACIONAL DE JUSTIÇA (Brasil). Resolução nº 375/2021 de 2 de março de 2020. Altera a Resolução CNJ nº 227/2016, que regulamenta o teletrabalho no âmbito do Poder Judiciário e dá outras providências, criando a Equipe de Trabalho Remoto e dando outras providências. **Portal CNJ**. Brasília. Disponível em: https://atos.cnj.jus.br/atos/detalhar/3761. Acesso: 25 jul.2021.

CONSELHO NACIONAL DE JUSTIÇA. Resolução nº 396 de 07 de junho de 2021. Institui a Estratégia Nacional de Segurança Cibernética do Poder Judiciário (ENSEC-PJ). **Portal CNJ.** Brasília. Disponível em: https://atos.cnj.jus.br/atos/detalhar/3975. Acesso em: 13 ago.2021,

BRASIL. **Decreto nº 06 de 20 de março de 2020**. Reconhece, para os fins do art. 65 da Lei Complementar nº 101, de 4 de maio de 2000, a ocorrência do estado de calamidade pública, nos termos da solicitação do Presidente da República encaminhada por meio da Mensagem nº 93, de 18 de março de 2020. Disponível em: http://www.planalto.gov.br/ccivil_03/portaria/DLG6-2020.htm. Acesso em: 20 de julho de 2021.

CONSELHO NACIONAL DE JUSTIÇA. Resolução nº 354 de 19 de novembro de 2020. Dispõe sobre o cumprimento digital de ato processual e de ordem judicial e dá outras providências. **Portal CNJ**. Brasília. Disponível em: https://atos.cnj.jus.br/atos/detalhar/3579. Acesso em: 25 jul. 2021.

DIDIER JR., Fredie; BRAGA, Paula Sarno; OLIVEIRA, Rafael Alexandria de. **Curso de Direito Processual Civil**, V 2. 10. ed. São Paulo: JusPodivm, 2015.

DONIZETTI, Elpídio. **Curso de direito processual civil.**24 ed. São Paulo. Atlas, 2021.

MARTINS, Jorge Bezerra Ewerton. **A pandemia e a marcha processual**: a vida dá lições que só se dão uma vez. Disponível em https://jorgebemartins.jusbrasil.com.br/artigos/831989801/a-pandemia-e-a-marcha-processual. Acesso em: 1 ago.2021.

MELO, Jeferson. Com mais de 366 mil videoconferências, Justiça eleva produtividade na pandemia. **Portal CNJ**. Brasília, 8 ago. 2020. Disponível em https://www.cnj.jus.br/com-mais-de-366-mil-videoconferencias-justica-eleva-produtividade-na-pandemia/. Acesso em 28 jul. 2021.

MELO, Jeferson. Videoconferência: parceria entre CNJ e Cisco segue até final de janeiro. **Portal CNJ**. Brasília, 22 dez. 2020. Disponível em https://www.cnj.jus.br/videoconferencia-parceria-entre-cnj-e-cisco-segue-ate-final-de-janeiro/. Acesso em: 26 jul. 2021.

MITIDIERO, Daniel. **Colaboração no processo civil**: do modelo ao princípio. 4ª ed. São Paulo. Thompson Reuters Brasil, 2019. p. 138.

MONTENEGRO, Manuel Carlos. CNJ e tribunal amazonense lançam Juízo 100% Digital. **Portal CNJ**. Brasília, 4 de dezembro de 2020. Disponível em: https://www.cnj.jus.br/cnj-e-tribunal-amazonense-lancam-juizo-100-digital/. Acesso em: 03 ago. 2021.

NERY JURIOR, Nelson; NERY, Rosa Maria de Andrade. **Código de processo civil comentado**. 19. ed. São Paulo: Thompson Reuters Brasil, 2020.

RODRIGUES, Alex. Justiça em números 2020: nova edição confirma maior produtividade do Judiciário. **Portal CNJ.** Brasília, 25 ago. 2020. Disponível em https://www.cnj.jus.br/justica-em-numeros-2020-nova-edicao-confirma-maior-produtividade-do-judiciario/. Acesso em:28 jul.2021.

SÃO PAULO. Tribunal de Justiça de São Paulo **Apelação 10146099720198260068/SP**, Ação Declaratória de inexistência de débito c.c. indenização por danos morais – autora que alega desconhecer a origem da dívida que deu ensejo à inscrição de seu nome nos cadastros de inadimplentes análise com observância das orientações do Comunicado CG 02/2017 documentos juntados aos autos que afastam a verossimilhança das alegações, além de sonegação de informações por parte da autora conduta que evidencia abuso de direito como forma de dificultar a defesa e elevar os ganhos com indenizações e honorários – verdadeira pretensão de enriquecimento ilícito, bem diversa do direito de ação tutelado constitucionalmente – ação improcedente com multa por litigância de má-fé também à advogada – recurso de autora improvido. Relator: Jovino de Sylos, São Paulo. SP: Tribunal de Justiça de São Paulo. Data de Julgamento: 27/03/2021, 16ª Câmara de Direito Privado, Data de publicação: 27/03/2021). Disponível em: https://tj-sp.jusbrasil.com.br/jurisprudencia/1185396198/apelacao-civel-ac-10146099720198260068--sp-1014609-9720198260068/inteiro-teor-1185396218. Acesso em: 29 jul.2021.

SILVA, Augusto Vinicius Fonseca e. **Princípios pamprocessuais ou metaprocessuais**: normas fundamentais do CPC – princípios de todo processo. Salvador: JusPodivm, 2018. p.283-284.

9
O ANO QUE O TRIBUNAL DE JUSTIÇA DO AMAZONAS NÃO PAROU: 2020

Mônica Cristina Raposo da Câmara Chaves do Carmo

Introdução

O mundo, que exigia a presença física de profissionais no desempenho de suas funções, ficou suspenso por motivos alheios a vontade de todos. No Tribunal de Justiça do Amazonas não foi diferente. Portanto, fez-se necessária uma adaptação rápida e eficaz dos métodos de trabalhos tradicionais estabelecidos até então, por outros que conseguissem alcançar os mesmos objetivos, quais sejam, a prestação jurisdicional de qualidade, a movimentação da máquina administrativa, a continua qualificação do servidor e do magistrado e o alcance das inúmeras metas estabelecidas pelo Conselho Nacional de Justiça. A par disso, a vida do lado de fora da área profissional continuava e de uma forma muitas vezes devastadora.

Procura-se com esse trabalho demonstrar a necessidade de continuação de uma vida "normal", com todas as cobranças a ela inerentes, em meio a inúmeros conflitos e problemas de saúde física, psicológica e emocional, seja individual ou coletiva.

Aborda-se o uso das ferramentas tecnológicas, as quais desenvolvem-se e estão sempre a disposição de todos, mas não raramente são subutilizadas, seja por descaso, preconceito dos mais antigos ou por entender que dela não se precisa para desenvolver um trabalho. No caso do Tribunal de Justiça do Amazonas, mostra-se a essencialidade desse instrumento, tornando possível a prática de atos diários, respeitando as normas processuais e garantindo o acesso à justiça na defesa dos direitos de todos, mesmo que todos estejam trabalhando na forma remota.

1. Virtualização

O Tribunal de Justiça do Amazonas prima por avanços tecnológicos há duas décadas. Iniciou com a utilização do Saj- Sistema de Automação da Justiça, a partir de 2001, somente na capital e de forma auxiliar, utilizado para inserção das movimentações processuais, facilitando a consulta por partes e advogados, além de imprimir a rapidez necessária no processo judicial.

No ano de 2005, ainda se utilizando do SAJ, avançou com a adoção do processo inteiramente virtual, começando a implantação por duas varas de família recém instaladas, com trabalho exclusivo da Defensoria Pública do Estado no polo ativo. A virtualização de processos demonstrou redução no tempo de desempenho das tarefas cartorárias; melhor visualização dos processos por parte de magistrados, servidores, membros do Ministério Público, Defensoria Pública e advogados; possibilidade de exercer as funções em locais diversos, não necessariamente dentro do espaço físico do Tribunal de Justiça.

A praticidade do modelo adotado levou, igualmente, ao aumento no volume de processos novos mensalmente, diante da facilidade do peticionamento eletrônico. Apesar do acréscimo em número, evidentemente não houve prejuízo do espaço destinado ao trabalho, posto não haver nenhum processo físico.

Gradualmente, com a verificação de índices positivos e satisfação por parte dos envolvidos no processo virtual, o modelo do processo inteiramente virtual foi expandido para o restante das varas da capital a partir do ano de 2011. O acervo de processos físicos aos poucos foi finalizado com a adoção de diversas medidas, entre elas a criação de um grupo de virtualização destinado, exclusivamente, a digitalizar peças a fim de levar para o interior de um computador, dentro de um sistema, o que antes havia no papel, ocupando espaço físico de tamanho considerável, dentro dos gabinetes.

Situação nova, com avanços tecnológicos até então desconhecidos para a maioria, necessidade de aprendizagem em uma área não dominada, foram fatores que levaram a uma certa resistência de alguns magistrados e servidores. Porém, era um caminho sem volta diante dos benefícios apresentados e comprovados.

A realidade do interior do estado do Amazonas não permite a utilização do SAJ devido haver limitação quanto a qualidade de internet, distância e falta de estrutura. Diante do avanço na produtividade e otimização do tempo mostrado com a experiência do processo virtual na capital, passou-se a pensando na total virtualização dos processos de todo o Tribunal e Justiça do Amazonas.

Desta forma, foi disponibilizada a estrutura de um código de fonte por parte do Tribunal de Justiça do Estado do Paraná em prol do Tribunal de Justiça do Amazonas, passando a existir uma parceria que levou a divisão de tecnologia a desenvolver um sistema próprio a ser utilizado pelas comarcas do interior de nosso estado, denominado Projudi, adaptando às necessidades da realidade do Amazonas.

A exemplo do ocorrido com a capital, aboliu-se a utilização de processos físicos no interior de forma gradual e, atualmente, o Tribunal é 100% digital com a utilização dos dois sistemas judiciais, SAJ (capital e município de Iranduba, perímetro urbano da capital) e PROJUDI (demais comarcas do interior no Amazonas).

A visão do futuro de administrações passadas permitiu que, em um passado mais recente, através dos sistemas judiciais virtuais, fosse possível abarcar o projeto de Teletrabalho na forma que foi reconhecida pelo Conselho Nacional de Justiça.

2. Teletrabalho

A partir do reconhecimento pelo Conselho Nacional de Justiça, através da Resolução n. 227/2016, quanto a possibilidade de inserção do Teletrabalho no âmbito dos Tribunais, o Tribunal de Justiça do Estado do Amazonas, Tjam, no ano de 2017 desenvolveu projeto e passou a adotar o modelo para a Capital e Interior do Estado do Amazonas, com finalidades específicas, fixando as regras através da Resolução n. 004/2017.

O regime de teletrabalho é definido no seu art.2º, como "modalidade de trabalho realizado de forma remota, em local adequado às condições de privacidade e de segurança exigidas pelo serviço, mediante a utilização de tecnologias de informação e de comunicação"

Evidente que a adesão quase imediata somente foi possível diante da total virtualização dos processos no âmbito do primeiro e segundo grau, além da área administrativa. Dispondo, até então, com três anos de experiência no sistema do teletrabalho, o acompanhamento sério e comprometido envolvia avaliações periódicas dos participantes e gestores, a fim de corrigir erros e valorizar acertos.

Ao início da pandemia já encontrávamos um número elevado de teletrabalhadores exercendo suas funções dentro do Tribunal, nos mais diversos setores, na esfera judicial, administrativa e informática.

O sistema de Teletrabalho foi adotado em atenção ao princípio constitucional da eficiência administrativa, art.37, caput, da Constituição Federal, o qual dispõe: "A administração pública direta e indireta de qualquer dos Poderes da União, dos Estados, do Distrito Federal e dos Municípios obedecerá aos princípios da legalidade, impessoalidade, moralidade, publicidade e eficiência e, também, ao seguinte."

Preocupou-se a administração, através da divisão de gestão de pessoas, buscar melhor desempenho de seus servidores efetivos e comissionados, dentro de um quadro que favoreça a saúde e bem-estar, sem descuidar da organização e produtividade, utilizando-se da tecnologia, instrumento que veio para auxiliar em vários aspectos.

Diante do reconhecimento por parte do Conselho Nacional de Justiça quanto a equivalência entre os serviços prestados na forma presencial e aqueles prestados de forma virtual, remota, não poderia ser desperdiçada a oportunidade de adotar medidas inovadoras em prol de ambos os lados, administração e servidores.

Segundo os moldes estabelecidos pela administração, o teletrabalhador precisa se submeter a um curso de formação inicial realizado pela Escola do Servidor do Tribunal de Justiça, ser monitorado por um gestor (superior imediato), realizar o trabalho às suas expensas, ter média de produtividade superior aos demais colegas de setor que exerçam as mesmas funções. Em contrapartida, pode realizar o trabalho em sua casa ou qualquer lugar que esteja, não se submete a horário específico ou a registro de frequência.

A adesão ao projeto experimental foi tímida, poucos acreditaram na eficácia e perceberam as reais vantagens do teletrabalho. O novo sempre causa medo ou, no mínimo, requer maiores cuidados quanto a análise de sua pertinência.

A barreira na aceitação advinha por diversas razões, tanto da parte de servidores interessados, quanto por parte de seus superiores hierárquicos.

Resultados poderiam não vir, metas poderiam não ser batidas, adaptação difícil por ambos os lados – gestor e servidor-, e, principalmente, costume com o padrão até então adotado pela administração pública em geral, o qual requer presença física, controle de presença pelo ponto eletrônico e horário de trabalho pré-estabelecido. Era necessário quebrar determinados paradigmas.

Observando o quadro que se apresentava e visando o sucesso do projeto, o trabalho desenvolvido pela Gestão de pessoas foi além do simples acompanhamento do seu desenrolar.

Buscaram a adesão de pessoas a partir de perfis avaliados, considerando as necessidades específicas de cada servidor. A finalidade era atrair os perfis selecionados para o modelo, demonstrando as possibilidades existentes para melhoria da qualidade de vida pessoal e profissional, sem que acarretasse qualquer prejuízo.

A avaliação procedida pela gestão de pessoas considera tarefas desempenhadas, o acompanhamento e autorização do gestor imediato, a habilitação em curso de formação inicial obrigatória em teletrabalho para gestores e teletrabalhadores, além dos requisitos previstos na Resolução nº 227/2016- CNJ e 004/2017- TJAM (ser estável, não ocupar função ou cargo comissionado de direção ou chefia, não ter penalidade disciplinar nos dois anos anteriores à inscrição e estabelecer a meta de produtividade superior à prevista para a equipe presencial).

Ultrapassada a fase do novo e com base na experiência relatada por aqueles que acreditaram nas vantagens e na filosofia do projeto, aos poucos a adesão foi crescendo e, ao final do primeiro ano, as vagas tornaram--se poucas diante do número de interessados. Hoje o Tribunal de Justiça conta com 160 teletrabalhadores entre servidores e comissionados.

Servidores e comissionados lotados na Capital, Manaus, tem motivações diversas entre si e daqueles que são lotados no interior do estado. Entre os objetivos principais encontramos: pretensão de realização de cursos de extensão fora do estado; acompanhamento de cônjuge em caso de transferência profissional; educação dos filhos em outra localidade; qualidade de vida em outro estado ou país, questões de saúde, entre outros.

A maior vantagem pró servidor deu-se em relação àqueles lotados no interior do Estado. No que se refere ao nosso longínquo e carente interior do estado do Amazonas, talvez tenha sido a melhor solução diante do problema que passava a administração com constantes desistências, pedidos de remoção e exoneração por parte dos servidores que não se adequavam às condições enfrentadas por quem precisa residir em uma cidade do interiorana após aprovação em concurso público.

O Amazonas, com sua extensa dimensão territorial, baixo índice populacional e baixo povoamento e ausência de estradas na maior parte de seu território, traz muitas dificuldades a quem nele vive. Ao contrário da capital, Manaus, uma metrópole grande e em pleno desenvolvimento, as cidades do interior são pequenas, isoladas, carecem de estrutura básica. Somente quem passa pela experiência sabe o quão difícil é a adaptação de pessoas não nascidas no meio.

As unidades judiciais das comarcas do interior trabalham quase 100% de servidores cedidos de forma precária por Prefeituras Municipais, com baixa qualificação profissional e nenhuma estabilidade. Habitualmente, a cada troca de comando do poder executivo, por uma questão meramente política, o magistrado arrisca-se a ver exonerado ou removido aquele servidor municipal que se encontra adaptado ao trabalho desenvolvido no judiciário, apresentando resultado satisfatório no exercício de suas funções.

Visando minimizar esses problemas, o Tribunal do Amazonas decidiu realizar concursos para o interior do estado, dividindo-o em sub-regiões, criando cargos através da Lei nº 3691/, de 21/12/2011, aprovada pela Assembleia Legislativa do Estado, destinados especificamente para o interior do estado.

De acordo com o Editais lançados para provimento de cargos em cada sub-região, o candidato aprovado para uma das sub-regiões não poderia pedir remoção para outra sub-região ou para a capital, sendo possível somente com a garantia da permuta ter o prazo mínimo de cinco anos. Era uma forma de prover aquela localidade com um servidor efetivo do poder judiciário, minimizando, desta forma, a carência de material humano qualificado nas comarcas.

A teoria não se aplicou na prática.

Talvez os candidatos não tivessem a dimensão da nossa realidade ao se submeter a um concurso regionalizado. Talvez tivessem essa noção, mas submeteram-se às provas com a intensão de, posteriormente, tentar uma remoção para a capital. Não é possível saber ao certo quais os motivos que levaram os servidores a desistir e não mais ficar no interior do estado, o fato é que o problema foi gerado e a administração precisava encontrar uma solução.

A realidade não é fácil. Cidades pequenas, a maior parte de difícil acesso – horas ou dias de transporte fluvial-; escassez de alimentos; carência de prestação de serviço na área de saúde de uma forma digna; carência na área educacional, por não haver boas escolas para filhos; dificuldade em encontrar moradia decente; precariedade no sinal da rede mundial de computadores, etc...

Soma-se a esse quadro a distância de familiares e da rotina dentro de um grande centro urbano, como Manaus.

Aqueles servidores não oriundos da região, ao tentar remover para a capital ou ser beneficiado com cargos comissionados sem sucesso, ingressavam com pedidos de exoneração ou licença, deixando as unidades do interior desassistidas. Tal quadro, trazia problemas de diversas ordens à administração e, principalmente, acabava por ajudar a fracassar com o objetivo de dotar o poder judiciário no interior do estado com um quadro próprio de servidores, a fim de acabar com a dependência do executivo no funcionamento das atividades judiciais.

Coube à gestão de pessoas administrar e buscar soluções para os diversos, e diários, problemas levados até a referida divisão administrativa. Assim, diante da desistência de servidores por não adaptação ao local para o qual havia prestado concurso e onde fora lotado, o teletrabalho mostrou-se um meio hábil de solução do problema.

Dentro do projeto de Teletrabalho, a gestão de pessoas percebeu esta via de solução e iniciou um processo de busca para adesão ao projeto, o que poderia solucionar dois impasses: o da administração e o do próprio servidor.

Este braço do projeto foi objeto de um artigo apresentado no VII Encontro Brasileiro de Administração Pública, em 2020, intitulado "A permanência e atratividade de servidores para prestação de serviços judiciais do Tribunal de Justiça do Amazonas em localidades remotas do interior do Amazonas por meio do teletrabalho", escrito por servidores do Tribunal de Justiça do Estado do Amazonas, constando dados estatísticos da evolução.

A possibilidade de permanecer na capital, Manaus, ou qualquer outro lugar que disponha de bom acesso à rede mundial de computadores, internet; a possibilidade de exercer sua função sem precisar residir em uma cidade do interior; de estar mais próximo à família e reduzir despesas com duas residências; de melhorar a qualidade de vida do servidor, trouxe adeptos e reduziu os problemas a serem resolvidos pela administração.

A dimensão territorial do estado do Amazonas por si só dificulta a prestação jurisdicional. Tem uma extensão territorial maior que algumas regiões do Brasil e países inteiros da Europa; as cidades são ligadas, a maior parte, por rios, que são as nossas "estradas", o que dificulta o acesso à diversas localidades.

A grande distância da capital e ausência de outros centros com estrutura capaz de auxiliar municípios menores próximos, leva a precariedade de infraestrutura do interior do Amazonas. Assim, carece a população de serviços de qualidade como saúde, moradia, educação, internet e alimentação. Portanto, carecem de serviços básicos.

Com a adoção do teletrabalho não há mais exigência de presença física, não há mais a necessidade de se cumprir horário pré-estabelecido pela administração e não há mais dias úteis, podendo o trabalho ser exercido durante a semana, feriados ou finais de semana, de acordo com o planejamento pessoal de cada servidor.

Há, sim, exigência de produtividade superior à média dos servidores lotados na unidade da qual faça parte o teletrabalhador e que desenvolvam o mesmo tipo de trabalho; há expectativa de melhor resultado qualitativo diante da melhor condição de vida que passará a dispor; há maior cobrança por parte do gestor em comparativo com outros servidores.

Tal condição pode impactar positiva ou negativamente na vida pessoal e profissional, dependendo da maneira que se conduza. Organização, disciplina, foco, disposição são requisitos essenciais para o modelo dar certo. Em uma análise comparativa entre pontos positivos e negativos para a administração pública e servidor, poderemos fazer as seguintes considerações:

Para a administração pública há somente pontos positivo. Além de solucionar a questão de carência de servidor no interior do estado, com redução significativa no número de pedidos de remoção para a capital ou procura por funções comissionadas na capital, temos que os mesmos não mais precisam pedir afastamento do trabalho para realização de cursos de mestrado ou doutorado, pois a flexibilidade no trabalho permite adequação de horário e tempo. Tal possibilidade traz para o tribunal um servidor mais qualificado, portanto, com melhores condições de desenvolver trabalho com qualidade. Temos, ainda, a diminuição da necessidade quanto a número de servidores nas unidades; proporciona maior assistência às comarcas longínquas e com poucos servidores.

Pelo lado material, diminuiu a necessidade de aquisição de equipamentos, vez que a aquisição e manutenção fica a cargo do teletrabalhador; com a saída de servidores do presencial, possibilitou remanejamento de equipamentos e móveis para outras localidades ou setores, o que, consequentemente, diminuiu despesas e ajudou na solução de problemas quanto a falta de estrutura física adequada; e, ainda, reduziu consumo de energia.

O resultado mais destacado veio com o aumento da produtividade em relação às metas estabelecidas, a tal proporção que no ano de 2020 o Tribunal bateu todas as metas estabelecidas pelo Conselho Nacional de Justiça.

Em relação ao servidor podem ser observadas vantagens na otimização do tempo, diante da redução no atendimento a advogados e/ou superiores, levando, consequentemente, a melhoria na qualidade, e quantidade, do serviço prestado; melhoria na qualidade de vida; maior tempo para se dedicar à família; flexibilização de horário; facilitação de projetos paralelos, como mestrado.

Contudo, alguns pontos negativos apresentam-se: maior despesa com energia na residência; maior despesa com aquisição e manutenção dos instrumentos tecnológicos necessários ao bom desempenho da função; adaptação para o fornecimento de sinal de internet qualificado; adaptação ao convívio familiar com o compromisso de não descuidar da qualidade de seu trabalho.

São pontos que devem ser considerados e balanceados ao se optar pelo novo sistema de prestação de serviços.

Há de se ter cuidado e atenção com a liberdade adquirida após a adesão do teletrabalho, no que se refere a tempo e espaço, visto que a questão é saber se resolveu problema não somente do servidor, mas também, e principalmente, do jurisdicionado para o qual o poder judiciário deve prestar serviço com o máximo de excelência possível.

No que se refere a população em geral, espera-se com o projeto um retorno mais rápido do judiciário – diante da exigência de produção superior àqueles que trabalham no presencial-, assistência à população que reside em áreas longínquas do estado, mais espaços em estacionamentos de fóruns; melhora no trânsito local, entre outros pontos.

A Resolução nº 343/2020, do Conselho Nacional de Justiça, "institui condições especiais de trabalho para magistrados (as) e servidores (as) com deficiência, necessidades especiais ou doença grave ou que sejam pais ou responsáveis por dependentes nessa mesma condição e dá outras providencias".

Dentro desse contexto, amplia-se a possibilidade do regime de teletrabalho a servidores e passa a incluir magistrados que se encaixem nas condições especiais previstas na resolução, sem a exigência quanto ao aumento de produtividade em comparação com demais servidores e magistrados, conforme dispõe seu art. 2º, IV, da referida Resolução. Neste caso, o servidor ou magistrado deverá comprovar requisitos objetivos de necessidade da condição especial de trabalho, não se tratando de simples adesão voluntária.

O projeto desenvolvido pelo Tribunal de Justiça do Estado do Amazonas é prática premiada pelo CNJ no ano de 2019, como o melhor em gestão de pessoas de todos os tribunais naquele ano. Atualmente o Tribunal de Justiça do Amazonas conta com 160 servidores no modelo remoto, sendo 82 homens e 78 mulheres, distribuídos por todas as áreas Judicial – 1º e 2º grau; Tecnologia da Informática; Área Administrativa; Escola de Aperfeiçoamento do Servidor do Tribunal de Justiça do Estado do Amazonas e Escola Superior da Magistratura do Amazonas. Como podemos observar no Quadro 1, a tabela da gestão de pessoas.

Quadro 1– Gestão de Pessoas

DVGESTT
Divisão de Gestão do Teletrabalho

Quantidade Total	
Servidores em Teletrabalho atualmente	160

Quantidade por áreas		
Judiciária	Servidores em Teletrabalho – 1º Grau	114
	Servidores em Teletrabalho – 2º Grau	17
Administrativa	Tecnologia da Informação	13
	Escola Superior da Magistratura do Amazonas	1
	Escola de Aperfeiçoamento do Servidor do Tribunal de Justiça do Estado do Amazonas	1
	Administração	14
Total		**160**

Quantidade por gênero	
Mulheres	78
Homens	82
Total	**160**

Desligamentos (2018-2021)	14

Com esse quadro favorável, o Amazonas saiu à frente de outros Tribunais, posto que grande parte das unidades judiciais e administrativas se encontravam preparadas para lidar com esse modelo de trabalho, facilitando o regime de Home Office, instituído emergencialmente na pandemia e atualmente ainda vigente.

Recentemente, a Resolução nº 11, de 20.07.2021, foi aprovada e passa a reger as regras do teletrabalho no âmbito do Tribunal de Justiça, com algumas alterações que se fizerem necessárias, segundo a avaliação da administração.

Chama atenção o aumento do percentual de 30% para 50% do número total de servidores de cada setor, unidade administrativa ou judicial, que possam ser habilitados ao projeto. O percentual pode ser elevado para o total de 80%, por lotação, em situações isoladas, devidamente justificadas, que serão analisadas pela comissão instituída com a finalidade de gerenciar o projeto.

Evidente que a elevação no percentual decorre do sucesso nos resultados do projeto.

Porém há de ser analisados não somente números, resultados de produtividade, mas igualmente importante o fator humano, as relações interpessoais desenvolvidas em ambiente de trabalho, a devida prestação ao jurisdicionado, a conveniência de percentual elevado para o bom andamento do trabalho, inclusive em relação ao chefe imediato.

A distância física retarda decisões que precisam ser imediatas, dificulta o relacionamento pessoal entre os servidores e magistrados, isola o ser humano (que deixa de se envolver em uma das comunidades que faz parte de sua vida, aumentando a possibilidade de desenvolver problemas emocionais), diminui número de servidores para atendimento presencial (que sempre será necessário, por ser um processo longo de entendimento por parte da população quanto ao trabalho remoto).

Em uma análise, talvez exagerada, equipara-se aos teleatendimentos que atualmente dominam tudo que nos cerca, desde uma marcação de exames em grandes hospitais até atendimentos em bancos, passando por diversas situações cotidianas.

Apresentam-nos um menu com dezenas de opções, sendo sempre a última opção o atendimento direto pelo funcionário, o que ocorre sem não antes esperarmos por um longo período. Se por um lado pode facilitar a solução de problemas corriqueiros, por outro dificulta para aquelas pessoas que se encontram com situações mais específicas, urgentes, que não serão resolvidas somente teclando números.

Não raras situações dentro do serviço público precisam de um atendimento diferenciado, precisam de agilidade e presteza. Número muito reduzido de servidores na forma presencial pode afetar diretamente a esta necessidade, principalmente por sempre nos encontrarmos em déficit no quadro, insuficiente para as necessidades básicas ao bom desempenho dos trabalhos.

Há de ser avaliado, igualmente, o motivo pelo qual alarga-se a possibilidade de teletrabalho em relação aos servidores, enquanto magistrados continuam impossibilitados de ingressar em tal projeto, à exceção daqueles que se encontram em condições especiais previstas na Resolução nº 343/2020, do Conselho Nacional de Justiça. A discussão faz-se pertinente, sempre visando a melhor prestação jurisdicional que se possa dar ao interessado direto, o jurisdicionado.

2.1. Home office

Teletrabalho em pleno desenvolvimento, o mundo deparou-se com a pandemia. A medida inicial, quando não se tinha noção da proporção do problema sanitário e não havia sido declarado estado pandêmico pela Organização Mundial de Saúde, foi abolir a necessidade de frequência diária através da biometria. Assim, expediu-se a Portaria nº 729, de 09/03/2020, como prevenção dos riscos de transmissibilidade do vírus.

Em 19/03/2020, a Portaria 740/2020, instituiu horário excepcional de expediente presencial, com a obrigatoriedade da presença de um servidor por dia em sistema de rodízio, iniciando o sistema de home office para os demais servidores da unidade, que deveriam trabalhar de forma remota.

A rapidez que presenciamos quanto ao avanço da pandemia, provocou a necessidade de suspensão geral dos trabalhos, determinada através da

Portaria 764/2020, de 20.03.2020, instituindo o plantão extraordinário em horário idêntico ao regular de expediente, o que importou na suspensão do trabalho presencial e início do home office para todos servidores e magistrados de 1º e 2º grau, do Tribunal de Justiça do Amazonas, assegurando a manutenção mínima dos serviços essenciais.

O art, 2º, § 3º, da referida Portaria, determinou que a execução do trabalho remoto deveria obedecer aos ao disposto na Resolução, nº4/2017, do TJAM, que dispunha, à época, os termos do teletrabalho. Desta forma, por absoluta falta de tempo e urgência da medida, a partir desta data todos foram obrigados a adaptar-se ao regime de Home Office, sem qualquer planejamento, devido a urgência, mas com objetivos pré-fixados para que a prestação jurisdicional não sofresse impacto.

Urgia a necessidade de seguir em frente e continuar a execução dos trabalhos, nos mais diversos setores, contornando as dificuldades da vida profissional e pessoal. Não houve estudo a respeito ou treinamento, apenas precisava ser feito.

Assim, em meio ao mundo "paralisado" pela pandemia, o Tribunal de Justiça do Amazonas não parou, ao contrário, se superou.

Iniciou-se o regime de Home Office, determinação para que todo o trabalho fosse executado na forma remota, em casa, mas sem as exigências do teletrabalho quanto a aumento na média de produtividade.

Ao contrário do teletrabalho, que tem caráter facultativo, o home Office tornou-se obrigatório a todos, na fase mais grave da pandemia, sem considerar aptidão pessoal para esse tipo de projeto.

Junto à condição, a princípio vantajosa, de poder trabalhar em casa, não ter o desgaste do trânsito e não precisar produzir além da média, conforme é imposto ao teletrabalhador, vieram inúmeras dificuldades de adaptação.

A família não estava acostumada a contar com todos os membros, diuturna e diariamente em casa; em muitos casos sequer havia estrutura física e estrutural necessária ao bom desempenho do trabalho, tais como sinal de internet de qualidade, computador, espaço adequado e privacidade; o acesso ao sistema para desenvolvimento do trabalho tornou-se difícil diante do elevado número de servidores utilizando e, principalmente, a pandemia crescente com a qual precisamos conviver em meio a medo e instabilidade.

A situação agrava-se ao se falar de estagiários, essenciais ao desenvolvimento do trabalho diante da eterna falta de servidor em número suficiente ao bom desempenho dos trabalhos, e que, via de regra, dispõe de menos recursos financeiros que servidores para aquisição de material necessário ao trabalho em ambiente doméstico.

Desta forma, para a administração o home office mostrou-se de fácil adaptação, a partir da prática já consolidada do teletrabalho. Para o servidor, por sua vez, a realidade mostrou-se mais difícil e penosa.

O problema imediato foi o acesso, com qualidade, à rede TJAM. Houve a necessidade de várias adaptações a nível de prestação do serviço de informática, diante da dificuldade em se trabalhar com conexão pela web. A solução encontrada foi disponibilizar a todos, indistintamente, ligação direta à rede do tribunal para fins de melhoria e rapidez no acesso, através do VPN (Virtual Private Network), o qual permite acesso à distância de endereços internos, como se o servidor e magistrado estivesse trabalhando de dentro da própria instituição.

Portanto, com a dificuldade, no início o trabalho sofreu um retardo por impossibilidade, ou dificuldade, no acesso ao sistema.

Paralelamente a esta situação, a distância física afetou ao trabalho em grupo, dificultou a troca de ideias, levou à respostas mais lentas pela dificuldade de contato entre os membros da equipe, ou seja, a troca de ideias e de soluções nos grupos, rápidas na atividade presencial, tornaram-se mais demoradas, o que traz consequências quanto ao tempo despendido.

A administração do tempo foi outro ponto desafiador. Tornou-se necessária a adaptação com rigor, em meio ao ambiente familiar e às dificuldades que muitos passavam com suas famílias, pois, independente da contaminação pelo vírus covid -19, todos foram atingidos de uma forma ou de outra pela pandemia e suas consequências, principalmente no aspecto emocional.

Com todas as dificuldades, diante do que a realidade exigia, a evolução fez-se necessária para a continuidade do trabalho e levou a obtenção no ano de 2020 do selo da categoria Ouro, no Prêmio CNJ de Qualidade, o qual avalia produtividade e melhoria da qualidade da prestação jurisdicional dos tribunais do país.

Pontos positivos superaram os negativos, aliados a determinação, trabalho em conjunto e apoio por parte da administração, seja através do setor médico, administrativo ou escola de servidores, auxiliando a quem precisava.

Exigindo disciplina e concentração dos servidores e magistrados, abriu-se uma nova realidade que possibilitou a conciliação da rotina do trabalho com a rotina de casa, dispondo o servidor de ambiente mais favorável para dedicação no trabalho, utilizando o tempo da melhor maneira que lhe aprouvesse.

A Escola do Servidor realizou capacitações de ambientação e adaptação ao home office, visando auxiliar o melhor entendimento da portaria que o instituiu.

Passou a contar com maior adesão aos cursos de capacitação oferecidos, pois não mais há razão para problemas como tempo de deslocamento, local para estacionar, local físico para comportar todos os participantes, a não liberação da chefia imediata para participar da capacitação, entre outros que se faziam presentes com o trabalho presencial.

A nova realidade conta com cursos virtuais realizados através de links que ficam disponíveis para o servidor acompanhar a hora que for possível, de acordo com sua conveniência (assíncronos); cursos EAD, nos quais fixam-se horários e também são acessados através de links (síncronos), podendo, inclusive, ser ministrado e acompanhado mais de um curso por dia devido a facilidade de acesso.

Com o novo quadro, percebeu-se que não necessariamente o servidor precisa ser controlado através de horário e com presença física para a produtividade e relação com a administração estabelecer-se de forma satisfatória. Restou provado que trabalhar com responsabilidade não significa, necessariamente, estar em um local físico específico, sendo acompanhado e controlado pessoalmente por um chefe.

O setor público passou a perceber, e comprovar, o que é uma realidade no setor privado há algum tempo, a importância de ser trabalhada a responsabilidade do servidor e estabelecer metas, com auxílio da evolução da tecnologia. Os números falam por si.

Outros avanços, antes não cogitados, foram dados em melhoria da prestação jurisdicional. Autorizou-se a adoção de programa de estágio em direito para as comarcas do interior, em sistema de home Office. Desse modo, o juiz da comarca do interior, que antes não podia dispor de estagiário por falta de universidades nos locais, poderá ter um estagiário na forma remota, possibilitando que o estudante da capital auxilie o juiz no interior mais longínquo do Amazonas.

O Edital nº 01/2021 (Spensint2021), foi lançado e desta forma pretende-se dar mais subsídio ao juiz do interior para o bom desenvolvimento do trabalho, cabendo ao magistrado a supervisão. Assim como em relação aos servidores, cabe ao estagiário a responsabilidade pela estrutura necessária a execução dos atos de sua competência, tais como computador, acesso à rede mundial de computadores, local adequado e mobiliário necessário.

Observamos, assim, uma mudança total de paradigma. Se antes era impensável alguém residir em um local e trabalhar em outro, agora percebemos um incentivo a tanto.

Apesar dos avanços advindos do trabalho na forma virtual, devemos questionar se a sociedade reconhece a melhoria. Há confiança nas instituições, no caso específico, no poder judiciário?

3. O novo modo de trabalho e seus reflexos na saúde durante a pandemia

A pandemia, causada pela disseminação do coronavírus em uma escalada ampla e acelerada, causou impacto no mundo inteiro diante do inesperado e surreal quadro que se apresentou. Em dias o mundo paralisou na tentativa, frustrada, de conter a pandemia.

A orientação das autoridades epidemiológicas e da Organização Mundial da Saúde era no sentido de evitar ao máximo o contato com outras pessoas, diante da alta transmissibilidade do vírus. Assim, todos fecharam-se em seus casulos.

Não havia mais vida social, vida familiar, vida escolar e, para muitos, vida profissional.

O servidor público, estável, manteve-se na ativa, sem alteração de proventos, porém necessitou aceitar e adaptar à nova realidade, o que requereu, de muitos, um controle emocional e físico até então não experimentado.

Em questão de horas lhes foi imposto exercer seu trabalho na forma remota, às suas expensas, mantendo o mesmo nível de produtividade, em meio a problemas de diversas ordens, para muitos, inclusive, relacionados a sua própria saúde e de seus familiares.

O desafio era: como lidar com a responsabilidade em meio ao caos?

A Resolução nº 207, do Conselho Nacional de Justiça, de 15 de outubro de 2016, instituiu um programa visando o estabelecimento de política de atenção integral à Saúde de magistrados e servidores do Poder Judiciário, estabelecendo em seu art. 1º e incisos I, II e III, a nível de prevenção e de preservação de boas condições no trato com a saúde física e mental. O trabalho desenvolvido pelo Subcomitê no Tribunal de Justiça foi essencial para que juntos, magistrados e servidores, pudessem passar da melhor forma possível pela grave situação que se encontravam.

Composto por um magistrado do 2º grau, um magistrado do 1º grau, servidores de diversos setores administrativos, e, no meio à pandemia, contou com a colaboração voluntária de um servidor capelão, o qual pretendia levar esperança, fé e apoio espiritual aqueles que precisavam. Seu voluntariado contou com a sensibilidade dos componentes do subcomitê e foi aceito em função do número de mortes e adoecimentos por covid, percebendo-se sua importância naquele momento.

A justiça não poderia parar e, para que se movimentasse, era necessário que cada servidor estivesse em condições de mover a sua parte dentro de um todo da máquina judiciária. Era necessário cuidar de um elemento essencial, o ser humano.

A equipe do subcomitê deparou-se com diversos tipos de situação.

Houve aqueles que passaram, e passam, tranquilos por toda situação vivida e não precisaram de ajuda; houve aqueles que foram afetados pelo isolamento social e precisaram de acompanhamento psicológico para enfrentar a fase difícil e, por fim, houve aqueles que além das consequências do isolamento social passaram por experiências difíceis no que tange a doença causada pelo vírus, seja com agravamento no quadro de saúde, seja com falecimento de amigos e familiares.

Com a pandemia, o subcomitê observou a importância de ir além da instituição, o que é o foco em tempos de atendimentos normal, quando se atém a observar e tratar as necessidades relativas a saúde de servidores e magistrados dentro da instituição.

O Subcomitê não poderia, e nem deveria ficar limitado a perceber a necessidade que os servidores traziam ou ater-se a divulgação de projetos e campanhas. Concluiu que o servidor estava atuando de forma remota e passando por dificuldades muito mais amplas do que aqueles referentes ao trabalho na instituição. O servidor estava adoecido física e emocionalmente.

Apesar do distanciamento social imposto, uma equipe multidisciplinar (psicólogos, médicos e assistentes sociais) foi formada e colocada à disposição de magistrados e servidores, da capital e do interior, 24 horas por dia, na fase mais crítica da crise. Disponibilizaram serviços e buscaram voluntários nas mais diversas áreas para dar suporte ao servidor e sua família que deles necessitavam.

Atendimentos médicos foram realizados utilizando-se de ferramentas como WhatsApp e e-mails; disponibilizou-se suporte emocional, com psicólogos atendendo através de videoconferência ou telefone; foram realizadas visitas e concedido apoio a servidores e seus familiares que se encontravam internados; produzida uma extensa campanha através de redes sociais (Facebook, Instagram, sítio eletrônico do TJAM e na intranet) alertando para os cuidados necessários no combate ao covid 19.

Tudo era urgente e precisava de ação rápida para que pudesse ser obtido um bom resultado.

Desenvolveu-se um grande e valioso trabalho conjunto de servidores e magistrados, tomados pelo espírito de coletividade, solidariedade e amor ao próximo. A parceria, sem dúvida, rendeu frutos e amenizou momentos difíceis passados ao longo do período mais crítico da pandemia em nosso Estado.

Enquanto esperava o auxílio do comitê quanto a busca de leitos, internação, exames, doação de oxigênio e, até mesmo, enterros, o servidor e/ou familiares encontravam amparo espiritual no capelão.

O uso de áudios em WhatsApp foi interessante e valoroso. Profissionais da área de psicologia e do serviço social fizeram áudios com várias finalidades, desde encorajar pessoas a entrar em uma ambulância a fim de ser removido para um hospital, passando por acalentar outras que perderam seus entes queridos.

Atualmente, o trabalho permanece intenso, principalmente quanto ao tratamento dos efeitos psicológicos daqueles que superam o vírus, mas que ficaram com sequelas físicas, psicológicas e emocionais.

Inevitável o prejuízo físico e emocional, a necessidade de adaptação e de força por parte de tantos servidores e magistrados afetados.

O isolamento social afetou a todos, idosos, adultos e crianças. Todos viram-se proibidos de ter a sua vida normal, com a rotina pré-estabelecida. Não podíamos mais sair para trabalhar, estudar, praticar esportes, visitar parentes e amigos ou somente desfrutar de opções de lazer.

Nos limitamos a permanecer em casa, juntos, vivendo um acúmulo diário de estresse diante do que o que ocorria no mundo, em nosso país, em nossa cidade e, até mesmo, dentro de nossa família.

Isolados, vimos parentes e amigos partirem bruscamente. Vimos servidores que convivíamos no dia a dia adoecer, sofrer e morrer. Vivenciamos um turbilhão de emoções o que, inevitavelmente, refletiu no lado emocional e psicológico de muitos.

A superação foi necessária. Alguns tiveram a reação de sobrecarregar-se com o trabalho, não souberam separar a vida pessoal e familiar da vida profissional, diante da necessidade de usar o mesmo espaço. Não é um quadro favorável à vida do servidor, podendo ter efeito negativo diretamente na saúde, uma vez que o excesso traz consequências física, como problemas na coluna e visão.

A questão é: como equacionar tudo que vivemos na pandemia? Como preservar a saúde física e mental do servidor, essenciais para máquina humana bem funcionar?

O grande avanço foi a mudança no olhar para com o servidor ou magistrado, individualizando condutas, concedendo um tratamento humanizado, deixando a administração de ver o servidor apenas como um objeto na execução de um procedimento.

Entender que o servidor é um ser humano, passível de necessidades e carências; entender que ele não pode, e não deve, estar disponível 24 horas ao dia ao chefe imediato; entender que a vida não normalizou para ninguém; entender que vivemos um momento de sofrimento coletivo e, por isso, devemos ser mais solidários; entender que cuidar da vida humana é essencial para o sucesso de qualquer relação, inclusive a de trabalho; entender que se houver parceria os resultados aparecerão, todos estes elementos são essenciais para a o bom desempenho do servidores seja no teletrabalho, seja no home office.

Conclusões

A importância da evolução de pensamento da administração pública diante das mudanças ocorridas no mundo, tornasse necessária para o acompanhamento da evolução diante da tecnologia e a gama de privilégios que a mesma oferece, sem deixar de cuidar do mais importante em seu processo, o ser humano. Quebrar paradigmas, abrir a visão e a mente, buscar avanços que facilitem as vidas de servidores e magistrados, que tragam melhor qualidade de vida, sem descuidar do objetivo final, a prestação jurisdicional de qualidade, são condutas salutares e necessárias.

A primeira atitude ousada, podemos assim dizer, do Tribunal de Justiça do Amazonas, foi a virtualização total dos processos e procedimentos, acreditando em todas as vantagens que haveria com a diminuição de utilização de papel, contribuindo para o meio ambiente, e a rapidez na prestação jurisdicional.

Desta forma, abordar a derrubada de um grande tabu na esfera do serviço público, o serviço à distância, prestado sem cobrança direta e presencial do chefe imediato. Prática comum nas empresas privadas, onde é cada vez mais valorizada, não se concebia até pouco tempo atrás a prestação de serviço no setor público na forma remota, sem horário pré-estabelecido, fora da instituição e sem o registro de ponto.

Conclui-se por este artigo que, a melhora na qualidade de vida dos servidores reflete diretamente na melhoria na prestação jurisdicional, o que pode ser provado através dos números apresentados. Obrigatoriamente, todos precisaram adotar e adaptar-se ao trabalho remoto, pois dificilmente haverá um retorno total ao modelo antigo.

Referências

CADERNOS, Práticas. **Gestão de Pessoas do Poder Judiciário**. Publicado pelo Conselho Nacional de Justiça, Brasília, fls.07/12, junho de 2019.

CONSTITUIÇÃO, Federal, fls.41, **Editora Saraiva,** 56ª edição, 2020, São Paulo.

LEI nº 3.691, 21.12.2011, da Assembleia Legislativa do Estado do Amazonas.

LIMA, Mauro Saraiva Barros, et al. A permanência e atratividade de servidores para a prestação de serviços judiciais do Tribunal de Justiça do Estado do Amazonas em localidades remotas do interior do Amazonas por meio do teletrabalho. **VII Encontro Brasileiro de Administração Público.** Disponível em: http://ebap.sbao.org.br.

PORTARIA nº 729, de 09/03/2020. Tribunal de Justiça do Estado do Amazonas.

PORTARIA nº 740/2020. Tribunal de Justiça do Estado do Amazonas.

PORTARIA nº 764/2020. Tribunal de Justiça do Estado do Amazonas.

RESOLUÇÃO nº15/2011. Processo eletrônico no âmbito do Tjam.

RESOLUÇÃO nº 227. Conselho Nacional de Justiça.

RESOLUÇÃO nº 004/2017. Tribunal de Justiça do Estado do Amazonas.

RESOLUÇÃO nº 11/2021. Tribunal de Justiça do Estado do Amazonas.

RESOLUÇÃO nº 207/16. Conselho Nacional de Justiça.

RESOLUÇÃO 343/2020. Conselho Nacional de Justiça.

TRIBUNAL; de justiça do estado de Amazonas. Concurso Público para o provimento de vagas e a formação de cadastro de reserva em cargos de nível superior e médio. **Edital nº 1, TJAM**, de 2 de julho de 2019. Disponível em: https://cdn.cebraspe.org.br/concursos/tj_am_19_servidor/arquivos/ED_1_19_TJ_AM_2019_ABERTURA.PDF

TRIBUNAL; de justiça do estado do amazonas. Concurso público para 2ª sub-região do estado do amazonas. **Edital de abertura tjam** nº 1/2012 – cp2ª. Disponível em: https://jcconcursos.uol.com.br/media/uploads/anexos/2012/am_tj_edital_ed_1660.pdf

TRIBUNAL; de justiça do estado do amazonas. **Edital de abertura tjam** nº 01/2012 – cp3ª. Disponível em: https://www.pciconcursos.com.br/concurso/tribunal-de-justica-am-12-vagas

TRIBUNAL; de justiça do estado do amazonas. **Edital de Abertura** nº 01/2012, CP5ª. Disponível em: https://www.tjam.jus.br/index.php/component/phocadownload/category/1280

TRIBUNAL; de justiça do estado do amazonas. **Edital de Abertura** nº 01/2012, CP6ª. Disponível em: https://www.tjam.jus.br/index.php/component/phocadownload/category/1280

TRIBUNAL; de justiça do estado do amazonas. **Edital de Abertura** nº 01/2014, CP7ª. Disponível em: https://www.tjam.jus.br/index.php/component/phocadownload/category/1280

TRIBUNAL; de justiça do estado do amazonas. **Edital de Abertura** nº 01/2015, CP8ª. Disponível em: https://www.tjam.jus.br/index.php/component/phocadownload/category/1280

TRIBUNAL; de justiça do estado do amazonas. **Edital** nº 01/2021 (spensint2021). Disponível em: https://www.cesgranrio.org.br/concursos/evento.aspx?id=basa0121

10
O *HOME OFFICE* DOS OFICIAIS DE JUSTIÇA

Nabiha Monassa Abinader da Rocha

Introdução

Diante da Pandemia da COVID-19, que assim foi decretada, em março de 2020, pela Organização Mundial de Saúde – OMS[1], em razão dos níveis acelerados de transmissão do vírus em vários países, a máquina estatal brasileira precisou se reinventar. O mundo precisou de um novo olhar para suas atividades diante da necessidade do isolamento social como forma de se evitar a propagação da doença do vírus Sars-CoV-2 (nomenclatura definitiva do vírus).

Interessante ressaltar que, ao se observar a história das pestes no mundo, ocorre o que Tucídides descreveu, na História da Guerra do Peloponeso, no Livro II, 430 a.C., quando tratou da peste que acometia Atenas: diante dos mesmos fenômenos, o ser humano reage da mesma forma[2].

O Judiciário Brasileiro foi tomado de surpresa assim como os outros Poderes. Saiu na frente quem já vinha se preparando para o que muitos autores chamam de Democracia Digital (ISPER JR, 2020). E foi o que aconteceu com o Tribunal de Justiça do Amazonas.

[1] Segundo **Dominichi Miranda de Sá, em Especial Covid -19: Os Historiadores e a Pandemia, inicialmente, as escolas e as universidades em mais de 100 países foram fechadas e mais de um bilhão e meio de estudantes ao redor do mundo ficaram sem aula. A UNESCO recomentou, então, o recurso a plataformas de ensino à distância.**

[2] Fala do Professor Júlio Vellozo, no Curso Cinco Pestes, Cinco Clássicos, FADISP, em 07 de julho de 2021.

Em 2013, o Judiciário Amazonense já se encontrava em fase avançada de virtualização processual. Apesar de todas as dificuldades encontradas, em virtude das comarcas longínquas e de difícil acesso, bem como da migração de dados (BOLETIM JURÍDICO, 2013), o Tribunal de Justiça do Amazonas se tornou vanguarda na digitalização dos processos físicos, bem como na implementação do processo digital (D24, 2017).

Além disso, antes da chegada da pandemia, o Tribunal de Justiça do Amazonas já vinha fortalecendo seu projeto de teletrabalho, sendo, inclusive, vencedor da boa prática "a permanência e a atratividade para o atendimento às localidades remotas do interior do Amazonas por meio do teletrabalho", em 2019, no II Encontro Nacional de Gestores de Pessoas do Poder Judiciário, promovido pelo Conselho Nacional de Justiça (CADERNO DE PRÁTICAS, 2019).

Vale lembrar que o Estado do Amazonas sofreu um colapso no sistema de saúde, pincipalmente, na chamada segunda onda da Pandemia, com início em janeiro de 2021, tendo suas atividades não-essenciais suspensas por decisão judicial e, posteriormente, pelo Decreto n.º 43.269 do Executivo.

Foi vivenciado no Estado, nesse período, a falta de oxigênio hospitalar e domiciliar:

> O segurança com colete à prova de balas que corre seguido por uma mulher segura com extrema delicadeza o cilindro azul como se fosse um bebê. É oxigênio. Os dois avançam sob um sol abrasador a um carro. 'É para minha mãe', responde Afra Benedito, de 46 anos. Conta angustiada que o botijão ajudará a senhora Fátima a respirar por mais quatro horas. Com 71 anos, o coronavírus a deixou viúva dias atrás e agora extingue sua vida em Manaus, a capital do Amazonas, onde o pesadelo de morrer asfixiado se transformou em crua realidade em hospitais e casas. (GORTAZAR, 2021).

Não resta dúvida que a cidade de Manaus passou pelos piores dias da Saúde pública e privada da capital dos últimos tempos. O exemplo foi caótico desde a primeira onda da pandemia. Mas superou as expectativas de consequências maléficas na segunda onda.

Porém, o Judiciário Amazonense, apesar da perda de diversos servidores para a COVID-19, e mesmo diante do inusitado que a Pandemia trouxe, reagiu de forma positiva na prestação jurisdicional e, a maior prova disso, foi o resultado em relação às metas de 2020 do Conselho Nacional de

Justiça[3], uma vez que o Tribunal de Justiça do Amazonas teve média acima dos demais tribunais do país. (VALLE, 2021)

Uma classe dentro do Judiciário, contudo, apesar de todo o avanço tecnológico, principalmente, em face do processo digital, que abarcou o cumprimento dos mandados e a certificação das diligências, possuía um diferencial que os separava dos outros servidores. Eram eles, os oficiais de justiça. Como exercer suas atividades em tempos de isolamento social? O escritório dos oficiais de justiça são as ruas da comarca em que atuam. O que seria necessário para o Judiciário não parar, uma vez que os oficiais de justiça são os responsáveis por levar a Justiça ao domicílio dos demandantes e demandados?

Quando essas perguntas são elaboradas, percebe-se que a atuação desses auxiliares da justiça, os quais, há tempos, reivindicam que as suas atribuições sejam de carreira de Estado, é fundamental para o andamento processual.

Tendo em vista a especificidade dessa classe de servidores, foi eleita, de forma particular, como base deste artigo, a Central de Mandados, na coordenação das atividades dos oficiais de justiça, da comarca da capital, do Tribunal de Justiça do Amazonas, para uma análise quanto à sua estrutura, ressaltando os pontos relevantes em face do processo digital, e às boas práticas durante a pandemia da COVID-19.

Este artigo visa, então, a abordar algumas questões importantes sobre as atividades desempenhadas pelos oficiais de justiça e a sua indispensabilidade para o regular curso processual, observando, com maior singularidade, como essa atividade foi afetada na pandemia e de que forma houve a possibilidade da existência de *home office* para eles também, com fundamento nas regulamentações do Tribunal de Justiça do Amazonas.

1. Os oficiais de justiça e sua importância para a prestação jurisdicional brasileira

Uma boa forma de começar a tratar sobre os oficiais de justiça brasileiros é considerando que eles não são meirinhos. Essa nomenclatura, do direito lusitano, data de antes da independência do país, de um Brasil Colônia,

[3] As Metas Nacionais, de acordo com o CNJ, visam a promover o aperfeiçoamento do Poder Judiciário Brasileiro, buscando proporcionar à sociedade prestação jurisdicional mais célere, com mais eficiência e qualidade.

quando havia o meirinho nomeado a fim de auxiliar o juiz da época (meirinho-mor). Hoje, esta nomenclatura, apesar de ainda ser encontrada nos corredores do Judiciário, e em alguns documentos, não consta mais da organização judiciária brasileira. Aliás, o Brasil nunca recepcionou esta nomenclatura.

Segundo Braga Filho, Araújo e Silva, a origem dos oficiais de justiça se deu no Direito Hebraico, pois "os juízes de paz tinham, nessa época, alguns oficiais encarregados de executar as ordens que lhes eram confiadas, embora as suas funções não estivessem claramente especificadas no processo civil". (2010, p. 21)

Esses autores (2010, p. 21) indicam também que, com a propagação do Direito Romano e Canônico, os oficiais de justiça tomaram posição de auxiliar do juiz, perdendo força nas legislações medievais, "enquanto perdurou a prática germânica da citação privada, a execução da sentença por autoridade do credor, pouca importância tiveram os oficiais de justiça", sendo retomada sua posição com o manto do direito romano e canônico na formação do processo.

Quanto aos oficiais de justiça no direito brasileiro, surgem pela primeira vez, em 1534, na Capitania de Pernambuco:

> No direito brasileiro, na época do Império, os juízes de Direito e de Paz podiam nomear e demitir livremente os oficiais de justiça. Estes não recebiam ordenado, mas tão somente taxas e emolumentos, fixados para os diferentes atos que intervinham. O oficial de justiça era encarregado de executar as determinações e os mandados dos juízes.
>
> Proclamada a República, em 15.11.1889, e instituído o regime de dualidade da Justiça, as atribuições dos oficiais foram definidas na legislação federal, nos Códigos de Processo e nos Regimes de Custas. Ainda hoje são escassas as disposições referentes a estes auxiliares da justiça, um dos motivos pelos quais nunca chegaram a ter uma Lei Orgânica.
>
> Cabe destacar que, dentre os países, que cuidaram de organizar a categoria de oficiais de justiça, com mais apurado rigor, sobressaem a França, a Itália e a Alemanha. (Braga Filho; Araújo; Silva, 2010, p. 22)

O ordenamento jurídico brasileiro, ao respeitar os princípios constitucionais do devido processo legal, do contraditório e da ampla defesa, não permite um processo de abusos em que as partes não tomem conhecimento dos atos exarados no processo. É inconcebível, na democracia brasileira, o relatado pelo autor tcheco Franz Kafka (2004), na sua obra O Processo, quando precisa percorrer os caminhos do Judiciário na escuridão. Ao ser detido, a personagem de Kafka, K., surpreende-se em não poder sequer saber qual crime cometeu:

> Não nos cabe explicar isso. Volte para seu quarto e espere ali. O inquérito está em curso, de modo que se inteirará de tudo em seu devido tempo. Saiba que exorbito de minhas atribuições ao falar-lhe tão amistosamente. Confio, porém, em que apenas me ouça Franz, o qual igualmente, infringindo todas as regras, mostra-se muito cordial. Se você continua tendo tanta sorte como na designação de seus guardas pode alimentar esperanças. (2004, p. 39)

A importância dos oficiais de justiça é destacada na obra de Kafka (2004) ainda quando o personagem K. busca respostas junto à mulher do oficial de justiça, na esperança de que ela pudesse elucidar seu caso. Muito provavelmente tenha buscado o oficial de justiça para conhecer seu processo, fato ilustrado quando K. é convidado para visitar os cartórios, demonstrando mais uma vez a necessidade do oficial de justiça, no início do Século XX, de conhecer o trâmite processual.

Registra-se esse paralelo, para se dar início à análise das atribuições dos oficiais de justiça na atualidade brasileira, corroborando com a importância que a profissão proporciona à garantia da efetividade da função jurisdicional do Estado.

Nas palavras de Rudolf von Ihering (2004, p. 59), um dos primeiros defensores da concepção do direito como produto social,

> a realização das normas de direito público depende da noção do dever que se achem imbuídos os funcionários estatais; a do direito privado, da eficácia das motivações que levam o titular a defender seu direito: o interesse e o sentimento de justiça. Quando essas motivações falham, quando o sentimento de justiça é frouxo e embotado, e o interesse não se revela bastante poderoso para superar a comodidade, a aversão à luta e o receio causado pelo processo, a consequência só poderá ser uma: a falta de aplicação da norma jurídica.

Os oficiais de justiça exercem com primazia o papel de intermediador entre as partes e o agente dos atos processuais, atingindo, verdadeiramente, a justiça social. Quando os denominam *pernas legis,* isto é, pernas da lei, nada mais é do que o exercício claro de valorização da profissão que, exerce, muitas vezes, o caminho da decisão judicial pelas ruas.

Segundo o Novo Código de Processo Civil, NCPC, Lei n. º 13.105/15, no artigo 149:

> **Art. 149.** São auxiliares da Justiça, além de outros cujas atribuições sejam determinadas pelas normas de organização judiciária, o escrivão, o chefe de secretaria, o oficial de justiça, o perito, o depositário, o administrador, o intérprete, o tradutor, o mediador, o conciliador judicial, o partidor, o distribuidor, o contabilista e o regulador de avarias.

Várias são as leis que regulamentam as atribuições dos oficiais de Justiça no Brasil. Como já foi dito, apesar da profissão ser secular, a classe nunca chegou a ter uma Lei Orgânica. Para Gerges Nary (2000, p. 31), "impõe-se, na verdade, a elaboração de uma lei orgânica, que unifique juízes e auxiliares da Justiça, disciplinando-lhes os direitos, os deveres, as prerrogativas e as atribuições", formato que foi vantajoso para administração da Justiça em países que o autor define como civilizados.

Na esfera federal, a Lei n. º 11.416/2006, alterada pela Lei n. º 12.774/2012, estabelece que os oficiais de justiça são analistas investidos em cargo público, e cuja função consiste em prestar serviços auxiliares à administração da justiça:

> Art. 4º As atribuições dos cargos serão descritas em regulamento, observado o seguinte:
>
> I – Carreira de Analista Judiciário: atividades de planejamento; organização; coordenação; supervisão técnica; assessoramento; estudo; pesquisa; elaboração de laudos, pareceres ou informações e execução de tarefas de elevado grau de complexidade;
>
> [...]
>
> 1º Os ocupantes do cargo de Analista Judiciário – área judiciária cujas atribuições estejam relacionadas com a execução de mandados e atos processuais de natureza externa, na forma estabelecida pela legislação processual civil, penal, trabalhista e demais leis especiais, serão enquadrados na especialidade de Oficial de Justiça Avaliador Federal.

Vale ressaltar que o antigo Código de Processo Civil já tratava dos oficiais sob a "epígrafe 'Dos auxiliares da justiça', sem embargo de que tais auxiliares pudessem, pelas leis de organização judiciária, perceber vencimentos dos cofres públicos" (PINHO, 1997, p.17).

A cultura de se realizar o pagamento direto aos oficiais de justiça pela prestação de seus serviços durou algum tempo no Judiciário Brasileiro. O Tribunal de Justiça do Amazonas, por exemplo, somente começou a modificar a metodologia de pagamento, em razão das diligências dos oficiais de justiça, em 2015, por meio do Provimento n. º 261 - CGJ/AM, o qual definiu, de acordo com "a necessidade de se estabelecer critérios equilibrados na distribuição das custas de diligências entre os Oficiais de Justiça em atuação na capital e no interior do Estado do Amazonas", bem como devido ao caráter público das custas em razão das diligências e, ainda, a complementação quanto ao auxílio-transporte, o recolhimento das custas em duas contas gerenciadas pelo Sindicato que representava a classe dos oficiais de justiça.

Vale registrar que a função de oficiais de justiça, naquele Estadual, foi enquadrada no cargo Analista Judiciário II – Oficial de Justiça Avaliador, por meio da Lei de Plano de Cargos, Carreira e Salários dos Servidores e Serventuários dos Órgãos do Poder Judiciário do Estado do Amazonas, Lei n. º 3.226/2208, sendo obrigatório o bacharelado em Direito, cujas atribuições são de natureza técnica e jurisdicional, havendo percepção de salário conforme esta natureza de cargo.

Todavia, essa forma de pagamento por rateio, na qual os oficiais recebiam a mesma parcela indenizatória, recaiu num problema quando observado o volume de trabalho distribuído. Foi, então, que novamente a forma foi modificada, sendo adotado o critério da produtividade e recolhidas as custas ao próprio Tribunal de Justiça, nos termos da Portaria n. º 2089/2016 – PTJ, segue o considerando, e Portaria n. º 2387/2016 – PTJ:

> Considerando que as custas de diligências são verbas de natureza pública, sendo disciplinadas e fiscalizadas pelo Tribunal de Justiça, revelando-se impróprio que continuem a ser gerenciadas por entidade classista, ainda que sob os regramentos estabelecidos pela E. Corregedoria-Geral de Justiça, impondo-se que os valores pagos pelas partes passem a ser depositadas em conta própria ao Tribunal de Justiça para que possam ser repassados aos Oficiais de Justiça Avaliadores em folha de pagamento, a título de verba de ressarcimento, mediante critérios definidos nesta Portaria.

Interessante ressaltar que o Novo Código de Processo Civil valorizou as atribuições deste servidor, porém, em lugares que a carreira não é prestigiada, seja em virtude de uma alta carga de trabalho que acaba prejudicando as atividades, seja por motivos de gestão do Tribunal, presencia-se, inclusive, a extinção do cargo, como é o caso dos Estados de Sergipe, Tocantins e Paraná (o último em processo de readequação do cargo).

"O oficial de justiça é um comunicador e um executor da vontade do juízo" (SILVEIRA, 2018, p.88). O rol de suas atribuições não é taxativo nas legislações, mas em síntese deve o oficial de justiça, de acordo com o artigo 154, do Código de Processo Civil:

> Art. 154. Incumbe ao oficial de justiça:
> I – fazer pessoalmente citações, prisões, penhoras, arrestos e demais diligências próprias do seu ofício, sempre que possível na presença de 2 (duas) testemunhas, certificando no mandado o ocorrido, com menção ao lugar, ao dia e à hora;
> II – executar as ordens do juiz a que estiver subordinado;
> III – entregar o mandado em cartório após seu cumprimento;
> IV – auxiliar o juiz na manutenção da ordem;
> V – efetuar avaliações, quando for o caso;
> VI – certificar, em mandado, proposta de autocomposição apresentada por qualquer das partes, na ocasião de realização de ato de comunicação que lhe couber.

Os principais atos cíveis diligenciados pelos oficiais de justiça são as citações, intimações (mitigadas pelos meios digitais), penhoras, arrestos buscas e apreensões, reintegrações de posse, arrolamento de bens, avaliações, e, a novidade do atual Código de Processo Civil: a proposta de Autocomposição.

Segundo Ricardo Tadeu Estanislau Prado (2019), o Código de Processo Civil de 2015 transforma o antigo cargo de oficial de justiça em oficial de justiça conciliador, nome este que é título de sua obra. O autor é gestor do projeto com mesma nomenclatura, no Tribunal de Justiça de Santa Catarina, que tem a finalidade de preparar os oficiais de justiça para aplicação de técnicas de conciliação, certificando qualquer tipo de proposta positiva para a solução do conflito.

As atribuições dos oficiais vão além. Em síntese, pelo Código de Processo Penal, o oficial de justiça deve diligenciar as conduções coercitivas, citações, intimações, realizar os pregões e acompanhar os jurados a fim de garantir a incomunicabilidade e sigilo no Tribunal do Júri e, na área, trabalhista, atribui-se, principalmente, aos oficiais de justiça a execução a avaliação de bens. Em prefácio da obra Oficial de Justiça: abordagem Teórica e Procedimentos Práticos (Braga Filho; Araújo; Silva, 2010), o Procurador do Trabalho, da 10ª região, Cristiano Paixão enfatiza a importância do papel do oficial de justiça para a efetividade da prestação jurisdicional trabalhista:

> Numa sociedade democrática, plural e complexa como a brasileira, a realização dos direitos sociais está vinculada à efetividade do processo. Ainda que as formas de concretização de direitos não sejam exclusivamente ligadas ao mundo institucional dos juízos e tribunais do trabalho, o fato é que a atuação de uma Justiça Especializada como a trabalhista representa, para a parcela expressiva de trabalhadores, uma das mais palpáveis perspectivas de aquisição de direitos. E, como a prática nos mostra, não existe prestação jurisdicional efetiva sem a participação e o comprometimento de um corpo qualificado de servidores, com suas diversas funções e divisões de tarefas.

Muitas são as outras legislações que tratam das atribuições dos oficiais de justiça. Não exaurindo o tema neste artigo, é importante ser evidenciada a necessidade da qualidade do trabalho do oficial de justiça que, norteado por princípios constitucionais e éticos, deve primar pela boa condução do processo democrático no país. Ao receber do legislador a capacidade e atribuição de conciliar, há o reconhecimento que a classe pode exercer uma das formas mais nobres de pacificação social.

2. A central de mandados da capital do Amazonas

Cabe aos oficiais de justiça o cumprimento das ordens judiciais por meio de diligências que, na maioria das vezes, tem a formatação escrita, formal e organizada e emana de uma autoridade judicial competente, de natureza de mandado judicial.

Lembra-se que o mandado é instrumento e o princípio da instrumentalidade admite o uso de procedimentos similares. Observa-se no artigo 188 do atual Código de Processo Civil exatamente essa instrumentalização:

> Art. 188 Os atos e os termos processuais independem de forma determinada, salvo quando a lei expressamente a exigir, considerando-se válidos os que, realizados de outro modo, lhe preencham a finalidade essencial.

Segundo Freitas e Batista Júnior (2018, p. 126), "o oficial de justiça é o profissional competente e legalmente habilitado para cumprir o mandado judicial". Observa-se que outros auxiliares dos juízos podem cumprir determinadas ordens, como é o caso dos leiloeiros que "cumprem ordens de remoção de bens e os peritos realizam diligências necessárias à emissão de seus laudos, cuja natureza intrínseca é mesma de mandado", porém, outros auxiliares não possuem tal prerrogativa concedida apenas aos oficiais de justiça.

Considerado como derivado de um ato processual, devem os oficiais guardar a forma de seu cumprimento, evitando que a inobservância opere uma nulidade futura do processo, em decorrência da prática de um ato viciado (JESUS-SILVA; HENDAWY, 2018).

A fim de gerir esse universo de atividades, com respeito aos princípios da economia processual, da celeridade e da efetividade, as centrais de mandado têm exercido papel fundamental no Judiciário. Na sua grande maioria, realizam atividades de gestão de pessoas, correcionais, de gestão de documentos e, quiçá, de assistentes sociais. As Centrais de Mandados são verdadeiras secretarias administrativas de gestão da vida funcional e das atividades desempenhadas pelos oficiais de justiça.

Conforme já dito, este artigo utilizou a Central de Mandados da capital do Amazonas como parâmetro para a pesquisa. Desde o início, foi fácil perceber que a própria Central de Mandados, por meio do seu juiz coordenador, expedia as próprias regulamentações diante das suas necessidades.

A Central de Mandados da capital Manaus está prevista na Lei de Divisão e Organização Judiciária do Estado do Amazonas, Lei Complementar nº 17/97, no artigo 148, §3º:

> A Central de Mandados e o setor de distribuição do Fórum da Capital ficarão subordinados diretamente ao Diretor do Fórum que se reportará, por sua vez, ao Presidente do Tribunal e ao Corregedor-Geral de Justiça, somente para o encaminhamento de questões que estejam fora das atribuições especificadas neste artigo.

O artigo 12, da Lei nº 3.226/2008, passou a ter a seguinte redação com a alteração da Lei nº 4.889/2019, abrindo-se a possibilidade para servidor não efetivo ser coordenador daquela unidade, tendo em vista que se trata de cargo de livre nomeação:

> A nomeação para o cargo comissionado de Coordenador da Central de Mandados será provida por bacharel em direito, o qual será supervisionado por um magistrado designado pelo Presidente do Tribunal de Justiça.

Muitos foram os avanços tecnológicos e processuais alcançados pela Central de Mandados da capital do Amazonas, inclusive, sua alteração para Central de Mandados e Cartas Precatórias, por meio da Lei Complementar nº 172/2016, que alterou a Lei Complementar n. 17/97, com competência do magistrado coordenador para, segundo o artigo 149, I e II, "organizar, gerenciar e fiscalizar o fiel cumprimento dos mandados judiciais expedidos pelos Juízos da capital, zelando para que as diligências realizadas dentro dos prazos estabelecidos pela legislação", além de "determinar o cumprimento de todas as cartas precatórias, rogatórias e de ordem que tenham como objetivo a realização de diligência de notificação, intimação e/ou citação".

O juiz coordenador possui também competência disciplinar delegada da Corregedoria, conferida por meio da Portaria Conjunta nº 3600/2009 A e pelo Provimento nº 232/2014 -CGJ/AM, o que torna a resposta das reclamações, na maioria das vezes em virtude de descumprimento do prazo para cumprimento do mandado, mais célere e perto da realidade, pois o juiz coordenador, bem como o servidor coordenador da central estão mais presentes na realidade vivenciada pelo oficial de justiça.

Muitas questões importantes para a agilidade e qualidade do cumprimento dos mandados na capital foram normatizadas pela própria Central, como dito.

As Portarias nº 10/15, nº 01/16 e nº01/17 da Central de Mandados e Cartas Precatórias são as principais fontes para a regulação do recebimento dos mandados das varas da capital, da distribuição de mandados entre oficiais, do zoneamento, dos prazos para cumprimento, da definição das matérias de plantão, da auditoria do relatório de produtividade para fins de pagamento (e as outras já citadas).

Um dos avanços em relação ao Processo Digital foi a retirada da juntada do mandado digitalizado ao processo, nos termos do artigo 13, do

Provimento 261 – CGJ/AM. Inovação esta, inclusive, afastando a exigência do Código de Processo Civil quanto à juntada do documento físico, tendo em vista o processo ser 100% digital:

> Art. 13 Diante da fé pública atribuída aos atos dos Oficiais de Justiça, os mandados cumpridos não serão digitalizados no processo, bastando o lançamento na certidão eletrônica nos autos deste, observando-se o seguinte:
>
> a) os mandados que contenham a assinatura do destinatário da diligência (partes, testemunhas, peritos, advogados etc.) permanecerão arquivados na Central de Mandados;
>
> b) caso seja necessário para averiguação do cumprimento da diligência e haja determinação do juiz que preside o processo, o mandado será digitalizado ou, ainda, será encaminhado o original para a Vara correspondente para os devidos fins.

A Central de Mandados da capital Manaus vem cumprindo seu papel orientador, por meio dessas portarias, mantendo políticas para os mandados urgentes, para aqueles que envolvam violência doméstica, e outros assuntos que sejam prioridade do Judiciário, inclusive, em campanhas para resolução de conflitos de certas naturezas.

3. O *home office* dos oficiais de justiça diante da pandemia da COVID-19

A pandemia da COVID-19 exigiu uma nova forma de trabalho no Judiciário. Aliás, várias questões, jamais imaginadas, surgiram: isolamento social obrigatório, trabalho e educação à distância também obrigatórios, fechamento de estabelecimentos comerciais. Quem chegou a imaginar o comércio integralmente fechado de uma cidade ou de um país?

A Central de Mandados e Cartas Precatórias da capital Manaus mais uma vez atuou de forma a bem gerir as atividades dos oficiais. Dias antes da normatização exarada pelo próprio Tribunal de Justiça, por meio da Portaria n. 764/2020 – GBAPRES, que definiu o plantão extraordinário com base na Resolução n. 313/2020 do Conselho Nacional de Justiça, a Central de Mandados da capital expediu a Portaria n. 01/20, de 17 de março de 2020, já suspendendo os prazos para cumprimento dos mandados de audiências.

De forma contínua, emitiu a Portaria 02/20 – CCMCP, determinando que somente os mandados elencados como de matérias urgentes pela Portaria n. 764/2020 – GBAPRES seriam cumpridos pelos oficiais de justiça plantonistas, estipulando o trabalho remoto para a central, bem como suspendendo o recolhimento de assinatura das partes nos mandados, sendo supridas pela fé pública da certidão do próprio oficial:

> Art. 3º Fica suspenso o recolhimento de assinatura em qualquer mandado judicial, bastando a certidão do oficial de justiça como prova do cumprimento da medida, para que haja o menor contato físico entre o oficial de justiça e o destinatário.

Posteriormente, em 26 de março de 2020, por meio da Portaria nº 788/20, a Presidência dispôs sobre o plantão extraordinário e ordinário para cumprimento dos mandados, aumentando, também, o número de oficiais de justiça plantonistas, para que houvesse a cobertura do número de mandados gerados durante a Pandemia.

A Portaria n. 788/20 foi prorrogada pelas Portarias nº 951/20 e 1044/20, e pelas demais que se seguiram prorrogando o prazo de retorno às atividades presenciais, tendo restringido o cumprimento dos mandados judiciais às matérias elencadas pelo Conselho Nacional de Justiça para plantão extraordinário, por exemplo, cumprimento de liminares, antecipação de tutela e medidas protetivas da Maria da Penhas.

Visando à saúde dos oficiais de justiça, bem como da população em geral, considerando que eles exercem atividade atípica dos demais servidores, pois neste momento não havia a possibilidade do *Home Office* para os oficiais de justiça, tampouco a possibilidade do exercício de suas atividades na central ou em secretaria de vara, assunto polêmico entre quem pesquisa a matéria, o Tribunal de Justiça do Amazonas implantou o regime de plantão extraordinário, contando com 30 oficiais de justiça inscritos voluntariamente, que não podiam possuir comorbidades ou fazerem parte do grupo de risco, em revezamento para atendimento também no plantão ordinário.

O retorno gradual à atividade presencial no Tribunal de Justiça do Amazonas veio por meio da Portaria nº 608/21, que deu nova redação ao artigo 4º, da Portaria nº 1.753/20 e, durante as etapas I e II de retorno, a Central de Mandados da capital funciona em dois turnos de revezamento, das 8h às 12h e das 12h às 16h, mediante escala a ser elaborada pelo magistrado responsável. A partir da implementação da etapa I, foi retomado o cumprimento de mandados judiciais por servidores que não estejam em grupos de risco, na capital e interior do Estado do Amazonas.

É sabido que muitos meios digitais são permitidos para atos de comunicação processual. Porém, a novidade trazida pela Central de Mandados e Cartas Precatórias da capital, instituída pela Portaria nº 07/21 – CCMCP, que autorizou citações e intimações determinadas pelos juízos de Manaus por meio de plataformas digitais (STACHON, 2021), dessa vez trouxe o reconhecimento do indivíduo por parte do oficial de justiça, por vídeo, com a gravação e armazenamento, conforme o anexo da portaria que orienta sobre o *upload* das mídias das diligências. O normativo descreve com detalhes o procedimento a ser adotado como o horário que, preferencialmente, será realizado o ato, os casos de proibição de uso da ferramenta e de dispensa, dentre outros procedimentos a serem adotados.

O juiz coordenador atualmente da Central de Mandados e Cartas Precatórias da capital, juiz Ronnie Frank Torres Stone, justificou a necessidade de padronização das rotinas que deverão ser observadas pelos oficiais de justiça na capital para que o cumprimento das diligências judiciais observe os princípios processuais (STACHON, 2021). Em entrevista ao site do Tribunal, o juiz observa:

> Durante o período mais grave do surto epidêmico, muitas unidades judiciárias do Estado do Amazonas fizeram uso, com sucesso, da comunicação eletrônica para intimações e até citações, assegurando, assim, a regular tramitação dos processos com a realização de audiências cíveis e criminais, o que levou o Tribunal de Justiça do Amazonas a superar a média nacional no cumprimento das Metas do CNJ no ano de 2020.

As plataformas digitais a serem utilizadas estão em rol exemplificativo na Portaria:

> Art. 1. º [...]
> § 1. º Para efeito desta Portaria, considera-se como plataforma digital:
> I – os aplicativos de comunicação disponíveis no mercado que possibilitem trocas de mensagens de texto, imagens, áudio e vídeo, e cuja utilização exija a identificação da linha telefônica, a exemplo: ChatOn, KakaoTalk, Line, Signal, Telegram, Viber, WeCHta, WhatsApp etc.;
> II – as ferramentas utilizadas para videoconferência, a exemplo: Google Meet, Microsoft Teams, Houseparty, Zoom, Skype etc.;
> III – as redes sociais que permitam chamadas de videoconferência, a exemplo: Instagram, Snapchat, FacebookMessenger etc.

Está aberta assim a possibilidade do *Home Office* aos oficiais de Justiça. A ideia traz aos oficiais de justiça a capacidade de comunicar um ato processual às partes de forma eletrônica, mas com a visualização e aproximação do destinatário, em uma espécie de balcão virtual, prática de trabalho remoto adotada pelos Tribunais com orientação do Conselho Nacional de Justiça.

Conclusões

Não resta dúvida que as funções desempenhadas pelos oficiais de justiça integram a tutela jurisdicional e devem ser norteadas pelos princípios constitucionais da Administração Pública e pelos princípios basilares do Direito.

As atribuições destinadas aos oficiais de justiça vieram das mãos do legislador e devem ser cumpridas de forma imparcial, discreta, com espírito de quem está contribuindo de forma efetiva para a prestação jurisdicional.

A valorização da carreira somente alcançará patamares mais elevados com o fortalecimento das atividades dos oficiais que, muitas vezes, depende de uma gestão administrativa eficiente, mas também da sua postura proba e proativa como servidor.

Quando o legislador traz a capacidade de conciliação aos oficiais de justiça, ele não está somente aumentando o rol de atividades atribuídas aos oficiais, mas corroborando com a ideia de que esse servidor pratica junto à sociedade a pacificação. Seu papel vai além da máquina.

Poucos têm a chance de ficar tão próximo ao jurisdicionado. O trabalho é realizado face a face, nos portões da casa do destinatário do mandado, do seu trabalho. Quem presencia tão de perto a busca e apreensão de um menor, por exemplo? O oficial de justiça não pode ser considerado o mensageiro de noticiais ruins, tendo em vista que seu papel é o de executar a Justiça, nos seus liames mais profundos.

Essa é uma profissão com origem secular que, somente, em 2015, passou a ter uma data comemorativa em virtude da profissão, instituída pela Lei n. º 13.157/2015, ficando o dia 25 de março de todos os anos para esta finalidade. Fato é que a data também pode ser aproveitada pelos servidores como dia de mobilização para a valorização da classe.

Em virtude da Pandemia da COVID-19, ficou demonstrado o quão importante a profissão é para a sociedade. Foram eles que, mesmo diante da necessidade do isolamento social, estavam nas unidades de saúde, nas sedes dos governos estadual e municipal, fazendo chegar as decisões judiciais e, por diversas, sendo responsáveis pelas vidas de pacientes graves que dependiam do conhecimento de uma decisão.

As Centrais de Mandado também exercem papel importante para o fortalecimento da atividade. A distribuição de mandados deve ocorrer de forma justa. O oficial de justiça deve atuar em uma área da cidade, na qual ele possua mais afinidade para destrinchar os endereços. Instrumentos informatizados devem ser disponibilizados para aumento da segurança e celeridade das informações, sendo esse o papel das centrais que também devem focar à apresentação de atualizações que alcancem a ordem digital e as modificações legislativas.

Citada como parâmetro para o artigo, a Central de Mandados da capital Manaus tem desenvolvido e regulamentado questões essenciais para a gestão das atividades dos oficiais, ultrapassando, inclusive, limites processuais que não são mais cabíveis diante do processo digital.

Talvez possa ser dito que, mesmo em face da tragédia que tem assolado o mundo com a Pandemia da COVID-19, algumas lições jurídicas e administrativas irão ficar aos Tribunais quando perceberam que não era necessário instalações físicas, fóruns, para que a prestação jurisdicional chegasse à população e, um dos grandes exemplos disso, é a possibilidade de trabalho remoto dos oficiais de justiça com a identificação das pessoas por meio de vídeo. Chega-se, então, à realidade do *Home Office* dos oficiais de justiça.

Referências

AMAZONAS. **Decreto nº 43.269/21 do Governo do Estado do Amazonas.** Disponível em: http://www.amazonas.am.gov.br/content/uploads/2021/01/04-01-2021_poder_executivo.pdf. Acesso em: 01/08/21.

AMAZONAS. **Lei Complementar nº 17/97.** Dispõe sobre a divisão e a organização judiciária do estado do amazonas, bem como sobre o regime jurídico da magistratura e a organização dos serviços auxiliares da justiça. Disponível em: https://sapl.al.am.leg.br/norma/10079. Acesso em: 01/08/21.

AMAZONAS. **Lei nº 3.226/08**. Dispõe sobre o Plano de Cargos, Carreira e Salários dos Servidores e Serventuários dos Órgãos do Poder Judiciário do Estado do Amazonas. Estabelece as diretrizes básicas para a administração de pessoal, introduz modificações nas normas anteriores e dá outras providências. Disponível em: https://sapl.al.am.leg.br/norma/7681. Acesso em: 01/08/21.

AMAZONAS. **Portaria nº 10/15 – CCMCP.** Disponível em: https://consultasaj.tjam.jus.br/cdje/consultaSimples.do?cdVolume=8&nuDiario=1712&cdCaderno=1&nuSeqpagina=11. Acesso em: 02/08/21.

AMAZONAS. **Portaria nº 01/16 – CCMCP.** Disponível Em: https://consultasaj.tjam.jus.br/cdje/consultaSimples.do?cdVolume=9&nuDiario=2063&cdCaderno=1&nuSeqpagina=14. Acesso em: 02/08/21.

AMAZONAS. **Portaria nº 2089/2016 – PTJ.** Disponível em: https://consultasaj.tjam.jus.br/cdje/consultaSimples.do?cdVolume=9&nuDiario=2039&cdCaderno=1&nuSeqpagina=8. Acesso em: 02/08/21.

AMAZONAS. **Portaria nº 2387/2016 – PTJ.** Disponível em: https://consultasaj.tjam.jus.br/cdje/consultaSimples.do?cdVolume=9&nuDiario=2063&cdCaderno=1&nuSeqpagina=3. Acesso em: 02/08/21.

AMAZONAS. **Portaria nº 01/17 – CCMCP.** Disponível em: https://consultasaj.tjam.jus.br/cdje/consultaSimples.do?cdVolume=9&nuDiario=2131&cdCaderno=1&nuSeqpagina=14. Acesso em: 02/08/21.

AMAZONAS. **Portaria nº 01/20 – CCMCP.** Publicada na Sala dos Oficias de Justiça do Fórum Henoch Reis da capital Manaus, em março de 2020.

AMAZONAS. **Portaria nº 02/20 – CCMCP.** Publicada na Sala dos Oficias de Justiça do Fórum Henoch Reis da capital Manaus, em março de 2020.

AMAZONAS. **Portaria nº 608/21 – PTJ.** Disponível em: https://consultasaj.tjam.jus.br/cdje/consultaSimples.do?cdVolume=9&nuDiario=2063&cdCaderno=1&nuSeqpagina=3.Acesso em: 02/08/21.

AMAZONAS. **Portaria nº 764/21 – PTJ.** Disponível em: https://consultasaj.tjam.jus.br/cdje/consultaSimples.do?cdVolume=12&nuDiario=2811&cdCaderno=1&nuSeqpagina=3. Acesso em: 02/08/21.

AMAZONAS. **Portaria nº 788/21 – PTJ.** Disponível em: https://consultasaj.tjam.jus.br/cdje/consultaSimples.do?cdVolume=12&nuDiario=2815&cdCaderno=1&nuSeqpagina=4. Acesso em: 02/08/21.

AMAZONAS. **Portaria nº 07/21 – CCMCP.** Disponível em: https://consultasaj.tjam.jus.br/cdje/consultaSimples.do?cdVolume=14&nuDiario=3122&cdCaderno=1&nuSeqpagina=20. Acesso em: 02/08/21.

AMAZONAS. **Provimento nº 232/14 – CGJ/AM.** Disponível em: https://www.tjam.jus.br/images/2018/Doc_Custas_e_Indices_Jusiciais/2015.provimento-n261-diligencias-oficiais-de-justica.pdf. Acesso em: 02/08/21.

AMAZONAS. **Provimento nº 261/15 – CGJ/AM.** Disponível em: https://www.tjam.jus.br/index.php/phoca-atos-corregedoria/file/6686.Acesso em: 02/08/21.

BRAGA FILHO, Arnoldo; ARAUJO, Rafael Gomes; SILVA, Sônia Gundim. **Oficial de Justiça: Abordagem Teórica e Procedimentos Práticos**. São Paulo: LTr, 2010.

Caderno de Práticas. II Encontro Nacional de Gestores de Pessoas do Poder Judiciário. **CNJ,** 2019. Disponível em: https://www.cnj.jus.br/poder-judiciario/governanca-de-gestao-de-pessoas/encontros/encontro-nacional-de-gestores-de-pessoas-do-poder-judiciario/. Acesso em: 01/08/21.

BRASIL. **Código de Processo Civil.** São Paulo, Saraiva, 2021.

BRASIL **Lei nº 11.416/06.** Disponível em: BRASIL **Resolução n. 313/20 do Conselho Nacional de Justiça.** Disponível em: https://www.cnj.jus.br/poder-judiciario/governanca-de-gestao-de-pessoas/encontros/encontro-nacional-de-gestores-de-pessoas-do-poder-judiciario/. Acesso em: 02/08/21

BRASIL **Resolução nº 313/20 do Conselho Nacional de Justiça.** Disponível em: https://www.cnj.jus.br/poder-judiciario/governanca-de-gestao-de-pessoas/encontros/encontro-nacional-de-gestores-de-pessoas-do-poder-judiciario/. Acesso em: 02/08/21

FREITAS, Marcelo; BATISTA JR, José Carlos. **Oficial de Justiça: Elementos para Capacitação Profissional.** São Paulo: Triunfal, 2018.

GERGES, Nary. **Oficial de Justiça: Teoria e Prática**. São Paulo: Leud, 2000.

GORTAZAR, Naiara Galarraga. 400 reais para respirar em Manaus. **El País**, 2021. Disponível em: https://brasil.elpais.com/brasil/2021-01-24/400-reais-para-respirar-mais-quatro-horas-em-manaus.html?outputType=amp#aoh=16287290296720&_ct=1628729024138&csi=1&referrer=https%3A%2F%2Fwww.google.com&_tf=Fonte%3A%20%251%24s Acesso em 01/08/21.

IHERING, Rudolf von. **A Luta pelo Direito.** São Paulo, Martin Claret, 2004.

ISPER JR, Acram. **Democracia Digital: Definições de uma Nova CiberPolítica.** Curitiba: Aprris, 2020.

JESUS-SILVA, Luis Cláudio; HENDAWY, Asmaa Abduallah. **Oficial de Justiça: Competências, Atribuições e Responsabilidades**. Curitiba: Juruá, 2018.

KAFKA, Franz. **O Processo.** São Paulo: Martin Claret, 2004.

PINHO, Olavo. **Oficial de Justiça ao Alcance de Todos.** São Paulo: Projuris, 1997.

PRADO, Ricardo Tadeu Estanislau. **O Oficial de Justiça Conciliador.** Belo Horizonte: Casa do Direito, 2019.

SÁ, Dominichi Miranda. Especial Covid -19. Os Historiadores e a Pandemia. **FIOCRUZ,** 2020. Disponível em: http://www.coc.fiocruz.br/index.php/pt/todas-as-noticias/1853-especial-covid-19-os-historiadores-e-a-pandemia.html#.YRlD7YhKjIW. Acesso em: 01/08/21.

SILVEIRA, Fabiana. **Competências do Oficial de Justiça**. Curitiba, Intersaberes, 2018.

SOARES, Matilde de Paula. **Manual Prático-Teórico do Oficial de Justiça Avaliador Federal e Estadual**. Curitiba, Juruá, 2009.

STACHON, Patrícia Ruon. Meios Digitais auxiliam na continuidade do serviço judiciário. **TJAM,** 2021. Disponível em: https://www.tjam.jus.br/index.php/menu/sala-de-imprensa/4559-meios-digitais-auxiliam-na-continuidade-do-servico-do-judiciario. Acesso em: 01/08/21.

TJAM alcançou 100% de informatização nos processos novos de 2016. **D24AM**. Disponível em: https://d24am.com/politica/tjam-alcancou-100-de-informatizacao-nos-processos-novos-de-2016/. Acesso em: 01/08/21.

TJAM – Migração de Dados do Sistema Projudi une 35 Comarcas do Amazonas. **Boletim Jurídico,** 2013. Disponível em: http://boletimjuridico.publicacoesonline.com.br/tjam-migracao-de-dados-do-sistema-projudi-une-35-comarcas-do-amazonas/. Acesso em: 01/08/21.

VALLE, Acyane. Tribunal de Justiça do Amazonas faz história ao ficar acima da "média Brasil" em relação às Metas Nacionais do CNJ no ano de 2020. **TJAM,** 2021. Disponível em: https://www.tjam.jus.br/index.php/menu/sala-de-imprensa/4201-tribunal-de-justica-do-amazonas-faz-historia-ao-ficar-acima-da-media-brasil-em-relacao-as-metas-nacionais-do-cnj-no-ano-de-2020. Acesso em: 01/08/2021.

VELLOZO, Júlio. **Curso remoto Cinco Pestes, Cinco Clássicos.** FADISP. São Paulo, 2021.

11
FUNÇÃO SOCIAL DO DIREITO DIGITAL EM TEMPOS DE PANDEMIA

Rafael de Oliveira Lins

Introdução

As Leis tratam das relações entre os particulares e os fundamentos da sociedade. Anteriormente a positivação de tais diplomas normativos, existiam normas de comportamento e boa vizinhança entre particulares, como as relações matrimoniais, anseio de aceitação social, troca de mercadorias e mantimentos e regras de apaziguamento social.

Importante lembrar que o sentimento de insegurança social que existia entre os homens na fase que antecedeu a positivação de normas e códigos positivados, dentre eles um dos mais famosos foram os Dez Mandamentos da Antigo Testamento, demonstra uma ideia que os homens se viam como iguais e capazes de ações cruéis e desesperadas em busca de poder, sobrevivência e espaço. Fato que se mostra presente até os dias presentes em situações de anomia do Poder Público em regiões marginais e abandonadas pelo Estado, fazendo valer o antigo anseio de justiça particular como meio de pacificação das tensões em sociedade.

Tal receio e combinado com o medo de guerras entre grupos étnicos e culturalmente diferentes, favoreceu a formação de sociedades civis, em primeiro momento, e posteriormente se elaborando instrumentos para a regulação entre particulares, relação dos cidadãos com o governo, a forma e a sustentação dele.

Pode-se afirmar que analisando estes fatores, Montesquieu no livro "Do Espírito das Leis", entende que o Estado tem o poder e atributo de harmonizar com o espírito do povo e suas tradições utilizando as leis como instrumento de tal objetivo. Além disso, atribuía força vinculante, superior e impessoal dos diplomas normativos, devendo tanto o cidadão ordinário da sociedade como as mais alta autoridade administrativa e governamental se submeter a tal força vinculante das leis[1].

Em consonância com a positivação das leis para melhor organização da sociedade, apenas a codificação de normas e procedimentos de relação entre particulares, particulares e Estado e particulares e governo, existe também o ideal de um equilíbrio entre o que é conhecido como justo e devido e a aplicação do Direito. Os romanos, conforme as lições do jurista Ulpiano, em suas relações sociais, costumavam elencar três brocardos latinos: honeste vivere; neminum laedere e suum cuique tribure. O primeiro deve ser entendido como viver honestamente e dentro das leis romanas, o segundo entende-se como evitar ou não lesar bem ou pessoa alguma na sociedade, e o terceiro, entendido como dar a cada um o que é seu, é aplicado nas relações de responsabilidade civil no caso de cometimento de dano entre particulares e o Estado também.

Tais brocardos tem nítida influência no conceito de função social do Direito sendo a finalidade primária que a norma jurídica deve servir com o foco no desfazimento das tensões sociais. Nesse desiderato, o legislador tem a missão de humanizar as relações jurídicas, levando em consideração valores fundamentais como o princípio da Dignidade Humana aplicado a realidade das relações entre normas.

Deve-se também se recordar sobre o que é o Direito e quais as possíveis respostas seguindo uma inclinação teórica, filosófica, sociológica específicas para a resposta que se pretende chegar. Assim, o Direito poderia de adequar de forma genérica que é um instrumento de regulação própria para as relações do homem em sociedade. O homem interage com seus pares no âmbito da vida privada, social e religiosa, e desta vivência ocorrem permutas de informações por meio de ideias, trabalho manufaturado ou intelectual, no ambiente negocial e outras manifestações pautadas na cultura de determinadas sociedades.

Ressalva-se que o termo “Direito” não é unívoco, pois tem muitos significados. A palavra é de origem latina (directus) que significa colocar em linha reta, precisa, certa.

[1] Montesquieu, Charles Louis de. Do Espírito das Leis. Versão em PDF

Entretanto, os conflitos sociais são dinâmicos e mudam a cada época. Nem sempre o Direito consegue acompanhar tais mudanças. A mudança mais recente de tensões sociais não tem sido mais no ambiente físico de convivência em sociedade, mas no ambiente virtual da Rede Internacional de Computadores (internet), que envolve agora engajamento não apenas de terminais de computadores, e sim de celulares, tablets e outros dispositivos eletrônicos que acessam a internet.

É notório a assunção de um novo ramo jurídico, chamado de Direito Digital. Tal direito traz como herança todos os princípios essenciais que estão sendo aplicados no ordenamento jurídico vigente, originando novos profissionais na área do Direito, os quais serão responsáveis por resguardar bens imateriais como a segurança da informação, proteção digital contra o ataque de hackers, direito da imagem e propriedade intelectual, dentre outros bens jurídicos.

Nesta seara, o Marco Civil da Internet, Lei nº 12985, de 23 de abril de 2014, prevê os princípios que regulam o uso da internet no Brasil, pautados a partir do artigo 3º, e envolvem a proteção da privacidade de dados pessoais, e no artigo 7º, a impossibilidade de exposição do sigilo de comunicação privada, salvo a exposição devidamente autorizada por ordem de Magistrado pautado no interesse da Justiça.

Tais regulações foram essenciais principalmente no período da pandemia do Covid-19, considerando que o Direito Tradicional teve que se adaptar para a sociedade digital, ambiente seguro e livre de contato físico que propiciava o contágio pelo vírus que se alastrou pelo mundo.

Desse modo, o escopo deste trabalho é demonstrar a importância do Direito Digital como instituto de inserção social e justiça nestes tempos de distanciamento social, expondo os conceitos de Sociedade Digital e sua formação, as regulamentações e definições do Direito Digital e os institutos correlatos mais importantes, comentários sobre a opção do ensino pelo E-Learning, e a polêmica situação dos crimes digitais que decorreram do mundo virtual.

1. Sociedade digital

A sociedade humana é dinâmica nas formas de organização e a cada momento diferente da história do Homem, ela molda a partir de um centro o qual é um motivo que irá determinar os rumos sociais.

Temos como primeiro exemplo de organização, aquelas oriundas da agricultura, baseadas na comercialização de produtos plantados e frutos recolhidos da terra. Assim, cada núcleo social humano fazia a permuta de produtos e itens agrícolas, configurando uma pioneira forma de prática de comércio entre as pessoas, gerando a chamada riqueza agrícola.

Como segundo exemplo e seguindo a evolução da tecnologia humana, atingiu-se o campo não apenas com instrumentos manufaturados, mas como máquinas a vapor e a eletricidade, ocorrendo o surgimento de fábricas e gerando uma nova forma de riqueza industrial que era o fruto artificial das indústrias e a produção de produtos a serem comercializados por compra e venda.

Num terceiro exemplo, o avanço gradual da tecnologia fez com que a riqueza pós-industrial estivesse pautada não apenas na capacidade de produzir novos produtos, mas na possibilidade de oferecer serviços, como o bancário, educacional, consultoria jurídica, securitário e de convênios médicos.

Os três exemplos citados de organização nos servem para entender como a riqueza está pautada atualmente e como isto influencia a sociedade presente. Podemos dizer que a riqueza esta pautada na informação e no conhecimento, fundamentada na evolução tecnológica no processamento de dados, que criou instrumentos capazes de transmitir dados a velocidades extraordinárias, tornando a informação um novo elemento estruturante da organização social. A internet transformou-se num lugar destacado destas alterações digitais, que atingiu a economia e o modo de se estabelecer interações humanas.

Sobre este tema de como se organiza a riqueza e sua interação no mundo humano, tem William Bernstein traz as seguintes lições (BERNSTEIN, 2015, pg.23-24):

> (...) Começando por volta de 1820, o ritmo do avanço econômico se acelerou de modo perceptível, o que toronou o mundo um lugar melhor para se viver. O que aconteceu? Uma explosão de inovações tecnológicas até então para inédita. Conta a lenda que uma jovem aluno, quando a professora solicitou que definisse a Revolução Industrial, respondeu afirmando que "em 1760, a Inglaterra foi varrida por uma onda de engenhocas". O mitológico menino não estava errado. Novas tecnologias representam um poderoso incentivo ao crescimento econômico per capita; sem elas, não acontecem elevações na produtividade ou no consumo. Para começar, portanto, é necessário que perguntemos "o que é preciso para uma sociedade desenvolva aparelhos?" Quatro

> coisas. (...) Direitos de propriedade (...) Racionalismo científico (...) Mercados de Capital (...) Transportes e comunicações eficientes.

Neste contexto, surge a comunicação digital equipada com a evolução dos bits, linguagem binária, que em conjunto, formará a informação em si traduzido a partir do byte. Este novo tipo de linguagem permitiu a introdução dos computadores acarretando uma revolução de quantidade de dados processados, como acúmulo de dados gravados em Pen Drive, Drive de Computadores Particulares e no disco compactado, chamado pela sigla em inglês de CD.

Além disso, como efeito deste processo, ocorreu mudanças na ordem da qualidade de dados, pois a técnica binária possibilitou a organização e o acesso da informação, substituindo o antigo acesso por meio documental físico para o meio documental digital. Tal fato facilitou o acesso de informação e pesquisa que antigamente era feito por meio de fichas catalográficas e outros meios que necessitavam do papel físico para serem arquivadas.

Interessante mencionar que antes da Internet, preocupava-se em manter os dados no computador pessoal ou no disco rígido do computador, chamados de HD, no objetivo de arquivar o maior número de possível de dados.

Entretanto, o avanço tecnológico e a inclusão promovida pela Rede Internacional de Computadores proporcionaram o acesso simultâneo de informações a várias pessoas do mundo. Temos como exemplo as redes de Broadcast Digital de canais jornalísticos, os programas de *home-brokers* do mundo financeiro que deixou mais dinâmicas as transações financeiras, e até mesmo os computadores pessoais dos funcionários de empresas e órgãos públicos, visto que uma vez com acesso a internet, podem ser localizados independente de telefone, viagens ou papeis.

Vale acrescentar também que, além das novas plataformas de acesso digital, ocorreu o fenômeno das redes sociais que promoveu um engajamento social começando com temas simples, como o mero compartilhamento de uma foto ou vídeo pessoal, até a convocação de pautas políticas e movimentos de combate ao racismo e a homofobia.

Tecidos estes comentários, a Sociedade Digital representa todo o arcabouço de plataformas comerciais ou não, e que pelo fato de estarem ligados a internet, depende da comunicação contínua com a Rede Internacional de computadores

Sobre este tema, é interessante mencionar os seguintes apontamentos: (PINHEIRO, 2016)

> A Internet Hoje tem mais de 800 mil websites e são criadas mais de mil homepages por dia. Estamos falando não apenas de uma comunidade virtual, mas de várias comunidades virtuais que se aglomeram em torno de objetivos comuns, várias tribos com participantes de vários pontos do Planeta, de diversas culturas, sujeitos cada um a princípios de valor e normas distintas.
>
> A Globalização da economia e da sociedade exige a globalização do pensamento jurídico, de modo a encontrar mecanismos de aplicação de normas que possam extrapolar os princípios da territorialidade, principalmente no tocante ao Direito Penal e ao Direito Comercial. Essa tendência de globalização do próprio Direito não é nova. O direito Internacional Privado de algum modo, já vem de Convenções e Tratados Internacionais, tentando estabelecer critérios mais uniformes de análise jurídica entre os vários Estados Nacionais.

Portanto, A Sociedade Digital transcende uma sociedade pautada em bens materiais para uma sociedade baseada na posse da informação hegemônica frente a posse de bens de produção. Tal característica coloca em destaque o Direito à Informação, o qual é um dos princípios basilares do Direito Digital.

O direito à informação está dividido em três partes que são: o direito de informar; direito de ser informado e o direito de não receber informação, O primeiro é um direito ativo que busca que o cliente saiba quais os aspectos de um determinado produto ou serviço, configurando como um dever do vendedor ou prestador de serviço em assegurar tal direito. O segundo é um direito passivo, pois visto da ótica do cliente, este deve receber todas as informações essenciais do objeto da relação jurídica negocial. Por fim, temos o terceiro direito que trata-se de um direito ativo e passivo, visto que o cliente tem o direito de não receber publicidade excessiva de produtos, bem como pode imputar ao vendedor ou prestador de serviço que pare com a publicidade excessiva.

Dito isto, as questões que envolvem a informação tornam-se relevantes para Direito Digital por causa dos efeitos comerciais e que envolvem a responsabilidade civil, assuntos que serão objeto de estudo do próximo capítulo.

2. Direito digital

Considerado com um dos mais novos ramos do Direito, o Direito Digital está pautado na progressão jurídica das relações interpessoais, pegando em conjunto os princípios fundamentais do Direito e demais institutos que estão em vigor, desta forma introduz elementos e institutos inéditos ao raciocínio jurídico em muitas áreas dos Direito.

Interessante também apontar que o Direito Digital decorre da evolução tecnológica, como do antigo equipamento de videocassete e o avanço tecnológico para era do DVD, MP3, WAP dentre outras siglas que revolucionaram o mundo.

Neste contexto, os operadores do Direito serão os profissionais capazes de garantir os direitos tipicamente assegurados pelo Direito Civil, como à privacidade, autoria de inventos, propriedade material e intelectual, segurança de dados, contratos, parcerias negociais e demais processos eletrônicos contra a espionagem digital, hackers e demais ameaças do mundo digital. Sendo assim, o Direito Digital pode ser definido como a nova fronteira jurídica de proteção do Direito, criando e aperfeiçoando meios que possam atender tais questões sociais.

É necessário relembrar que da criação dos primeiros computadores utilizados na segunda guerra mundial para os computadores pessoais muitas mudanças ocorreram, até chegar na convergência de interação de tecnologias na fundamentação de uma única rede de comunicação capaz de emitir mensagens, imagem, dados e outras informações.

Tal revolução tecnológica ocasionou uma dependência de pessoas, empresas, governos e outras instituições. As negociações comerciais fizeram da Rede Internacional de Computadores a sua nova plataforma negocial. A possiblidade de estar conectado traz consigo também a possibilidade de estar correndo riscos inerentes as estas atividades. OS riscos são a segurança dos dados, sabotagem digital, plágio e concorrência desleal no ambiente empresarial. Dito isto, a capacidade de estar navegando na internet num aparente anonimato fez com que surgissem novos crimes no âmbito digital, violações ao Código de Defesa do Consumidor e ao direito de propriedade, patentes, marcas e outras propriedade imateriais protegidas legalmente.

Visto que a evolução tecnológica é mais dinâmica que atividade legislativa, o Direito Digital procura se pautar nos princípios em relação a tipificação legal. Logo, esta disciplina jurídica tente a se regular de forma independente pelos próprios envolvidos na relação jurídica com propostas de solução rápidas e menos burocráticas.

O Direito Digital impõe a publicação do que se chama da "normas digitais" em formato específico chamado de "disclaimer", como atuam deste modo os provedores, de modo a página inicial a norma já submete a norma como um princípio geral e norma-padrão para cada situação.

A publicidade das regras viabiliza o maior conhecimento do público e consequente aumente a eficácia. No ordenamento jurídico vigente, as pessoas não podem alegar desconhecimento da lei, conforme o princípio da obrigatoriedade legal relativa, que embora permita o erro de direito, no Direito Digital a autorregulamentação prevalece com a necessária publicidade e deste modo envolve os agentes nas regras aos quais estão submetidos.

A dinamicidade das mudanças é um limite a legislação sobre o tema. Qualquer norma que regulamente institutos jurídicos inéditos precisa de generalidade necessária para ser duradoura e eclética para as especificidades de cada assunto. Tal característica leva em conta uma preocupação traz à tona a obsolescência de normas que embora estejam em vigor já perderam seu objeto de tutela pela caducidade proporcionadas mudanças da sociedade impulsionadas pelas recentes tecnologias.

Tomando por base tais questões, o Direito Digital oferece uma lógica jurídica pautada por um conjunto de princípios e soluções já em aplicação corrente, mas de modo não centralizado, fundamentados no Direito Consuetudinário ou Costumeiro.

Assim, aproveitando esta raiz jurídica consuetudinária, o Direito Digital pode aproveitar elementos primordiais como generalidade, publicidade, continuidade, durabilidade e uniformidade.

O tempo será fator fundamental na sedimentação destes elementos frente as mudanças tecnológicas e demais alterações dentro do funcionamento da sociedade. Neste contexto, surge duas práticas jurídicas que são a analogia e arbitragem, cujo valor é de vital importância para o Direito Digital. As duas práticas são meios alternativos de resolução de conflitos, e visto que arbitragem faculta a possiblidade de resolução do conflito por um árbitro, logo parte-se de uma ideia que eventual processo envolvendo matéria de Direito de Digital venha ser resolvida de modo mais célere.

No contexto que envolve o Direito Digital, o tempo é um fato que pesa muito contra a jurisprudência, tradicional meio de sedimentação de entendimento dos tribunais. Considerando que no intervalo de cinco anos, por exemplo, isto sendo o tempo médio de duração dos processos no Poder Judiciário, tal interim temporal pode significar muito para o processo.

A generalidade assim surge como fator importante, pois estabelece que a norma genérica está pronta para ser aplicada a casos que envolvem o uso da tecnologia junto com o apoio de um árbitro, aproveitando a experiência para julgar de foram mais célere e dinâmica.

A uniformidade do Direito Costumeiro também pode contribuir para o Direito Digital, de modo a contribuir para evitar o casuísmo e prejuízo de pessoas com menos conhecimento técnico e jurídico fiquem as margens da Justiça. A uniformidade orienta que determinadas sanções contra um agente tenham efeito pedagógicos, servindo de meio de se evitar sanções por parte de outros agentes que atuam da mesma forma.

A publicidade, também denominada de notoriedade, elemento do direito costumeiro fornecem ao Direito Digital a capacidade de tornar públicas as decisões arbitrais, gerando referência para as próximas decisões em casos similares.

Nesta seara, entra a figura da prova eletrônica, em que pelo Direito do Consumidor admite-se a inversão do ônus da prova, aplicada nos casos em que determinas empresas utilizam banco de dados de clientes para massificar ofertas e publicidade. Uma vez que o consumidor pode se sentir prejudicado pelo vazamento ou uso irregular de informações destes cadastros, poderá processar por danos morais a empresa demandada e ao empresa ré que caberá o ônus da prova.

3. Institutos jurídicos do direito digital

Considerando o exposto nos capítulos anteriores, passamos para análise dos institutos jurídicos criados pela Direito Digital. Um dos institutos interessantes são as empresas digitais e o aparecimento de uma economia pautada nas plataformas digitais.

Um dos fenômenos decorrentes deste novo tipo comércio é o caso de livrarias físicas com sites de vendas no virtual, existindo um ponto de venda tanto com endereço real com um outro ponto de vendas só que no espaço virtual da Internet.

Temos também o caso do sítio eletrônico da Amazon, sendo um negócio totalmente virtual e sem lojas físicas, requerendo assim um investimento constante da loja no desenvolvimento do site, estando exposto no seu próprio objeto social o desenvolvimento do software da loja virtual e seus instrumentos de distribuição e qualidade dos produtos e serviços prestados.

Um fato intrigante é que alguns destes websites possuem toda uma regulamentação legal dentro dos padrões da Secretaria da Receita Federal, enquanto outros não possuem qualquer registro virtual ou nem mesmo em cartório, fato preocupante no caso de reclamação de consumidor que venha a ter um produto extraviado, um serviço mal oferecido ou até mesmo a própria desistência do contrato.

Tais ausências registrais por parte destes prestadores de serviço gera desconfiança em financiadores, patrocinadores e fornecedores de produto. O fato de não existir uma sede física dificulta a assinatura de contratos e pode ocorrer até mesmo discriminação frente a novos negócios.

Esta zona cinzenta de atuação de atividades pecuniárias gera dificuldade também na tributação, podendo algumas empresas serem tributadas mais de uma vez, ou até mesmo perder isenções tributárias por não observarem causas de dispensa do tributo.

A jurisprudência abaixo irá tratar de um caso de isenção tributária para facilitar o comércio eletrônico.

> PROCESSUAL CIVIL. TRIBUTÁRIO. PIS E COFINS. VENDAS A VAREJO DE PRODUTOS DE INFORMÁTICA. LEI 11.196/2005 ("LEI DO BEM"). BENEFÍCIO FISCAL. ALÍQUOTA ZERO. PRAZO FINAL EM 31/12/2018. REVOGAÇÃO PELA LEI 13.241/2015. LEGALIDADE. DECISÃO MANTIDA.[2]

Neste caso em tela, trata-se de um processo judicial tributário, de autoria de Solar Magazine Ltda. apresentou uma ação ordinária com pedido de antecipação de tutela, promovida contra a Fazenda Nacional, tendo o pedido sido julgado improcedente, bem como na segunda instância o processo teve a sentença mantida.

A autora defendia uma hipótese de isenção tributária, referente ao benefício fiscal denominado **"Programa de Inclusão Digital"** instituído pela Lei 11.196/2005, o qual foi revogado pela Medida Provisória 690/2015, convertida na Lei 13.241/2015. Pleiteava o direito de continuar a comercializar

[2] Agravo Interno no Recurso Especial. Relatoria do Ministro Hermam Benjamim. Segunda Turma do Superior Tribunal de Justiça. Data do Julgamento de 28 de junho de 2021. Publicado no Dje de 01 de julho de 2021.

seus produtos eletrônicos e a usufruir do benefício fiscal em apreço, que reduziu a zero a alíquota do PIS e da COFINS incidentes sobre a receita bruta de venda a varejo, pois o benefício deveria ir até dezembro de 2018.

O Tribunal de origem indicou que no presente caso, embora que pese o fato da revogação do benefício implicar em alteração do planejamento financeiro da empresa beneficiária, há que se observar que a alíquota zero e a isenção são institutos jurídicos diferentes.

O recorrente apresentou precedentes dos tribunais superiores sobre revogação de isenção e insiste na aplicação do art. 178 do CTN, porém, sem rebater com argumento suficiente o fundamento que o acórdão recorrido utilizou para concluir que o caso trata de alíquota zero, não de isenção. Incidem, por analogia, os Enunciados 283 e 284 do STF.

A controvérsia foi dirimida pelo Tribunal de origem sob enfoque estritamente constitucional. Assim, compete ao Supremo Tribunal Federal eventual reforma do acórdão recorrido, nos termos do art. 102 da Constituição Federal, não logrando êxito no provimento do agravo.

Tecidos os comentários sobre o caso em concreto analisado, é necessário frisar que a maior dificuldade é o enquadramento destas empresas quanto ao fato gerador de tributos. A Professora Doutora Patrícia Peck Pinheiro[3] pugna que o principal desafio é ter infraestrutura e logística preparada para atender um mercado que pode requerer remessa do produto a qualquer momento, qualquer lugar e ser de qualquer nacionalidade, exigindo do prestador de serviços ou fornecedor de produtos uma capacidade de atender tais demandas no período de 24 horas por dia, além de observar as inúmeras e internacionais legislações consumeristas.

A seguir, mais um caso de comércio digital envolvendo institutos do Direito Digital.

> RECURSO ESPECIAL. DIREITO CIVIL, CONSUMIDOR E PROCESSUAL CIVL. CPC/2015. TELEFONIA MÓVEL. NEGATIVA DE PRESTAÇÃO JURISDICIONAL. NÃO OCORRÊNCIA. MIGRAÇÃO DE PLANO. ATO UNILATERAL DA OPERADORA DE TELEFONIA. ABUSIVIDADE. ART. 51, INCISO XIII, DO CDC. REPETIÇÃO DO INDÉBITO. CABIMENTO EM TESE. CASO CONCRETO. AUSÊNCIA DE CUSTO ADICIONAL QUANTO A ALGUNS ITENS AGREGADOS AO PLANO. INVERSÃO DO JULGADO. ÓBICE DA SÚMULA 7/STJ. INEXISTÊNCIA

[3] PINHEIRO 2016. Pg. 133

DE INDÉBITO A RESTITUIR NESSES CASOS. PRESCRIÇÃO DECENAL DA PRETENSÃO DE REPETIÇÃO DE INDÉBITO. EXISTÊNCIA DE PRÉVIA RELAÇÃO CONTRATUAL ENTRE AS PARTES. PRECEDENTE DA CORTE ESPECIAL. DANO MORAL. INOCORRÊNCIA. MERO DISSABOR DA RELAÇÃO CONTRATUAL.[4]

Trata-se de um caso concreto que envolve controvérsia pertinente à abusividade de alteração unilateral de plano de telefonia móvel por parte da operadora, incluindo-se no contrato o fornecimento de aplicativos digitais e serviços de terceiros não pactuados anteriormente com a consumidora.

Caso concreto analisou a migração de pacote de dados por uma consumidora para um plano promocional que previa o fornecimento de aplicativos digitais e serviços de terceiros na modalidade de jogos virtuais.

Ocorreu também a análise de existência de cobrança adicional pelo serviço de jogos virtuais, tendo sido a operadora condenada à repetição do indébito em dobro, estando precluso esse ponto da controvérsia.

Destarte, nessa linha do que foi explicado, pode-se extrair que os novos institutos de Direito Digital envolvem essencialmente empresas digitais; provedores de acesso a serviços de internet e respectivos pacotes de dados, a proteção das marcas na Era Digital e a segurança das informações.

Por fim, temos como efeito da evolução tecnológica o aparecimento de cursos de Educação à distância, seja pela modalidade *on line* seja pela modalidade de aulas telepresenciais. Além disso, por fim, é importante frisar que nem tudo são bons avanços da tecnologia, pois tal ferramenta poderá ser utilizada para atos ilícitos e criminosas, surgindo uma nova modalidade de crimes no ordenamento jurídico que são os crimes digitais. Este dois últimos assuntos serão debatidos no próximo capítulo.

4. *E-Learning* e crimes digitais

Considerado como a nova fronteira do Ensino e da Educação, E-learning ou Ensino pela internet começou timidamente pelos correios eletrônico e aulas televisionadas por transmissão via satélite para manter a instabilidade da transmissão.

[4] Recurso Especial 2019/0145471-6. Resp. 1817576/RS. Relator Ministro Paulo de Tarso Sanseverino. Terceira Turma do Superior Tribunal de Justiça. Julgado no dia 01 de maio de 2021. Publicado no Dje do dia 10 de junho de 2021.

Posteriormente, surgiram os cursos on-line, os quais possuindo aulas devidamente cadastradas e gravadas ficavam a disposição do cliente que pagasse pelo serviço e desta forma poder ter acesso ao conteúdo do curso.

Em 2021, o aparecimento da pandemia do Covid-19 obrigou as instituições de ensino a adotar a modalidade de ensino a distância a fim de manter o funcionamento do serviço, e no caso de instituições privadas, até mesmo a sobrevivência financeira, visto que com o fechamento de serviços presenciais, ocorreram muitas evasões destes cursos, bem como o aumento da inadimplência estudantil.

Assim, foi adotado o ensino a distância utilizando como ferramentas os aplicativos de interação digital e também redes sociais.

Embora a existência de cursos à distância não seja uma novidade no país, desde 11 de agosto de 1971, a Lei nº 5.692 que era antiga Lei de Diretrizes e Bases da Educação, posteriormente revogada pela Lei 9394, de 20 de dezembro de 1996, garantia o ensino a distância para supletivos de ensino fundamental e médio.

Os cursos de Ensino à Distância (EAD) classificam-se entre supletivos, educação profissional, pós-graduação e cursos livres. Todos estes com a devida regulamentação de leis ordinárias, decretos e Portarias.

Assim, a instituição que pretenda atuar no ensino desta maneira deve passar por um credenciamento federal, pois o reconhecimento da qualidade cabe a competência do Ministério da Educação (MEC).

A responsabilidade civil das instituições quanto a qualidade na prestação de cursos EAD quanto a deficiência de padrões de qualidade pode ser objeto de diligência, sindicância e o devido processo administrativo para descredenciamento da instituição no MEC

A seguir temos o fenômeno dos novos tipos de crimes que surgiram na sociedade digital. Chamados também de “cibercrimes”, o crime cibernético não tem fronteiras fora pode ser acobertado pelo anonimato, gerando dificuldade também até mesmo para se montar um processo contra.

Interessante citar que o crime organizado também migrou para plataforma digital tendo inclusive divisões especializadas neste tipo de ilicitude, alavancado principalmente pela profissionalização de hackers.

A capacidade de ganhar dinheiro utilizando a subversão da tecnologia como ferramenta, fez com que o perfil de *hackers* superasse o arquétipo do jovem adolescente trancado num quarto ou porão de uma casa qualquer para um faixa etária de pessoas acima de 35 anos, acessando computadores alheios e capturando dados particulares em troca de "resgates financeiros", alguns deles inclusive sendo cobrados em bitcoins e outras moedas digitais, como veremos na notícia logo abaixo.

> **Empresa ajuda a pagar resgates de ransomware com bitcoin**
> ***Empresa DigitalMint ajuda vítimas de ransomware a pagar resgates através de criptomoedas como bitcoin (BTC) e monero (XMR)***
> O ransomware se tornou um dos tipos de crimes cibernéticos que mais cresce em 2021. Muitas vezes, as empresas vítimas chegam à conclusão que pagar o resgate exigido pelos hackers é o caminho de menor prejuízo, quando todas as demais opções se esgotaram. Por isso, a DigitalMint oferece um serviço que ajuda a efetuar essas transações o mais rápido possível, geralmente realizadas através de criptomoedas como bitcoin (BTC) e Monero (XMR). De acordo com a Cybersecurity Ventures, plataforma de análise de segurança digital, uma companhia é vítima de um ataque de ransomware a cada 11 segundos em 2021. Nesse tipo de crime cibernético, hackers "sequestram" o sistema da vítima (geralmente empresas) e exigem pagamentos para devolver seu controle. Um dos casos mais recentes e famosos é da empresa americana de oleodutos Colonial Pipeline, que teve seu sistema paralisado por hackers e foi obrigada a pagar mais de US$ 4 milhões aos criminosos para solucionar um problema de falta de combustível que se estendeu por toda a costa leste dos Estados Unidos.[5]

Podemos ver também que o cibercrime também já aparece nas nossas jurisprudências, conforme o caso abaixo:

> COMPETÊNCIA. FURTO. INTERNET. CONTA BANCÁRIA.
> O furto mediante fraude não pode ser confundido com o estelionato. No furto, a fraude é utilizada para burlar a vigilância da vítima, para lhe tirar a atenção. No estelionato, a fraude objetiva obter consentimento da vítima, iludi-la para que entregue voluntariamente o bem. Na hipótese, o agente valeu-se da fraude eletrônica via *internet* para subtrair valores da conta-corrente de titularidade de correntista da CEF, assim há furto mediante fraude, essa usada para burlar o sistema de vigilância e proteção do banco aos valores

[5] IGNACIO, Bruno. Empresa ajuda a pagar resgastes de ransowares com bitcoin. Portal Terra. Disponível em: < https:/www.terra.com.br/noticias/tecnologia/empresa-ajuda-a-pagar-resgates-de-ransomware-com-bitcoin,3b24c230729d88843cb65f577edde73d6fsk2ma7.html>. Acesso em: 10.08.2021

> mantidos sob sua guarda. É importante esclarecer que os valores transferidos mediante dados digitais, apesar de não tangíveis, não deixam de ser dinheiro. Esses dados não possuem existência autônoma, desvinculada do bem que representam. São passíveis de movimentação e transferência de titularidade e, também, estão sujeitos a furto por meio informático. Outrossim, é consabido que o furto consuma-se no momento em que o bem é subtraído da vítima, ao sair da esfera de sua disponibilidade, e o desapossamento, embora efetivado por meio digital, teve lugar na conta-corrente da agência situada em Campo Mourão-PR, o que leva à fixação da competência na vara federal daquela cidade. Esse entendimento foi acompanhado pela Seção, mas o Min. Felix Fischer, em seu voto-vista, ressalvou seu entendimento de que se cuida de crime contra o patrimônio do correntista, diferentemente do crime de roubo ou extorsão que ocorre em agência bancária ("assalto a banco"), porém acompanhou o entendimento após constatar que os precedentes deste Superior Tribunal não questionam a competência da Justiça Federal.[6]

O caso em tela trata do crime de furto mediante fraude não se confunde com o estelionato. A distinção se faz pela análise do elemento comum da fraude que, no furto, é utilizada pelo agente com o fim de burlar a vigilância da vítima que, desatenta, tem seu bem subtraído, sem que se aperceba; no estelionato, a fraude é usada como meio de obter o consentimento da vítima que, iludida, entrega voluntariamente o bem ao agente.

Hipótese em que o agente se valeu de fraude eletrônica para a retirada de mais de dois mil e quinhentos reais de conta bancária, por meio da "Internet Banking" da Caixa Econômica Federal, o que ocorreu, por certo, sem qualquer tipo de consentimento da vítima, o Banco.

A fraude, de fato, foi usada para burlar o sistema de proteção e de vigilância do Banco sobre os valores mantidos sob sua guarda, ocorrendo o crime de furto qualificado por fraude, e não estelionato.

O dinheiro circula em boa parte no chamado "mundo virtual" da informática. Esses valores recebidos e transferidos por meio da manipulação de dados digitais não são tangíveis, mas nem por isso deixaram de ser dinheiro. O bem, ainda que de forma virtual, circula como qualquer outra

[6] Informativo do Superior Tribunal de Justiça nº 0315. Publicação de 26 a 30 de março de 2007. Disponível em: https://processo.stj.jus.br/jurisprudencia/externo/informativo/?acao=pesquisar&livre=FURTO+DE+DADOS+DIGITAIS&operador=e&b=INFJ&thesaurus=JURIDICO&p=true. Acesso dia 10.08.2021

coisa, com valor econômico evidente. De fato, a informação digital e o bem material correspondente estão intrínseca e inseparavelmente ligados, se confundem.

Esses registros contidos em banco de dados não possuem existência autônoma, desvinculada do bem que representam, por isso são passíveis de movimentação, com a troca de titularidade. Assim, em consonância com a melhor doutrina, é possível o crime de furto por meio do sistema informático.

A consumação do crime de furto acontece no momento que o bem é subtraído da vítima, saindo de sua esfera de disponibilidade. No caso em apreço, o desapossamento que gerou o prejuízo, embora tenha se efetivado em sistema digital de dados, ocorreu em conta-corrente da Agência Campo Mourão/PR, que se localiza na cidade de mesmo nome, devendo assim haver aplicação do art. 70 do Código de Processo Penal[7].

5. Importância jurídica no período da pandemia do Covid-19

Tecidos os comentários sobre as várias nuances do Direito Digital, podemos dizer que trata-se da nova fronteira jurídica do nosso arcabouço jurídico.

O Direito Digital foi o responsável pela continuidade de negócios jurídicos via a rede internacional de computadores.

Além disso, serviu de base também para continuidade de muitas outras atividades no mundo virtual, vejamos abaixo a notícia sobre a prestação de serviços por via remota graças ao Direito Digital.

> **Democratização da justiça no âmbito digital.**
>
> Toda transformação demanda alteração no padrão de comportamento antes estabelecido, o que acaba sempre encontrando certa resistência. Contudo, o Direito deve acompanhar a evolução dessa sociedade moderna, sob pena de tornar-se estático. Precisamos, indiscutivelmente, de respostas com maior imediatidade, trazendo para a realidade esses mecanismos que ajudam na realização de audiências virtuais e interação digital. (...) As adversidades nos obrigam a adotar soluções mais inteligentes, potencializando o acesso e a participação de todo o corpo cívico. A plataforma digital, sem sombra de dúvidas, encurta distâncias. A democratização por meio de uma Justiça mais

[7] Decreto-Lei 3.689/1941 (Código de Processo Penal Brasileiro) Art. 70. A competência será, de regra, determinada pelo lugar em que se consumar a infração, ou, no caso de tentativa, pelo lugar em que for praticado o último ato de execução.

> acessível, com o manejo de métodos digitais, é inegável, especialmente ao ampliar as formas de atendimento. (...) Esse diagnóstico de imagem confirma, ainda, o entendimento de que a facilitação no acesso digital colabora para que as partes interessadas acompanhem melhor os atos processuais, tomando conhecimento, quase que em tempo real, da sua feitura, além de reforçar a prerrogativa de fiscalização de todos os serviços que estão sendo prestados. O acesso às plataformas online é cada vez mais abrangente e os cidadãos, de uma forma geral, estão familiarizados com esses mecanismos. O computador e o aparelho celular móvel parecem, hoje, uma verdadeira extensão dos indivíduos, os quais estão habituados a realizar as mais diversas tarefas, tais como marcar compromissos, estabelecer contatos e resolver todo tipo de problema por meio desses dispositivos. (...) Contudo, cerca de 46 milhões de brasileiros ainda permanecem sem acesso à internet. O estudo técnico da Pesquisa Nacional por Amostras de Domicílio Contínua-PNAD Contínua TIC, apresentado pelo IBGE, demonstrou que cerca de um em cada quatro domicílios no Brasil não possuem conexão com a internet (74,7%). Vê-se, dessa maneira, que uma importante parcela da população ainda se encontra desamparada no que diz respeito ao acesso a determinadas plataformas de comunicação. Toda essa conjuntura envolve questões mais complexas, partindo-se do pressuposto de que as condições socioeconômicas interferem diretamente na privação desses cidadãos ao mundo digital.[8]

Consoante a crítica no final do texto citado, infelizmente uma das grandes barreiras do Direito Digital é a questão não ter acesso a internet, provocando um grande isolamento digital das pessoas menos favorecidas financeiramente e nas classes menos abastadas.

> A Pesquisa Nacional por Amostra de Domicílios Contínua – Tecnologia da Informação e Comunicação (Pnad Contínua TIC) 2018, divulgada hoje (29) pelo Instituto Brasileiro de Geografia e Estatística (IBGE), mostra que uma em cada quatro pessoas no Brasil não tem acesso à internet. Em núme-

[8] SORRENTINO, Luciana Yuki; COSTA NETO, Raimundo Silvino da. O Acesso digital à Justiça – A imagem do Judiciário Brasileiro e a prestação jurisdicional nos novos tempos. Artigo Científico Digital. Disponível em: https://www.tjdft.jus.br/institucional/imprensa/campanhas-e-produtos/artigos-discursos-e-entrevistas/artigos/2020/o-acesso-2013-digital-2013-a-justica-a-imagem-do-judiciario-brasileiro-e-a-prestacao-jurisdicional-nos-novos-tempos. Acesso em 10.08.2021

ros totais, isso representa cerca de 46 milhões de brasileiros que não acessam a rede.

Os dados, que se referem aos três últimos meses de 2018, mostram ainda que o percentual de brasileiros com acesso à internet aumentou no país de 2017 para 2018, passando de 69,8% para 74,7%, mas que 25,3% ainda estão sem acesso. Em áreas rurais, o índice de pessoas sem acesso é ainda maior que nas cidades, chega a 53,5%. Em áreas urbanas é 20,6%.

Quase a metade das pessoas que não têm acesso à rede (41,6%) diz que o motivo para não acessar é não saber usar. Uma a cada três (34,6%) diz não ter interesse. Para 11,8% delas, o serviço de acesso à internet é caro e para 5,7%, o equipamento necessário para acessar a internet, como celular, laptop e tablet, é caro.

Sem serviço

Para 4,5% das pessoas em todo o país que não acessam a internet, o serviço não está disponível nos locais que frequentam. Ou seja, mesmo que queiram, não conseguem contratar um pacote de internet. Esse percentual é mais elevado na Região Norte, onde 13,8% daqueles que não acessam a internet não têm acesso ao serviço nos locais que frequentam. Na Região Sudeste, esse percentual é 1,9%.

"Então, talvez, para poder abranger, aumentar esse acesso à internet a toda a extensão do país, investir na questão da disponibilidade na Região Norte seja um caminho", diz a gerente da Pnad Contínua, Maria Lucia Vieira.

A pesquisa aponta também desigualdades entre áreas rurais e urbanas. O percentual de moradores de áreas rurais que não utilizam a internet porque o serviço não está disponível é 12%, dez vezes maior que a da área urbana, 1,2%. Já o índice daqueles que dizem ser caro o equipamento necessário chega a 7,3% na área rural, enquanto nas cidades é 5%.

Entre 2017 e 2018, no entanto, tanto na área rural quanto na urbana o percentual de pessoas que utilizaram a internet cresceu. Passou de 74,8% para 79,4%, em áreas urbanas, e de 39% para 46,5%, em áreas rurais.

Internet em casa

O índice de domicílios com acesso à internet também aumentou entre 2017 e 2018, passando de 74,9% para 79,1%. "O crescimento mais acelerado da utilização da internet nos domicílios da área rural contribuiu para reduzir a grande diferença em relação aos da área urbana", diz o texto. De 2017 para 2018, o percentual de domicílios em que a internet era utilizada passou de 80,2% para 83,8% em área urbana e de 41% para 49,2% na área rural.

Em relação à renda, nas casas onde havia acesso à internet, o rendimento médio por pessoa era R$ 1.769, quase o dobro do rendimento nas casas daqueles que não acessavam a rede, que era R$ 940.

Esta é a terceira vez que a (Pnad) compila dados sobre Tecnologia da Informação e Comunicação. Os dados referem-se ao quarto trimestre de 2018. A pesquisa trata do acesso à internet e à televisão nos domicílios particulares permanentes e do acesso à internet e à posse de telefone móvel celular para as pessoas de 10 anos ou mais de idade, o que equivale a um total de cerca de 181,9 milhões de pessoas.[9]

Com a chegada da covid-19, muitos ambientes particulares e lares das pessoas foram tomadas pelo home office, tornando-se a tecnologia essencial para o ambiente de trabalho profissional e a continuação da Educação, inviabilizada nos ambientes presencias.

NA seara jurídica, profissionais do Direito tiveram que migrar para plataformas online, ocorrendo mudanças e adaptações que vão continuar existindo mesmo quando o isolamento social for extinto e a pandemia for controlada.

A Lei Geral de Proteção de Dados Pessoais[10], que começou a vigorar a partir do ano de 2020, regulamentou alguns pontos do uso das tecnologias no âmbito jurídico.

> Art. 1º Esta Lei dispõe sobre o tratamento de dados pessoais, inclusive nos meios digitais, por pessoa natural ou por pessoa jurídica de direito público ou privado, com o objetivo de proteger os direitos fundamentais de liberdade e de privacidade e o livre desenvolvimento da personalidade da pessoa natural.
>
> Parágrafo único. As normas gerais contidas nesta Lei são de interesse nacional e devem ser observadas pela União, Estados, Distrito Federal e Municípios.(Incluído pela Lei nº 13.853, de 2019)Vigência

[9] TOKARNIA. Mariana. Um em cada 4 Brasileiros nbão tem acesso à internet, mostra pesquisa. Agência Brasil. Artigo Digital. Disponível em: <https://agenciabrasil.ebc.com.br/economia/noticia/2020-04/um-em-cada-quatro-brasileiros-nao-tem-acesso-internet>. Acesso em 10.08.2021

[10] Lei nº 13709, de 14 de Agosto de 2018. Lei Geral de Proteção de Dados. Disponível em: <http://www.planalto.gov.br/ccivil_03/_ato2015-2018/2018/lei/l13709.htm>. Acesso dia 10.08.2021

> Art. 2º A disciplina da proteção de dados pessoais tem como fundamentos:
>
> I – o respeito à privacidade;
>
> II – a autodeterminação informativa;
>
> III – a liberdade de expressão, de informação, de comunicação e de opinião;
>
> IV – a inviolabilidade da intimidade, da honra e da imagem;
>
> V – o desenvolvimento econômico e tecnológico e a inovação;
>
> VI – a livre iniciativa, a livre concorrência e a defesa do consumidor; e
>
> VII – os direitos humanos, o livre desenvolvimento da personalidade, a dignidade e o exercício da cidadania pelas pessoas naturais.

A Lei Geral de Proteção de Dados Pessoais culminou no anseio da sociedade, tanto física como digital, para regulamentar de forma mais aprimorada as relações digitais além de garantir e reafirmar valores consagrados de vários ramos do Direito.

Conclusões

Ao fim deste estudo não é difícil constatar que o Direito Digital é de suma importância para o ordenamento jurídico atual. Ele vem de um longo caminho de evolução dos computadores e até é contemporâneo da proteção de direitos de propriedade imaterial dos softwares.

Além da existência necessária para sociedade digital, o direito digital é de suma necessidade para a eficiência e segurança jurídica de inúmeras relações sociais que vão desde uma simples compra e venda em site de compras na internet até o atendimento de advogados em escritórios digitais.

Não objetivando ser um ramo do Direito que vá atender todas as necessidades sociais, este ramo também conta com a herança jurídica de inúmeros ramos do Direito, tendo o Direito Consuetudinário contribuindo de forma determinante na atuação do Direito Digital, bem como outros institutos de Direito Civil e Princípios Gerais de Direito.

A Legislação por sua vez conta com o apoio do Marco Civil da Internet, a Lei nº 12.965, de 23 de abril de 2014, e com a mais recente Lei Geral de Proteção de Dados, Lei 13.709, de 14 de agosto de 2018.

Ressalto também que o Direito Digital funciona como instrumento de outros Direitos Fundamentais, como os direitos sociais da Cultura e à Educação como meios essenciais de continuidade destes serviços nestes tempos de Pandemia e até recente isolamento social total.

Por fim, foi abordado também que com a intensificação das relações jurídicas digitais, ocorreu um salto também nos crimes digitais, principalmente quanto ao furto de dados e informações das pessoas, bem como em sequestros digitais que requerem pagamento em moeda digital.

Referências

BERNSTEIN, William J. Um breve História da riqueza; versão brasileira da editora. 1 ed. São Paulo, SP: Editora Fundamento Educacional Ltda, 2015.

Decreto-Lei 3689/1941 (Código de Processo Penal Brasileiro). Disponível em: planalto.com.br. acesso em 10.08.2021;

IGNACIO, Bruno. Empresa ajuda a pagar resgastes de ransowares com bitcoin. Portal Terra. Disponível em: < terra.com.br/noticias/tecnologia/empresa-ajuda-a-pagar-resgates--de-ransomware-com bitcoin,3b24c230729d88843cb65f577edde73d6fsk2ma7.html>. Acesso em: 10.08.2021

INFORMATIVO DO SUPERIOR TRIBUNAL DE JUSTIÇA Nº 0315. Publicação de 26 a 30 de março de 2007. Disponível em: processo.stj.jus.br/jurisprudencia/externo/informativo/?acao= pesquisar&livre=FURTO+DE+DADOS+DIGITAIS&operador=e&b=INFJ&thesaurus=JURIDICO&p=true. Acesso dia 10.08.2021

GOODMAM, Marc. Future crimes: tudo está conectado, todos somos vulneráveis e o que podemos fazer sobre isso; tradução de Gerson Yamagami. São Paulo: HSM Editora, 2015.

Lei nº 13709, de 14 de Agosto de 2018. Lei Geral de Proteção de Dados. Disponível em:< http://www.planalto.gov.br/ccivil_03/_ato2015-2018/2018/lei/l13709.htm>. Acesso dia 10.08.2021

MARCO CIVIL DA INTERNET: jurisprudência comentada. organizadores Carlos Affonso Souza, Ronaldo Lemos, Celina Bottino. São Paulo: Editora Revista dos Tribunais, 2017;

MONTESQUIEU, Charles Louis de. Do Espirito das Leis. Versão digital em PDF.

PINHEIRO, Patrícia Peck. Direito Digital. 6. Ed. Rev., atual. e ampl. São Paulo: Saraiva, 2016.

SORRENTINO, Luciana Yuki; COSTA NETO, Raimundo Silvino da. O Acesso digital à Justiça – A imagem do Judiciário Brasileiro e a prestação jurisdicional nos novos tempos. Artigo Científico Digital. Disponível em: https://www.tjdft.jus.br/institucional/imprensa/campanhas-e-produtos/artigos-discursos-e-entrevistas/artigos/2020/o--acesso-2013-digital-2013-a-justica-a-imagem-do-judiciario-brasileiro-e-a-prestacao--jurisdicional-nos-novos-tempos. Acesso em 10.08.2021;

TOKARNIA. Mariana. Um em cada 4 Brasileiros não tem acesso à internet, mostra pesquisa. Agência Brasil. Artigo Digital. Disponível em: <https://agenciabrasil.ebc.com.br/economia/noticia/2020-04/um-em-cada-quatro-brasileiros-nao-tem-acesso-internet>. Acesso em 10.08.2021

12
SEGURANÇA JURÍDICA DA PRODUÇÃO NORMATIVA BRASILEIRA LASTREADA NA PANDEMIA DE COVID-19

Raphael de Carlos Paz de Almeida

Introdução

Até o advento da pandemia de COVID-19, o princípio da segurança jurídica veio gradativamente sendo expresso nas normas brasileiras, seja junto às leis de processo administrativo federal e estaduais, bem como na mais recente alteração à Lei de Introdução às Normas do Direito Brasileiro – LINDB, sendo destacado sua aplicação na estabilização das relações jurídicas e nas decisões judiciais, de controle e mesmo nas mudanças interpretativas da Administração.

Contudo, com a chegada da anomalia, em um domínio até então desconhecido para toda a sociedade, os novos posicionamentos dos entes federativos e da Suprema Corte estabeleceram a ponderação de direitos como da livre circulação, expressão e trabalho além das previstas nos casos de Estado de Defesa e Estado de Sítio, expressos no Título V da Constituição Federal.

Nesse contexto, o presente artigo objetiva, com base na jurisprudência mais recente e a indicação precisa das regulamentações criadas, fazer uma relação do princípio da segurança jurídica com as normas produzidas durante a pandemia de Covid-19, além de destacar a possível incompatibilidade da imposição de limites a direitos com base somente em conceitos e argumentos abstratos.

1. Contexto histórico

O período de 2019 até a presente data (meados de 2021), tornou-se um marco da história da humanidade, seja por conta do enfrentamento da mais nova pandemia que tomou o mundo, seja por conta dos impactos desse enfrentamento no universo jurídico, especialmente sobre a produção de normas jurídicas.

Inobstante a discussão quanto à origem da doença, a declaração pública de pandemia em relação ao novo Coronavírus foi realizada pela Organização Mundial da Saúde – OMS na data de 11 de março de 2020, assim como sua Declaração de Emergência em Saúde Pública de Importância Internacional, de 30 de janeiro de 2020.

No Brasil, o Ministério da Saúde publicou, em 03 de fevereiro de 2020, a Portaria nº 188, onde *"Declara Emergência em Saúde Pública de Importância Nacional (ESPIN) em decorrência da Infecção Humana pelo novo Coronavírus (2019-nCoV)"*, bem como foi sancionada a Lei nº 13.979, de 6 de fevereiro de 2020, que dispõe sobre medidas para enfrentamento da situação de emergência em saúde pública de importância internacional decorrente do novo Coronavírus.

Vale destacar, ainda, que a Câmara dos Deputados aprovou a Mensagem Presidencial nº 93, de 18 de março de 2020, a qual reconhece o Estado de Calamidade Pública no Brasil.

Nesse contexto também foi editada a Lei Complementar nº 173, de 27 de maio de 2020, norma esta que estabeleceu o Programa Federativo de Enfrentamento ao Coronavírus e fez significativas mudanças na Lei Complementar nº 101/00 – Lei de Responsabilidade Fiscal, além de estabelecer até dia 31.12.2021 uma série de proibições à União, aos Estados, ao Distrito Federal e aos Municípios afetados pela calamidade pública decorrente da pandemia da Covid-19.

Dentro do Poder Judiciário, o Conselho Nacional de Justiça aprovou a Resolução nº 322, de 1º de junho de 2020, que estabelece medidas para retomada dos serviços presenciais, observadas as ações necessárias para prevenção de contágio pelo novo Coronavírus – Covid-19, e dá outras providências.

Além da União, os demais entes da federação também criaram suas normas jurídicas específicas, seja a fim de declarar Estado de Calamidade Pública ou mesmo para estabelecer medidas de restrição temporária à circulação de pessoas, como por exemplo os Decretos nº 42.100, de 23 de março de 2020 e nº 43.303, de 23 de janeiro de 2021, editados pelo Estado do Amazonas.

Por fim, a Lei nº 14.125, de 10 de março de 2021 autorizou a União, os Estados, o Distrito Federal e os Municípios a adquirir vacinas e a assumir os riscos referentes à responsabilidade civil, o que possibilitou a aquisição de vacinas como a Pfizer e Jansen, por exemplo.

Desse modo, uma série de variáveis foram e estão sendo consideradas para a edição e interpretação das normas jurídicas, sejam elas regras ou mesmo princípios como o direito à vida, à saúde, bem como à livre iniciativa, às liberdades de locomoção e expressão.

Junto à problemática do período, vê-se uma sociedade cada vez mais impulsionada aos meios digitais, considerada a exigência do isolamento social, com a ampliação de programas como teletrabalho, home-office, reuniões virtuais etc, os quais podem de certo modo influenciar nos significados dados pelo intérprete quanto às normas jurídicas editadas durante a pandemia.

2. A pandemia como anomalia jurídica

Com o advento da pandemia do novo coronavírus, já no ano de 2020 (pós-carnaval), o Brasil se viu diante dessa grande anomalia: um vírus potencialmente fatal e de rápida difusão e transmissão, com pouca ou nenhuma informação suficiente para um conhecimento de como lidar com o novo desafio.

É válido lembrar sempre que a Administração Pública é composta por agentes, que tanto a representam como em alguns cargos a *presentam*, como os procuradores estatais etc. Desse modo, todos são sujeitos aos conflitos inerentes à sua natureza humana, no caso a forma como lidar com as anomalias.

Assim, a anomalia interrompe um futuro previsível/esperado e coloca a pessoa para lidar de acordo com seu universo conhecido, se a resposta for positiva e o resultado for como esperado ótimo, mas se for o contrário, a depender da gradação do erro, acarretará uma série de outras anomalias em cadeia, com resultados potencialmente difíceis para lidar.

Na obra Mapas do Significado – A Arquitetura da Crença[11], Jordan Peterson bem conceitua essa dinâmica com as anomalias:

[11] Peterson, Jordan B. Mapas do Significado: A Arquitetura da Crença. É Realizações Editora. 2018.

> "[...] Toda aprendizagem ocorre – ou ocorreu originalmente – como consequência do contato com a novidade, ou anomalia.
>
> O que é novo obviamente depende do que é conhecido – necessariamente é definido em oposição ao que é conhecido. Além disso, o que é conhecido sempre é conhecido condicionalmente, já que o conhecimento humano é necessariamente limitado. Nosso conhecimento condicional, até onde este for relevante para a regulação da emoção, consiste de nossos modelos da significância emocional do presente, definidos em oposição a um futuro idealizado, hipotético ou fantasiado. Nós avaliamos o "presente insustentável" em relação ao "futuro ideal". Agimos para transformar "onde estamos" em "onde gostaríamos de estar".
>
> Quando nossas tentativas de transformar o presente saem conforme o planejado, nós permanecemos firmemente posicionados no *domínio do conhecido* (metaforicamente falando). Mas quando nossos comportamentos produzem resultados indesejados – isto é, quando erramos – adentramos o *domínio do desconhecido*, em que forças emocionais mais primordiais governam. Erros de "pequena escala" nos forçam a reconstruir nossos planos, mas nos permitem manter nossos objetivos e nossas conceitualizações das condições presentes. Erros catastróficos, ao contrário, forçam-nos não apenas a reavaliar nossos meios, mas nossos pontos de partida e propósitos. Essa reavaliação necessariamente envolve uma extrema desregulação emocional.[...]"

Nesse contexto, em uma escala global pandêmica, a escala das anomalias presentes se desenvolveram em cadeia, com uma série de erros catastróficos ocorridos por fatores fora do universo conhecido, o que aparenta ter motivado a mudanças interpretativas quanto à direitos e garantias previstos na estrutura constitucional e mesmo os recentes destaques à segurança jurídica.

3. O princípio da segurança jurídica

Segundo uma interpretação lógica do art. 4º da Lei de Introdução às **Normas** do Direito Brasileiro – LINDB[12], a Norma é o gênero que abarca as espécies Princípios e Regras.

[12] Art. 4º Quando a lei for omissa, o juiz decidirá o caso de acordo com a analogia, os costumes e os princípios gerais de direito.

Tal conceito de regras e princípios como normas jurídicas também foi destacado pelo Ministro Alexandre de Moraes no Recurso Extraordinário nº 1.206.340-CE:

> "A CF/88 reúne, explícita e implicitamente, princípios, preceitos esses que vivenciaram nos últimos tempos, um processo de requalificação. Isso porque, após as fases naturalista (princípios como axiomas abstratos) e juspositivista (princípios como fontes subsidiárias do direito), adveio o momento pós-positivista, em que os princípios foram categorizados como normas jurídicas, ao lado das regras[...]"[13]

Feitas tais ponderações, observa-se que o princípio da Segurança Jurídica deriva implicitamente do art. 5º, XXXVI, da Constituição Federal de 1988, que a lei não prejudicará o direito adquirido, o ato jurídico perfeito e a coisa julgada.

Posteriormente, sua previsão veio expressa no artigo 2ºda Lei nº 9.784/99[14], que Regula o processo administrativo no âmbito da Administração Pública Federal, servindo de paradigma para as legislações estaduais, dentre as quais trago em destaque o *caput* do art. 2º da Lei nº 2.794/03, do Estado do Amazonas:

> Art. 2º A Administração Pública obedecerá, dentre outros, aos princípios da legalidade, prevalência e indisponibilidade do interesse público, presunção de legitimidade, autotutela, finalidade, impessoalidade, publicidade, motivação, razoabilidade, proporcionalidade, moralidade, devido processo legal, ampla defesa, contraditório, **segurança jurídica**, boa-fé e eficiência.:

Tal previsão literal do princípio da segurança jurídica realça a importância da estabilidade das relações jurídicas e mesmo uma certa previsibilidade do ordenamento quanto à resolução dos conflitos. Na doutrina de José dos Santos Carvalho Filho:

> "[...] o princípio em tela comporta dois vetores básicos quanto às perspectivas do cidadão. De um lado, a perspectiva de certeza, que indica o conhe-

[13] STF – RE: 1206340 AC 0800882-77.2012.4.05.8100, Relator: Alexandre de Moraes, Data de Julgamento: 04/09/2020, Data de Publicação: 09/09/2020.

[14] Art. 2º A Administração Pública obedecerá, dentre outros, aos princípios da legalidade, finalidade, motivação, razoabilidade, proporcionalidade, moralidade, ampla defesa, contraditório, **segurança jurídica**, interesse público e eficiência.

cimento seguro das normas e atividades jurídicas e, de outro, a perspectiva de estabilidade, mediante a qual se difunde a ideia de defesa por parte do administrado, inclusive alguns deles, como o direito adquirido e o ato jurídico perfeito, de uso mais constante no direito privado."[15]

A elevada importância do princípio da segurança jurídica quanto às estabilizações das relações jurídicas também é destacada de forma clara na Lei nº 13.655/2018, que traz disposições sobre segurança jurídica e eficiência na criação e na aplicação do direito público junto à LINDB, dentre as quais os artigos 20, 23, 24 e 29 guardam correlação intrínseca com o tema do presente artigo:

> Art. 20. Nas esferas administrativa, controladora e judicial, não se decidirá com base em valores jurídicos abstratos sem que sejam consideradas as consequências práticas da decisão.
>
> Parágrafo único. A motivação demonstrará a necessidade e a adequação da medida imposta ou da invalidação de ato, contrato, ajuste, processo ou norma administrativa, inclusive em face das possíveis alternativas
>
> Art. 23. A decisão administrativa, controladora ou judicial que estabelecer interpretação ou orientação nova sobre norma de conteúdo indeterminado, impondo novo dever ou novo condicionamento de direito, deverá prever regime de transição quando indispensável para que o novo dever ou condicionamento de direito seja cumprido de modo proporcional, equânime e eficiente e sem prejuízo aos interesses gerais.
>
> Art. 24. A revisão, nas esferas administrativa, controladora ou judicial, quanto à validade de ato, contrato, ajuste, processo ou norma administrativa cuja produção já se houver completado levará em conta as orientações gerais da época, sendo vedado que, com base em mudança posterior de orientação geral, se declarem inválidas situações plenamente constituídas.
>
> Art. 29. Em qualquer órgão ou Poder, a edição de atos normativos por autoridade administrativa, salvo os de mera organização interna, poderá ser precedida de consulta pública para manifestação de interessados, preferencialmente por meio eletrônico, a qual será considerada na decisão.

[15] Carvalho Filho, José dos Santos. Manual de direito administrativo – 30. ed. rev., atual. e ampl. – São Paulo: Atlas, 2016. fl. 38.

Quando ainda em fase de tramitação legislativa, o Relator do PL nº 7.448/2017 junto à Comissão de Constituição e Justiça e Cidadania, Deputado Abi-Ackel assim se manifestou em seu relatório:

> "No tocante aos arts. 23 e 24 do projeto, verificamos neles a clara preocupação com o respeito ao princípio da segurança jurídica. Este, um dos mais relevantes princípios do Direito, é o garantidor da estabilidade das relações jurídicas, conferindo aos cidadãos a confiança de que, no caso de novas interpretações ou orientações sobre determinada norma que interfiram na validade de atos ou contratos, sejam preservadas situações já devidamente constituídas no tempo e garantida uma transição razoável quando inevitável a exigência do novo dever ou do novo condicionamento de direito."
>
> "Quanto ao disposto no art. 29 do projeto, sabe-se que inúmeros atos normativos editados pela administração pública, que não passam pela exposição própria do processo legislativo, afetam sensivelmente a vida dos cidadãos. A realização prévia de consulta pública nessas situações, conferindo a oportunidade de manifestação pelos interessados, dará a transparência devida para o processo, prestigiando a participação popular e, por conseguinte, conferindo-lhe maior legitimidade."[16]

Destaca-se, ainda, que o princípio da segurança jurídica, na doutrina do Ministro Luís Roberto Barroso, exposta em 2018, tem dois enfoques: *(i)* em uma perspectiva objetiva veda a retroação da lei, tutelando o direito adquirido, o ato jurídico perfeito e a coisa julgada; *(ii)* na sua perspectiva subjetiva, a segurança jurídica protege a confiança legítima, procurando preservar fatos pretéritos de eventuais modificações na interpretação jurídica, bem como resguardando efeitos jurídicos de atos considerados inválidos por qualquer razão. Conclui então o ministro:

> "Em última análise, o princípio da confiança legítima destina-se precipuamente a proteger expectativas legitimamente criadas em indivíduos por atos estatais."[17]

[16] https://www.camara.leg.br/proposicoesWeb/fichadetramitacao?idProposicao=2151854

[17] DIREITO ADMINISTRATIVO. AGRAVO INTERNO EM RECURSO EXTRAORDINÁRIO COM AGRAVO. SERVIDOR PÚBLICO. PROVIMENTO DERIVADO. SUBSISTÊNCIA DO ATO ADMINISTRATIVO. PECULIARIDADES DO CASO CONCRETO. APLICAÇÃO DOS PRINCÍPIOS DA SEGURANÇA JURÍDICA E DA PROTEÇÃO DA CONFIANÇA. 1. O Supremo Tribunal Federal, em algumas oportunidades, e sempre ponderando as

Logo, em um momento anterior à pandemia de Covid-19, viu-se a preocupação do legislador em não somente deixar expresso o princípio da segurança jurídica, mas o colocar também em posição de destaque para a estabilização do ordenamento jurídico, sobretudo quando da atuação da Administração face aos administrados e a forma e impacto que as decisões, atos normativos e atuações estatais afetam a vida dos cidadãos e jurisdicionados.

4. Normas editadas com fundamento na pandemia de COVID-19

Junto ao Título V da Constituição Federal de 1988, que trata da defesa do Estado e das Instituições Democráticas, especialmente sobre calamidades de grandes proporções na natureza. foi previsto o Estado de Defesa no art. 136, *caput* e o Estado de Sítio no art. 137, em caso de ineficácia do Estado de Defesa.

Longe de eventuais discussões políticas sobre o caso, o que não convém ao presente artigo, o procedimento previsto expressamente na CF no tocante aos prazos máximos de duração das medidas, as autoridades envolvidas e mesmo quais direitos poderiam ser restringidos em situações de calamidade foram ignorados, levando-se em consideração conceitos abstratos como "baseado na ciência e em recomendações médicas", sem a indicação específica de quais estudos e que recomendações são a base de sua aplicabilidade.

Inobstante, o Supremo Tribunal Federal, quando instado na Ação Direta de Inconstitucionalidade nº 6.341, movida pelo Partido Democrá-

particularidades de cada caso, já reconheceu a subsistência dos atos administrativos de provimento derivado de cargos públicos aperfeiçoados antes da pacificação da matéria neste Tribunal, em homenagem ao princípio da segurança jurídica. Precedentes. 2. O princípio da segurança jurídica, em um enfoque objetivo, veda a retroação da lei, tutelando o direito adquirido, o ato jurídico perfeito e a coisa julgada. Em sua perspectiva subjetiva, a segurança jurídica protege a confiança legítima, procurando preservar fatos pretéritos de eventuais modificações na interpretação jurídica, bem como resguardando efeitos jurídicos de atos considerados inválidos por qualquer razão. Em última análise, o princípio da confiança legítima destina-se precipuamente a proteger expectativas legitimamente criadas em indivíduos por atos estatais. 3. Inaplicável o art. 85, § 11, do CPC/2015, uma vez que não é cabível, na hipótese, condenação em honorários advocatícios (arts. 17 e 18 da Lei nº 7.347/1985). 4. Agravo interno a que se nega provimento. (STF – AgR ARE: 823985 MG – MINAS GERAIS, Relator: Min. ROBERTO BARROSO, Data de Julgamento: 23/03/2018, Primeira Turma, Data de Publicação: DJe-070 12-04-2018) tico Trabalhista – PDT[18] e na ADPF nº 672[19], pelo Conselho Federal da OAB. decidiu não apenas que todos os entes federativos podem dispor

[18] EMENTA: REFERENDO EM MEDIDA CAUTELAR EM AÇÃO DIRETA DA INCONSTITUCIONALIDADE. DIREITO CONSTITUCIONAL. DIREITO À SAÚDE. EMERGÊNCIA SANITÁRIA INTERNACIONAL. LEI 13.979 DE 2020. COMPETÊNCIA DOS ENTES FEDERADOS PARA LEGISLAR E ADOTAR MEDIDAS SANITÁRIAS DE COMBATE À EPIDEMIA INTERNACIONAL. HIERARQUIA DO SISTEMA ÚNICO DE SAÚDE. COMPETÊNCIA COMUM. MEDIDA CAUTELAR PARCIALMENTE DEFERIDA. 1. A emergência internacional, reconhecida pela Organização Mundial da Saúde, não implica nem muito menos autoriza a outorga de discricionariedade sem controle ou sem contrapesos típicos do Estado Democrático de Direito. As regras constitucionais não servem apenas para proteger a liberdade individual, mas também o exercício da racionalidade coletiva, isto é, da capacidade de coordenar as ações de forma eficiente. O Estado Democrático de Direito implica o direito de examinar as razões governamentais e o direito de criticá-las. Os agentes públicos agem melhor, mesmo durante emergências, quando são obrigados a justificar suas ações. 2. O exercício da competência constitucional para as ações na área da saúde deve seguir parâmetros materiais específicos, a serem observados, por primeiro, pelas autoridades políticas. Como esses agentes públicos devem sempre justificar suas ações, é à luz delas que o controle a ser exercido pelos demais poderes tem lugar. 3. O pior erro na formulação das políticas públicas é a omissão, sobretudo para as ações essenciais exigidas pelo art. 23 da Constituição Federal. É grave que, sob o manto da competência exclusiva ou privativa, premiem-se as inações do governo federal, impedindo que Estados e Municípios, no âmbito de suas respectivas competências, implementem as políticas públicas essenciais. O Estado garantidor dos direitos fundamentais não é apenas a União, mas também os Estados e os Municípios. 4. A diretriz constitucional da hierarquização, constante do caput do art. 198 não significou hierarquização entre os entes federados, mas comando único, dentro de cada um deles. 5. É preciso ler as normas que integram a Lei 13.979, de 2020, como decorrendo da competência própria da União para legislar sobre vigilância epidemiológica, nos termos da Lei Geral do SUS, Lei 8.080, de 1990. O exercício da competência da União em nenhum momento diminuiu a competência própria dos demais entes da federação na realização de serviços da saúde, nem poderia, afinal, a diretriz constitucional é a de municipalizar esses serviços. 6. O direito à saúde é garantido por meio da obrigação dos Estados Partes de adotar medidas necessárias para prevenir e tratar as doenças epidêmicas e os entes públicos devem aderir às diretrizes da Organização Mundial da Saúde, não apenas por serem elas obrigatórias nos termos do Artigo 22 da Constituição da Organização Mundial da Saúde (Decreto 26.042, de 17 de dezembro de 1948), mas sobretudo porque contam com a expertise necessária para dar plena eficácia ao direito à saúde. 7. Como a finalidade da atuação dos entes federativos é comum, a solução de conflitos sobre o exercício da competência deve pautar-se pela melhor realização do direito à saúde, amparada em evidências científicas e nas recomendações da Organização Mundial da Saúde. 8. **Medida cautelar parcialmente concedida para dar interpretação conforme à Constituição ao § 9º do art. 3º da Lei 13.979, a fim de explicitar que, preservada a atribuição de cada esfera de governo, nos termos do inciso I do artigo 198 da Constituição, o Presidente da República poderá dispor, mediante decreto, sobre**

sobre os serviços públicos e atividades essenciais, mas também validou a imposição de medidas como distanciamento ou isolamento social, quarentena, suspensão de atividades de ensino, restrições de comércio, atividades culturais e à circulação de pessoas, entre "outros mecanismos" reconhecidamente eficazes para a redução do número de infectados e de óbitos.[19]

os serviços públicos e atividades essenciais. (ADI 6341 MC-Ref, Relator(a): Marco Aurélio, Relator(a) p/ Acórdão: Edson Fachin, Tribunal Pleno, julgado em 15/04/2020, PROCESSO ELETRÔNICO DJe-271 DIVULG 12-11-2020 PUBLIC 13-11-2020)

[19] Ementa: CONSTITUCIONAL. PANDEMIA DO CORONAVÍRUS (COVID-19). RESPEITO AO FEDERALISMO. LEI FEDERAL 13.979/2020. MEDIDAS SANITÁRIAS DE CONTENÇÃO À DISSEMINAÇÃO DO VÍRUS. ISOLAMENTO SOCIAL. PROTEÇÃO À SAÚDE, SEGURANÇA SANITÁRIA E EPIDEMIOLÓGICA. COMPETÊNCIAS COMUNS E CONCORRENTES E RESPEITO AO PRINCÍPIO DA PREDOMINÂNCIA DO INTERESSE (ARTS. 23, II, 24, XII, E 25, § 1º, DA CF). COMPETÊNCIAS DOS ESTADOS PARA IMPLEMENTAÇÃO DAS MEDIDAS PREVISTAS EM LEI FEDERAL. ARGUIÇÃO JULGADA PARCIALMENTE PROCEDENTE. 1. Proposta de conversão de referendo de medida cautelar em julgamento definitivo de mérito, considerando a existência de precedentes da CORTE quanto à matéria de fundo e a instrução dos autos, nos termos do art. 12 da Lei 9.868/1999. 2. A gravidade da emergência causada pela pandemia do coronavírus (COVID-19) exige das autoridades brasileiras, em todos os níveis de governo, a efetivação concreta da proteção à saúde pública, com a adoção de todas as medidas possíveis e tecnicamente sustentáveis para o apoio e manutenção das atividades do Sistema Único de Saúde, sempre com o absoluto respeito aos mecanismos constitucionais de equilíbrio institucional e manutenção da harmonia e independência entre os poderes, que devem ser cada vez mais valorizados, evitando-se o exacerbamento de quaisquer personalismos prejudiciais à condução das políticas públicas essenciais ao combate da pandemia de COVID-19. 3. Em relação à saúde e assistência pública, a Constituição Federal consagra a existência de competência administrativa comum entre União, Estados, Distrito Federal e Municípios (art. 23, II e IX, da CF), bem como prevê competência concorrente entre União e Estados/Distrito Federal para legislar sobre proteção e defesa da saúde (art. 24, XII, da CF), permitindo aos Municípios suplementar a legislação federal e a estadual no que couber, desde que haja interesse local (art. 30, II, da CF); e prescrevendo ainda a descentralização político-administrativa do Sistema de Saúde (art. 198, CF, e art. 7º da Lei 8.080/1990), com a consequente descentralização da execução de serviços, inclusive no que diz respeito às atividades de vigilância sanitária e epidemiológica (art. 6º, I, da Lei 8.080/1990). 4. **O Poder Executivo federal exerce o papel de ente central no planejamento e coordenação das ações governamentais em prol da saúde pública, mas nem por isso pode afastar, unilateralmente, as decisões dos governos estaduais, distrital e municipais que, no exercício de suas competências constitucionais, adotem medidas sanitárias previstas na Lei 13.979/2020 no âmbito de seus respectivos territórios, como a imposição de distanciamento ou isolamento social, quarentena, suspensão de atividades de ensino, restrições de comércio, atividades culturais e à circulação de pessoas, entre outros mecanismos reconhecidamente eficazes para a redução do número de infectados e de óbitos, sem prejuízo do exame da validade formal e material de cada**

Logo, transparece que a decisão contida na ADPF tratou de um rol meramente exemplificativo de direitos que poderiam ser restringidos com as medidas realizadas pelos Estados, ou no mínimo uma interpretação extensiva derivada da própria decisão, em dissonância com os instrumentos para o controle das crises constitucionais estabelecidos no Título V da CRFB.

De igual modo não foi considerada nas decisões as limitações da duração dessas medidas, ou mesmo alguma vedação quanto à possibilidade de prorrogação. Como exemplo dessas limitações, o Estado de Defesa pode ter apenas uma prorrogação, enquanto o Estado de Sítio admite várias e sucessivas prorrogações, podendo até mesmo vigorar por tempo indeterminado nos casos de declaração de estado de guerra ou resposta à agressão armada estrangeira.

Dessa forma, os Estados da Federação emitiram seus decretos que regulamentaram as restrições à liberdade de circulação/locomoção dos administrados, conforme segue:

Estado	Decretos de Restrição à Liberdade de Circulação/Locomoção
Acre	Decreto nº 8.147, de 28 de fevereiro de 2021.[20]
Alagoas	Decretos nº 69.529, de 18.03.2020[21] e nº 69.530 de 18.03.2020[22].
Amapá	Decreto nº 907, de 16.03.2021.[23]
Amazonas	Decreto nº 43.303, de 23.01.2021.[24]
Bahia	Decreto nº 20.240 de 21.02.2021.[25]
Ceará	Decreto nº 33.936, de 17.02.2021.[26]

ato normativo específico estadual, distrital ou municipal editado nesse contexto pela autoridade jurisdicional competente. 5. Arguição julgada parcialmente procedente. (ADPF 672 MC-Ref, Relator(a): ALEXANDRE DE MORAES, Tribunal Pleno, julgado em 13/10/2020, PROCESSO ELETRÔNICO DJe-260 DIVULG 28-10-2020 PUBLIC 29-10-2020)

[20] https://www.legisweb.com.br/legislacao/?id=410109#:~:text=Disp%C3%B5e%20sobre%20medidas%20restritivas%2C%20excepcionais,22%20de%20junho%20de%202020.

[21] https://www.legisweb.com.br/legislacao/?id=391210

[22] https://www.legisweb.com.br/legislacao/?id=390824

[23] https://www.legisweb.com.br/legislacao/?id=411098

[24] https://leisestaduais.com.br/am/decreto-n-43303-2021-amazonas-dispoe-sobre-a-ampliacao-da-restricao-temporaria-de

[25] http://www.casacivil.ba.gov.br/arquivos/File/DECN20240DE21FEVEREIRO2021.pdf

[26] https://www.ceara.gov.br/wp-content/uploads/2021/02/DECRETO-No33.936-de-17-de-fevereiro-de-2021.pdf

Espírito Santo	Decreto nº 4632 – R de 16.04.2020.[27]
Goiás	Decreto nº 9.633, de 13.03.2020.[28]
Maranhão	Decreto nº 35.784 de 03.05.2020.[29]
Mato Grosso	Decreto nº 836, de 01.03.2021.[30]
Mato Grosso do Sul	Decreto nº 15.577, de 6 de janeiro de 2021.[31]
Minas Gerais	Decreto nº 47.886 , de 15.03.2020[32] e Deliberação COVID-19 nº 130 DE 03.03.2021[33].
Pará	Decreto nº 729, de 05.05.2020.[34]
Paraíba	Decreto nº 41.323, de 02.06.2021.[35]
Paraná	Decreto nº 6.983, de 26.02.2021.[36]
Pernambuco	Decreto nº 49.017, de 11.05.2020.[37]
Piauí	Decreto nº 19.539, de 21.03.2021.[38]
Rio de Janeiro	Decreto nº 46.966, de 11.03.2020.[39]
Rio Grande do Norte	Decreto nº 30.388, de 05.03.2021.[40]
Rio Grande do Sul	Decreto nº 55.764, de 20.02.2021.[41]
Rondônia	Decreto nº 25.859, de 06.03.2021.[42]
Roraima	Decreto nº 29.838-E, de 25.01.2021.[43]

[27] https://www.legisweb.com.br/legislacao/?id=393135

[28] https://legisla.casacivil.go.gov.br/pesquisa_legislacao/103012/decreto-9633

[29] http://stc.ma.gov.br/legisla-documento/?id=5814#:~:text=de%20S%C3%A3o%20Lu%C3%ADs.-,Art.,Art.

[30] https://www.legisweb.com.br/legislacao/?id=410204

[31] https://www.tjms.jus.br/legislacao/public/pdf-legislacoes/decreto_n._15.577.pdf

[32] https://www.legisweb.com.br/legislacao/?id=391035

[33] https://www.legisweb.com.br/legislacao/?id=410301

[34] https://www.legisweb.com.br/legislacao/?id=395536

[35] https://auniao.pb.gov.br/servicos/arquivo-digital/doe/2021/junho/diario-oficial-02--06-2021-suplemento.pdf

[36] https://www.legisweb.com.br/legislacao/?id=410089

[37] https://www.legisweb.com.br/legislacao/?id=395175

[38] https://www.pi.gov.br/wp-content/uploads/2021/03/DIARIO21_f15ccbeaee.pdf

[39] https://www.legisweb.com.br/legislacao/?id=390644

[40] http://diariooficial.rn.gov.br/dei/dorn3/docview.aspx?id_jor=00000001&data=20210305&id_doc=715282

[41] https://leisestaduais.com.br/rs/decreto-n-55764-2021-rio-grande-do-sul-institui-medidas--sanitarias-extraordinarias-para-fins-de-prevencao-e-de-enfrentamento-a-pandemia-causa-da-pelo-novo-coronavirus-covid-19-no-ambito-do-estado-do-rio-grande-do-sul

[42] https://www.legisweb.com.br/legislacao/?id=410441

[43] https://12e2917c-7e9b-e8a7-6964-dce78c2d6819.filesusr.com/ugd/45c9d9_cf1edba366de-47a496c1ee5e6e355fb6.pdf

Santa Catarina	Decreto nº 1.168, de 24.02.2021.[44]
São Paulo	Decretos nº 64.881, de 22.03.2020[45]; nº 64.994, de 28.05.2020[46]; nº 65.563, de 11.03.2021[47] e nº 65.540, de 25.02.2021[48].
Sergipe	Decreto nº 40.899, de 13.05.2021.[49]
Tocantins	Decreto nº 6.235, de 30.03.2021.[50]
Distrito Federal	Decreto nº 41.874, de 08.03.2021.[51]

5. A segurança jurídica da produção normativa durante a pandemia de COVID-19

Em que pese a possibilidade dos Estados, Distrito Federal e Municípios adotarem as medidas restritivas, na forma do entendimento do Supremo Tribunal Federal, as normas acima elencadas não fizeram remissão à realização prévia de consulta pública, que conferisse a oportunidade de manifestação pelos interessados, ou mesmo ficou expressa regras de transição para os trabalhadores afetados pelas vedações impostas.

Ademais, os direitos restringidos não foram taxativamente elencados como na forma do Estado de Defesa e o Estado de Sítio, indo bem além das possíveis restrições ao direito de reunião (Estado de Defesa) ou obrigação de permanência em determinada localidade (Estado de Sítio), para tornar inviável o exercício de diversas profissões durante as restrições decorrentes do COVID-19.

Logo, não se discute no presente artigo a possibilidade ou não do estabelecimento de medidas de restrição pelos entes federativos no combate à pandemia de COVID-19, mas sim o modo como foi realizada, ao arrepio dos limites quanto aos direitos potencialmente afetados, à inexistência de prazo máximo para as medidas, à falta de consulta pública prévia e eficiente, à quase inexistência de regras de transição para sua implementação (apesar de várias com regras de transição para o retorno à normalidade), o

[44] https://www.sc.gov.br/images/Secom_Noticias/Documentos/Decreto1168covid.pdf
[45] https://www.al.sp.gov.br/norma/193361
[46] https://www.al.sp.gov.br/norma/194040
[47] https://www.al.sp.gov.br/norma/197467
[48] https://www.al.sp.gov.br/repositorio/legislacao/decreto/2021/decreto-65540-25.02.2021.html
[49] https://www.legisweb.com.br/legislacao/?id=414328
[50] https://www.legisweb.com.br/legislacao/?id=411946
[51] https://www.legisweb.com.br/legislacao/?id=410544

que acarreta a violação potencial de duas normas, uma de natureza constitucional e a outra de natureza *lex legum*.

Vale ressaltar que a potencial inconstitucionalidade e ilegalidade dos decretos acima mencionados não importaria por imediato na nulidade de seus efeitos, a depender de como poderiam ser modulados os efeitos dessa declaração de inconstitucionalidade, conforme os procedimentos previstos na Lei nº 9.868/99, seja como atos inexistentes ou como atos nulos.

No caso concreto, considerando as aplicações e efeitos práticos das medidas adotadas, muitos já atos perfeitos e acabados, mesmo ao ser constatada a inconstitucionalidade dos referidos decretos, deveria ser convalidados os atos porventura realizados, exatamente pelo mesmo princípio da segurança jurídica[52], a fim de garantir a estrutura lógica do ordenamento jurídico e a imperatividade normativa da Constituição Federal.

Importa a referida declaração de inconstitucionalidade em uma reafirmação da CF/88 como normativa em sentido ontológico, ou seja, relativo a si mesma, em sua dimensão ampla e fundamental.

A classificação ontológica das constituições foi elaborada Karl Loewenstein, em sua *Teoria de la Constitución*[53], no qual compara as normas constitucionais e a realidade do processo político, classificando as Constituições em normativas, nominais e semânticas.

A Constituição normativa é a que domina efetivamente o processo político, conformando-o a seus comandos, por sua própria imperatividade. Já a Constituição nominal tem existência válida e legítima, mas a dinâmica do processo político não se submete às suas normas.

Por fim, a Constituição semântica não é senão a formalização do poder de fato, que se exerce em benefício exclusivo de seus detentores e eis nessa classificação o risco de se estabelecer exceções às regras e limitações constitucionais quando do conflito jurídico em face das anomalias: a sujeição do administrado/cidadão a um regime jurídico quase distópico e sob o domínio do desconhecido, no qual as autoridades constituídas nos entes federativos não têm quaisquer limites quanto a estabelecer novas restrições dos direitos garantidos pela constituição.

[52] Art. 27. Ao declarar a inconstitucionalidade de lei ou ato normativo, e tendo em vista razões de **segurança jurídica** ou de excepcional interesse social, poderá o Supremo Tribunal Federal, por maioria de dois terços de seus membros, restringir os efeitos daquela declaração ou decidir que ela só tenha eficácia a partir de seu trânsito em julgado ou de outro momento que venha a ser fixado.

[53] Loewenstein, Karl. Teoría de La Constitución. Editora Ariel S.A. 4ª reimpressão, 1986.

Ademais, há o risco que as medidas temporárias geradas virem programas de governo, já que os conceitos jurídicos abstratos de proteção à saúde, segurança, liberdade e vida vão continuar a existir nas demandas da sociedade, como ocorreu na época do New Deal, expresso por Milton Friedman:

> "O New Deal incluía também programas planejados para serem estritamente temporários, elaborados para fazer face à situação de emergência criada pela Grande Depressão. Alguns dos programas temporários se tornaram permanentes, como ocorre em geral com programas de governo"[54]

Nesse contexto, verifica-se que as medidas temporárias de restrição às liberdades de locomoção/circulação, bem como a imposição de condutas podem se tornar programas permanentes, o que, sob a ótica constitucional, seria aviltar a normatividade dos direitos e garantias individuais e mesmo o processos de estabilização constitucional estabelecidos em seu Título V.

Mais do que meras elucubrações, o estabelecimento de sanções com fundamento sanitário sem a participação popular e legislativa ou com os limites de atuação bem definidos ao estado, potencialmente levam a situações assemelhadas às descritas nas obras de Orwell, Kafka e Huxley, onde a *"liberdade é escravidão"* e *"dois mais dois são cinco"*, bem como seja exigido para o resgate dessa liberdade o uso de alguma droga, uma especie de SOMA sanitário como panacéia libertadora, dentro de um processo onde não se sabe sequer quais condutas foram consideradas ilegais e não se consegue passar da primeira porta e do primeiro guarda no acesso à justiça.

Conclusões

Considerada a pandemia como anomalia jurídica no ordenamento brasileiro, ela trouxe significativas mudanças quanto à aplicabilidade do princípio da segurança jurídica, não somente pela mudança de postura dos entes federativos na relativização e restrições de direitos fundamentais, mas também pela falta da indicação precisa das mudanças realizadas, a carência de audiências públicas prévias e suficientes bem como a falta da indicação de limites para a imposição dessas limitações e mesmo para os prazos máximos para o uso dessas medidas de restrição como isolamento social, quarentena etc.

[54] Friedman, Milton e Rose. Livre para escolher. 1ª ed. Rio de Janeiro. Editora Record. 2015.

Observa-se então, a necessidade do ordenamento jurídico julgar a validade das normas produzidas pelos entes federativos em sua possível violação à proteção da confiança legítima dos administrados com seus direitos básicos, não somente os que sofreram perdas familiares, financeiras, laborais na pandemia, mas também a violação clara aos direitos subjetivos dos cidadãos que foram conquistados historicamente com base em posições planificadas sobre o que seria prioridade ou essencial substituindo os interesses dos administrados sob pena de sanções administrativas, civis e penais.

Assim, conclui-se que, mesmo no caso de ser declarada a patente inconstitucionalidade dos Decretos e atos realizados, a declaração de nulidade seria essencial para a sistemática do ordenamento jurídico, mas os efeitos devem ser convalidados pelo próprio princípio da segurança jurídica, a proteção à confiança legítima e a presunção de legalidade e veracidade dos atos administrativos.

Referências

BARROSO, Luís Roberto. **Curso de Direito Constitucional Contemporâneo**. 6ª ed. Editora Saraiva. 2017.

CARVALHO FILHO, José dos Santos. **Manual de direito administrativo**. 30. ed. rev., atual. e ampl. São Paulo. Editora Atlas. 2016.

FRIEDMAN, Milton e Rose. **Livre para escolher**. 1ª ed. Rio de Janeiro. Editora Record. 2015.

HUXLEY, Aldous. **Admirável mundo novo**. 22ª ed. Trad. por Vidal de Oliveira. São Paulo. Editora Globo. 2014.

KAFKA, Franz. **O processo**. 1ª Edição. Trad. por Marcus Penchel. Petrópolis/RJ. Editora Vozes. 2019.

LOEWENSTEIN, Karl. **Teoría de La Constitución**. Editora Ariel S.A. 4ª reimpressão, 1986.

ORWELL, George. **1984**. Trad. por Karla Lima. Jandira, SP. Editora Principis, 2021.

PETERSON, Jordan B. **Mapas do Significado: A Arquitetura da Crença**. É Realizações Editora. 2018.

13
A EFICÁCIA DA DOUTRINA DA PROTEÇÃO INTEGRAL EM TEMPOS DE PANDEMIA NO ÂMBITO DO SISTEMA DE JUSTIÇA

REBECA DE MENDONÇA LIMA

Introdução

A Declaração Universal dos Direitos Humanos da Organização Mundial das Nações Unidas-ONU, publicada em 1948, baseada nos princípios da liberdade, justiça e paz social, introduziu mais um princípio básico, a dignidade da pessoa humana, reconhecendo que a dignidade é inerente a todo ser humano e que todos os direitos são iguais e inalienáveis, incluindo-se aí os grupos mais vulneráveis como as mulheres, idosos e crianças.

Assim, com o reconhecimento de que é preciso respeitar a dignidade da pessoa humana como condição para vida em sociedade, e com o avanço das legislações e tratados internacionais visando a tutela dos direitos das crianças e adolescentes, a legislação brasileira acompanhando a mudança de paradigma mundial, formalizou no ordenamento jurídico a Doutrina da Proteção Integral, a partir do artigo 227 da Constituição Federal de 1988, quando crianças e adolescentes passaram a ser considerados, no Brasil, sujeitos de direitos e em condição peculiar de desenvolvimento, sendo-lhes garantido direitos inerentes ao ser humano, elencados no comando constitucional, a saber, o direito à vida, à saúde, à alimentação, à educação, ao lazer, à profissionalização, à cultura, à dignidade, ao respeito, à liberdade e à convivência familiar e comunitária. Ressaltou, ainda, que crianças e adolescentes devem ser colocados a salvo de toda forma de negligência, discriminação, violência, dentre outros preceitos, explicitando que a atenção a esses direitos dever ser prestada de maneira igualitária e com absoluta prioridade.

O propósito do presente estudo é avaliar se a Doutrina da Proteção Integral é de fato atendida no âmbito do Sistema de Justiça, em especial no Poder Judiciário, em situação de pandemia de Covid, declarada em março de 2020, pela Organização Mundial de Saúde-OMS.

Pretende-se avaliar os impactos jurídicos e sociais sobre a prestação jurisdicional durante o isolamento social e *home-office*, bem como sua interface junto ao Sistema de Garantia de Direitos e as estratégias desenvolvidas para adequar a metodologia de trabalho.

Será tratado neste artigo, por meio do método de abordagem dedutivo, os direitos e garantias constitucionais previstos às crianças e adolescentes, através de uma breve pesquisa bibliográfica sobre a evolução histórica da criança e adolescente enquanto sujeitos de direitos, a Doutrina da Proteção Integral, os tratados e convenções internacionais até a Constituição Federal de 1988, o Estatuto da Criança e do Adolescente e as normas infralegais editadas por ocasião da pandemia da Covid-19, que regulamentaram os procedimentos no âmbito do Sistema de Justiça e do Sistema de Garantia de Direitos, analisando-se, ainda, notícias de veículos de comunicação e as ações que tramitam nas varas com competência na defesa dos interesses das crianças e adolescentes.

Espera-se ao final, fazer um comparativo entre as normas vigentes e a realidade fática infantoadolescente, apontando soluções para a efetividade de seus direitos, assegurando que estes sejam universais e acessíveis, a fim de diminuir as desigualdades sociais e possibilitar que tenham as mesmas oportunidades para se desenvolverem de forma digna e integral.

1. A evolução do direito da criança e do adolescente

O reconhecimento de que toda criança e adolescente é sujeito de direitos é, do ponto de vista histórico, recente. Isso porque apenas a partir da Convenção Internacional dos Direitos da Criança, proclamada na Assembleia Geral da Organização das Nações Unidas-ONU em 1989, é que de fato houve uma mudança conceitual e jurídica acerca do tema, reconhecendo-os como sujeitos de direitos por sua vulnerabilidade e condição peculiar de pessoa em desenvolvimento.

É necessário, porém, entender toda a dinâmica da evolução do direito da criança e adolescente até chegar aos dias atuais, tendo como ponto de partida o reconhecimento dos direitos humanos e da dignidade intrínseca a todo ser humano. Não se pretende o aprofundamento dos fatos históricos, prestigiando somente os mais importantes para o desenvolvimento do presente trabalho para que se tenha melhor ideia dos movimentos sociais e políticos que culminaram na formação dos direitos humanos para todos os homens, mulheres e vulneráveis, indistintamente.

1.1. Formação e compreensão dos direitos humanos

Na Antiguidade, evidências tímidas de respeito aos direitos humanos são notadas em códigos de comportamento que tem como base o amor e o respeito ao próximo, com destaque para o Código de Hamurabi, criado pelo sexto rei da Suméria, Hamurabi, no século XVIII a.C., que estabeleceu não só códigos de comportamento mas também normas referentes à vida, sendo por isso considerado o primeiro passo normativo à afirmação de que para se viver em sociedade há que se respeitar ao outro.

Na Grécia, os primeiros traços de direitos humanos e democracia foram evidenciados a partir da participação política dos cidadãos nas principais escolhas da comunidade. Platão defendeu a igualdade e a noção do bem comum. Aristóteles, ressaltou que para o bem de todos da *polis* era necessário agir com justiça. (Ramos, 2021, p. 37). O Império Romano, por sua vez, contribuiu com a Lei das Doze Tábuas por meio da qual a lei escrita era norma geral para todos.

Importante destacar que nesse período religião, espiritualidade e poder se confundiam na figura da autoridade como um sinal de Deus. Depois se chegou à crença no Deus único ao mesmo tempo em que surgiram tímidos indícios de direitos humanos. Toda a dinâmica do progresso político e religioso ocorrido ao longo dos séculos traçou as primeiras linhas dos direitos humanos que se conhece na atualidade, mais precisamente entre os séculos VIII a II a.C, chamado de período axial em razão de ser considerado o eixo na História da humanidade.

Um pulo de alguns séculos na História, até a Inglaterra do século XVII e os Estados Unidos e França do século XVIII, períodos importantes do ponto de vista político e filosófico, de mudanças nas bases do Direito contemporâneo.

A importância da *Bill of Rights,* lei publicada na Inglaterra, em 1689, tendo como pano de fundo rebeliões, guerras civis e imposições religiosas, com reis mortos e depostos, que possibilitou a delimitação dos poderes da monarquia absoluta sob a premissa de que todo poder emana do rei e em seu nome é exercido, marcando claramente a separação de poderes e um modo de preservação dos direitos de todos os cidadãos.

A seguir, no século XVIII, sob a égide do movimento iluminista que valorizava a razão como medida para todas as coisas, reorganizar o Estado passou a ser um objetivo a ser alcançado. Entretanto, isso só seria possível se os líderes do movimento chegassem ao poder, recompondo-o por meio de uma Lei que fosse superior a tudo e a todos, inclusive ao rei.

A primeira das revoluções e que impulsionou as demais, a Independência dos Estados Unidos, ocorreu em 04 de julho de 1776. Sua Declaração de Independência, um marco inicial da democracia moderna, com regime constitucional, representatividade popular, limitação dos poderes e respeito aos direitos humanos menciona que "**todos os homens são criados iguais**, sendo-lhes conferidos pelo seu Criador certos Direitos inalienáveis, entre os quais se contam a **Vida, Liberdade e a busca da Felicidade**. [...]" (DECLARAÇÃO DE INDEPENDÊNCIA DOS ESTADOS UNIDOS, 1776, *apud* RAMOS, 2021, p. 47, grifo nosso).

Por fim, a mais conhecida das revoluções, e, embora não tenha sido a primeira é considerada a mais influente, a Revolução Francesa, em 1789. O cenário, a França marcada pelas diferenças sociais entre monarquia, nobreza, elites religiosas e burguesia além das camadas mais pobres da população. Estimulados pela independência dos Estados Unidos e pela necessidade de se estabelecer direitos e liberdades individuais do homem contra toda forma de opressão do Estado, uma rebelião resultou na autoproclamação de uma Assembleia Nacional Constituinte, cujo resultado foi a Declaração dos Direitos do Homem e do Cidadão, que carrega consigo a marca da proteção aos direitos humanos, pois iguala todos os homens e grupos sociais, consagrando os princípios da liberdade, igualdade e fraternidade.

A Constituição promulgada na França em 1791, também teve grande influência pois complementa e reafirma os princípios contidos na Declaração e chama para si a responsabilidade de organizar o Estado e a sociedade, vislumbrando-se inclusive atenção aos grupos vulneráveis como das crianças e mulheres, resguardando as liberdades individuais contra a opressão do Estado.

Um ponto importante a destacar é que, simultaneamente a essas revoluções, acontecia também a Revolução Industrial e com ela o desenvolvimento de máquinas e instrumentos que facilitaram o acesso das minorias ao trabalho e à integração social, além dos primeiros direitos sociais com a criação de leis trabalhistas a fim de tutelar a relação desigual entre quem detinha a força de trabalho e quem detinha o capital. A ideia era fazer leis fortes para os grupos mais frágeis. Começa-se a delinear a noção da dignidade como um fator distintivo dos direitos humanos.

1.1.1. A afirmação da dignidade da pessoa humana como maior expressão dos direitos humanos

A evolução da humanidade através das revoluções sociais e políticas e das Constituições elaboradas ao longo dos séculos influenciou paulatinamente as condições para a vida organizada em sociedade. Estabeleceu-se que todos os homens têm direitos iguais, inerentes a sua condição humana, independente de raça, cor, sexo, nacionalidade, religião.

A primeira metade do século XX foi marcada por duas grandes guerras mundiais, caracterizadas pelo uso de recursos inexistentes até então, como aviões, zepelins, tanques; armamento pesado e de grande alcance como metralhadoras; armas químicas como gases venenosos e bombas atômicas, transformando-o no século mais sangrento da humanidade, com milhões de mortos. A Segunda Guerra, em especial, sinalizou a ruptura dos direitos humanos com a perseguição indistinta de judeus pelos alemães, sob o argumento de purificação da raça superior (alemã), resultando no extermínio em massa de cerca de 6 milhões de judeus que viviam na Europa, em campos de concentração. Coroando as atrocidades, duas bombas atômicas foram lançadas sobre o Japão, nas cidades de Hiroshima e Nagasaki, em agosto de 1945, matando centenas de milhares de pessoas, marcando o fim da guerra.

A barbárie provocada pelas guerras, causou uma mancha indelével na história da humanidade e fez o homem repensar sua postura diante da violação do direito à vida. Como definiu Comparato (2019, p. 219), sobre o momento, "as consciências se abriram, enfim, para o fato de que a sobrevivência da humanidade exigia a colaboração de todos os povos na reorganização das relações internacionais com base no respeito incondicional à dignidade humana".

Era preciso reestruturar as relações internacionais, resgatar a essência dos direitos humanos, bem como garantir a pacificação no mundo e o fomento de políticas com alcance abrangente. Criou-se então, em 1945, o símbolo da nova etapa do Direito Internacional, a Organização das Nações Unidas-ONU, organização internacional apta a estruturar a política mundial, atendendo aos ideais de paz social e proteção dos direitos humanos universais, com a participação dos países imbuídos do mesmo propósito.

As duas guerras significaram a total ruptura com os direitos humanos e a dignidade, com reflexos não apenas nas marcas materiais da destruição espalhadas por várias cidades mas também pelo número de mortos e o retorno dos combatentes que foram para o *front* e regressaram mutilados, passando a ter dificuldades de fruir os direitos mais básicos. A estes se somaram as viúvas que precisavam trabalhar para sustentar a família; os órfãos que precisavam de amparo e os refugiados de guerra. Para esses grupos, era preciso um olhar diferenciado e protetor e para todos, era necessária uma medida mais conscientizadora para a garantia da defesa da dignidade humana de maneira universal.

Assim, a Declaração Universal dos Direitos Humanos- DUDH, de 1948, surgiu como um marco regulatório dos direitos humanos contemporâneos e o principal normativo internacional de referência para leis e tratados sobre o tema, estabelecendo princípios seguidos por todos os signatários do documento, sendo, portanto o primeiro documento com princípios fundamentais à vida humana com aceitação abrangente entre os países integrantes das Nações Unidas.

A DUDH tem como princípios a paz, liberdade e cidadania e foi influenciada pela Declaração dos Direitos do Homem e do Cidadão francesa pois retoma os conceitos de liberdade, igualdade e fraternidade e acrescenta a esses a base dos direitos humanos, a dignidade da pessoa humana. Os direitos básicos do ser humano foram apresentados em 30 artigos que tratam de direitos inalienáveis, universais e imprescritíveis na esfera civil, política, econômica, social e cultural. Reconhece, em seu preâmbulo, a dignidade inerente a todos os seres humanos e estabelece que os direitos iguais e inalienáveis são o fundamento da liberdade, da justiça e da paz no mundo e conclama que cada indivíduo e órgão da sociedade promova o respeito e fortalecimento dos direitos e liberdades descritos na Declaração através da educação, respeito e tolerância:

> Artigo 1 Todos os seres humanos nascem livres e iguais em dignidade e direitos. Eles são dotados de razão e consciência e devem agir em relação uns aos outros com espírito de fraternidade. (ORGANIZAÇÃO DAS NAÇÕES UNIDAS – ONU, 1948)

A dignidade, antes atribuída apenas a quem tinha poder ou condição social superior, torna-se elemento essencial de regulação e proteção dos direitos humanos fundamentais à existência da raça humana, indistintamente, passando a integrar o ordenamento jurídico dos países signatários, quer seja como norma legal, quer seja como princípio. Sobre a dignidade, Kant defendeu, segundo Ramos (2021, p. 45), "a existência da dignidade intrínseca a todo ser racional, que não tem preço ou equivalente".

É importante frisar que embora a DUDH seja considerada o marco inicial dos direitos humanos a nível internacional, não tinha força coercitiva mas provocou o compromisso ético e moral com o cumprimento dos direitos elencados na declaração. Contudo, não se pretende aqui o aprofundamento dos debates doutrinários acerca dos direitos humanos, embora seja a base para o reconhecimento da criança como sujeito de direitos.

1.2. Crianças e adolescentes: sujeitos de direitos

A percepção de que a criança era diferente do adulto ocorreu de maneira lenta ao longo dos séculos. Antes, não merecia qualquer consideração ou distinção, sendo-lhe atribuídos os mesmos deveres de um adulto, além do mesmo tratamento, comportamento, obrigações e castigos. Não havia preocupação com laços afetivos ou vínculo familiar, a criança era considerada como um fardo devido sua baixa expectativa de vida.

A dignidade da pessoa humana identificou como sujeito de direitos os pertencentes aos grupos mais vulneráveis em razão de sua condição pessoal, como as crianças. Percebeu-se a necessidade de receberem mais atenção da sociedade e do Estado, por meio de convenções, tratados e pactos internacionais a fim de tutelar seus direitos. Se a dignidade está intrínseca à condição humana então não há razão para distinções, discriminações e desigualdades. Para melhor contextualizar, "Arendt e, no Brasil, Lafer sustentam que o primeiro direito humano, do qual derivam todos os demais, é o direito a ter direitos". (LAFER, 1988 *apud* RAMOS, 2012, p. 33)

A partir da compreensão de que a vida com dignidade só é possível se houver a proteção e promoção dos direitos humanos essenciais e que estes acompanham as evoluções sociais; que são universais pois alcançam a todos e devem ser cumpridos por todos indistintamente tendo preferência sobre qualquer outro direito, deve haver consciência coletiva a esse respeito, pois em conjunto com o ordenamento jurídico, é essencial para que as relações entre os cidadãos e entre estes e o Estado sejam harmônicas. Daí o conceito kantiano "Age de tal maneira que uses a humanidade tanto na tua pessoa como na pessoa de qualquer outro, sempre, e simultaneamente como fim e nunca simplesmente como meio" (ARRUDA, 2002, p. 131 *apud* LEITE, F.; RIBEIRO, L.; COSTA FILHO, W., 2019, p. 29)

Inobstante todas as transformações sociais e jurídicas, as crianças e adolescentes continuavam à margem da cidadania, sendo alvo de discriminação e indiferença, vulneráveis em razão de suas limitações de idade, fragilidades físicas e psíquicas, atributos decorrentes de sua condição peculiar de pessoa em desenvolvimento e dependentes de outras pessoas, instando o sistema internacional a agir criando mecanismos de controle das garantias dos seus direitos.

O primeiro traço dos direitos das crianças remonta ao ano de 1924, com a publicação da Declaração de Genebra dos Direitos da Criança, documento elaborado pela organização internacional *Save the Children* e adotado pela Liga das Nações. O documento continha apenas cinco artigos que indicavam a necessidade de um olhar diferenciado para as crianças, no entanto somente repercutiu e inspirou anos depois, em 1959 quando a ONU lançou um documento específico para crianças, desdobramento da DUDH, mas igualmente significativo, a Declaração Universal dos Direitos da Criança, elencando direitos inerentes a este público. Contudo, a maior colaboração da Declaração Universal dos Direitos da Criança foi, sem dúvida, o seu caráter moral e humanista, ao reconhecer a criança como sujeito de direitos e evidenciar o princípio do melhor interesse da criança, apesar de não ter força vinculante.

Em que pese a Declaração representar uma evolução para o direito infantoadolescente o panorama mundial exigia maior empenho no monitoramento das ações implementadas para garantir esses direitos. Ainda havia lacunas a preencher, os movimentos sociais ganharam força e o conceito de criança e adolescente como sujeito de direitos se ampliou para dar voz ativa à criança, com uma ordenação jurídica própria. Mas era preciso mais.

Daí porque, trinta anos depois, a Convenção sobre os Direitos da Criança foi publicada, em Assembleia Geral da ONU, tornando-se o primeiro tratado internacional sobre os direitos humanos da criança e do adolescente a produzir efeitos jurídicos em âmbito internacional.

2. Convenção sobre os direitos da criança: reflexos jurídicos no Brasil

A Convenção sobre os Direitos da Criança reafirmou os princípios insculpidos na Declaração Universal dos Direitos Humanos e nos que se seguiram, de liberdade, justiça e paz no mundo, com respeito à dignidade humana e a todos os direitos à ela inerentes, ressaltando a concepção da criança como sujeito de direito, e que, por sua vulnerabilidade, necessita de cuidados especiais para se desenvolver de forma plena e saudável. Ressalta também que a família deve receber assistência adequada, quando for o caso, dada a importância da convivência familiar para que esse desenvolvimento seja integral.

Sua importância está no fato de contar com o maior número de ratificações dos Estados-Membros das Nações Unidas, 196 até o momento, e por carregar consigo a obrigatoriedade de adesão, o que possibilitou maior amplitude e integralidade dos direitos e garantias das crianças nos ordenamentos jurídicos dos países signatários bem como no Direito Internacional Público. Dessa forma, a Convenção "marca a construção de um consenso, no sentido de que existam determinados direitos básicos, que possam universalmente ser aceitos [...] (Pereira, 1992, p. 67 *apud* Veronese, 2019, p. 20)

Ademais, importante ressaltar que a Convenção acolhe também "a concepção contemporânea de direitos humanos, prevendo direitos civis e políticos ao lado de direitos econômicos, sociais e culturais, partindo do entendimento de que esses direitos são interdependentes e indivisíveis." (Bontempo, 2010, p. 833 *apud* Mazzuoli, 2018, p.187)

O Brasil, acompanhando esses aperfeiçoamentos legislativos internacionais recepcionou a Convenção dos Direitos da Criança por meio do Decreto n.º 99.710, de 21 de novembro de 1990, da Presidência da República.[1]

2.1. O pioneirismo do Artigo 227 da Constituição Federal de 1988

Em que pese o inestimável valor da Convenção sobre os Direitos da Criança e sua influência irremediável no mundo, há que se reconhecer, no entanto, o pioneirismo do artigo 227 da Constituição Federal promulgada em 1988 como propulsor das mudanças necessárias à nova concepção de criança e adolescente no novo cenário nacional que começaria na década de 80.

[1] Art. 1º A Convenção sobre os Direitos da Criança, apensa por cópia ao presente Decreto, será executada e cumprida tão inteiramente como nela se contém.

O panorama do Brasil após a ditadura sinalizava que era tempo de mudanças políticas e sociais. A reabertura do país aos exilados, a possibilidade de poder se expressar livremente, a renovação no quadro do Congresso Nacional e um novo governo acenava que era tempo de resgate da autoestima e da dignidade da população através de transformações baseadas em valores democráticos. Era o momento certo para dar voz e ouvidos aos anseios dos movimentos sociais e políticos que clamavam por mudanças. Uma Assembleia Nacional Constituinte foi formada. O momento era propício à proteção da infância. Era preciso agir.

Para tanto, foi escalado um time de peso liderado por Vital Didonet[2], designado para presidir a Comissão Nacional Criança e Constituinte, encarregada de apresentar ao relator da Constituição, deputado federal Bernardo Cabral, uma proposta de artigo sobre direitos das crianças e adolescentes."O trabalho dos que lutavam pelos direitos das crianças e adolescentes começou ali". (Didonet, 2020)

Importante pontuar que o processo de elaboração do artigo contou com a participação dos próprios interessados, as crianças e adolescentes. Além deles, participaram também representantes de ministérios e da sociedade civil e a população, por meio das emendas populares. Pode-se dizer que foi uma construção coletiva, um esforço multidisciplinar, segundo Didonet (2020).

O resultado foi o artigo 227 da Constituição Federal, que sedimentou a condição de crianças e adolescentes como sujeitos e titulares de direitos com prioridade absoluta na promoção, defesa e controle de seus direitos, cabendo a todos, Estado, família e sociedade resguardar esses direitos. Nesse diapasão, além de assegurar direitos e garantias às crianças e adolescentes, a Constituição Federal estipulou também deveres e obrigações estatais correspondentes, como forma de assegurar a consecução desses direitos.

> Artigo 227 É dever da família, da sociedade e do Estado assegurar à criança, ao adolescente e ao jovem, **com absoluta prioridade**, o direito à vida, à saúde, à alimentação, à profissionalização, à cultura, à dignidade, ao respeito, à liberdade e à convivência familiar e comunitária além de colocá-los a salvo de toda forma de

[2] Vital Didonet, é pedagogo e mestre em Educação, e na época presidia a Organização Mundial para a Educação no Brasil.

negligência, discriminação, exploração, violência, crueldade e opressão. (CONSTITUIÇÃO DA REPÚBLICA FEDERATIVA DO BRASIL, 1988, grifo nosso)

2.2. O Estatuto da Criança e do Adolescente

Até a Constituição Federal de 1988, a ratificação da Convenção sobre os Direitos da Criança e o Estatuto da Criança e do Adolescente, ambos em 1990, o Brasil teve em seu ordenamento jurídico legislações que adotavam a Doutrina da Situação Irregular, pela qual "menores" de dezoito anos só recebiam a consideração da lei quando em uma situação de irregularidade, no caso dos carentes, abandonados e delinquentes, que recebiam tratamento repressivo ou piedoso do Estado, a depender da circunstância. Foi assim com os Códigos de Menores de 1927 e de 1979. Vieira (2020, p. 34) define bem "para o abandono a solução era a caridade, e para a delinquência era a repressão".

A sistematização de todos os direitos previstos no art. 227 da Constituição Federal foi o meio mais adequado para resguardar os temas desse grupo, concentrando em um microssistema normas coexistentes de direito civil, penal, administrativo e processual, tendo como foco a promoção, controle e defesa dos direitos infantojuvenis, assegurada a proteção integral e a prioridade absoluta às crianças e adolescentes tendo em vista a concepção de sujeitos de direitos. O Estatuto da Criança e do Adolescente constitui-se, portanto, no instrumento capaz de viabilizar os direitos e garantias indicados no texto constitucional, sem o qual esses tornar-se-iam letra morta.

Ademais, é de se destacar que, a proteção integral instituída no ECA abrange todas as crianças e todos os adolescentes, colocando fim à antiga distinção entre os "menores em situação irregular" e os "menores em situação regular". Aliás, o ECA pôs fim à expressão "menor", considerada pejorativa e discriminatória, tornando todos cidadãos. Faz-se uma ressalva quanto ao termo "jovem", acrescentado ao art. 227 pela Emenda Constitucional n.º 65, de 2010, pois até então o referido artigo mencionava apenas crianças e adolescentes. Outrossim, embora a Convenção sobre os Direitos da Criança indique a denominação "criança" a todo menor abaixo de dezoito anos, o ECA diferenciou a criança, até doze anos incompletos, do adolescente, de doze aos dezoito anos incompletos.

2.3. A proteção integral

A partir da Constituição Federal, a trajetória da doutrina infantoadolescente ganha novos contornos. "O caminho traçado na evolução dos Direitos da Criança e do Adolescente passa da total e irrestrita desproteção, à proteção integral e absolutamente prioritária". (ROSA, 2020, p. 10)

A consciência de que era preciso proteger a criança e o adolescente, como já visto, mostrou os primeiros traços na Declaração de Genebra na década de 20, ganhou contornos a partir da Declaração Universal dos Direitos Humanos, foi reiterada na Declaração Universal dos Direitos da Criança, e formalizada na Convenção sobre os Direitos da Criança. Há de se considerar, no entanto, que a percepção sobre o dever de cuidado em razão do desenvolvimento incompleto indicava que as violações a seus direitos ainda eram constantes.

Assim é que, o legislador ao adotar a Doutrina da Proteção Integral na Constituição Federal de 1988 e no Estatuto da Criança e do Adolescente, não só internalizou no Brasil a concepção de criança e adolescente como sujeitos de direitos, como deixou claro que a obrigação de cuidar desses direitos deve ser compartilhada entre todos (família, sociedade e Estado) de maneira prioritária e sempre atentando para o superior interesse da criança e a valorização de sua opinião, de maneira a preservar seu desenvolvimento adequado nos aspectos físico, psíquico, espiritual e social.

Portanto, a concepção de ser "inferior" e "semicidadão", objeto de tutela do Estado apenas nos casos de transgressão ou regularização de situação, deu lugar à Doutrina da Proteção Integral. Saiu-se do modelo de intervenção em que, sob o manto da proteção ou salvação através da caridade ou filantropia, crianças e adolescentes eram privados de seus direitos como o convívio familiar, nome, conhecimento de sua história e liberdade, ao modelo de reconhecimento de que não se deve tratar crianças e adolescentes como meros objetos mas sim como sujeitos de direitos, em razão de sua falta de maturidade física e mental, atentando para o dever de assistência e cuidados especiais, inclusive ainda na gestação, assegurado sua cidadania, com observância ao disposto no art. 4º do ECA:

> Art. 4 É dever da família, da comunidade, da sociedade em geral e do Poder Público assegurar, com absoluta prioridade, a efetivação dos direitos referentes à vida, à saúde, à alimentação, à educação, ao esporte, ao lazer, à profissionalização, à cultura, à dignidade, ao respeito, à liberdade e à convivência familiar e comunitária.

Parágrafo único. A garantia de prioridade compreende:

a) primazia de receber proteção e socorro em quaisquer circunstâncias;

b) precedência de atendimento nos serviços públicos ou de relevância pública;

c) preferência na formulação e na execução das políticas sociais pública;

d) destinação privilegiada de recursos públicos nas áreas relacionadas com a proteção à infância e à juventude.

Os direitos fundamentais das crianças e adolescentes foram, ao longo dos trinta e um anos do ECA, reforçados com novas leis com o fim de complementar ou implementar os direitos ali previstos. Nesse sentido, há a Lei nº 12.010/2009, que traça diretrizes para a convivência familiar e comunitária, reforçando a importância de se proteger a família para o desenvolvimento integral da criança e criou os cadastros de adoção; a Lei nº 13.010/2014, conhecida como "Lei Menino Bernardo", que trata da proibição de castigos físicos ou tratamento cruel às crianças e adolescentes; Lei nº 13.257/2016, que trata do Marco Legal da Primeira Infância, importante passo para estabelecer políticas públicas voltadas aos primeiros seis anos da vida da criança, incluindo a gestação; Lei nº 13.509/2017, aperfeiçoa o processo de adoção e resguarda a entrega voluntária à Justiça da Infância do bebê pela mãe e por fim, a Lei nº 13.431/2017, a Lei do Depoimento Especial, que criou o sistema de garantia de direitos das crianças e adolescentes vítimas e testemunhas de crimes.

3. A pandemia do COVID-19: impactos no sistema de justiça

O ano de 2020 presenciou um acontecimento mundial como há tempos não se via, nem mesmo os últimos acontecimentos em termos de pandemia, ocorridos no início do século passado, como a gripe espanhola, nem as pandemias de H1N1, Ebola e Zika, já neste século, tiveram tanto impacto no mundo como a pandemia da Covid-19, não só porque há 100 anos não se via um vírus tão letal e rápido, mas, principalmente, devido ao seu alcance avassalador em um vasto alcance geográfico, apesar dos grandes avanços da ciência na atualidade.

Em 11 de março de 2020, a OMS declarou a existência de uma pandemia global, constituindo-se o pior dos quadros, pois naquela altura, a propagação do vírus já havia se estendido a todas as regiões do planeta, com cerca de 118 mil contaminados e 4.291 mortos. O governo federal imediatamente editou a Lei n.º 13.979, de 6 de fevereiro de 2020, conhecida como a "Lei da Pandemia", adotando medidas para enfrentamento da emergência de saúde pública, dentre elas o isolamento social e a quarentena. Em seguida, editou o Decreto nº 10.282, onde elencou o rol de atividades consideradas essenciais que deveriam ser mantidas. O Congresso Nacional, por meio do Decreto Legislativo nº 6/2020, de 20 de março de 2020, reconheceu o estado de calamidade pública com efeitos até 31 de dezembro de 2020, viabilizando adoção de medidas de alto custo econômico referentes à emergência.E os Estados editaram seus próprios Decretos, de acordo com as circunstâncias e conveniência da administração.

O advento da pandemia surpreendeu a todos, gestores públicos, agentes políticos, sociedade civil e cidadãos, gerando deficiências gritantes nos serviços públicos, expondo a precariedade dessas atividades e aumentando ainda mais os desarranjos sociais, sobretudo na população mais carente, onde a situação de pobreza e miséria do público hipossuficiente e vulnerável é mais expressiva. Dados da UNICEF[3] de dezembro de 2020 indicam que após o início da pandemia a situação de crianças e adolescentes se agravou, principalmente nas famílias mais pobres, pois estão sofrendo com os impactos econômicos e sociais da crise sanitária, devido à diminuição na renda familiar, a alimentação inadequada por falta de dinheiro para comprar comida e acesso à merenda escolar. Dos entrevistados com renda de um salário mínimo, 69% tiveram cortes em sua renda e 15% perderam a renda total. Os números são desoladores e as consequências imprevisíveis.

3.1. Normas editadas no sistema de justiça e sistema de garantia de direitos durante a pandemia

Como se vê, medidas normativas excepcionais foram adotadas visando à proteção da população. O isolamento social decorrente da pandemia impôs um desafio aos operadores do direito e membros dos Sistemas de Garantia de Direitos e de Justiça, responsáveis pelos eixos de ação estratégica para a promoção de direitos, a defesa e o controle social, atuação precípua desses sistemas. Isso porque a par do ordenamento jurídico constitucional e infraconstitucional vigente, relativo ao direito da criança e do adolescente,

[3] Criado em 1946, o Fundo de Emergência Internacional das Nações Unidas para a Infância (UNICEF) é o órgão da ONU responsável por promover a defesa dos direitos das crianças.

a urgência dos acontecimentos gerou a necessidade do Conselho Nacional de Justiça-CNJ editar resoluções para regulamentar o funcionamento do Poder Judiciário durante a pandemia.

Foram criados canais de comunicação, via *whatsapp* e balcão virtual (Resolução n.º 372/2021 do CNJ[4]). Os sistemas de automação do Judiciário foram adaptados para o *home-office* e plataformas de Tecnologia da Informação e Comunicação foram adquiridas para viabilizar a realização de audiências. Dessa forma, não houve interrupção nos serviços nem tampouco deixou-se de atender às partes, a rotina de trabalho se adaptou às circunstâncias excepcionais e ao modo remoto, tudo para facilitar o acesso do jurisdicionado, dos advogados e da população em geral.

No âmbito da infância e da juventude, houve a articulação entre o Conselho Nacional de Justiça, Conselho Nacional do Ministério Público, e os Ministérios da Mulher, da Família e dos Direitos Humanos e Cidadania, que resultou na Recomendação Conjunta CNJ/CNMP/MMFDH/MCid n.º 1, de 16 de abril de 2020, a fim preservar e proteger do contágio, crianças e adolescentes em situação de acolhimento institucional[5].

Órgãos integrantes da rede de proteção também editaram normas para regulamentar os atendimentos com observância das especialidades adstritas a cada área de atuação e específicas para as atividades no âmbito do Sistema de Justiça.

O Conselho Federal de Psicologia editou a Resolução n.º 4, de 26 de março de 2020 e o Ofício-Circular nº 63/2020/GTec/CG-CFP[6], onde recomenda que por ser a avaliação psicológica forense diferente da avaliação psicológica clínica em razão de sua coercitividade e objetivo de produzir provas, o atendimento através do uso da tecnologia de informação deve se prestar somente nos casos em que não se produza conclusões técnicas que fundamentam decisões judiciais.

[4] Dispõe sobre a criação e o funcionamento da plataforma de videoconferência chamada "Balcão Virtual", criada para garantir o imediato contato com o setor de atendimento de cada unidade judiciária.

[5] Dispõe sobre cuidados a crianças e adolescentes com medida protetiva de acolhimento, no contexto de transmissão comunitária do novo Coronavírus (Covid-19), em todo o território nacional e dá outras providências.

[6] Traz recomendações do Conselho Federal de Psicologia acerca da elaboração de documentos psicológicos para o Poder Judiciário no âmbito da pandemia do coronavírus.

O Conselho Federal de Serviço Social por sua vez, fez circular ofício aos Tribunais de Justiça[7] em que não recomenda a realização de estudos sociais por videoconferência ou outro meio remoto, tendo em vista as peculiaridades das intervenções a fim de elaboração dos estudos sociais que subsidiam as decisões judiciais, indicando como fatores que obstaculizam o mister o fato de que envolvem conflitos e violação de direitos de modo que o atendimento remoto não garante que a coleta de informações seja livre de coações ou intimidações além de ser imprescindível visitas domiciliares, por exemplo.

O CNJ editou também a Resolução n.º 62, de 17 de março de 2020, em que se destaca, para os fins da justiça protetiva, a recomendação de que seja aplicada medida socioeducativa em meio aberto e revisão das decisões de internação provisória de adolescentes grávidas, lactantes, mães ou responsáveis por crianças de até doze anos. Lançou ainda a campanha "Covid-19 também é perigoso para crianças e adolescentes" em parceria com Childhood Brasil, organização da sociedade civil de interesse público, a fim de conscientizar os adultos sobre os cuidados com as crianças durante a pandemia a fim de evitar que violências verbal, física e sexual aconteçam.

Nota-se o cuidado e preocupação do sistema de proteção infantoadolescente com os impactos da pandemia na vida desse público, que no Brasil representam cerca de 33% da população total do país.

4. Instrumentos garantidores da cidadania infantojuvenil em tempos de pandemia

O Sistema de Garantia de Direitos, estruturado a partir da Resolução n.º 113 do Conselho Nacional dos Direitos da Criança e do Adolescente-CONANDA, organiza-se em três eixos de ação: a promoção de direitos, por meio de políticas públicas, a defesa dos direitos e o controle da efetivação dos direitos humanos das crianças e adolescentes[8]. O SGDCA é composto pelo Sistema de Justiça (Judiciário, Ministério Público, Defensoria Pública), AGU, Polícias Militar, Civil, Militar, Conselho Tutelar, Assistência Social, Saúde, Educação, Conselhos dos Direitos das Crianças e

[7] Dispõe sobre o exercício profissional de assistentes sociais no contexto da pandemia e trabalho remoto.

[8] Dispõe sobre os preceitos da institucionalização e do fortalecimento do Sistema de Garantia dos Direitos da Criança e do Adolescente.

Adolescentes, nas esferas estadual e municipal, dentre outros. Esse trabalho integrado, interinstitucional e intersetorial, previsto tanto na Constituição Federal quanto no ECA, visa criar mecanismos de atuação nos respectivos eixos. É assim que, antes de chegar à judicialização, a rede de proteção age de maneira a cessar a violação de direito.

Ao Sistema de Justiça, cabe a viabilização do acesso à Justiça através da medida processual adequada ao direito básico pleiteado para os que vivem sob exclusão social, por meio da Defensoria Pública e Ministério Público, e ao Judiciário, cabe a entrega da proteção jurídica efetiva, mas via de regra o Judiciário acaba se tornando uma das principais peças dessa engrenagem ao chamar para si uma atribuição que não é sua originariamente mas que muitas vezes se torna eficaz, como por exemplo a realização de projetos que visam aprimorar políticas públicas que deveriam ser de iniciativa do Estado/Município.

Os novos tempos, trazidos pelo vírus acabaram revelando o que, a bem da verdade, quem integra a rede de proteção já sabia, as dificuldades existentes nos serviços públicos voltados à área infantojuvenil devido à falta ou deficiência na implementação de políticas públicas para a área. O que já não era bom tornou-se pior, sobretudo para os que já viviam em condição de vulnerabilidade socioeconômica e em situação de risco.

Em meio às restrições da quarentena, as crianças e adolescentes são as mais afetadas pela pandemia, pois privadas dos direitos humanos básicos, cabendo ao Poder Judiciário garantir o acesso mínimo a esses direitos essenciais que lhes garante a cidadania, pois disso depende a formação de uma sociedade sem desigualdades. "[...] privar alguém de direitos fundamentais significa, em última análise, privá-lo da vida ou do direito de pertencer à sociedade na qual se integra". (Nunes Junior, 2009, p. 14 *apud* Dantas, 2016, p. 30)

4.1. Medidas de proteção: violações expostas

A criança e o adolescente, por sua condição de vulnerabilidade física e emocional, são naturalmente mais frágeis que um adulto e, por isso, merecedores da atenção do Estado e do Sistema de Justiça. Nesse diapasão, sucessivos relatos de violações e descumprimentos dos direitos fundamentais são registrados diariamente e medidas de proteção ajuizadas para que o Sistema de Justiça possa atuar em conjunto com o Sistema de Garantia de Direitos, colocando-os a salvo da violência física, psicológica e sexual, ao mesmo tempo em que se trabalha o fortalecimento dos vínculos familiares e a situação de vulnerabilidade social em que a família se encontra.

Uma vez judicializadas, as medidas de proteção tiveram o trâmite regular, excetuando-se os acompanhamentos ou as diligências, que, por conta das limitações do trabalho remoto, ficaram restritas à atuação do Conselho Tutelar, cuja atividade não cessou durante a pandemia. Aliás, esse órgão foi essencial para resguardar os direitos infantoadolescentes no período de *home-office* do Judiciário pois além de realizar as diligências a fim de subsidiar os processos judiciais, foi o canal de denúncias mais próximo da população, juntamente com o Disque 100, a despeito de sua estrutura física, material e humana insuficiente, como falta de carro para deslocamento e até mesmo número de unidades desproporcional ao número de habitantes.

Sabe-se que o estresse emocional em que crianças, adolescentes e famílias foram e ainda estão sendo submetidos durante a pandemia, por conta das restrições e necessidades, deu margem à situações de violências de toda natureza, mas o número de medidas de proteção ajuizadas não teve aumento expressivo, inobstante a situação excepcional, no entanto, os casos de mendicância e abandono foram mais sentidos porque acontecem aos olhos vistos da sociedade.

Outrossim, nos casos de violência física ou sexual, em obediência ao comando da Res. nº 1/2020, deu-se prioridade ao afastamento do agressor do lar ao invés do acolhimento institucional, para preservar o convívio da criança ou adolescente com sua família, sobretudo em tempos de quarentena.

Ironicamente, no cenário de caos, outro órgão fundamental para o atendimento de ponta, o Centro de Referência de Assistência Social-CRAS, suspendeu suas atividades. Em momento de pânico e de dificuldades materiais, a quem os hipossuficientes poderiam recorrer?

4.2. Adoção e habilitações: direito à convivência familiar e comunitária

Ainda no âmbito do Sistema de Justiça, há que se falar sobre os processos de habilitação para adoção e adoção.

Inicialmente, é bom que se diga que a condição de pobreza não enseja a retirada de uma criança ou adolescente de sua família biológica ou extensa, tampouco a perda ou extinção do poder familiar. Pelo contrário, a família é o primeiro núcleo social de um indivíduo e onde a criança recebe os estímulos necessários ao desenvolvimento de suas habilidades e competências, razão porque o Estado deve agir na construção de uma rede de apoio capaz de resguardar a criança e a família minimamente e ao Judiciário cumpre sopesar e envidar esforços para que esses laços familiares não sejam rompidos. Mas nem sempre isso é possível. É bom que se diga que uma das decisões mais difíceis para o magistrado que atua na vara da infância e da juventude é decidir o momento em que não há mais como continuar investindo na família e determinar a extinção do poder familiar e a colocação em família substituta, simplesmente porque a família não teve os incentivos e o apoio do Estado para se reestruturar, restando claro a falta de aplicação da Doutrina da Proteção Integral.

A omissão do Estado quanto às políticas e ações voltadas à dependência química, ao desemprego, à reestruturação familiar, ao acesso à saúde, à ausência de política antimanicomial e falta de moradia, fere frontalmente o direito constitucional da convivência familiar e comunitária a que a criança e o adolescente fazem jus. À falta de alternativas para preservá-los, não há outra opção a não ser a extinção ou a suspensão do poder familiar.

Assim é que, em atendimento à Res. nº 1/2020, e com o fim de diminuir o impacto entre os acolhidos institucionalmente, a primeira providência foi colocá-los em famílias acolhedoras ou sob guarda de pessoas habilitadas no Sistema Nacional de Adoção-SNA. Quanto aos que não puderam se adequar a essas medidas, a fim de resguardá-los, determinou-se a permanência nas entidades de acolhimento, evitando contatos externos e a exposição ao perigo de contágio.

As famílias já habilitadas e inseridas no Sistema Nacional de Adoção--SNA não sofreram solução de continuidade, mas a pretensão de quem deseja se habilitar foi prejudicada porque trata-se de um processo em que é imprescindível a intervenção presencial da equipe psicossocial. E esse cuidado decorre do fato de que é necessário proteger a criança ou adolescente que por circunstâncias da vida tiveram os laços familiares rompidos e precisam ser poupados de uma nova rejeição. Todavia, os cursos preparatórios à adoção, previstos no art. 197-C do ECA passaram a ser online. Quanto aos processos de adoção com adotantes já habilitados e com avaliação técnica favorável, seguiram o trâmite regular, com atos realizados remotamente e deferimento de guardas provisórias.

A falta de investimentos nos programas de famílias acolhedoras constitui-se em grande óbice para amenizar a colocação em família substituta. Isso porque o desenvolvimento neurológico e emocional da criança e do adolescente pode ser infinitamente melhor no acolhimento na modalidade de família acolhedora do que em abrigo, porém nem todo município possui lei ou rubrica para sua implantação e implementação, revelando mais uma ausência de política assistencial para que a preservação da família seja prioridade.

4.3. Educação: medidas possíveis

Previsto no art. 6º da Constituição Federal dentre os direitos sociais, o direito à educação está fundado no trinômio desenvolvimento social, preparo cidadão e qualificação para o trabalho. A educação deve ser acessível, igualitária e inclusiva para todos, devendo o Estado viabilizar o acesso e a estrutura cabível a esse fim.

A suspensão das aulas causou prejuízos diretos e indiretos às crianças, pela ausência do ensino, pela falta da merenda escolar que é fonte de alimentação para crianças em situação de vulnerabilidade social, pela interrupção de um importante canal de denúncias de violação de direitos, em especial o abuso sexual e maus tratos além de comprometer o sono, o apetite e a saúde mental das crianças e adolescentes.

Pesquisa recente da Fundação Lemmann[9] intitulada "Onde e como estão as crianças e adolescentes enquanto as escolas estão fechadas?", indica que 94% de crianças tiveram mudanças de comportamento durante a pandemia; 56% ganharam peso; 44% se sentiram tristes; 38% ficaram com mais medo e 34% perderam o interesse pela escola. Os dados são ainda mais alarmantes quando se vê que 75% sentem falta das aulas presenciais ou de algum professor e 60% sentem falta do convívio social e dos amigos e 66% acreditam que terão o futuro prejudicado devido à pandemia.

As ações civis públicas e obrigações de fazer são os instrumentos adequados à garantia destes direitos porém ao longo da pandemia essa foi uma demanda praticamente inexistente haja vista a suspensão integral das aulas em todas as escolas, públicas e privadas, estaduais e municipais. Dados indicam que entre os meses de julho e novembro de 2020, em média, 1,66 milhão de crianças e adolescentes de até 17 anos de idade informaram não estar estudando, sendo que a maior concentração fora da escola está entre crianças de até seis anos e entre os adolescentes de 15 a 17 anos[10].

[9] Organização de filantropia criada em 2002 para desenvolver e apoiar projetos de educação pública no Brasil.

[10] Dados divulgados pela Fundação Abrinq no Cenário da Infância e Adolescência no Brasil – 2021.

A interrupção do ensino escolar reflete no baixo desenvolvimento cognitivo, emocional e físico, comprometendo o crescimento de um futuro adulto. Outro ponto a se considerar é que embora algumas escolas ofereçam ensino a distância, tal recurso não está disponível a todos por conta dos poucos recursos para aparelhos tecnológicos e de internet, que são caros. Os prejuízos, como se vê, são imensuráveis, ainda mais quando somados aos já existentes na área, como a falta de vagas, a inexistência de escolas e creches em bairros novos construídos sob programas habitacionais e sem qualquer planejamento e mesmo a falta de acessibilidade aos hipossuficientes e dificuldade de inclusão dos alunos com deficiência.

4.4. Crimes sexuais: a vulnerabilidade das vítimas e a proteção judicial

O isolamento social propiciou a permanência de crianças e adolescentes em casa junto às famílias, vivendo momentos de aconchego, de atenção e também de conflitos e risco de violência física, psicológica e sexual intrafamiliar. Ocorre que, embora muito se fale sobre esse aumento, dados do Sistema de Justiça e do SGDCA não indicam isso, provavelmente por ainda se encontrarem represados nos órgãos que são a porta de entrada para denúncias (Delegacias Especializadas, IML, Conselho Tutelar, Disque 100), gerando subnotificações.

Sem embargo da possibilidade de subnotificação, os processos judiciais que visam a apuração da responsabilidade criminal dos autores de crimes contra a dignidade sexual não tiveram, em parte, solução de continuidade. Isso porque estratégias foram pensadas para que a oitiva das vítimas fosse realizada com segurança e em atendimento ao Protocolo Brasileiro de Entrevista Forense de Crianças e Adolescentes[11], metodologia formulada através da parceria do CNJ, UNICEF e Childhood, para tomada de depoimento especial implantada pela Lei nº 13.431/2017, que visa evitar que a criança ou adolescente vítima seja revitimizada.

Pois bem, considerando-se o fechamento dos Fóruns de Justiça onde há salas próprias para o depoimento especial, e, considerando-se que a tomada de depoimento deve ser feita por profissional capacitado e com a privacidade e segurança que o ato requer, magistrados se dividiram em torno da realização ou não do ato. Há os que não realizaram a oitiva por

[11] Método de entrevista semiestruturado, flexível e adaptável ao desenvolvimento das crianças e adolescentes, criado para facilitar a escuta protegida destes menores quando em alegações de violência.

entenderem que a coleta da prova de maneira remota pode gerar incerteza quanto à privacidade e a espontaneidade da vítima, pois não há como saber se o próprio abusador ou cúmplice está próximo dela, eivando o ato de nulidade. Em Manaus, por exemplo, na maioria dos processos de réus presos as vítimas acima de quatorze anos, em média, com condições tecnológicas e psicológicas aptas a realização de audiência e que não vivem com o suposto abusador foram ouvidas pelo juízo após uma triagem dos processos pela equipe psicossocial. Já os processos de réus presos em que as vítimas não possuem as mesmas condições, essas foram ouvidas através de parceria com os órgãos do Sistema de Segurança (Delegacias Especializada de Proteção à Criança e Adolescente) pela profissional do juízo que se deslocou espontaneamente até o local e utilizou uma sala adaptada para depoimento especial.

Vê-se, portanto, a importância do trabalho integrado e interinstitucional. Muito embora já se tenha um progresso em termos de melhoria no atendimento às vítimas, com profissionais que já estão sendo capacitados, na prática, o que ainda se vê é a oitiva das vítimas de forma inadequada, por pessoas sem capacitação sem contar a demora nos laudos periciais, o que não constitui, em verdade, desídia por parte do Judiciário na responsabilização do agressor mas sim, falta de investimentos nas portas de entrada do sistema protetivo.

4.5. Saúde em crise

O direito à saúde está previsto no art. 196 da Constituição Federal[12] e é direito de todos e dever do Estado assegurar a promoção, proteção e recuperação do bem-estar físico, mental e social do cidadão e para isso precisa ofertar serviços públicos adequados e que atendam a todos indistintamente. Para Ramos (2021, p. 970), "o direito à saúde habilita a pessoa a exigir um tratamento adequado por parte do Estado, podendo, inclusive, pleitear tal serviço de saúde judicialmente".

Nesse sentido, para viabilizar o direito à saúde, a Constituição Federal criou o Sistema Único de Saúde-SUS, público, igualitário, integral e universal, financiado por impostos recolhidos na União, Estado e Município.

[12] Art. 196. A saúde é direito de todos e dever do Estado, garantido mediante políticas sociais e econômicas que visem à redução do risco de doença e de outros agravos e ao acesso universal e igualitário às ações e serviços para sua promoção, proteção e recuperação.

Logo, a não prestação do serviço ou a prestação precária habilita a pessoa a pleitear esse direito à Justiça.

Assim é que junto às varas da infância e da juventude tramitam centenas de ações cujo objeto é assegurar o direito à saúde, não só de crianças e adolescentes mas também às mulheres grávidas, pois o direito à vida alcança o bebê ainda no ventre da mãe para que este nasça com vida e com saúde. Os pleitos variam entre fornecimento de medicamentos, tratamentos médicos e hospitalares, aquisição de aparelhos para suprir deficiências físicas, insumos, melhoria na estrutura física e aumento do corpo técnico, leitos comuns e em UTIs, vagas em maternidades ou simplesmente melhoria na prestação de serviços. A busca por esses direitos deve ser através de ações civis públicas, ações coletivas ou individuais que podem ser revestidas em prol da comunidade. (Ramos, 2021)

As restrições dos serviços médicos e ambulatoriais, que ficaram praticamente voltados ao atendimento das vítimas de Covid, causou prejuízo aos pequenos jurisdicionados e a grávidas, e tornou público o sucateamento do sistema de saúde do país, sem o atendimento e estrutura adequada nas portas de entrada para o SUS, as Unidades Básicas de Saúde-UBS, bem como o reduzido número de pronto-socorros infantis, maternidades e Centros de Assistência Psicossocial Infantojuvenil-CAPsi. Esses serviços essenciais não pararam apesar das baixas decorrentes do Covid-19 mas em tempos de medo e caos, a saúde mental dos infantoadolescentes precisou de amparo sem, no entanto, ter o apoio devido em razão do pouco número de profissionais para a atender a demanda. No Amazonas, por exemplo, o número de psiquiatras da rede pública de saúde não chega a trinta. Mais exemplos de que não há primazia na destinação de recursos tampouco prioridade no atendimento.

E diga-se que a falta de investimento não é apenas do governo federal mas principalmente dos entes estaduais e municipais, como se vê na política antimanicomial e antidrogas, praticamente inexistentes na maioria dos estados. A pandemia, como bem definido por Ribeiro e Veronese (2020, p. 74), "colocou em evidência a institucionalização da precariedade".

Assim é que no Sistema de Justiça, apesar da manutenção da rotina de trabalho, as demandas ligadas à saúde diminuíram, em razão dos obstáculos ao atendimento necessário, que priorizaram as vítimas de Covid. Em geral, muitos morreram de Covid sem receber o primeiro atendimento médico e outros morreram devido a doenças, sem receber atendimento adequado. Perdeu-se, também, muitos médicos e profissionais de saúde que atuavam na linha de frente. Sobreviver em meio ao caos foi desafiador, adoecer era proibido.

Conclusões

A preocupação com a proteção dos direitos humanos das crianças e dos adolescentes resultou em um arcabouço legal construído, por meio da ONU, ao longo de décadas. No Brasil, a tutela das crianças e adolescentes está descrita no art. 227 da Constituição Federal, por meio da Doutrina da Proteção Integral, reforçada pelo Estatuto da Criança e do Adolescente, e corresponsabiliza o Estado, a família e a sociedade no dever de assegurar às crianças e adolescentes uma vida digna e com atenção à todos os direitos fundamentais para seu desenvolvimento integral, devendo-se atentar para o seu superior interesse, a prioridade absoluta e a primazia no atendimento nos serviços públicos e na destinação de verbas e elaboração de políticas públicas.

A pandemia de Covid-19, que se alonga há mais de um ano, revelou as dificuldades existentes sobretudo para os pertencentes às classes mais baixas. Em que pese as crianças e adolescentes não estarem sendo vítimas do vírus, suas vidas estão sendo atingidas drasticamente, em áreas fundamentais como saúde, educação, alimentação e proteção. Problemas como ausência de renda, insegurança alimentar, violência física e sexual, desestrutura familiar, desigualdade no acesso ao ensino, mendicância e exploração do trabalho infantil foram potencializados.

Em que pese o ECA ser uma das legislações mais inovadoras e completas do mundo, e, apesar de todo alicerce legislativo, protetivo e integrador; apesar de ações positivas no sentido de combater as violações de direitos como o Marco Legal da Primeira Infância, a Lei “Menino Bernardo” e a Lei de Depoimento Especial, ainda se vê um nível alto de desigualdades sociais e econômicas, de violência e descaso que acabam ferindo a dignidade das crianças e adolescentes.

Durante as restrições e limitações impostas pela pandemia de Covid-19, o Poder Judiciário não mediu esforços para que a prestação jurisdicional não sofresse interrupção, quer seja através de resoluções, orientações, campanhas com o fim de prevenção e proteção de crianças e adolescentes e adaptações tecnológicas mas infelizmente óbices naturais foram inevitáveis, gerando a demora ou a insuficiência na resposta jurídica. O atendimento via "redes sociais" por parte da Defensoria Pública e Ministério Público, por sua vez, causou entraves e até inibição aos jurisdicionados com pouca instrução. Os que conseguiram transpor esse obstáculo e chegaram às varas da infância e juventude encontraram outros entraves, desta feita com as dificuldades de instruir um processo cuja avaliação psicossocial é imprescindível e exige atendimento presencial, demora no cumprimento das decisões em razão do número limitado de oficiais de justiça, por exemplo, e simplesmente porque a entrega do direito que lhes foi concedido se quedou inerte frente ao caos da pandemia.

Por outro lado, considerando-se que grande parte dos jurisdicionados das varas da infância e da juventude são hipossuficientes e vulneráveis, a falta de condições materiais foi um empecilho ao acesso à Justiça na medida em que não possuem equipamentos necessários ou próprios, tendo que compartilhá-los com terceiros, possuem plano de internet limitado, e alguns não tem sequer linha telefônica, comprometendo a comunicação e participação nos atos processuais.

Mas será que a "Casa da Justiça" está fazendo sua parte para cumprir a Doutrina da Proteção Integral com prioridade absoluta, conforme previsto? Há atendimento rápido e prioritário? Há estrutura suficiente para atender à demanda e entregar a prestação jurisdicional de maneira eficaz?

Há, ainda, um longo caminho a percorrer para a compreensão de que é dever de todos cuidar para que as crianças e adolescentes pertencentes às classes mais baixas do Brasil tenham as mesmas oportunidades que as pertencentes às classes mais altas, a fim de que cresçam em igualdade de condições. Superar as diferenças é um desafio para todos.

O triste panorama provocado pela Covid-19 constitui-se em uma crise de sobrevivência sem precedentes mas também pode ser a oportunidade para que o ser humano pratique a solidariedade e a fraternidade, valores que agregam na construção de uma sociedade igualitária. Impõe-se refletir sobre até que ponto cada cidadão está fazendo sua parte na promoção de uma sociedade livre, justa e igualitária. Até que ponto cada um está disposto a agir para que as violações de direitos das crianças e adolescentes sejam evitadas ou mesmo denunciadas? Quando essas crianças e adolescentes serão cidadãos de verdade? A sociedade está participando da elaboração das políticas públicas específicas ao atendimento de determinado direito, por meio dos Conselhos de Direitos da Criança e do Adolescente ou mesmo cobrando os políticos que ajudou a eleger?

Quanto ao Poder Público, quer seja estadual ou municipal, é certo que o imprevisto de um vírus gerou despesas, caos, precariedade no atendimento dos serviços, mas certo é que se houvesse investimento real nas portas de entrada dos serviços públicos, como os Conselhos Tutelares, na rede de saúde, de assistência social e segurança pública, as dificuldades pelas quais a população mais vulnerável passa existiriam, sem dúvidas, mas talvez os danos e as violações de direitos fossem menores. Antes mesmo da pandemia, a desnutrição infantil e o atraso no crescimento já estavam em patamar inaceitável. Sua responsabilidade reside na falta de políticas públicas para garantir condições satisfatórias e dignas de moradia, alimentação, saúde, emprego e renda, que geram cidadania. Além do mais, pessoas que vivem à margem da sociedade só são lembradas em período de eleição e criança não vota.

Certo é que, a iminência da morte causou reflexões mas decorrido um ano de isolamento social, não se vê medidas mais efetivas para de fato instrumentalizar o Sistema de Garantia de Direitos, cuja atividade é de linha de frente. Ainda não se fala em destinação de recursos públicos nem primazia na elaboração e fomento de políticas, nem mesmo um plano de ação voltado à primeira infância, a fase mais importante na vida de uma pessoa, do ponto de vista do desenvolvimento psicossocial e neurológico. Mesmo com perdas humanas, precariedade de serviços e abismos intransponíveis, ainda não se aprendeu a lição.

A pandemia privou a todos de tudo aquilo que era coletivo. Os danos decorrentes dessas privações na vida das crianças e adolescentes, principalmente as de famílias vulneráveis, têm causado impactos no desenvolvimento físico, emocional, social e intelectual em proporções que serão sentidas ainda por muito tempo. Mais certo é que, diante do imprevisível, nada de diferente pode ser feito para amenizar os efeitos drásticos da pandemia, pois ainda que houvesse políticas públicas implementadas, os prejuízos experimentados provavelmente seriam menores, no entanto, não deixariam de existir.

Quanto às crianças e adolescentes brasileiras, a Doutrina da Proteção Integral ainda é um ideal distante, mas não impossível graças ao trabalho incansável de integrantes do Sistema de Justiça e do Sistema de Garantia de Direitos, que trabalham na ponta, já que sem eles o pouco de hoje seria o nada de amanhã pois sabem que cuidar e proteger as crianças e adolescentes é preparar um país melhor para todos.

Referências

ALBUQUERQUE, Flávia. Com Pandemia, 44% das Crianças e Adolescentes se Sentiram Mais Tristes. **Agência Brasil**, 2021. Disponível em:<https://agenciabrasil.ebc.com.br/educacao/noticia/2021-08/com-pandemia-44-das-criancas-e-adolescentes-se-sentiram-mais-tristes#>. Acesso em: 11 ago. 2021.

ANVISA – AGÊNCIA NACIONAL DE VIGILÂNCIA SANITÁRIA. **Regulamento Sanitário Internacional – RSI (2005).** Brasília: Anvisa, 2009. Disponível em: <https://www.gov.br/anvisa/pt-br/assuntos/paf/regulamento-sanitario-internacional/arquivos/7181json-file-1>. Acesso em: 05 ago. 2021.

BRASIL. **Constituição da República Federativa do Brasil de 1988**. Brasília, DF Presidência da República. Disponível em: <http://www.planalto.gov.br/ccivil_03/constituicao/constituicao.htm>. Acesso em: 25 jul. 2021.

COMPARATO, Fábio Konder. **A Afirmação Histórica dos Direitos Humanos**. 12. Ed. São Paulo: Saraiva Educação, 2019.

CONSELHO FEDERAL DE PSICOLOGIA. **Resolução Nº 4 de 26 de março de 2020**. Disponível em: <https://www.in.gov.br/en/web/dou/-/resolucao-n-4-de-26-de-marco-de-2020-250189333>. Acesso em: 03 ago. 2021.

CONSELHO FEDERAL DE PSICOLOGIA. **Ofício-Circular nº 63/2020/GTec/CG-CFP**. Brasília, DF: Conselho Federal de Psicologia, 15 de maio de 2020. Disponível em: <https://site.cfp.org.br/wp-content/uploads/2020/05/SEI_CFP-0221879-Of%C3%ADcio-Circular.pdf>. Acesso em: 04 ago. 2021.

CONSELHO FEDERAL DE SERVIÇO SOCIAL. **Ofício CFESS ao TJ sobre o Trabalho Remoto de Assistentes Sociais.** Brasília, DF: Conselho Federal de Serviço Social, 2020. Disponível em: <http://cress-sp.org.br/wp-content/uploads/2020/05/TJs_Posicionamento-Cfess_trabalho-remoto.pdf>. Acesso em: 03 ago. 2021.

CONSELHO NACIONAL DE JUSTIÇA. **Resolução Nº 62 de 17 de março de 2020.** Disponível em: <https://www.cnj.jus.br/wp-content/uploads/2020/03/62-Recomenda%C3%A7%C3%A3o.pdf>. Acesso em: 04 ago. 2021.

CONSELHO NACIONAL DE JUSTIÇA. **Resolução Nº 372 de 12 de fevereiro de 2021**. Disponível em: <https://atos.cnj.jus.br/files/original154126202102196 02fdc26a38d2.pdf>. Acesso em: 03 ago. 2021.

CONSELHO NACIONAL DOS DIREITOS DA CRIANÇA E DO ADOLESCENTE (CONANDA). **Resolução Nº 113 de 19 de abril de 2006**. Disponível em: <https://www.gov.br/mdh/pt-br/acesso-a-informacao/par-ticipacao-social/conselho-nacional-dos-direitos-da-crianca-e-do-adolescente-conanda/resolucoes/resolucao-no-117-_de_11_julho_de_2006_-_altera_dispositivos_da_resolucao_n-o_1132006.pdf>. Acesso em: 06 ago. 2021.

DANTAS, Lucas Emmanuel Ricci. **Políticas Públicas e Direito: a Inclusão da Pessoa com Deficiência**. Curitiba: Juruá, 2016. 150 p.

DIDONET, Vital. 32 Anos do Artigo que Determina que Crianças e Adolescentes sejam Considerados Prioridade Absoluta do País. [Entrevista concedida a] **Prioridade Absoluta**, 2020. Disponível em: <https://prioridadeabsoluta.org.br/noticias/32-anos-artigo-227/>. Acesso em: 26 jul. 2021.

FUNDAÇÃO ABRINQ. **Cenário da Infância e da Adolescência no Brasil – 2021**. São Paulo: Fundação Abrinq, 2021. 122 p. Disponível em: <https://sistemas.fadc.org.br/documentos/2021/cenario/cenario-da-infancia-e-da-adolescencia-2021.pdf>. Acesso em: 10 ago. 2021.

LEITE, Flávia Piva Almeida; RIBEIRO, Lauro Luiz Gomes; COSTA FILHO, Waldir Macieira da. (Coord.). **Comentários ao Estatuto da Pessoa com Deficiência – Lei n. 13.146/2015**. 2. Ed. São Paulo: Saraiva Educação, 2019.

MAZZUOLI, Valerio de Oliveira (Org.). **Direitos Humanos das Minorias e Grupos Vulneráveis**. Belo Horizonte: Arraes Editores, 2018.

MINISTÉRIO DA CIDADANIA. **Recomendação Conjunta Nº 01 de 16 de abril de 2020**. Disponível em: <https://www.in.gov.br/web/dou/-/recomendacao-conjunta-n-1-de-16-de-abril-de-2020-253004251>. Acesso em: 25 jul. 2021.

MONTENEGRO, Manuel Carlos. Campanha Alerta para Vulnerabilidade de Crianças durante Pandemia. **Conselho Nacional de Justiça**, 2020. Disponível em: <https://www.cnj.jus.br/campanha-alerta-para-vulnerabilidade-de-criancas-durante-pandemia/>. Acesso em: 11 ago. 2021.

MOREIRA, Ardilhes; PINHEIRO, Lara. OMS Declara Pandemia de Coronavírus. **G1**, 2020. Disponível em: <https://g1.globo.com/bemestar/coronavirus/noticia/2020/03/oms-declara-pandemia-de-coronavirus.ghtml>. Acesso em: 05 ago. 2021.

ORGANIZAÇÃO DAS NAÇÕES UNIDAS (ONU). **Declaração Universal dos Direitos Humanos**. Paris: Assembleia Geral das Nações Unidas, 1948. Disponível em: <https://www.ohchr.org/EN/UDHR/Pages/Language.aspx?LangID=por>. Acesso em: 04 ago. 2021.

ORGANIZAÇÃO DAS NAÇÕES UNIDAS (ONU). **Sobre Nós.** Disponível em: <https://www.un.org/en/about-us>. Acesso em: 25 jul. 2021.

ORGANIZAÇÃO PAN-AMERICANA DE SAÚDE (OPAS). **História da Pandemia de Covid-19.** Disponível em: <https://www.paho.org/pt/covid19/historico-da-pandemia-covid-19>. Acesso em: 03 ago. 2021.

Protocolo Brasileiro de Entrevista Forense de Crianças e Adolescentes é Apresentado em Webinar. **Conselho Nacional de Justiça**, 2020. Disponível em: <https://www.cnj.jus.br/protocolo-brasileiro-de-entrevista-forense-de-criancas-e-adolescentes-e-apresentado-em-webinar/>. Acesso em: 08 ago. 2021.

RAMOS, André de Carvalho. **Curso de Direitos Humanos**. 8. Ed. São Paulo: Educação, 2021.

RIBEIRO, Joana; VERONESE, Josiane Rose Petry. **Pandemia, Criança e Adolescente: em Busca da Efetivação de seus Direitos**. Rio de Janeiro: Lumen Juris, 2020.

ROSA, Rodrigo Zoccal. **(Des)Construindo a Delinquência no Direito Juvenil: da Primeira Infância ao Sistema Socioeducativo**. Rio de Janeiro: Lumen Juris, 2020.

SECRETARIA DE ESTADO DE SAÚDE DE MINAS GERAIS. **SUS**. Disponível em: <https://www.saude.mg.gov.br/sus>. Acesso em: 28 jul. 2021.

Sobreviventes de Hiroshima e Nagasaki Lembram Horror de Bombas Atômicas. **BBC**, 2020. Disponível em: <https://www.bbc.com/portuguese/internacional-53670979>. Acesso em: 24 jul. 2021.

UNICEF alerta: situação de crianças e adolescentes se agravou consideravelmente após nove meses de pandemia. UNICEF, 2020. Disponível em: <https://www.unicef.org/brazil/

comunicados-de-imprensa/unicef-alerta-situacao-de-criancas-e-adolescentes-se-agravou-consideravelmente-apos-nove-meses-pandemia>. Acesso em: 08 ago. 2021.

UNITED STATES HOLOCAUST MEMORIAL MUSEUM. **Vítimas do Período Nazista: Ideologia Racial Nazista.** Disponível em: <https://encyclopedia.ushmm.org/content/pt-br/article/victims-of-the-nazi-era-nazi-racial-ideology>. Acesso em: 24 jul. 2021.

VERONESE, Josiane Rose Petry; SILVEIRA, Mayra; CURY, Munir. (Coord.). **Estatuto da Criança e do Adolescente Comentado**. 13. Ed. São Paulo: Malheiros, 2018.

VERONESE, Josiane Rose Petry. **Convenção sobre os Direitos da Criança: 30 anos**. Salvador: Editora JusPodivm, 2019.

VIEIRA, Marcelo de Mello. **Direito de Crianças e Adolescentes à Convivência Familiar**. 2. Ed. Belo Horizonte, São Paulo: D'Plácido, 2020.

14
O IMPACTO DA PANDEMIA DE COVID-19 NO EXERCÍCIO DO DIREITO AO LUTO EM MANAUS

Roger Moreira de Queiroz

Introdução

Quando refletimos sobre os diversos impactos da pandemia de Covid-19 no Brasil e no mundo, bem como os inúmeros reflexos jurídicos daí decorrentes, pensamos em como a humanidade não estava preparada para enfrentar uma situação desafiadora como a que vivemos desde o final do ano de 2019.

Muitas coisas mudaram, tiveram que ser adaptadas ao cenário pandêmico, como reuniões virtuais, *home office*, uso de equipamentos de proteção, cuidados com a higiene, distanciamento social, etc. Chegou-se a falar sobre um "novo normal", como uma forma de dizer que a partir de agora a vida em sociedade e as relações sociais seriam muito diferentes do que tinham sido até aqui.

Um dos aspectos que alteraram essa suposta "normalidade" foi a quantidade de pessoas que perderam a vida por causa do contágio, adoecimento e complicações decorrentes da Covid-19. Dessa forma, dentre as muitas reflexões que poderiam ser feitas sobre os impactos causados pela pandemia de Covid-19, destaca-se o direito ao luto, pois as mortes ocorridas nesse contexto pandêmico são experimentadas dentro de um cenário de ausência ou limitação dos funerais e rituais de despedida. A essas limitações aos rituais de despedida deve-se somar o isolamento social, que pode fomentar a solidão e o sentimento de desamparo a todos os enlutados da atual pandemia.

Em Manaus, por exemplo, quando no início do ano de 2020 houve o comunicado da Organização Mundial de Saúde de que o mundo enfrentava uma pandemia, houve restrições à circulação de pessoas, escolas foram fechadas, praticamente todos os serviços públicos tiveram seus atendimentos presenciais suspensos, a exceção do serviço de saúde, que passou a funcionar com sobrecarga. Quando as primeiras mortes foram anunciadas na imprensa, e os números mostravam uma escalada dos casos confirmados da doença e os óbitos, inicialmente o pânico tirou as pessoas das ruas, mas pouco tempo depois houve dificuldade em cumprir as determinações das autoridades de vigilância sanitária e de saúde, com realizações de festas clandestinas, aglomerações em logradouros públicos, supermercados e farmácias.

Em pouco tempo, Manaus passou a frequentar os noticiários do país com o aumento dos números de mortes por Covid-19 e, por via de consequência, com o aumento dos velórios e sepultamentos nos cemitérios da cidade. Como medida objetivando frear o contágio pelo vírus, o poder público municipal impôs medidas restritas aos funerais e sepultamentos, medida que trouxe reflexos significativos aos rituais de luto e despedida das pessoas de seus entes queridos falecidos. Por um breve período houve a abertura de covas coletivas, tendo em vista o elevado número de óbitos diários e a ausência de mão de obra para realizar os sepultamentos com um mínimo de dignidade.

Este artigo busca refletir sobre como essas restrições impostas pelas autoridades públicas, por causa da pandemia de Covid-19, impactaram no exercício do direito ao luto dos familiares das vítimas fatais da doença, para, a partir daí, e tendo como referência espacial o Município de Manaus, Capital do Estado do Amazonas, na Região Norte do Brasil, e marco temporal a declaração de pandemia da Organização Mundial de Saúde, questionar se o direito ao luto pode ser considerado um direito fundamental, e de que forma os lutos não elaborados podem causar reflexos negativos na saúde física e mental dos enlutados.

A pesquisa é essencialmente bibliográfica, com abordagem multidisciplinar, de natureza teórica. A metodologia utilizada foi o método dedutivo e o pensamento reflexivo.

O presente trabalho não esgota os debates sobre o tema do direito ao luto, mas pretende fazer uma reflexão sobre o caráter fundamental deste direito, com o objetivo de contribuir para a melhor compreensão do problema da não realização dos ritos de passagem na pandemia, e que pode gerar reflexos negativos na saúde dos enlutados.

1. Por que falar sobre o luto: conceituação e algumas reflexões preliminares

Na mitologia grega, quando Antígona enfrenta o édito proibitório de seu tio, Creonte, de sepultar o corpo de seu irmão, Polinices, sua fala é deveras reveladora: "que mais nobre glória poderia eu ter que a de dar à terra o corpo de um irmão?"[1]. A tragédia de Antígona é a de enfrentar a morte pelo direito de sepultar seu irmão e prestar-lhe suas derradeiras homenagens, invocando as "não-escritas e intangíveis leis dos deuses"[2].

Na filosofia estoica de Sêneca, existem várias reflexões sobre a morte e o luto, dentre as quais destaca-se a de que devemos tornar agradável a lembrança das pessoas que perdemos, já que ninguém volta espontaneamente seu pensamento para o que lhe causa tormento. O filósofo reconhece que essa recordação é inevitável, e que, por isso, melhor seria que o nome das pessoas amadas que perdermos então nos venha à mente com algum pesar, mas que também esse pesar tenha uma dose de prazer[3].

Segundo Norbert Elias, a morte é um problema dos vivos, porque os mortos não têm problemas, acrescentando que, entre as diversas criaturas que morrem no planeta, a morte constitui um problema unicamente para a espécie humana[4].

Sêneca afirma que ninguém tem a morte diante dos olhos, todos estendem longe as esperanças, alguns até mesmo dispõem as coisas para depois de sua vida, na forma de sepulcros grandiosos, dedicatórias em obras públicas, oferecimento de jogos fúnebres e exéquias ambiciosas de glória. O certo é que os funerais dessas pessoas, como se tivessem vivido muito pouco, deveriam ser conduzidos sob fachos e círios[5].

[1] ANTÍGONE – SÓFOCLES, versos 502 e 503, *in:* ALMEIDA, Guilherme de; VIEIRA, Trajano. *Três tragédias gregas*. São Paulo: Perspectiva, 1997, Trad. Guilherme de Almeida, p. 63.

[2] ANTÍGONE – SÓFOCLES, verso 455, *in*: ALMEIDA, Guilherme de; VIEIRA, Trajano. *Op. cit.*, p. 62.

[3] SÊNECA, *Edificar-se para a morte: das cartas morais a Lucílio*. Petrópolis: Vozes, 2016, Trad. Renata Cazarini de Freitas, p. 75.

[4] ELIAS, Norbert. *A solidão dos moribundos, seguido de, Envelhecer e morrer*. Rio de Janeiro: Jorge Zahar Editor, 2001, Trad. Plínio Dentzien, p. 10.

[5] SÊNECA. *Sobre a brevidade da vida, seguido de, Sobre a firmeza do sábio*. São Paulo: Penguin Classics, Companhia das Letras, 2017, Trad. José Eduardo S. Lohner, p. 36.

Não é da cultura do brasileiro falar sobre a morte ou fazer planos para o final da vida. O brasileiro gosta de festas, de celebrar a vida, de planejar aquilo que é imediato, mas encontra dificuldade de contratar um seguro de vida, investir num plano de previdência, planejar-se para a sua velhice, falar abertamente sobre a finitude da vida.

Enquanto vivos, a impressão que temos é a de que vamos ficar na Terra por um logo tempo e, por isso, não temos dificuldade de adiar compromissos e realizações, deixar para depois uma viagem dos sonhos, postergamos o cuidado com a própria saúde, deixamos a dieta para amanhã, a atividade física para a próxima semana, sempre imaginando que, no futuro, nos sobrará tempo para fazer todas essas coisas. E nesse deixar as coisas sempre para depois, não cogitamos que esse tempo futuro pode ser bem mais breve do que aquele imaginado inicialmente.

Luís César Oliva afirma que não existe incômodo maior do que falar da morte: não se fala dela a pessoas muito doentes ou idosas, embora se saiba que ela pode estar se aproximando; também não se fala dela a crianças, mesmo sabendo que ela pode estar distante; Do mesmo modo não se fala dela a quem perdeu um ente querido, ainda que se saiba que ela está presente[6].

Estudiosos defendem que a morte se tornou um tabu na atualidade e, por isso, procura-se, se possível, sequer pronunciar seu nome. Desse modo, quando um parente morre, costuma-se afirmar que "descansou". No tocante às crianças, inventa-se que o morto virou uma estrela e até se busca evitar ou se desaconselha que elas participem das cerimônias fúnebres[7].

Falar da morte incomoda porque sua imagem está aí, assombrando-nos, e falar dela significa trazer à superfície aquilo que todos carregam em silêncio, como se não falar de um peso em nossas costas pudesse deixá-lo mais leve. Mais do que o respeito e a compaixão pelos doentes, crianças ou viúvos, é esse incômodo que inibe a discussão, e essa inibição terminou por constituir-se em um costume muito difundido nos dias atuais: evita-se falar sobre a morte e, consequentemente, evita-se refletir sobre ela[8].

Norbert Elias afirma que não é a morte, mas o conhecimento da morte que cria problemas para os seres humanos[9].

[6] OLIVA, Luís César. *A existência e a morte*. Coleção Filosofias: o prazer de pensar, dirigida por Marilena Chaui, Juvenal Savian Filho, São Paulo: WMF Martins Fontes, 2012, p. 9.

[7] COSTA, Cristina. *Luto, ritos e memória: a experiência da dor e da perda humana no passado e no presente*. Belo Horizonte: Artesã, 2019, p. 49.

[8] OLIVA, Luís César. *op. cit.*, p. 9-10.

[9] ELIAS, Norbert. *Op. cit.*, p. 11.

Portanto, o problema não reside na morte em si, que é um fato natural a que todos estamos destinados por um imperativo na Natureza, dada a finitude da vida, mas no seu conhecimento, que possibilita a elaboração e o enfrentamento do período chamado de luto.

A principal razão de ser dos rituais fúnebres é a de permitir que os vivos se despeçam do falecido, elaborem sua perda, reafirmem os laços que sobrevivem entre os vivos, construam uma memória social e subjetiva do morto. Quando esses rituais de passagem não são vivenciados, o processo de luto fica obstruído, pois a morte e a perda são disfarçadas, aceleradas e o desinvestimento libidinal em relação ao objeto dessa perda é interrompido ou mesmo bloqueado[10].

Ao buscar uma conceituação de luto, é imperioso falar sobre o ensaio Luto e Melancolia, de Sigmund Freud, publicado pela primeira vez em alemão, no ano de 1917. Nesse clássico trabalho, o criador da psicanálise afirma que o luto consiste na reação à perda de uma pessoa querida ou de uma abstração que esteja no lugar dela, como, por exemplo, a pátria, liberdade, ideal, etc. Convém destacar que Freud jamais considerou o luto como um estado patológico e muito menos era da opinião que deveria ser encaminhado para tratamento médico, embora reconhecesse que o luto acarretasse graves desvios da conduta normal da vida, mas acreditava que seria superado após algum tempo, sendo, portanto, inadequado e até mesmo prejudicial perturbá-lo[11].

Sérgio Parreiras Abritta entende que encontrar um conceito de luto não é uma tarefa fácil, pois ao se pensar sobre este fenômeno tem-se a tendência imediata de associá-lo a uma ideia de dor, de mágoa, de pesar ou de tristeza profunda e inevitável, relacionada ao fenômeno da morte biológica. O autor segue afirmando, com base no referido ensaio de Freud, que o conceito de luto estaria intimamente ligado à morte, esta última vista como um fato natural, de natureza biológica, do qual o luto é decorrente, acrescentando que a morte pode ser entendida como o falecimento de um ser vivo, sem referência específica ao ser humano[12].

[10] COSTA, Cristina. *Luto, ritos e memória: a experiência da dor e da perda humana no passado e no presente*, Belo Horizonte: Artesã, 2019, p. 50.

[11] FREUD, Sigmund. *Luto e melancolia*. São Paulo: Cosac Naify, 2013, Trad. Marilene Carone.

[12] ABRITTA, Sérgio Parreiras. *Direito ao luto como direito fundamental*. Coleção Direitos fundamentais e acesso à justiça no estado constitucional de direito em crise, Coord. Gregório Assagra de Almeida, Belo Horizonte: Editora D'Plácido, 2018, p. 37-53.

Colin Murray Parkes, por seu turno, conceitua o luto como sendo uma resposta normal para um estresse que, embora raro na vida de cada um de nós, será vivido pela maioria, mais cedo ou mais tarde, sem que seja tradicionalmente considerado como uma doença mental. Por outro lado, visto globalmente, o luto se assemelha a uma ferida física mais do que qualquer outra doença, a perda pode ser referida como "um choque" e, assim como no machucado físico, onde o "ferimento" aos poucos se cura. Parte da dificuldade em se considerar o luto como uma das doenças descritas nos guias de diagnóstico psiquiátrico tradicionais deriva do fato de ele ser um *processo* e não um *estado*, o que significa considerar que o luto não é um conjunto de sintomas que tem início após uma perda e, depois, gradualmente se desvanece. O processo de luto envolve uma sucessão de quadros clínicos que se mesclam e se substituem: entorpecimento; saudade ou procura pelo outro; desorganização e desespero; recuperação[13].

A Psicologia na atualidade não considera o luto restrito apenas à morte de uma pessoa, ampliando esse conceito para o rompimento de vínculos. Ver o luto sob esta perspectiva amplia o seu conceito e possibilita diferenciar o luto por perdas concretas, que é aquele resultante de uma morte biológica, do luto simbólico, que envolve situações de vínculos rompidos.

Seguindo esse raciocínio, Gabriela Casellato aduz que o luto pode ser conceituado como uma resposta a um vínculo rompido, não se restringindo apenas à morte de uma pessoa significativa, pois trata-se de uma resposta instintiva, revestida de aspectos e influências internalizados que resultam da aprendizagem social e do contexto cultural do indivíduo afetado, ou seja, trata-se de uma reação decorrente da interinfluência dos aspectos biológicos, intrapsíquicos e sociais de cada pessoa inserida em determinado contexto histórico e social[14].

Vinicius Schumaher de Almeida e Viviane D'Andretta e Silva conceituam o luto como um processo psíquico normal e esperado, motivado por um pesar decorrente de rompimento, mudança ou perda de algo ou alguém

[13] PARKES, Colin Murray. *Luto: estudos sobre a perda na vida adulta*. São Paulo: Summus, 1998, Trad. Maria Helena Pereira Franco Bromberg, p. 21-24. Desde que foi publicada a primeira edição desta obra, em 1972, o Diagnostic Statistical Manual – DSM, da Associação Americana de Psiquiatria, incluiu o "luto" no grupo de "outras condições que podem ser foco de atenção clínica".

[14] CASELLATO, Gabriela. "Luto e identidade", *in* CASELLATO, Gabriela (org.). *Luto por perdas não legitimadas na atualidade*. São Paulo: Summus, 2020, p. 25.

significativo. Para os autores, o luto pode ser resultante de perdas concretas, como a morte de um ente querido, ou pode ser simbólico, quando não há objetivamente uma morte biológica, mas há um rompimento de vínculo, como, por exemplo, em término de relacionamentos, perda de bens materiais, comprometimento na imagem e função corporal, perda do lar ou território, perda de papéis ou ocupações, identidades, planos e expectativas, saúde, ameaça de morte. Em todas essas situações do luto simbólico, mesmo não havendo objetivamente uma morte biológica, há diversas situações de rompimento de vínculo que geram luto[15].

Colin Murray Parkes afirma que a dor proveniente do luto é o custo do compromisso, pois só se perde aquilo que se tem[16].

Portanto, a fim de alcançar os objetivos do presente trabalho, primeiramente é importante questionar se esse direito tem natureza jurídica de direito fundamental, para, a partir daí, refletir sobre de que maneira o contexto pandêmico causou impacto no exercício desse direito.

2. Os direitos fundamentais

O que é um direito fundamental? Em outros termos, o que são normas de direitos fundamentais? Quais os elementos jurídicos indispensáveis para adjetivar um direito como fundamental?

Na sua Teoria dos direitos fundamentais, Robert Alexy afirma que essa questão pode ser formulada de maneira abstrata ou concreta, sendo a primeira quando se indaga por meio de quais critérios uma norma pode ser identificada como sendo uma norma de direito fundamental, independentemente de pertencer a um dado ordenamento jurídico ou a uma Constituição, enquanto na forma concreta se questiona que normas de um determinado ordenamento jurídico ou de uma Constituição específica são normas de direitos fundamentais[17].

Peter Häberle conceitua os direitos fundamentais (*Grundrechte*) de maneira a englobar os direitos humanos universais e os direitos nacionais

[15] ALMEIDA, Vinicius Schumaher de; SILVA, Viviane D'Andretta e. "O luto em famílias de indivíduos que fogem aos padrões heteronormativos", *in* CASELLATO, Gabriela (org.). *Luto por perdas não legitimadas na atualidade*. São Paulo: Summus, 2020, p. 64.

[16] PARKES, Colin Murray. *Luto: estudos sobre a perda na vida adulta*. São Paulo: Summus, 1998, Trad. Maria Helena Pereira Franco Bromberg, p. 17.

[17] ALEXY, Robert. *Teoria dos direitos fundamentais*. Coleção teoria & direito público, Coord. Virgílio Afonso da Silva e Jean Paul C. Veiga da Rocha, São Paulo: Malheiros, 2015, Trad. Virgílio Afonso da Silva, p. 65.

dos cidadãos, sendo que essas duas classes de direitos são, com diferentes intensidades, partes necessárias integrantes da cultura jurídica de todo o Estado constitucional[18].

Robert Alexy formula a sua teoria de forma concreta, tendo foco a Constituição alemã e fornece uma resposta simples para a questão: normas de direitos fundamentais são aquelas normas que são expressas por disposições de direitos fundamentais, e estes são os enunciados presentes no texto da Constituição (no caso, a alemã), e somente esses enunciados. Mas essa resposta apresenta dois problemas: primeiro, parte do pressuposto da existência de um critério que permita dividir os enunciados da Constituição entre aqueles que expressam normas de direitos fundamentais e aqueles que não as expressam; segundo, se somente as normas expressas diretamente por enunciados da Constituição podem ser consideradas como direitos fundamentais[19].

Georges Abboud afirma que os direitos fundamentais asseguram ao cidadão um feixe de direitos e garantias que não poderão ser desrespeitados por nenhuma das esferas do Poder Público, acrescentando que os referidos direitos apresentam dupla função: ao mesmo tempo em que constituem prerrogativas que asseguram diversas posições jurídicas ao cidadão, também configuram limites/restrições à atuação do Estado[20].

Ricardo Castilho afirma que a expressão "direitos fundamentais" é empregada para designar aqueles direitos que já foram reconhecidos e positivados, institucionalmente, pelo direito constitucional interno de cada Estado, caracterizando-os com historicidade, inalienabilidade, imprescritibilidade, irrenunciabilidade, universalidade e relatividade[21].

Segundo André de Carvalho Ramos, a expressão "direitos fundamentais" delimitaria aqueles direitos reconhecidos e positivados pelo Direito Constitucional de um determinado Estado, e, por essa razão, passíveis de

[18] *"Los 'derechos fundamentales' ('Grund-Rechte') constituyen hoy en día el concepto que engloba a los derechos humanos universales y los derechos ciudadanos nacionales. Ambas clases de derechos fundamentales son, aunque con diversa intensidad, parte integrante necessária de la cultura jurídica de todo 'Estado constitucional' que merezca tal nombre.". In:* Häberle, Peter. *El Estado constitucional.* Cidade do México: Universidad Nacional Autónoma de México, 2003, Trad. Héctor Fix-Fierro,

[19] Alexy, Robert. *Op. cit.*, p. 65-66.

[20] Abboud, Georges. *Jurisdição constitucional e direitos fundamentais.* São Paulo: Editora Revista dos Tribunais, 2011, p. 329.

[21] Castilho, Ricardo. *Direitos humanos.* 3ª ed., São Paulo: Saraiva, 2015, p. 200-201.

cobrança judicial, tendo em vista a sua matriz constitucional. Contudo, a antiga separação entre direitos humanos (matriz internacional, sem maior força vinculante) e direitos fundamentais (matriz constitucional, com força vinculante gerada pelo acesso ao Poder Judiciário), no tocante aos respectivos instrumentos de proteção, fica diluída, pois os direitos humanos também passaram a contar com a proteção judicial internacional, onde vários desses direitos previstos nacionalmente foram também previstos internacionalmente. Dessa forma, os direitos fundamentais espelham, então, os direitos humanos, perdendo força a rígida separação do mundo internacional dos "direitos humanos" e o mundo constitucional dos "direitos fundamentais"[22].

Para Sérgio Parreiras Abritta, os direitos fundamentais podem ser considerados como aqueles indispensáveis para a proteção e a promoção da dignidade humana; eles são os elementos basilares não apenas da sociedade, mas para a interpretação e a aplicação de todas as normas do ordenamento jurídico[23].

Norberto Bobbio afirma que os direitos do homem, por mais fundamentais que sejam, são direitos históricos, nascidos em certas circunstâncias, caracterizadas por lutas em defesa de novas liberdades contra velhos poderes, nascidos de modo gradual, não todos de uma vez e nem de uma vez por todas[24].

Os direitos consagrados e reconhecidos pela constituição são designados por Canotilho como direitos fundamentais formalmente constitucionais, porque eles são enunciados e protegidos por normas com valor constitucional formal (normas que têm a forma constitucional). Por outro lado, o autor lusitano leciona que a Constituição portuguesa admite outros direitos fundamentais constantes das leis e das regras aplicáveis de direito internacional (artigo 16 da Constituição de Portugal), e que, em virtude de as normas que os reconhecem e protegem não terem a forma constitucional, estes direitos são denominados direitos materialmente fundamentais, destacando que o problema consiste em saber como distinguir, dentre

[22] Ramos, André de Carvalho. *Curso de direitos humanos*. 2ª ed., ver., atual. e ampl., São Paulo: Saraiva, 2015, p. 50-52.

[23] Abritta, Sérgio Parreiras. *Op. cit.*, p. 23.

[24] Bobbio, Norberto. *A era dos direitos*. Nova ed., Rio de Janeiro: Elsevier, 2004, Trad. Carlos Nelson Coutinho, p. 5.

os direitos sem assento constitucional, aqueles com dignidade suficiente para serem considerados fundamentais[25].

A Constituição brasileira de 1988 dispõe no parágrafo segundo do artigo 5º que não ficam excluídos outros direitos decorrentes do regime e dos princípios adotados pela Constituição, ou dos tratados internacionais em que a República Federativa do Brasil seja parte.

Dessa forma, percebe-se que a Constituição do Brasil não traz um catálogo fechado de direitos fundamentais, admitindo que outros direitos possam fazer parte desse rol.

Verifica-se que o § 2º do art. 5º da Constituição do Brasil de 1988 reconheceu como fonte dos direitos humanos os princípios constitucionais e os tratados internacionais, sendo que estes últimos, ainda que não integrassem formalmente a Constituição, materialmente deveriam ser considerados como de hierarquia superior às leis ordinárias e equivalentes às disposições constitucionais[26].

É a chamada "fundamentalidade material", conforme a lição de Canotilho, a significar que o conteúdo dos direitos fundamentais é constitutivo das estruturas básicas do Estado e da sociedade, e que pode não estar associada à constituição escrita e à ideia de "fundamentalidade formal" (geralmente associada à constitucionalização)[27].

Percebe-se nos conceitos de direito fundamental colacionados acima que todos trazem em comum alguns elementos: a) são direitos que têm relação com os direitos humanos e são indispensáveis para a dignidade humana; b) são direitos reconhecidos e positivados pelo Direito Constitucional de um determinado Estado, mas podem ser encontrados fora do texto constitucional; c) expressam limites ou restrições ao poder estatal; d) seu rol não é taxativo, mas meramente exemplificativo; e) são direitos históricos.

Partindo desses elementos, pode-se afirmar que o luto constitui um direito fundamental?

[25] CANOTILHO, J. J. Gomes. *Direito constitucional e teoria da constituição*. 7ª ed., 11 reimp., Coimbra: Almedina, 2003, p. 403-404.

[26] WEIS, Carlos. *Direitos humanos contemporâneos*. 2ª ed., São Paulo: Malheiros, 2010, p. 35.

[27] CANOTILHO, J. J. Gomes. *Op. cit.*, p. 379.

3. O luto é um direito fundamental?

Considerando as definições e os elementos conceituais apresentados anteriormente, cumpre indagar se o luto pode ser considerado como um direito fundamental. Responder esta indagação é importante, tendo em vista que a pandemia de Covid-19 acarretou várias restrições a esse direito, principalmente em relação à proibição de velórios, ausência de contato com o corpo do falecido, obrigatoriedade de urna funerária fechada e limitação de pessoas em cemitérios para os ritos fúnebres, enfim, limitações que refletem no exercício desse direito e, por via de consequência, na elaboração psicológica do período de luto.

O direito ao luto não está previsto de forma expressa no sistema de direitos e garantias da Constituição brasileira de 1988, contudo, ele decorre de um princípio fundamental, considerado pela doutrina como um dos princípios estruturantes do Estado brasileiro, que paira acima de todos, um super-princípio, constante do inciso III do artigo 1º da Constituição Federal: o da dignidade da pessoa humana[28].

Mas ainda que não haja previsão expressa no texto constitucional brasileiro, pode-se considerar que o direito ao luto constitui direito fundamental de natureza implícita, decorrente da cláusula geral do artigo 5º, § 2º, da Constituição Federal de 1988. Os direitos fundamentais implícitos ou implicitamente positivados abrangem todas as normas jurídicas materialmente fundamentais, que, mesmo não estando expressamente previstas na Constituição, podem ser deduzidas de um ou mais direitos (ou princípios) já positivados, mediante a reconstrução (ampliação) hermenêutica do âmbito de proteção de um dado direito.

Seguindo essa linha de raciocínio, pode-se concluir que mesmo que um determinado direito – a exemplo do direito ao luto – não possa ser localizado expressamente no texto da Constituição brasileira de 1988, isso não significa dizer que ele não exista no Brasil. Incorre em erro aquele que acredita que os direitos humanos, os direitos fundamentais e as normas jurídicas de proteção a esses direitos já se encontram plenamente formados e acabados. Na verdade, o direito é dinâmico e se transforma junto com a sociedade.

O Código Penal brasileiro, no seu Título V, prevê os crimes contra o sentimento religioso (Capítulo I) e contra o respeito aos mortos (Capítulo II).

[28] Abritta, Sérgio Parreiras. *Op. cit.*, p. 78.

No segundo capítulo desse título, são tipificados os crimes de impedimento ou perturbação de cerimônia funerária (art. 209), violação de sepultura (art. 210), destruição, subtração ou ocultação de cadáver (art. 211) e vilipêndio a cadáver (art. 212).

O bem jurídico, segundo a doutrina clássica, seria o sentimento de respeito aos mortos, ou seja, a sua memória, de modo que o ritual de despedida daquele que morreu não seja impedido, interrompido ou perturbado. Contudo, a doutrina moderna entende que o que se resguarda é o interesse dos vivos (familiares, amigos, a coletividade onde o falecido estava inserido), já que, dando-se tratamento indigno ao morto, estar-se-ia ofendendo o interesse dos vivos em preservar a sua dignidade e ferindo, também, o princípio da solidariedade[29].

Quando familiares, amigos e a coletividade prestam sua solidariedade por meio de homenagens fúnebres ao morto, reverenciando aqueles que lhes foram importantes durante a vida, respeita-se o princípio da dignidade humana e o princípio fixado como escopo primordial a ser perseguido pela República: a construção de uma sociedade solidária. Dessa maneira, o luto constitui um direito fundamental indisponível e não possibilitar a realização dessas homenagens – quando possível fazê-lo – significa não permitir a elaboração do luto e, portanto, ofender os princípios da dignidade humana (art. 1º, III, CF/88), da solidariedade (art. 3º, I, CF/88) e o direito à saúde (art. 6º, CF/88)[30].

Mesmo não estando expressamente previsto no sistema de direitos e garantias da Constituição, o luto é direito fundamental, decorrente do princípio da dignidade da pessoa humana, que alicerça o Estado Democrático de Direito, e seu exercício se encontra intrinsecamente ligado ao direito fundamental de solidariedade, bem como ao completo bem-estar mental, que se traduz no direito fundamental à saúde, cabendo, portanto, protegê-lo[31].

4. A pandemia de COVID-19 e seu impacto no exercício do direito ao luto em Manaus

No dia 30 de janeiro de 2020, a Organização Mundial de Saúde (OMS) declarou emergência na saúde pública de importância internacional

[29] ABRITTA, Sérgio Parreiras. *Op. cit.*, p. 82.

[30] ABRITTA, Sérgio Parreiras. *Op. cit.*, p. 85.

[31] ABRITTA, Sérgio Parreiras. *Op. cit.*, p. 89.

(ESPII), em razão da disseminação do Coronavírus (Covid-19). Em 3 de fevereiro do mesmo ano, o Ministério da Saúde do Brasil, através da Portaria MS nº 188 (conforme Decreto nº 7.616/2011), declarou emergência em saúde pública de importância nacional (ESPIN), em decorrência da infecção humana pelo novo Coronavírus[32]. A Lei Federal nº 13.979, de 6 de fevereiro de 2020, dispôs sobre as medidas para enfrentamento da emergência de saúde pública de importância internacional decorrente da Covid-19[33].

A Organização Mundial de Saúde (OMS), em 11 de março de 2020, estabeleceu a classificação como pandemia do Novo Coronavírus (Covid-19), à época com mais de 153.000 (cento e cinquenta e três mil) casos ao redor do mundo e cerca de 5.735 (cinco mil, setecentos e trinta e cinco) óbitos, acreditando-se que o número de casos, mortes e países afetados só deveria aumentar. Naquele momento, o Brasil contava com apenas 200 (duzentos) casos confirmados da doença. No dia 20 de março de 2020, o Ministério da Saúde declarou estado de transmissão comunitária da doença em todo o território nacional, por meio da Portaria nº 454/GM/MS[34].

Em Manaus, foi declarada situação anormal, caracterizada como emergencial, através do Decreto Municipal nº 4.780, de 16 de março de 2020[35]. Uma semana depois, foi declarado estado de calamidade pública no Município de Manaus, para enfrentamento da pandemia de Covid-19, através do Decreto Municipal nº 4.787, de 23 de março de 2020[36].

Em 11 de abril de 2020 foi publicado o Decreto Municipal nº 4.801, que dispôs sobre medidas excepcionais para realização de velórios e sepultamentos no município de Manaus durante o estado de emergência em saúde pública, causada pelo Novo Coronavírus (Covid-19). Dentre outras medidas, o referido decreto estabelecia que, no caso de óbito de pessoas

[32] Disponível em: < https://www.in.gov.br/en/web/dou/-/portaria-n-188-de-3-de-fevereiro-de-2020-241408388>, acesso em 13.08.2021.

[33] Disponível em: < https://www.in.gov.br/en/web/dou/-/lei-n-13.979-de-6-de-fevereiro-de-2020-242078735>, acesso em 13.08.2021.

[34] Disponível em: < https://www.in.gov.br/en/web/dou/-/portaria-n-454-de-20-de-marco-de-2020-249091587>, acesso em 13.08.2021.

[35] Disponível em: < https://leismunicipais.com.br/a/am/m/manaus/decreto/2020/478/4780/decreto-n-4780-2020-declara-situacao-anormal-caracterizada-como-emergencial-no-municipio-de-manaus-e-da-outras-providencias>, acesso em 13.08.2021.

[36] Disponível em: < https://leismunicipais.com.br/a/am/m/manaus/decreto/2020/478/4787/decreto-n-4787-2020-declara-estado-de-calamidade-publica-no-municipio-de-manaus-para-enfrentamento-da-pandemia-do-covid-19-e-da-outras-providencias>, acesso em 13.08.2021.

com diagnóstico confirmado ou suspeito do Novo Coronavírus (Covid-19), uma vez realizada a preparação dos corpos pelas prestadoras de serviços, estes deveriam seguir imediatamente para o sepultamento ou cremação, sem a realização da cerimônia de velório (art. 4º)[37].

Quanto aos sepultamentos, o citado Decreto municipal 4.801/2020 estabeleceu que poderiam participar do cortejo apenas o veículo conduzindo a urna funerária e um veículo particular, limitada a participação na cerimônia de sepultamento a 3 (três) pessoas (art. 5º). Estabeleceu ainda que em nenhuma hipótese deveriam participar das cerimônias de velório e sepultamento as pessoas identificadas como pertencentes ao grupo de risco, nos termos de relatórios da Organização Mundial de Saúde (OMS) e Ministério da Saúde (art. 6º).

Além da limitação a apenas três pessoas para a cerimônia de sepultamento, o que deixa muitos familiares próximos à pessoa falecida sem a oportunidade de prestar suas derradeiras homenagens, o impedimento de participação em velórios e sepultamentos para pessoas pertencentes a grupos de risco deixa de fora dessas cerimônias muitos pais e mães que perderam seus filhos para a pandemia, unicamente porque ostentam alguma condição que os enquadra como grupo de risco.

Matéria veiculada em 27 de abril de 2020, no jornal O Globo[38], afirmava que a cidade de Manaus, até a mencionada data, havia completado 7 (sete) dias consecutivos com mais de 100 (cem) óbitos por dia, chegando a praticamente esgotar o número de urnas funerárias disponíveis na cidade, obrigando o comércio local a tentar restabelecer o estoque através de transporte aéreo. Em muitos desses sepultamentos, por causa do que ficou estabelecido pelo Decreto Municipal nº 4.801, a família não pôde estabelecer qualquer ritual de despedida do falecido.

A mesma matéria noticiava a existência de um verdadeiro "engarrafamento" de sepultamentos nos cemitérios de Manaus, ou seja, devido ao aumento dos óbitos por causa da pandemia, um número significativo de sepultamentos na fila de espera. O Presidente do Sindicato das Empre-

[37] Disponível em: < https://leismunicipais.com.br/a/am/m/manaus/decreto/2020/481/4801/decreto-n-4801-2020-dispoe-sobre-medidas-excepcionais-para-realizacao-de-velorios-e-sepultamentos-no-municipio-de-manaus-durante-o-estado-de-emergencia-em-saude-publica->, acesso em 13.08.2021.

[38] Disponível em: <https://oglobo.globo.com/sociedade/coronavirus/manaus-tenta-aviao-para-reabastecerestoque-de-caixoes-que-so-dura-mais-cinco-dias-24395214>, acesso em 13.08.2021.

sas Funerárias do Amazonas (SEFEAM) expôs que no cemitério Nossa Senhora Aparecida, localizado no Parque Tarumã, aproximadamente, 40 (quarenta) famílias necessitaram, no dia 24 de abril de 2020, aguardar disponibilização de funcionários para que os sepultamentos ocorressem[39].

Contêineres frigoríficos chegaram a ser instalados no Cemitério Nossa Senhora Aparecida, no bairro Tarumã, Zona Oeste de Manaus, para comportar a alta demanda de caixões que estão sendo enviados de hospitais públicos da capital, muitos deles de vítimas do novo coronavírus[40].

Outro ponto a contribuir para dificultar ainda mais a elaboração do luto das famílias refere-se ao plano levado a efeito pela Prefeitura de Manaus, consistente na realização de enterros com sobreposição de corpos que, devido à repercussão negativa, resolveu modificá-lo para o método de "trincheiras"[41].

Todas essas restrições impostas pelo Poder Público de Manaus, não obstante tenham sido adotadas com a justificativa de respeitar medidas de distanciamento social com o fito de coibir a proliferação do contágio pelo Novo Coronavírus (Covid-19) e de ordenar a realização de velórios e sepultamentos na cidade, trouxeram inegáveis restrições ao direito fundamental ao luto das inúmeras famílias que perderam um ente querido para a citada doença.

Pode-se questionar, por exemplo, a prioridade de alguns serviços na ordem de flexibilização das restrições do Poder Público. Os shoppings, academias de ginástica e salões de beleza, por exemplo, tiveram suas restrições à circulação de pessoas flexibilizadas antes dos estabelecimentos funerários e cemitérios. Muitos desses ambientes que passaram a contar

[39] Disponível em: <https://oglobo.globo.com/sociedade/coronavirus/manaus-tenta-aviao-para-reabastecerestoque-de-caixoes-que-so-dura-mais-cinco-dias-24395214>, acesso em 13.08.2021.

[40] Disponível em: <https://g1.globo.com/am/amazonas/noticia/2020/04/20/frigorificos-sao-instalados-em-cemiterio-de-manaus-para-comportar-caixoes-videos-mostram-fila-de-carros-funerarios.ghtml>, acesso em 13.08.2021.

[41] Disponível em: <https://g1.globo.com/am/amazonas/noticia/2020/04/21/prefeitura-de-manaus-faz-valas-comuns-em-cemiterio-para-enterrar-vitimas-de-coronavirus-veja-video.ghtml>, acesso em 13.08.2021. O ente municipal chegou a anunciar que os sepultamentos realizar-se-iam em camadas triplas, nas valas comuns. Os buracos, cavados com maior profundidade, abarcariam três fileiras de caixões, uns sobre os outros. Porém, diante da altíssima repercussão negativa, a Prefeitura de Manaus voltou atrás e manteve a execução do método de "trincheiras". Cf. <https://oglobo.globo.com/sociedade/coronavirus/manaus-volta-atras-suspende-enterros-com-caixoesempilhados-24398349>, acesso em 13.08.2021.

com a volta do público em seus estabelecimentos são recintos fechados, com ar condicionado e com maiores possibilidades de propagação de vírus do que o ambiente aberto dos cemitérios.

Novamente aqui caberia a reflexão inicial, nós, brasileiros, temos uma natural propensão para aquilo que é imediato (de preferência eventos sem muita gravidade ou solenidade), mas encontramos dificuldade em traçar planos para o futuro, e, principalmente, de falar e pensar sobre a finitude da vida. Mas não falar sobre um problema, por óbvio, não o elimina de nossas vidas. Principalmente quando se trata da elaboração do luto. Este é um assunto que não pode e nem deve ficar para depois.

5. Reflexos de algumas restrições impostas pela COVID-19 na saúde das pessoas enlutadas

Refletindo sobre as referidas restrições impostas pelo Poder Público, com o intuito de frear a proliferação viral e o adoecimento durante a pandemia de Covid-19, é preciso pensar também sobre os efeitos dessas medidas, sem falar na quarentena e no distanciamento social, em termos de riscos à saúde dos indivíduos que estão em processo de luto.

Cumpre indagar se essas medidas restritivas, não obstante necessárias, impuseram não somente uma limitação ao exercício do direito fundamental ao luto, mas, também, agravos no direito à saúde. E quanto ao distanciamento físico das pessoas imposto pelo isolamento ou pela quarentena, com intuito de minimização do contágio pela Covid-19, será que essas medidas acarretaram algum risco à saúde mental das pessoas enlutadas?

Ab initio, é mister distinguir a quarentena e o distanciamento social, que não são conceitos sinônimos. A quarentena demanda o isolamento social e significa separação e restrição à circulação de pessoas que foram potencialmente expostas a uma doença contagiosa, mesmo que não apresentem sintomas, com o objetivo de reduzir o risco de transmissão para outras pessoas; por outro lado, o distanciamento social implica apenas a separação de pessoas, seja por decisão deliberada ou por causa de imposição das instituições sociais, enfocando quem teve contato com a doença, com o objetivo de prevenção do contágio. Entretanto, ambos os termos são comumente usados de forma intercambiável, principalmente na comunicação com o público[42].

[42] BROOKS, Samantha K.; WEBSTER, Rebecca K.; SMITH, Louise E., *et al.* "The psicological impact of quarantine and how to reduce it: rapid review of the evidence", *in The Lancet,*

O contato físico constitui uma das experiências sociais que regulam o nosso cérebro em face do medo, do berço ao túmulo. É no contato da pele da mãe com a do bebê que este recebe indícios de segurança, e, a partir do aprendizado dessa primeira experiência, nossa mente só se acalma após uma experiência ameaçadora quando em contato físico com aquele ou aquilo que nos protege ao longo da vida. Os contatos sociais possíveis necessitam ser incrementados no período de isolamento social imposto pela pandemia, na tentativa de minimizar a falta gerada pela ausência de contato físico. Aumentar os contatos sociais (ainda que de maneira virtual), com mais trocas de olhares e conversas têm resultado na minimização dessa perda transitória[43].

Algumas das melhores pesquisas acerca dos efeitos psicossomáticos da perda foram realizadas no Strong Memorial Hospital, na cidade de Rochester, nos Estados Unidos, no qual um grupo de psiquiatras desenvolveu a teoria de que os sentimentos de desamparo e desesperança que podem acompanhar o luto são responsáveis pelas doenças físicas[44].

A diferenciação entre luto e depressão e, por consequência, a adequada intervenção para o momento constitui um desafio clínico substancial, dada a semelhança de muitos dos sinais e sintomas. Com esses conceitos em mente, equipes de cuidados paliativos tem melhores condições de cuidar do sofrimento de pacientes e/ou familiares que vivem perdas significativas[45].

Do ponto de vista da saúde mental, sintomas de transtorno de estresse pós-traumático (TEPT) e outros distúrbios de estresse se mostraram mais evidentes logo nas primeiras semanas da pandemia, assim como o aumento dos níveis de ansiedade, de acordo pesquisas científicas em andamento[46], cujos resultados preliminares já foram publicados[47].

v. 395, 2020, pp. 912-920, disponível em <https://www.thelancet.com/journals/lancet/article/PIIS01406736(20)30460-8/fulltext>, acesso em 15/08/2021.

43 Casellato, Gabriela. "Posfácio – Os lutos de uma pandemia", *in* Casellato, Gabriela (org.). *Luto por perdas não legitimadas na atualidade*. São Paulo: Summus, 2020, p. 237-238.

44 Parkes, Colin Murray. *Op. cit.*, p. 37.

45 Forte, Daniel; Achette, Daniela. "Cuidados paliativos no século 21", *in* Fukumitsu, Karina Okajima (org.). *Vida, morte e luto: atualidades brasileiras*. São Paulo: Summus, 2018, p. 151.

46 BROOKS, Samantha K.; WEBSTER, Rebecca K.; SMITH, Louise E., *et al*. "The psicological impact of quarantine and how to reduce it: rapid review of the evidence", *in The Lancet*, v. 395, 2020, pp. 912-920, disponível em <https://www.thelancet.com/journals/lancet/article/PIIS01406736(20)30460-8/fulltext>, acesso em 15/08/2021.

Segundo estudo realizado na China[48], que entrevistou 1.257 adultos, com idades na faixa de 26 a 40 anos, onde 76,7% eram mulheres. Do total, 60,8% eram enfermeiros e 39,2% eram médicos que trabalharam nos hospitais em Wuhan, tendo 41,5% atuado na linha de frente, cuidando de pacientes contaminados pelo Novo Coronavírus. Os resultados dessa pesquisa indicaram que:

1. 50,4% dos profissionais de saúde apresentaram sintomas de depressão;
2. 44,6% dos profissionais de saúde apresentaram sintomas de ansiedade;
3. 71,5% dos profissionais de saúde apresentaram sintomas de angústia;
4. Enfermeiros, mulheres e cuidadores da linha de frente apresentaram mais sintomas severos do que outros cuidadores;
5. Transtorno de ansiedade generalizada entre homens e mulheres;
6. Insônia severa entre os profissionais da linha de frente e de suporte;
7. Profissionais da linha de frente que trabalharam engajados diretamente em diagnósticos, tratamento e cuidado dos pacientes com Covid-19 foram associados a alto risco de sintomas de depressão, ansiedade, insônia e angústia.

Os resultados desse estudo chinês são reveladores. Eles indicam que mesmo os trabalhadores da saúde estão sujeitos a desenvolverem sintomas de depressão, ansiedade, angústia, insônia e outros distúrbios do sono, etc., sendo que, no atual contexto pandêmico, aqueles que estão trabalhando na linha de frente tendem a apresentar sintomas mais severos do que outros profissionais. Afinal, não obstante todos os incansáveis e louváveis esforços dos profissionais da saúde que atuaram e continuam atuando na pandemia, eles são seres humanos e, como tais, estão sujeitos a encararem a sua

[47] Lima, Carlos Kennedy Tavares; Carvalho, Poliana Moreira de Medeiros; Lima, Igor de Araújo Araruna Silva, *et al.* "The emotional impact of Coronavirus 2019-nCoV (new Coronavirus disease)", *in Psychiatry Research*, Volume 287, maio de 2020, disponível em: <https://www.sciencedirect.com/science/article/abs/pii/S0165178120305163?via%3Dihub>, acesso em 15/08/2021.

[48] Lai, Jianbo; Ma, Simeng; Wang, Ying, *et al.* "Factors associated with mental health outcomes among health care workers exposed to coronavirus disease 2019", *in Jama Network*, v. 3, n. 3, 23/03/2020, disponível em: <https://jamanetwork.com/journals/jamanetworkopen/fullarticle/2763229?utm_campaign=articlePDF&utm_medium=articlePDFlink&utm_source=articlePDF&utm_content=jamanetworkopen.2020.3976>, acesso em 15/08/2021.

própria finitude. Cada um deles têm uma família, amigos, colegas. Cada um com seus sonhos e seus medos também.

Acrescente-se a isso o fato de que as inúmeras situações de adoecimento, sofrimento e mortes que esses profissionais presenciam em seu ofício pode gerar o que os psicólogos chamam de "lutos do cuidar"[49].

Afinal, aqueles que tem o ofício de cuidar de pessoas muito doentes às vezes também necessitam desabafar, pois isso os mantém em harmonia e capazes de retornar ao trabalho no dia seguinte, para reassumir o seu posto e exercer seu importante ofício[50].

O luto não elaborado é fator de risco para complicações no processo de luto e favorece o desenvolvimento de distúrbios de ordem física e psíquica, resultantes da censura e da banalização da dor, sendo que os maiores riscos estão relacionados às seguintes dificuldades: a) o não reconhecimento do luto aumenta o desafio do enlutado; b) o luto não franqueado aumenta o isolamento social e diminuem as chances de suporte social; c) sem a vivência saudável do luto, ocorre o aumento dos sentimentos de inadequação, culpa e vergonha; d) o processo de luto pode ser inibido, ou ainda tornar-se crônico ou distorcido[51].

Os enlutados, mesmo os que testemunharam a morte aparentemente tranquila de um ente querido, com frequência necessitam contar sua história muitas e muitas vezes, e essa é uma parte importante da transformação da experiência que tiveram em lembrança, representa um processo que lhes permitirá não ficar revivendo aquela morte como uma realidade paralela, sempre que pensarem no assunto[52].

Conclui-se, dessa forma, que a pandemia de Covid-19 tem causado um significativo impacto negativo na saúde física e mental da população mundial, e tais efeitos serão experimentados em curto, médio e longo prazo em diversos países, culturas e contextos socioeconômicos[53].

[49] Vide os excelentes trabalhos de Francisco de Assis Carvalho, Daniela Achette, Paula da Silva Kioroglo Reine, Ingrid Maria Olsén de Almeida, Claudia Petlik Fisher e Vera Anita Bifulco, *in* CASELLATO, Gabriela (org.). *Luto por perdas não legitimadas na atualidade.* São Paulo: Summus, 2020, p. 144-195.

[50] MANNIX, Kathryn. *Precisamos falar sobre a morte.* Rio de Janeiro: Sextante, 2019, Trad. Simone Reisner, p. 54.

[51] CASELLATO, Gabriela. "Luto não autorizado", *in* FUKUMITSU, Karina Okajima (org.). *Vida, morte e luto: atualidades brasileiras.* São Paulo: Summus, 2018, p. 213-214.

[52] MANNIX, Kathryn. *Op. cit.*, p. 54.

[53] CASELLATO, Gabriela. "Posfácio – Os lutos de uma pandemia", *in* CASELLATO, Gabriela (org.). *Luto por perdas não legitimadas na atualidade.* São Paulo: Summus, 2020, p. 242.

Diante do aumento da demanda e dos desafios de tantos fatores de risco inerentes ao luto pela morte de um ente querido no contexto pandêmico, os ajustamentos dos serviços de saúde mental tornam-se urgentes e necessários. Não se deve esperar o tempo passar e os sintomas começarem a se manifestar para oferecer apoio aos enlutados pela Covid-19: ações rápidas e efetivas podem favorecer a redução de riscos individuais e coletivos de famílias, comunidades e nações. Afinal, ações efetivas e céleres são o caminho mais assertivo para enfrentar a colateral epidemia de transtornos psicológicos que seguirão a passagem do vírus no Brasil e no mundo. Torna-se imperiosa uma nova forma de agir preventivamente e com agilidade para responder a essa tragédia coletiva que, certamente, deixará seu legado de sofrimento, mas também de resiliência[54].

Diante das condições em que os óbitos por Covid-19 ocorreram – pacientes isolados, sem receber visitas dos familiares, superlotação dos hospitais e unidades de saúde, restrições às cerimônias de velório e sepultamento, etc. –, pode-se inferir que a pandemia trouxe inegáveis prejuízos ao exercício do direito ao luto, que acarretou consequentemente reflexos negativos na saúde dos enlutados, que ficaram impedidos de vivenciarem o seu luto de maneira saudável, ensejando situações de lutos não elaborados e o desenvolvimento de psicopatologias em curto, médio e longo prazo.

Conclusões

O estudo dos efeitos das restrições impostas pelo Poder Público ao exercício do direito ao luto na cidade de Manaus, durante a pandemia de Covid-19, nos faz pensar no quanto este direito fundamental tem sido deixado em segundo plano por causa de restrições de autoridades públicas. Obviamente, a intenção é louvável: impedir o contágio de um vírus e preservar a saúde das pessoas.

Com o aumento das mortes no Brasil, desde os primeiros decretos restritivos de autoridades públicas, uma das ordens comuns (não somente em Manaus) foi a restrição a cerimônias fúnebres, velórios e sepultamentos. Entretanto, sem entrar no mérito do acertamento dessas medidas restritivas, o fato é que, com o passar dos dias, alguns serviços foram flexibilizados,

[54] CASELLATO, Gabriela. "Posfácio – Os lutos de uma pandemia", *in* CASELLATO, Gabriela (org.). *Luto por perdas não legitimadas na atualidade*. São Paulo: Summus, 2020, p. 250-251.

como, por exemplo, salões de beleza, shoppings e academias, locais que, geralmente, são fechados e climatizados, o que, em tese, parece oferecer muito mais probabilidades de contágio do em locais abertos.

Independentemente desses locais serem ou não mais propícios ao contágio, houve a aludida flexibilização. Mas o poder público brasileiro não flexibilizou as restrições aos rituais de luto, sendo vedado, inclusive, a visita pública aos cemitérios, tradicionalmente visitados pelos brasileiros no dia das mães (no mês de maio) e no dia de finados (em novembro), que são locais a céu aberto.

Essas determinações revelam muitas coisas sobre a atual situação do Brasil. Vários governos locais foram pressionados a flexibilizarem as restrições impostas por questões econômicas. Ao que tudo indica, muitos brasileiros ficam incomodados de não ir a um estádio de futebol com milhares de outras pessoas, ou a um templo erguido em homenagem ao consumo de massa, mas não pressionam para que as restrições ao direito ao luto sejam flexibilizadas.

Na verdade, evita-se falar sobre a morte ao máximo possível. Via de consequência, não se fala sobre o luto, sobre vivenciar de maneira saudável esse processo difícil e doloroso da experiência humana, mas necessário do ponto de vista psicológico.

É preciso falar sobre o luto, bem como sobre as consequências nefastas que os lutos não elaborados na atual pandemia poderão acarretar. Esse assunto não pode ficar para depois.

Com base na doutrina constitucional sobre o tema, o direito ao luto consubstancia um direito fundamental implícito na Constituição brasileira de 1988, com ligação direta ao princípio basilar da dignidade da pessoa humana e ao objetivo fundamental da República que é a solidariedade. Mais ainda. O exercício desse direito fundamental permite que as pessoas elaborem o seu processo de luto de maneira saudável, com respeito ao direito à saúde, evitando que doenças do corpo e da mente se instalem por causa da experiência do luto patológico, do luto não elaborado. E quanto mais pessoas forem acometidas de doenças somáticas e psicossomáticas, maior será o custo para o Estado.

O luto consiste num processo psíquico normal e esperado, ocorrendo quando a pessoa experimenta a perda de um ente querido (luto por perdas concretas), ou ainda quando experimenta situações de rompimento de vínculo (luto simbólico), sem que haja uma morte biológica.

O processo de luto pode levar a reações emocionais, físicas, cognitivas, comportamentais, espirituais e sociais. Como o luto é um processo e não um estado, não se deve estabelecer um prazo para o seu término, pois dependerá de fatores individuais e, naturalmente, do vínculo que foi rompido.

Urge que os poderes públicos atentem para o respeito a esse direito fundamental, com vistas a impedir que, a pretexto de se evitar o contágio de uma doença, se favoreça a instalação de diversas outras patologias físicas e mentais. Não há outro caminho: lutos não elaborados irão cobrar o preço. Não o preço do compromisso, que seria natural e saudável de experienciar, ainda que seja doloroso o processo. Mas o preço de deixar para depois o que precisa ser vivido hoje. E essa conta chegará, quer falemos sobre ela ou não.

Referências

ABBOUD, Georges. *Jurisdição constitucional e direitos fundamentais.* São Paulo: Editora Revista dos Tribunais, 2011.

ABRITTA, Sérgio Parreiras. *Direito ao luto como direito fundamental.* Coleção Direitos fundamentais e acesso à justiça no estado constitucional de direito em crise, Coord. Gregório Assagra de Almeida, Belo Horizonte: Editora D'Plácido, 2018.

ALEXY, Robert. *Teoria dos direitos fundamentais.* Coleção teoria & direito público, Coord. Virgílio Afonso da Silva e Jean Paul C. Veiga da Rocha, São Paulo: Malheiros, 2015, Trad. Virgílio Afonso da Silva.

ALMEIDA, Guilherme de; VIEIRA, Trajano. *Três tragédias gregas.* São Paulo: Perspectiva, 1997, Trad. Guilherme de Almeida.

BOBBIO, Norberto. *A era dos direitos.* Nova ed., Rio de Janeiro: Elsevier, 2004, Trad. Carlos Nelson Coutinho.

CANOTILHO, J. J. Gomes. *Direito constitucional e teoria da constituição.* 7ª ed., 11 reimp., Coimbra: Almedina, 2003.

CASELLATO, Gabriela (org.). *Luto por perdas não legitimadas na atualidade.* São Paulo: Summus, 2020.

CASTILHO, Ricardo. *Direitos humanos.* 3ª ed., São Paulo: Saraiva, 2015.

COSTA, Cristina. *Luto, ritos e memória: a experiência da dor e da perda humana no passado e no presente.* Belo Horizonte: Artesã, 2019.

ELIAS, Norbert. *A solidão dos moribundos, seguido de, Envelhecer e morrer.* Rio de Janeiro: Jorge Zahar Editor, 2001, Trad. Plínio Dentzien.

FREUD, Sigmund. *Luto e melancolia.* São Paulo: Cosac Naify, 2013, Trad. Marilene Carone.

FUKUMITSU, Karina Okajima (org.). *Vida, morte e luto: atualidades brasileiras.* São Paulo: Summus, 2018.

HÄBERLE, Peter. *El Estado constitucional.* Cidade do México: Universidad Nacional Autónoma de México, 2003, Trad. Héctor Fix-Fierro.

MANNIX, Kathryn. *Precisamos falar sobre a morte*. Rio de Janeiro: Sextante, 2019, Trad. Simone Reisner.

OLIVA, Luís César. *A existência e a morte*. Coleção Filosofias: o prazer de pensar, dirigida por Marilena Chaui, Juvenal Savian Filho, São Paulo: WMF Martins Fontes, 2012.

PARKES, Colin Murray. *Luto: estudos sobre a perda na vida adulta*. São Paulo: Summus, 1998, Trad. Maria Helena Pereira Franco Bromberg.

RAMOS, André de Carvalho. *Curso de direitos humanos*. 2ª ed., ver., atual. e ampl., São Paulo: Saraiva, 2015.

SÊNECA, *Edificar-se para a morte: das cartas morais a Lucílio*. Petrópolis: Vozes, 2016, Trad. Renata Cazarini de Freitas.

_____. *Sobre a brevidade da vida, seguido de, Sobre a firmeza do sábio*. São Paulo: Penguin Classics, Companhia das Letras, 2017, Trad. José Eduardo S. Lohner.

WEIS, Carlos. *Direitos humanos contemporâneos*. 2ª ed., São Paulo: Malheiros, 2010.

15
O IMPACTO DA PANDEMIA DE COVID-19 NAS COMPRAS PÚBLICAS PARA A SEGURANÇA SANITÁRIA NO RETORNO DAS ATIVIDADES PRESENCIAIS NOS TRIBUNAIS

TATIANA PAZ DE ALMEIDA

Introdução

A Organização Pan-Americana da Saúde – OPAS[1] registrou a cronologia dos fatos vinculados à pandemia de COVID-19 a ter o primeiro alerta em 31 de dezembro de 2019, quando diversos casos de pneumonia, originada de uma nova cepa de coronavírus que ainda não havia sido identificada em seres humanos, surgiram na cidade de Wuhan, província de Hubei, na República Popular da China.

Um mês depois, em 30 de janeiro de 2020, a Organização Mundial de Saúde – OMS declara Emergência de Saúde Pública de Importância Internacional (ESPII), decorrente do surto de coronavírus – o mais alto nível de alerta da Organização, consoante previsão do Regulamento Sanitário Internacional[2]:

> "um evento extraordinário que pode constituir um risco de saúde pública para outros países devido a disseminação internacional de doenças; e potencialmente requer uma resposta internacional coordenada e imediata".[3]

[1] Histórico da pandemia de COVID-19. Disponível em: https://www.paho.org/pt/covid19/historico-da-pandemia-covid-19. Acesso em: 04.07.2021.

[2] International health regulations (2005) -- 3 rd ed. 1. pág. 09.

[3] "public health emergency of international concern" means an extraordinary event which is determined, as provided in these Regulations: (i) to constitute a public health risk to other

Apenas em 11 de março a OMS caracteriza os surtos de COVID-19 existentes em vários países e regiões do mundo como uma pandemia.

Enquanto isto, no Brasil, o Ministério da Saúde, desde 04 de fevereiro de 2020, declarou Emergência em Saúde Pública de Importância Nacional (ESPIN)[4] e criou o Centro de Operações de Emergências em Saúde Pública (COE-nCoV) a ser o mecanismo nacional para a gestão coordenada de contenção emergencial dos efeitos do vírus.

Dentre as competências do COE-nCoV estão as de *planejar, organizar, coordenar e controlar as medidas a serem empregadas durante a ESPIN, nos termos das diretrizes fixadas pelo Ministro de Estado da Saúde*; e propor *a aquisição de bens e a contratação de serviços necessários para a atuação na ESPIN.*

Ailton Krenak[5], pensador indígena, em sua reflexão sobre a pandemia que parou o mundo pontua:

> "Agora esse organismo, o vírus, parece ter se cansado da gente, parece querer se divorciar da gente como a humanidade quis se divorciar da natureza. Ele está querendo nos "desligar", tirando o nosso oxigênio. Quando a Covid-19 ataca os pulmões, o doente precisa de um respirador, um aparelho para alimentação de oxigênio, senão ele morre. Quantas máquinas dessas vamos ter que fazer para 7 bilhões de pessoas no planeta?"

É, pois, sobre as aquisições e contratações que foram, e serão, necessárias para dar mecanismos efetivos ao Estado de mitigar a urgência de saúde pública ocasionada pela COVID-19 nas compras públicas – fazendo apontamento sobre a realidade do Judiciário Amazonense durante os primeiros meses de pandemia – e o restabelecimento do acesso à justiça na sua inteireza à sociedade, o objeto do presente artigo.

1. Cenário das compras públicas antes da pandemia

Para os agentes públicos envolvidos em compras do erário o segundo semestre do ano de 2019 apresentava os primeiros augúrios das grandes mudanças e inovações que estavam por vir. Era publicado em 23 de setembro

States through the international spread of disease and (ii) to potentially require a coordinated international response

[4] Portatia Nº 188, de 2 de fevereiro de 2020, Publicado no DOU em 04/02/2020. Edição: 24-A, Seção: 1 – Extra. Página: 1.

[5] Krenak, Ailton. O amanhã não está à venda. Editora Schawarcz S.A. pág. 05.

de 2019 o Decreto Federal Nº 10.024, de 20 de setembro de 2019, trazendo novas regulamentações à modalidade de pregão eletrônico, no âmbito da administração pública federal.

Um burburinho constante anunciava que a qualquer momento o PL 1292/95 teria a tramitação acelerada e, depois de quase 25 anos, a "Nova Lei de Licitações" seria promulgada. A ansiedade dos atores de compras era ter encerrado os diversos regimes paralelos criados para fugir da difícil tarefa que era modificar o texto da Lei Nº 8.666/1993.

A exemplo do pregão que foi inicialmente concebido para as contratações da ANATEL (art. 54 da Lei nº 9.472/1997) que se tornou modalidade geral com a Lei Nº 10.520/2002. Assim como do Regime Diferenciado de Contratações – RDC (Lei Nº 12.465/2011), pensado originalmente para as obras da Copa das Confederações da Federação Internacional de Futebol Associação – Fifa 2013, Copa do Mundo Fifa 2014 e Jogos Olímpicos e Paraolímpicos de 2016.

Entretanto, o RDC sofreu alterações legislativas para englobar: (1) as ações integrantes do Programa de Aceleração do Crescimento – PAC, (2) as licitações e contratos necessários à realização de obras e serviços de engenharia no âmbito dos sistemas públicos de ensino, e, ainda para as "obras e serviços de engenharia no âmbito do Sistema Único de Saúde – SUS" (modificações realizadas pelas Leis Nº 12.688, de 18 de julho de 2012; Lei Nº 12.722, de 03 de outubro de 2012; e, Lei Nº 12.745, de 19 de dezembro de 2012).

Os estudos e discussões que antecediam a publicação, da que viria a ser a Nova Lei de Licitações (Lei Nº 14.133, de 1º de abril de 2021) avistavam o afã de menor burocracia, maior efetividade no processo de compra, resguardo e responsabilidade com a coisa Pública. Não havia seminário ou palestra em licitações e contratos, àquela época, se os temas não integrassem governança, planejamento e *compliance.*

Alguns dos órgãos da Administração buscavam se estruturar para a nova realidade legislativa que se prenunciava. Ajustes internos de almoxarifado, levantamento de demandas contínuas, contratos vigentes até as possíveis datas marcos de alteração legislativa, projetos de expansão física e reforma as já existentes, vinham sendo realizados.

Em um país continental, com realidades administrativas distintas, ainda mais observando as especificidades de cada Poder, o melhor que se pretende neste artigo é tentar atender a Liev Tolstói, "*Se queres ser universal, começa por pintar a tua aldeia*". Pois será utilizado por exemplo os dados tidos, para compras públicas, no Tribunal de Justiça do Estado do Amazonas.

É um referencial valioso de dados pois, apesar de o Conselho Nacional de Justiça – CNJ, como pequeno porte[6], realiza-se, da capital, a macrogestão das 61 comarcas existentes num estado com área de 1.571.000 km^2, com as compras centralizadas na sede deste Poder para o atendimento de todo judiciário amazonense.

No ano de 2019, o Judiciário do Amazonas realizou compras licitáveis[7] e dispensas[8] em que é possível aferir que havia uma mobilização intensa da atividade meio para oferecer a atividade fim os insumos e condições necessárias ao desenvolvimento de suas funções, bem como nota-se os traços de expansão e melhoria das estruturas físicas e o do parque tecnológico. Entretanto, nenhuma preocupação sanitária especial.

2. Pandemia e as necessidades sanitárias

A Lei nº 13.979, de 6 de fevereiro de 2020, dispôs sobre as medidas para o enfrentamento da emergência de saúde pública de importância internacional de COVID-19, dentre elas, isolamento, quarentena, determinação compulsória de medidas profiláticas e deverão ser limitadas no tempo e no espaço mínimo indispensável à promoção e à preservação da saúde pública.[9]

Disciplinou no art. 3º-A a obrigatoriedade de manter boca e nariz cobertos por máscaras e proteção individual para circulação em espações públicos acessíveis ao público.

Prevê ainda que:

> § 7º-C Os serviços públicos e atividades essenciais, cujo funcionamento deverá ser resguardado quando adotadas as medidas previstas neste artigo, incluem os relacionados ao atendimento a mulheres em situação de violência doméstica e familiar, nos termos da Lei nº 11.340, de 7 de agosto de 2006, a

[6] https://www.cnj.jus.br/wp-content/uploads/2020/08/WEB-V3-Justi%C3%A7a-em-N%C3%BAmeros-2020-atualizado-em-25-08-2020.pdf. pág. 42. Acesso em: 04.07.2021.

[7] https://www.tjam.jus.br/index.php/documentos-licitacao/editais-avisos-erratas-e-docs/processos-licitatorios-com-valor-estimado-e-empresas-contratadas/2019-4 Acesso em: 04.07.2021.

[8] https://www.tjam.jus.br/index.php/compras-publicas/quadro-de-dispensa-e-inexigibilidade/8166-relatorio-de-processos-de-compras-dispensa-2019/file Acesso em: 04.07.2021.

[9] http://www.planalto.gov.br/ccivil_03/_ato2019-2022/2020/lei/l13979.htm#view Acesso em: 04.07.2021.

> crianças, a adolescentes, a pessoas idosas e a pessoas com deficiência vítimas de crimes tipificados na Lei nº 8.069, de 13 de julho de 1990 (Estatuto da Criança e do Adolescente), na Lei nº 10.741, de 1º de outubro de 2003 (Estatuto do Idoso), na Lei nº 13.146, de 6 de julho de 2015 (Estatuto da Pessoa com Deficiência), e no Decreto-Lei nº 2.848, de 7 de dezembro de 1940 (Código Penal). (Incluído pela Lei nº 14.022, de 2020)

Atividades inerentes ao Poder Judiciário, como se vê, por suas varas especializadas de "Maria da Penha", infância e idoso.

Em regulamentação à Lei Nº 13.979/2020 foi editado o Decreto Federal Nº 10.282, de 20 de março de 2020, a esclarecer no art. 4º que o Poder Judiciário definirá suas limitações de funcionamento.

No dia 30 de julho de 2020 é disponibilizada no Diário de Justiça Eletrônico[10], do Judiciário do Amazonas, a Portaria nº 1.586, de 29 de julho de 2020, considerando o disposto na Resolução nº 322, do Conselho Nacional de Justiça, regulamentou que:

> **Art. 1º.** Regulamentar o atendimento virtual, por todos os magistrados do Tribunal de Justiça do Estado do Amazonas, aos Advogados, Procuradores, Defensores Públicos, membros do Ministério Público e da Polícia Judiciária e das partes, no exercício do seu jus postulandi, durante o estado de Emergência em Saúde Pública de Importância Nacional, declarado em razão da pandemia pelo COVID-19.
>
> **Art. 2º.** Os Juízes e Desembargadores do Tribunal de Justiça do Amazonas deverão realizar os atendimentos adotando, prioritariamente, as plataformas de videoconferência já utilizadas para a realização de audiências e/ou sessões de julgamento em órgãos colegiados.

Este ato marcou o momento em que quase a integralidade dos servidores do Tribunal de Justiça laborava em regime de *home office*.

Entretanto, considerando o caráter essencial da atividade judiciária, em 31 de agosto de 2021, o Tribunal de Justiça do Amazonas estabelece, através da Portaria nº 1.753, o protocolo mínimo de retomada gradual dos serviços presenciais no âmbito das unidades administrativas e jurisdicionais.

A importância deste normativo para o contexto de compras está no Anexo Único quando tratou das ações gerais, das ações de orientação e

[10] https://consultasaj.tjam.jus.br/cdje/index.do

divulgação aos usuários internos e das ações de higiene, conservação limpeza e desinfecção das unidades:

1. Ações gerais

1.1. Será obrigatório o uso de máscaras de proteção facial para entrar e permanecer nas unidades administrativas e jurisdicionais do Tribunal de Justiça do Amazonas.

1.2. Será obrigatória a aferição da temperatura nas entradas das unidades, sendo vedada a entrada de quem tiver temperatura corporal igual ou maior a 37,5 ºC.

1.3. Deverá ser respeitado o distanciamento social entre pessoas de, no mínimo, 2 metros e, nos locais propícios à formação de filas, de no mínimo 1,50 metros, mediante a marcação de distâncias no piso.

1.4. Ficam vedadas as reuniões presenciais com mais de 8 (oito) pessoas, com estímulo à manutenção de reuniões por meio remoto.

1.5. Ficam suspensos todos os eventos presenciais em locais fechados.

1.5.1. Se for estritamente necessária a realização do evento, observar-se-á o limite máximo de dez pessoas e a distribuição de cinco pessoas para cada cem metros quadrados ($100m^2$).

1.6. Deverão ser afixados sinais e marcações para criar um fluxo unidirecional no deslocamento de pessoas em corredores, escadas, pontos de entrada e de saída, com orientação para deslocamento pela via da direita.

1.7. Os elevadores operarão com lotação reduzida, até 30% (trinta por cento) da capacidade, devendo ser afixados sinais e marcações nos pisos dos elevadores com os limites de distanciamento social, bem como programar os limites de peso para possibilitar o trânsito de apenas duas pessoas nos elevadores menores e, nos maiores, de quatro pessoas.

1.8. Deverão ser compostas, preferencialmente, turmas de revezamento para as unidades de serviços presenciais, evitando-se a sobreposição de turnos de trabalho, com concentração de usuários internos acima da quantidade fixada para a manutenção do distanciamento social.

1.9. As avaliações médicas presenciais dos sintomáticos serão dispensadas, mantendo-se a apresentação dos atestados de forma digital, via sistema de processos administrativos.

1.10. Serão concedidos até 15 (quinze) dias de licença por motivo de doença em pessoa da família, sem necessidade de avaliação pericial, para os casos de COVID-19 ou doenças virais respiratórias.

1.11. Ficam restritas as viagens de magistrados e servidores, devendo ser autorizadas somente as estritamente necessárias.

2. Ações de orientação e divulgação aos usuários internos

2.1. É obrigatório o uso ostensivo do crachá funcional para ingresso às dependências das unidades judiciárias e administrativas.

2.2. A Divisão de Serviço Médico, em cooperação com a Divisão de Serviço Social, deverá promover campanhas de prevenção e informação sobre COVID-19, por meio de campanhas preventivas e informativas, com especial atenção para a forma adequada de higienização das mãos e do ambiente de trabalho, além de boa etiqueta respiratória.

2.3. Não compartilhamento de móveis e equipamentos entre usuários internos e, quando inevitável, orientação acerca da limpeza de mesas, cadeiras e acessórios previamente à troca de turnos, que deverá ocorrer de forma escalonada para que os colaboradores da limpeza possam realizar o serviço.

2.4. Os servidores e magistrados deverão ser incentivados a informar qualquer sinal e sintoma de doenças, em especial as respiratórias.

2.5. Deverá ser divulgada a recomendação de evitar o compartilhamento de documentos impressos, preferindo-se a utilização de arquivos digitais para esta finalidade.

4. Ações de Higiene

4.1. Deverá ser observada a higienização frequente das mãos por meio da lavagem com sabão e uso de álcool em gel, evitando-se tocar na máscara de proteção facial e olhos.

4.2. Os dispensadores de álcool em gel serão posicionados em lugar visível e de fácil acesso e em quantidade sufi ciente para que se evite aglomerações.

4.2.1. As equipes de limpeza deverão assegurar o abastecimento de todos os dispensadores do álcool em gel por meio de mapeamento dos locais instalados.

4.3. Os usuários internos deverão estar atentos à limpeza e desinfecção de objetos e superfícies tocados com frequência, como canetas, celulares e fones de ouvido etc.

4.4. Objetos de uso pessoal, tais como talheres, copos, pratos, garrafas e objetos de trabalho, não devem ser compartilhados.

4.5. Deverá ser observada boa etiqueta respiratória, como, por exemplo, cobrir a boca e o nariz com o antebraço ou lenço descartável ao espirrar ou tossir.

5. Ações de higiene, conservação, limpeza e desinfecção das unidades.

5.1. Deverá ser aumentada a frequência da limpeza das estações de trabalho.

5.2. Os objetos de uso compartilhado deverão ser higienizados sempre que pessoa distinta for ter contato com tais objetos.

5.3. As portas deverão permanecer preferencialmente abertas para evitar o contato constante com as maçanetas, com exceção das que tenham que permanecer obrigatoriamente fechadas, a exemplo da porta tipo corta-fogo.

5.4. As bandejas e demais superfícies da área de segurança deverão ser higienizadas com especial atenção.

5.5. Deverá ocorrer a fiscalização do cumprimento de rotinas periódicas diárias de limpeza de banheiros e de superfícies de atendimento público.

5.6. Os tapetes dos elevadores serão retirados.

5.7. Deverá ser promovida a demarcação de orientações de limpeza e higiene nas escadas de emergência.

5.8. Os vasos de plantas serão removidos dos corredores, de modo a reduzir o trânsito dos jardineiros.

5.9. Os filtros de ar-condicionado deverão ter a sua higienização e manutenção constantemente efetuadas.

5.9.1. As áreas que possuem sistema de climatização individuais (como Split System's ou Ar-Condicionado de Janela), cujos níveis de renovação de ar e filtragem não podem obedecer aos requisitos normativos devem, sempre que possível, desligar os equipamentos e priorizar o uso da ventilação natural.

5.9.2. Deverão ser efetivadas rotinas de manutenção do ar condicionado de acordo com os regulamentos técnicos (ABNT NBR 16401, Plano de Manutenção, Operação e Controle PMOC, RE 09 da Anvisa e Lei no 13.589/2018), com ênfase na execução da limpeza e com a apuração periódica da qualidade do ar.

5.9.3. Conquanto o sistema de ar-condicionado central possua níveis de renovação e filtragem do ar adequados para ambientes de escritório (de acordo com a Norma ABNT NBR 16401), durante a vigência desta Portaria as janelas deverão permanecer abertas durante o expediente, priorizando-se a ventilação natural ao funcionamento do sistema de ar condicionado. Ao final do expediente as janelas deverão ser fechadas e travadas, com igual recomendação de fechamento e travamento durante fortes ventanias, diante da incapacidade das janelas para sustentar grandes esforços.

5.9.3.1. Está autorizado o funcionamento do ar condicionado nos locais, especificados pela Divisão de Engenharia do Tribunal, em que o sistema de ar condicionado central for servido por máquina individual (fancoil) que não permita a mistura de ar de retorno proveniente de ambientes diversos, conforme solicitação da autoridade.

5.9.3.2. – A Divisão de Engenharia do Tribunal deverá examinar outros protocolos que venham a permitir o funcionamento seguro do sistema de ar condicionado central.

5.10. As equipes de manutenção devem revisar as medidas de segurança, com adequada utilização de EPIs, devendo evitar aglomerações dos profissionais, bem como a utilização concomitante dos recintos utilizados por usuários internos.

O objeto das compras públicas deste Poder passou a ter outras variáveis (*dispensers*, marcadores de piso, divisórias em acrílico, máscaras, luvas, *face shield*, capote, álcool 70% e etc.) e novas prioridades. Não mais apenas a de estruturar o desenvolvimento da atividade jurisdicional, mas garantir segurança sanitária aos servidores para permitir o retorno dos trabalhos e o acesso à justiça, sem obstáculos – quer sejam físicos quer econômicos (porque nem todos têm possibilidade de manter planos de dados de internet sem prejuízo de sua subsistência) quer cognitivos (pois existem pessoas que tem dificuldades reais no uso de ambientes virtuais) –, para a população amazonense.

3. A nova perspectiva de compras públicas

A urgência da vida não acompanha a burocracia necessária para o uso do dinheiro público. Identificada a inviabilidade de tratar as aquisições do momento pandêmico com regras tradicionais, editou-se regras com o objetivo de atender às urgências deste período de excepcionalidades.

Em 06 de fevereiro de 2021, é publicada a Lei Nº 13.979 a dispor sobre as medidas para enfrentamento da emergência de saúde pública de importância internacional decorrente do coronavírus responsável pelo surto de 2019.

Ato contínuo, em maio do ano de 2021 são editadas duas Medidas Provisórias, nº 1.047, de 03/05/2021[11], e nº 961, de 06/05/2021[12]. A primeira, dispondo sobre as medidas excepcionais para a aquisição de bens e a con-

[11] https://www.congressonacional.leg.br/materias/medidas-provisorias/-/mpv/148281 Acesso em: 04.07.2021.

[12] https://www.congressonacional.leg.br/materias/medidas-provisorias/-/mpv/141863 Acesso em: 04.07.2021.

tratação de serviços, inclusive de engenharia, e insumos destinados ao enfrentamento da pandemia da COVID-19. A segunda, convertida na Lei Nº 14.065, de 30 de setembro de 2021.

Estas são algumas, de tantas outras medidas e legislações editadas e alteradas, para promover o enfrentamento da emergência de saúde pública de importância internacional decorrente do COVID-19.

A MP nº 1.047, de 03/05/2021, apresentou balizas de processo administrativo para a realização de dispensa e licitação (na modalidade pregão eletrônico ou presencial) durante o período de excepcionalidade.

Um dos pontos merecedor de destaque é a mitigação do planejamento das aquisições com a fixação de parâmetros básicos:

> Art. 8º No planejamento das aquisições e das contratações de que trata esta Medida Provisória, a administração pública deverá observar as seguintes condições:
>
> I – fica dispensada a elaboração de estudos preliminares, quando se tratar de bens e serviços comuns;
>
> II – o gerenciamento de riscos da contratação somente será exigível durante a gestão do contrato; e
>
> III – será admitida a apresentação de termo de referência simplificado ou de projeto básico simplificado.
>
> § 1º O termo de referência simplificado ou o projeto básico simplificado de que trata o inciso III do caput conterá:
>
> I – a declaração do objeto;
>
> II – a fundamentação simplificada da contratação;
>
> III – a descrição resumida da solução apresentada;
>
> IV – os requisitos da contratação;
>
> V – os critérios de medição e de pagamento;
>
> VI – a estimativa de preços obtida por meio de, no mínimo, um dos seguintes parâmetros:
>
> a) Portal de Compras do Governo federal;
>
> b) pesquisa publicada em mídia especializada;
>
> c) sites especializados ou de domínio amplo;
>
> d) contratações similares de outros entes públicos; ou
>
> e) pesquisa realizada com os potenciais fornecedores; e
>
> VII – a adequação orçamentária.
>
> § 2º Será dispensada, excepcionalmente, mediante justificativa da autoridade competente, a estimativa de preços de que trata o inciso VI do § 1º.

§ 3º Os preços obtidos a partir da estimativa de preços de que trata o inciso VI do § 1º não impedem a contratação pelo Poder Público por valores superiores decorrentes de oscilações ocasionadas pela variação de preços, desde que observadas as seguintes condições:

I – negociação prévia com os demais fornecedores, segundo a ordem de classificação, para obtenção de condições mais vantajosas; e

II – fundamentação, nos autos do processo administrativo da contratação correspondente, da variação de preços praticados no mercado por motivo superveniente.

Art. 9º Na hipótese de haver restrição de fornecedores ou de prestadores de serviço, a autoridade competente, excepcionalmente e mediante justificativa, poderá dispensar o cumprimento de um ou mais requisitos de habilitação, ressalvados a exigência de apresentação de prova de regularidade trabalhista e o cumprimento do disposto no inciso XXXIII do caput do art. 7º e no § 3º do art. 195 da Constituição.

São inovações marcantes para os processos de contratações públicas e fortemente justificáveis pela necessidade de enfrentamento da emergência de saúde pública.

PROCESSO	OBJETO	VALOR
2020-15112	Aquisição de Painel Acrílico para recepções e salas de audiências para enfrentamento do coronavírus COVID-19, para o Tribunal de Justiça do Estado do Amazonas, prevendo o Plano de Retomada.	R$ 689.820,00
2020-14731	Aquisição de Material gráfico (banner), visando a comunicação através de informações relativas ao novo coronavírus no atendimento em recepções/entradas principais dos prédios deste Tribunal de Justiça do Amazonas.	R$ 718,00
2020-14458	Contratação de empresa especializada, para execução de serviços de instalação de condicionadores de ar tipo Split com fornecimento de material e abrangendo mão de obra e emprego de ferramentas conforme condições, especificações e exigências estabelecidas no Termo de Referência, no Juizado Especial no Combate à Violência Doméstica e Familiar Contra a Mulher no Fórum Henoch da Silva Reis	R$ 20.669,84

2020-13512	Aquisição de Totens para álcool em gel, visando o atendimento em recepções/entradas principais dos prédios deste Tribunal de Justiça do Amazonas para enfrentamento do coronavírus COVID-19 no Tribunal de Justiça do Estado do Amazonas, prevendo o Plano de Retomada.	R$ 6.588,00
2020-13085	Contratação de empresa especializada para prestação de serviços comuns de recarga dos extintores de incêndio dos Fóruns deste Poder.	R$ 12.200,50
2020-12723	Aquisição de Equipamentos de Proteção Individual ? EPI, termômetro testa e oxímetro para enfrentamento do coronavírus COVID-19, para utilização de magistrados e servidores do Tribunal de Justiça do Estado do Amazonas, prevendo o Plano de Retomada.	R$ 259.117,50
2020-12360	Aquisição de adaptadores de conexão cromado com registro para purificadores de água	R$ 10.500,00
2020-10396	prestação de serviço de limpeza, desinfecção e higienização, mecânica/robotizado à seco, com filmagem simultânea da superfície interna da rede de dutos do ar condicionado central do Edifício Sede (Desembargador Arnoldo Peres) do Tribunal de Justiça do Estado do Amazonas com fornecimento de mão-de-obra, equipamentos e materiais necessários para execução do objeto.	R$ 34.500,00
2020-13640	Contratação de empresa produtora de vídeo/conteúdo audiovisual para serviços de filmagem das audiências do concurso dos cartórios extrajudiciais	R$ 3.770,00

3.1. Dispensas

Deu-se a adequação dos limites de dispensa de licitação, há muito defasados na 8.666/93, quando a Lei Nº 14.065/2020 estabeleceu:

> Art. 1º A administração pública dos entes federativos, de todos os Poderes e órgãos constitucionalmente autônomos fica autorizada a:
>
> I – dispensar a licitação de que tratam os incisos I e II do caput do art. 24 da Lei nº 8.666, de 21 de junho de 1993, até o limite de:
>
> a) R$ 100.000,00 (cem mil reais), para obras e serviços de engenharia, desde que não se refiram a parcelas de uma mesma obra ou serviço, ou para obras e serviços da mesma natureza e no mesmo local que possam ser realizados conjunta e concomitantemente; e
>
> b) R$ 50.000,00 (cinquenta mil reais), para outros serviços e compras, desde que não se refiram a parcelas de um mesmo serviço ou de compra de maior vulto, que possam ser realizados de uma só vez;

No ano de 2020, o Tribunal de Justiça do Amazonas manteve padrão austero para as aquisições dispensáveis, como se vê[13]:

3.2. Licitações

Para as licitações grande impacto se deu, como dito alhures, na modalidade pregão, eletrônico ou presencial, com todos os prazos reduzidos pela metade, conforme redação dada ao artigo 4º-G da Lei nº 13.979/2020:

> Art. 4º-G. Nos casos de licitação na modalidade pregão, eletrônico ou presencial, cujo objeto seja a aquisição ou contratação de bens, serviços e insumos necessários ao enfrentamento da emergência de saúde pública de importância internacional de que trata esta Lei, os prazos dos procedimentos licitatórios serão reduzidos pela metade.

Em quadro comparativo, assim se apresenta:

Etapa	Pregões tradicionais	Lei 13.979/20
Publicação	8 dias úteis	4 dias úteis
Impugnação / esclarecimentos	3 dias úteis	1 dia útil
Resposta à impugnação / esclarecimentos	2 dias úteis	1 dia útil
Data da sessão pública	1 dia útil	1 dia útil
Recursos	3 dias úteis	1 dia útil
Contrarrazões	3 dias úteis	1 dia útil
Resposta a recursos, adjudicação e homologação	5 dias úteis	2 dias úteis

Cabe destacar mais duas inovações: (i) eventuais recursos aos procedimentos nestes processos licitatórios não terão caráter suspensivo; (ii) a permissão de afastamento da exigência da regularidade fiscal e trabalhista, de outros documentos de habilitação e até a possibilidade de contratar com empresas inidôneas, em situações excepcionais.

4. Impactos na cultura administrativa

A importância das licitações é aferível pela sua previsão constitucional (art. 37, XXI da Constituição Federal) a ter objetivo duplo[14]:

[13] https://www.tjam.jus.br/index.php/compras-publicas/quadro-de-dispensa-e-inexigibilidade Acesso em: 11.08.2021.

[14] MELLO, Celso Antônio Bandeira de. *Curso de Direito Administrativo.* São Paulo: Malheiros Editores LTDA, 2006. pág. 503.

> "(...) proporcionar às entidades governamentais possibilidades de realizarem o negócio mais vantajoso (pois a instauração de competição entre ofertantes preordena-se a isto) e assegurar aos administrados ensejo de disputarem a participação nos negócios que as pessoas governamentais pretendam realizar com os particulares."

A estes objetivos podem ser acrescidos a necessidade de lisura com a coisa pública e transparência no emprego do erário.

A doutrina tradicional menciona entre os princípios regentes da licitação o da vinculação ao instrumento convocatório, previsto nos art. 3º e art. 41 da Lei Nº 8.666/93, como essencial cuja inobservância enseja nulidade do procedimento[15].

Ocorre que um fenômeno fático tem chamado atenção do Tribunal de Contas da União – TCU[16] (intérprete primária da lei geral de licitações), a

[15] DI PIETRO, Maria Sylvia Zanella. *Direito administrativo*. São Paulo: Atlas. 2012. pág.381

[16] Princípio da vinculação ao instrumento convocatório x princípio do formalismo moderado. Representação formulada ao TCU apontou possíveis irregularidades na Concorrência Internacional nº 004/2009, promovida pela Companhia Brasileira de Trens Urbanos (CBTU) com vistas à contratação de serviços de fornecimento de oito Veículos Leves Sobre Trilhos – VLTs, para a Superintendência de Trens
Urbanos de Maceió. Após terem sido considerados habilitados os dois participantes do certame (um consórcio e uma empresa), o consórcio interpôs recurso, por entender que a empresa teria descumprido a exigência editalícia quanto ao registro ou inscrição na entidade profissional competente, ao apresentar "Certidão de Registro e Quitação de Pessoa Jurídica", emitida pelo CREA/CE, inválida, "pois continha informações desatualizadas da licitante, no que concerne ao capital e ao objeto social". Após examinar as contrarrazões da empresa, a comissão de licitação da CBTU decidiu manter a sua habilitação, sob o fundamento de que a certidão do CREA "não tem o fito de comprovação de capital social ou do objeto da empresa licitante, o que é realizado mediante a apresentação do contrato social devidamente registrado na Junta Comercial". Para o representante (consórcio), o procedimento adotado teria violado o princípio da vinculação ao instrumento convocatório, pois a comissão de licitação habilitara proponente que "apresentou documento técnico em desacordo com as normas reguladoras da profissão, sendo, portanto, inválido, não tendo o condão de produzir qualquer efeito no mundo jurídico". Cotejando o teor da certidão emitida pelo CREA/CE em favor da empresa habilitada, expedida em 05/03/2009, com as informações que constavam na "18ª Alteração e Consolidação de Contrato Social" da aludida empresa, datada de 30/07/2009, constatou o relator que, de fato, "há divergências nos dados referentes ao capital social e ao objeto". No que tange ao capital social, "houve alteração de R$ 4.644.000,00 para R$ 9.000.000,00", e no tocante ao objeto, "foi acrescentada a fabricação de veículos ferroviários ou sobre pneus para transporte de passageiros ou cargas, bem como a sua manutenção, assistência técnica e operação". Ponderou o relator que embora tais modificações não tenham sido objeto de

adstrição irrestrita a lei que passou a ser nominada de formalismo extremo ou formalismo exagerado.

Ou seja, é sabido que o procedimento de compras deve ser formal, porém não deve conter exigências inúteis e desnecessárias de modo a frustrar a busca pela proposta mais vantajosa.

É possível que esse período de excepcionalidade, com a flexibilização dos procedimentos que envolvem as compras públicas promovam novas edições legislativas com a maior diminuição da burocracia e aumento de celeridade em reforma das atuais leis vigentes. Por óbvio esta equação possui dois fatores para dar certo: a Administração Pública e o particular. E ambos precisam estar dispostos às novas regras.

Referências

KRENAK, Ailton. *O amanhã não está à venda*. São Paulo:Editora Schwarcz S.A, 2020.

MELLO, Celso Antônio Bandeira de. *Curso de Direito Administrativo*. São Paulo: Malheiros Editores LTDA, 2006.

DI PIETRO, Maria Sylvia Zanella. Direito administrativo. São Paulo: Atlas. 2012.

Histórico da pandemia de COVID-19. Disponível em: https://www.paho.org/pt/covid19/historico-da-pandemia-covid-19. Acesso em: 04.07.2021.

International health regulations (2005) -- 3 rd ed. 1. pág. 09.

nova certidão, seria de rigor excessivo desconsiderar o efetivo registro da empresa no CREA/CE, entidade profissional competente, nos termos exigidos no edital e no art. 30, I, da Lei nº 8.666/93, até porque tais modificações "evidenciam incremento positivo na situação da empresa". Acompanhando a manifestação do relator, deliberou o Plenário no sentido de considerar a representação improcedente. Acórdão nº 352/2010- Plenário, TC-029.610/2009-1, rel. Min-Subst. Marcos Bemquerer Costa, 03.03.2010.

16
ATUAÇÃO DO MINISTÉRIO PÚBLICO DO ESTADO DO AMAZONAS NO COMBATE A COVID-19

Tereza Cristina Coelho da Silva

Introdução

O mundo foi surpreendido no ano de 2019 com a notícia de que na China especificamente na cidade de Wuhan com aparecimento de uma doença semelhante a uma pneumonia, que mais tarde os cientista chamaram de Sars-Covid- 19 conhecida popularmente como covid -19 , a qual se alastrou pelo mundo causando incontáveis mortes e hospitalizações de pessoas, posteriormente foram feitos estudos científicos que resultaram em vacinas como sendo o único meio de evitar que a doença se espalhasse pelo mundo e novas cepas fossem criadas. A crise atingiu toda a esfera da administração pública, com o Ministério Público não poderia ser diferente. A Lei Orgânica do Ministério Público impões que o promotor deve morar na comarca, a possibilidade de processos online criou uma reflexão sobre o papel desta instituição no enfrentamento da crise.

No Amazonas não foi diferente uma vez que se tratava de uma pandemia, dentre as providências tomadas foi criado o Gabinete de Crise no Ministério Público do Estado do Amazonas.

O papel constitucional do Ministério Público, como se sabe, além de fiscalizar as verbas oriundas do Governo Federal, é assegurar ao cidadão acesso a saúde, portanto medidas urgentes como lockdown, visitas de inspeções a hospitais, planejamento de medidas a evitar a expansão do vírus da covid-19 foram adotadas naquele momento crítico.

No tocante a medidas internas foram suspensos os trabalhos presenciais que foi substituído pelo trabalho home office, permanecendo apenas os trabalhos essenciais como o do Gabinete de enfretamento de crise no combate ao coronavírus, secretária e financeiro.

Nos plantões judiciais relativamente aos membros do Ministério Público, estes atuaram em home office, tendo sido neste período por determinação do Tribunal de Justiça do Estado do Amazonas suspensas as Audiências de Custódia, nas varas criminais.

Merece comento o fato de que o Gabinete de Crise ingressou com várias ações contra o Governo Estadual e Municipal em face de irregularidades de compras sem licitação superfaturadas, contratação de hospitais particulares que serão esmiuçadas em outro tópico deste artigo, bem como irregularidades na aplicação das vacinas por parte da Prefeitura Municipal de Manaus.

Na continuação das medidas protetivas o Procurador Geral de Justiça determinou fossem aplicadas medidas aos membros atuantes na atividade fim, bem como os servidores que atuavam na atividade meio, que deveriam exercer suas atividades em home office.

Nas considerações finais alguns comentários sobre as decisões dos Gestores do Estado Amazonas, bem como das Instituições constituídas que participaram ativamente no intuito de proteger o interesse da sociedade contornando a crise nos momentos mais aflitivos pelo qual passaram a população amazonense.

1. Medidas assecuratórias para combate a COVID emanadas pelo Ministério Público do estado do Amazonas

A instituição do Ministério Público do Estado do Amazonas tem por função jurisdicional proteger a ordem jurídica, o regime democrático e os interesses individuais e coletivos da sociedade. A Constituição de 1988 incumbiu essa egrégia instituição na defesa dos interesses coletivos da sociedade.

No âmbito da crise da Covid-19, o papel do Ministério Público tem sido o de proteger os direitos universais dos indivíduos e a lisura do Estado, bem como o cumprimento da lei, como o acesso universal à saúde pública e a dignidade humana.

Nesta esteira zela pelos interesses e direitos difusos, coletivos, individuais, homogêneos e indisponíveis, tendo por ideal a consecução dos direitos consagrados na Constituição Federal e na Declaração Universal dos Direitos Humanos, atuando no sentido de promover o respeito às liberdades democráticas.

1.1. Criação do Gabinete de Enfrentamento de Crise

No dia 23 de março de 2020, em razão da pandemia de Covid-19, a Procuradoria Geral de Justiça do Estado do Amazonas por meio da Portaria nº 853/2020/PGJ, instituiu o Gabinete de Enfrentamento de Crise no âmbito do Ministério Público do Estado do Amazonas.

O objetivo do citado Gabinete seria acompanhar e fiscalizar o Plano Estadual e Municipal de combate ao Covid-19, bem como articular as medidas em resposta as demandas relacionadas às emergências de saúde pública oriundas da pandemia do coronavírus.

Os motivos para criação do referido Gabinete encontram-se no fato de que a pandemia requeria uma resposta interdisciplinar e imediata dos órgãos públicos em todos os níveis da Federação. Portanto, havia uma série de agentes com prerrogativas de foro trabalhando conjuntamente para a solução do problema, o que, indubitavelmente atraiu a competência do Ministério Público Estadual na garantia do interesse público, além disso pela complexidade da situação também foi necessária coordenação das medidas administrativas e finalísticas do MPAM.

Em sentido semelhante ao da Portaria citada anteriormente, a Procuradoria Geral de Justiça do Estado do Amazonas, na data de 02 de fevereiro de 2021, publicou a Portaria nº 221/2021/PGJ. O documento instituiu o Grupo de Trabalho de Atuação Integrada na Fiscalização e Acompanhamento das Ações Estaduais e Municipais de Enfrentamento à covid-19.

O grupo de trabalho possuía como função acompanhar, articular, coordenar, empreender, executar e fiscalizar todas as medidas legais de enfrentamento à pandemia da Covid-19, nos âmbitos administrativos, cível e penal. Ganha destaque a atribuição do grupo de trabalho para fiscalizar o Plano de Contingência do Estado no combate a doença especificada, o Plano Estadual e Municipal de combate ao coronavírus e o Plano de Imunização, a todas essas funções citadas, acrescentam-se ainda a coordenação e articulação de medidas em respostas às demandas relacionadas à pandemia.

Ambas portarias calcam-se na incumbência constitucional do Ministério Público, enquanto função essencial à Justiça, de defesa da ordem jurídica, do regime democrático e dos interesses sociais e individuais indisponíveis, presente no caput.do artigo 127 da Constituição Federal de 1988.

2. Medidas de proteção à atividade meio

A atividade meio do Ministério Público se refere aos servidores que colaboram para que a atividade fim se complete e que o trabalho tenha um resultado satisfatório, contando ainda com servidores que trabalha na área administrativa e de pessoal terceirizado, parte desses funcionários cujos seus préstimos a Instituição Ministerial foram considerados como serviços não essenciais ficaram em trabalho home office, e o restante ficou trabalhando na sede da Procuradoria Geral de Justiça em sistema de rodizio de acordo com a chefia e separados por grupos de risco.

3. Medidas de proteção da atividade fim

Tratando-se de membros do Ministério Público estes ficaram em trabalho home office, e somente os membros que faziam parte da cúpula do Ministério Público ficaram a frente da Instituição, visto que não poderia ser de outra maneira, desta forma o trabalho se tornou mais profícuo trazendo a sociedade uma resposta mais rápida de seus pleitos formulados e colocados sob exame na Justiça.

Assim mesmo muitos colegas foram acometido pelo vírus e alguns tiveram suas vidas ceifadas o que causou uma comoção nos demais chegando a afetar o desempenho no trabalho, o que foi sanado após decorridos dias destes tristes episódios.

3.1. Audiências

Com relação as Audiências estas foram feitas de modo virtual através de conferência via internet, onde participavam, Juizes, Promotores, Advogados e partes dentro da mais completa segurança com distanciamento social o que não dificultou o andamento dos processos.

3.2. Plantões judiciais

No sistema de plantão e audiências de custódias a princípio forma suspensos prosseguindo após descongestionamento do sistema de saúde hospitalar, fazendo-se acontecer no sistema virtual.

4. Medidas de proteção relativa a população do estado

No dia 03 de março de 2021, a Comissão de saúde do Conselho Nacional do Ministério Público (CES/CNMP) lança a ferramenta Destcovid a qual reúne informações sobre as destinações de recursos realizadas pelos ramos e unidades do Ministério Público brasileiro para o enfrentamento da pandemia da covid-19.

Diante da crise mundial desta doença foram criados comitês de enfretamento para fiscalizar o andamento do combate a pandemia em cada unidade federativa tomando providências judiciais na ocorrência de descasos e desvios de verbas que obstaculizasse a finalidade que seria o atendimento prioritário dos portadores da covid-19 pelo Sistema Único de Saúde – SUS.

No âmbito do Ministério Público do Estado do Amazonas várias providências de enfrentamento à covid foram tomadas por promotorias com atribuições diferenciadas mas que tinham paridade com o problema enfrentado, assim 58ª Promotoria de Justiça de Defesa da Saúde Pública ingressou com Ação Civil Pública registrada sob o nº 06600056-63.2021.8.04.000 perante o Tribunal de Justiça do Estado do Amazonas, para que fosse determinado ao Governo Estadual a suspensão de atividades consideradas não-essenciais pelo prazo de 15 dias , adotando medidas de contenção para evitar aglomeração social, em estabelecimentos essenciais, vale ressaltar que a Liminar requerida foi deferida.

A citada Promotoria propôs ainda Ação Civil Pública registrada sob o nº 1000984-67.2021.8.04.000, perante a Justiça Federal em conjunto com o Ministério Público Federal, o Ministério Público do Trabalho, o Ministério Público de Contas, a Defensoria Pública da União e a Defensoria Pública do Estado do Amazonas para que aquela Justiça determinasse ao Estado do Amazonas que cumprisse a Política Nacional de Vacinação, impedindo assim que pessoas fora da ordem de prioridades furassem a fila.

Ingressou ainda a dita Promotoria com Ação Civil Pública registrada sob o nº 1000577-61.2021-4.01.3200, perante a Justiça Federal juntamente com as Instituições acima citadas para determinar o fornecimento de oxigênio para hospitais e demais Unidades de Saúde do Amazonas, para garantir o atendimento dos pacientes do Estado diante da pandemia de covid-19. O Ministério Público apresentou pedido de tutela de urgência a Justiça Federal.

As Instituições acima nominadas expediram Recomendação às Secretarias do Estado e Municipio de Manaus para que, na aplicação de doses da vacina contra a doença aos profissionais de saúde, priorizassem aqueles que estavam em maior situação de vulnerabilidade.

As Promotorias 51ª, 52ª e 81ª Especializadas na Proteção de Defesa dos Direitos do Consumidor, expediu Recomendação destinada a 10 hospitais particulares de Manaus para que providenciassem listas de pacientes de covid-19 , clientes de plano de saúde , que estivessem precisando ser transferidos para outras unidades hospitalares locais ou de outras unidades da Federação por falta de oxigênio nos seus tratamentos.

Essas mesmas Promotorias ajuizaram Ação Civil Pública em caráter de urgência considerando o colapso da rede de saúde privada de Manaus, com o objetivo de ampliar a quantidade de leitos e garantir a remoção ou transferência de pacientes em estado grave, e ainda proibir que seja interrompido o atendimento aos seus beneficiários.

A 70ª Promotoria de Proteção ao Patrimônio Público registrou noticia de fato de nº 01.2021.0000044-5 para apurar a situação contratual de disponibilização de oxigênio para fins hospitalares nas unidades de saúde do Estado a qual foi encaminhada ao PGJ por questão de foro de competência.

A 46ª Promotoria de Justiça Especializada na Proteção e Defesa do Patrimônio Público instaurou procedimento administrativo para acompanhar preventivamente a requisição administrativa do H.U.N.L.

A 57ª Promotoria de Justiça Especializada em Defesa dos Direitos Humanos e Cidadania instaurou procedimento administrativo com o objetivo de fiscalizar, acompanhar e viabilizar a inclusão e o atendimento prioritário da população de rua do município de Manaus no Plano de Vacinação contra covid-19.

A Promotoria criou o Comitê de Gestão no Combate a Covid-19, com o objetivo de acompanhar e fiscalizar as medidas adotadas pela Prefeitura Municipal.

A Promotoria de Juruá recomendou ao banco privado que atende a população local que organize as filas externas da agência bancária com distribuição de senhas, garantindo o distanciamento de 1 metro entre os clientes e que ocorra higienização adequada nos caixas eletrônicos.

Promotoria de Justiça de Envira – Recomendação a Prefeitura Municipal que faça cumprir o decreto com medidas restritivas.

Promotoria de Novo Airão – Recomendação a Prefeitura Municipal que faça cumprir o decreto com medidas restritivas.

Promotoria Careiro Castanho – Recomendação a Prefeitura Municipal do cumprimento do decreto estadual, intensificando a fiscalização do comércio pela Guarda Municipal e outros agentes municipais, além de reiterar cooperação da Policia Civil e Policia Militar.

Promotoria da Comarca de Itacoatiara – Recomendação a Prefeitura Municipal para que adotasse as medidas administrativas a fim de dar fiel cumprimento ao Decreto 43.234.

Promotoria de Manacapuru – Recomendação conjunta à Prefeitura Municipal que adote todas as medidas administrativas e sanitárias para dar fiel cumprimento ao Decreto 43.234, ingressou com Ação Civil Pública com objetivo de garantir a normalização do consumo de oxigênio as unidades de saúde dos municípios e uma ação urgente para garantir a vida de pelo menos 52 pessoas que estão internadas acometidas de covid-19.

Promotorias de Parintins, Barreirinha e Nhamundá – Recomendação de suspensão do ENEM.

Promotoria de Parintins e Defensoria Pública do Estado ajuizaram Ação Civil Pública com tutela de urgência contra o Estado do Amazonas, requerendo a) o não sequestro de insumos para combate a covid-19 destinados a pacientes internados nos hospitais daquele município notadamente o oxigênio; b) o estabelecimento de um plano efetivo de abastecimento de oxigênio medicinal para os hospitais da cidade e c) a elaboração e implementação de um plano de evacuação especifico para pacientes de Parintins inseridos no Sistema de Transferências de Emergências Reguladas (SISTER). Nova ação foi ajuizada para tentar garantir na Justiça de pacientes idosos internados nos hospitais locais.

5. Pontos positivos e negativos da pandemia nas atividades laborais (*lockdown*)

5.1. Pontos positivos

O primeiro ponto a ser analisado foi o aproveitamento do trabalho home office que estatisticamente mostrou boas praticas na execução das atividade meio e fim da Instituição Ministerial, seguindo-se para a economia na contenção de despesas na manutenção das instalações físicas bem como de material de expediente e consumo de combustíveis vez que a frota de veículos circulantes foi excessivamente reduzida.

No geral as medidas tomadas para minimizar os efeitos catastróficos da pandemia serviram para diminuir a circulação de veículos na cidade e nos rios por conta de Decreto Governamental que proibiu o deslocamento de pessoas de um município a outro por meio de transporte fluvial principal meio de transporte na Amazônia a fim de que a doença não se propagasse.

Noutro giro o trabalho home office e ainda a suspensão das atividades escolares propiciaram a agregação familiar muitas vezes dificultada pelo dia a dia movimentado cheio de compromissos de trabalho ou sociais que impossibilita a convivência dos pais com os filhos .

A possibilidade de exercer suas atividades a qualquer hora do dia serviram para aumentar a produtividade e tornar o trabalho da Justiça Estadual mais célere para as partes envolvidas na demanda que não precisaria se deslocar até o Forum para uma audiência ou mesmo para falar com Juízes e Promotores de Justiça, propiciando a sociedade uma resposta rápida a sua demanda e desafogando o gargalo do Judiciário.

5.2. Pontos negativos

Quando se pensa em pontos negativos causados pelo lockdown, é necessário se comentar a violência doméstica que tomou proporções inigualáveis em face da convivência ininterrupta e compulsória, que geraram conflitos principalmente entre casais que resultou, infelizmente, em feminicídio e, em outros casos interparentais, em homicídios. Diante desse panorama, os legisladores foram obrigados a propor leis de maior proteção às mulheres, tais como violência psicológica, recentemente promulgada pelo presidente da república.

Outro fato desfavorável no âmbito da quarentena foi o distanciamento social entre as pessoas na convivência no trabalho, na escola, na vida social e etc., que provocaram a quebra de vínculos afetivos e com familiares mais afastados tais como as pessoas do grupo de riscos; avós, idosos etc...

Um dos maiores entraves foi a paralização de grandes partes das atividades comerciais trouxe prejuízos à economia do país. Levou ao fechamento de empresas, ao desemprego, ressurgimento da fome e ao desalento sociais. Tais consequências obrigaram o governo federal a fornecer um benefício social para trabalhadores informais e população desocupada. Tais benefícios embora necessários para evitar um flagelo socio-econômico, deixaram porém, temerárias as finanças públicas.

Como não se bastassem tais danos, houve ainda a perda de vidas na pandemia comparáveis à guerras e catástrofes humanitárias. Uma geração inteira se perdeu, como artistas, intelectuais, cientistas, pessoas notáveis, além de pessoas comuns que deixaram uma lacuna na vida de seus familiares e desagregação familiar. Outras perdas notáveis foram as mortes de profissionais da saúde, muito tombados na linha de frente do combate ao Covid, caídos tais quais soldados numa guerra. Seu sacrifício, porém, é digno de menção e de nosso respeitos vindos dos demais membros da sociedade.

Considerações finais

O Ministério Público que tem como dever constitucional também lutar pelo interesse da sociedade não poderia se furtar de engajar na luta contra a pandemia, e tendo por competência fiscaliza e apurar a lisura dos processos licitatórios de emergência para compra de insumos para o combate da pandemia, agiu com rigor resultando em ações propostas contra o Governo Estadual por

irregularidades como já foi mencionado anteriormente, posto que neste mister tem como dever proteger a sociedade

Por outro lado a crise da falta de oxigênio na área metropolitana de Manaus impôs que fossem apuradas a responsabilidade de autoridades do governo pela omissão em fiscalizar os estoques nos fornecedores e diante desta situação tomar medidas para sanar o que se transformou numa catástrofe que resultaram em perdas de vidas irreparáveis.

Com a chegada das vacinas ao Brasil , o Amazonas por estar em situação de proliferação maior da covid-19 no cenário nacional foi contemplado com maior distribuição de vacinas que fizeram com que o número de mortes tivesse uma ligeira queda dando um folego nas internações e na ocupação de Unidade de Terapia Intensiva principalmente nos hospitais públicos.

Apesar do que foi vivenciado nos últimos tempos, nos resta os aprendizados científicos, comportamentais, e as medidas de segurança, tudo desenvolvido no intuito de contornar os danos causados pelo vírus, seja na ou na economia os quais serão aprimorados no futuro para organizar a sociedade quando acontecer fato semelhante. Podemos tirar disso uma lição de melhor desempenho e mais união entre os países do mundo, repartindo conhecimentos e técnicas que possam minimizar os prejuízos sofridos com a pandemia da covid-19.

Outro problema que se impõe é a falta de vacinas, a impossibilidade de quebra das patentes para uma melhor universalização e acesso a elas. Por outro lado, se vê a necessidade de maior compartilhamento de informações tendo em vista evitar que novas doenças contagiosas como esta se espalhem.

As dificuldades impostas pela China quanto ao acesso às informações concernente à gravidade, e até mesmo, sobre a existência ou não do vírus foram sem dúvidas fatores contribuintes para a sua difusão mundial.

No Brasil ocorreu o fenômeno da politização da pandemia o que atrapalhou sobremaneira o avanço das pesquisas e o tratamento das pessoas acometidas da doença devastadora, aqui procurasse um culpado ou culpados pela crise no sistema de saúde, mormente a hospitalar e de insumos inerentes ao tratamento da covid-19, situação de difícil resolução pois está em jogo, eleição , poder e coerência. Há necessidade preemente de analisar a politização do vírus que ocorreu em nosso país o que dificultou que medidas eficazes no combate a pandemia.

Por sua vez o Ministério Público atuou com maestria cumprindo o seu mister constitucional, atuando em todas as fases da crise ocorrida no Estado do Amazonas através de interposição de ações judiciais cujo pleito foi atendido pelo Tribunal de Justiça deste Estado e que foram eficazes para exigir do Governo local que decretasse lockdown medida efetiva proclamada pela ciência como única a ter eficácia, o isolamento social , e as medidas secundárias como as sanitárias, o fechamento do comércio local a determinação do trabalho em home office e planejamento no tocante a organização do Plano de Vacinação tanto no município de Manaus, quanto no Estado do Amazonas.

O lockdown ajudou as pessoas a não proliferar a contaminação através do contato interpessoal. Ao contrário do que foi divulgado pela grande mídia, um estudo divulgado pela BBC News no Brasil concluiu que não houve uma onda de suicídios nem transtornos mentais em razão da quarentena. Isso demonstra, segundo os autores do estudo, como os seres humanos são resilientes no geral.

Apesar da tragédia que nos abraçou ficaram os aprendizados de como lidar com essa situação se vier a acontecer futuramente , gestores, médicos cientistas, políticos , Instituições Públicas estão preparados para enfrentar com responsabilidade , competência e agilidade em razão de experiência adquirida com a peste viral que dizimou muitas vidas, assim espera a sociedade que também aprendeu como reagir e se comportar diante de situações emergenciais que exigem medidas enérgicas de sacrifício e abnegação.

A 46ª Promotoria de Justiça Especializada na Proteção e Defesa do Patrimônio Público instaurou procedimento administrativo para acompanhar preventivamente a requisição administrativa do H.U.N.L

A 57ª Promotoria de Justiça Especializada em Defesa dos Direitos Humanos e Cidadania instaurou procedimento administrativo com o objetivo de fiscalizar , acompanhar e viabilizar a inclusão e o atendimento prioritário da população de rua do município de Manaus no Plano de Vacinação contra covid-19; A Promotoria criou o Comitê de Gestão no Combate a Covid-19, com o objetivo de acompanhar e fiscalizar as medidas adotadas pela Prefeitura Municipal.

Referências

HARIRI, Yuval Noah -Notas sobre a Pandemia : e breves lições para o mundo pós coronavírus – tradução Odorico Leal - 1.a edição- São Paulo : Companhia das Letras, 2020

No dia 23 de março de 2020, em razão da pandemia de Covid-19, a Procuradoria Geral de Justiça do Estado do Amazonas por meio da Portaria nº 853/2020/PGJ, instituiu o Gabinete de Enfrentamento de Crise no âmbito do Ministério Público do Estado do Amazonas.

Lei n.o 011 Completar do Ministério Público do Estado do Amazonas – 17.12.1993 publicada no Diário Oficial de

No dia 03 de março de 2021 , a Comissão de saúde do Conselho Nacional do Ministério Público (CES/CNMP) lança a ferramenta Destcovid a qual reúne informações sobre as destinações de recursos realizadas pelos ramos e unidades do Ministério Público brasileiro para o enfrentamento da pandemia da covid-19.

58ª Promotoria de Justiça de Defesa da Saúde Pública ingressou com Ação Civil Pública registrada sob o nº 06600056-63.2021.8.04.000 perante o Tribunal de Justiça do Estado do Amazonas

propôs ainda Ação Civil Pública registrada sob o nº 1000984-67.2021.8.04.000, perante a Justiça Federal em conjunto com o Ministério Público Federal, o Ministério Público do Trabalho, o Ministério Público de Contas , a Defensoria Pública da União e a Defensoria Pública do Estado do Amazonas

a dita Promotoria com Ação Civil Pública registrada sob o nº 1000577-61.2021-4.01.3200, perante a Justiça Federal juntamente com as Instituições acima citadas para determinar o fornecimento de oxigênio para hospitais e demais Unidades de Saúde do Amazonas, para garantir o atendimento dos pacientes do Estado diante da pandemia de covid-19.

As Promotorias 51ª, 52ª e 81ª Especializadas na Proteção de Defesa dos Direitos do Consumidor , expediu Recomendação destinada a 10 hospitais particulares de Manaus para que providenciassem listas de pacientes de covid-19 , clientes de plano de saúde , que estivessem precisando ser transferidos para outras unidades hospitalares locais ou de outras unidades da Federação por falta de oxigênio nos seus tratamentos.

Essas mesmas Promotorias ajuizaram Ação Civil Pública em caráter de urgência considerando o colapso da rede de saúde privada de Manaus

Promotoria de Parintins e Defensoria Pública do Estado ajuizaram Ação Civil Pública com tutela de urgência contra o Estado do Amazonas, requerendo a) o não sequestro de insumos para combate a covid-19 destinados a pacientes internados nos hospitais daquele município notadamente o oxigênio; b) o estabelecimento de um plano efetivo de abastecimento de oxigênio medicinal para os hospitais da cidade e c) a elaboração e implementação de um plano de evacuação especifico para pacientes de Parintins inseridos no Sistema de Transferências de Emergências Reguladas (SISTER).

17
O USO DO APLICATIVO *WHATSAPP* PARA FORMALIZAR AS CITAÇÕES NOS PROCESSOS JUDICIAIS NO BRASIL

Yuri Caminha Jorge

Introdução

No início do ano de 2020 o mundo viu-se assolado pela pandemia da Covid-19. No Brasil, as primeiras medidas começaram a ser tomada no mês de março de 2020, as quais consistiam, inicialmente, em adoção de álcool em gel, higienização constantes das mãos e isolamento social.

Como decorrência do isolamento social, diversos setores públicos e privados imediatamente fecharam as portas, pois os empregadores, empregados, servidores e usuários dos serviços viram a necessidade de se recolherem em suas casas, impossibilitando o acesso às dependências onde desenvolviam suas atividades.

O Poder Judiciário brasileiro, inicialmente, não teve melhor sorte. Diversas portarias oriundas dos Tribunais pátrios determinaram a impossibilidade de acesso externo aos fóruns de justiça. Como consequência, as audiências, eminentemente presenciais até então, foram suspensas.

Outra atitude tomada, também visando resguardar a vida e a saúde dos servidores, foi a restrição dos atos de comunicação processual, pois os Oficiais de Justiça, ao serem lançados em ambiente externo para o cumprimento de mandados, bem como ao se colocarem em contato direto com os jurisdicionados, eram postos sob o risco de contrair o vírus.

Desse modo, necessária foi a adoção de regime de plantão extraordinário em todos os Tribunais pátrios. Tal fato acarretou a limitação do cumprimento de mandados de citação ou de intimação aos atos considerados urgentes, conforme art. 4º da Resolução nº 313/2020 do CNJ.[1]

Com o passar dos meses, o número de vítimas do novo vírus foi subindo e ainda não se tinha qualquer perspectiva real de contenção da pandemia e/ou vacinação da população. O Poder Judiciário não podia aguardar o desfecho da situação diante da sua incerteza generalizada, motivo pelo qual necessitou movimentar-se no sentido de possibilitar o andamento dos processos, não podendo limitar-se aos casos considerados urgentes.

A virtualização de vários tribunais contribuiu para que rapidamente o Poder Judiciário pudesse retomar suas atividades de forma remota.

Nesse ponto, surgiu um represamento dos trabalhos, pois a partir do momento em que os juízes despachavam dando andamento ao feito, não havia como ultrapassar justamente o primeiro passo da triangulação processual, impedindo o desenvolvimento dos processos. Isso porque, como dito, os Oficiais de Justiça não tinham condições de cumprir os atos citatórios pelos meios ordinários.

Assim, muitas Secretarias das Varas Judiciais tiveram de usar algumas soluções criativas para ultrapassar essa primeira barreira. Nesse aspecto, ressurgiu a necessidade do debate a respeito da validade de citações via *WhatsApp*.

[1] Art. 4º No período de Plantão Extraordinário, fica garantida a apreciação das seguintes matérias: I – **habeas corpus** e mandado de segurança; II – medidas liminares e de antecipação de tutela de qualquer natureza, inclusive no âmbito dos juizados especiais; III – comunicações de prisão em flagrante, pedidos de concessão de liberdade provisória, imposição e substituição de medidas cautelares diversas da prisão, e desinternação; IV – representação da autoridade policial ou do Ministério Público visando à decretação de prisão preventiva ou temporária; V – pedidos de busca e apreensão de pessoas, bens ou valores, interceptações telefônicas e telemáticas, desde que objetivamente comprovada a urgência; VI – pedidos de alvarás, pedidos de levantamento de importância em dinheiro ou valores, substituição de garantias e liberação de bens apreendidos, pagamento de precatórios, Requisições de Pequeno Valor – RPVs e expedição de guias de depósito; VII – pedidos de acolhimento familiar e institucional, bem como de desacolhimento; VIII – pedidos de progressão e regressão cautelar de regime prisional, concessão de livramento condicional, indulto e comutação de penas e pedidos relacionados com as medidas previstas na Recomendação CNJ nº 62/2020; IX – pedidos de cremação de cadáver, exumação e inumação; e X – autorização de viagem de crianças e adolescentes, observado o disposto na Resolução CNJ nº 295/2019. XI – processos relacionados a benefícios previdenciários por incapacidade e assistenciais de prestação continuada. (Incluído pela Resolução nº 317, de 30.4.2020)

Para tanto, é necessário passar pelas noções a respeito das citações, bem como do avanço do uso da tecnologia no ambiente judicial e a modernização das relações sociais.

1. As inovações tecnológicas e as comunicações

Não é novidade que a Internet revolucionou a forma como a sociedade se desenvolve, tornando dinâmicas as comunicações.

Mais recentemente, os *smartphones* foram responsáveis por mais um degrau na escada evolutiva da comunicação. Tais aparelhos passaram a permitir que os usuários pudessem levar consigo, para onde fossem e na palma da mão, um dispositivo com múltiplas funcionalidades que facilitam a vida cotidiana. Com o uso da internet móvel nos *smartphones* ampliou-se a possibilidade de comunicação, possibilitando que o usuário pudesse ser contactado a qualquer hora, por meio das mensagens instantâneas gratuitas.

Segundo o site oficial do Instituto Brasileiro de Geografia e Estatística – IBGE[2], já no ano de 2019, ou seja, antes mesmo do início da pandemia Covid-19, a *internet* era utilizada em 82,7% dos domicílios brasileiros. Entre os objetivos do acesso à *internet* pesquisados, o envio e recebimento de mensagens de texto, voz ou imagens por aplicativos (não se incluindo *e-mail*) continuava sendo o principal, indicado por 95,7% das pessoas com 10 anos ou mais de idade que utilizaram a rede em 2019. Ainda, informou-se que o meio de acesso mais comum à Internet é o celular com 98,6% dos usuários.

Com base nessas informações, verifica-se que a maioria dos brasileiros está constantemente aberta à comunicação a qualquer momento, pois os celulares, quando não estão em uso, estão sempre por perto.

Por fim, no Brasil, tem-se que o aplicativo *WhatsApp* é, inegavelmente, o meio mais comum para troca de mensagens instantâneas.

Assim, de forma gratuita, bastando que haja conexão com a *internet,* os usuários do aplicativo podem enviar e receber mensagens de texto, fotos ou arquivos a qualquer momento.

Entre as múltiplas funcionalidades de que o aplicativo dispõe, as mais importantes para os fins deste artigo são a comunicação instantânea por mensagem, a possibilidade de anexar e enviar documentos, a possibili-

[2] IBGE. **Uso de Internet, televisão e celular no Brasil**. [Brasília], [entre 2019 e 2021]. Disponível em: https://educa.ibge.gov.br/criancas/brasil/2697-ie-ibge-educa/jovens/materias-especiais/20787-uso-de-internet-televisao-e-celular-no-brasil.html. Acesso em: 20 jun. 2021.

dade de realizar videochamadas, a confirmação de entrega de mensagem e a confirmação de leitura pelo destinatário.

Segundo o *site* do aplicativo[3], assim que se envia a mensagem surge um sinal (um tique cinza), indicando que a mensagem enviada chegou aos servidores do serviço e está a caminho do destinatário. Quando surgirem dois tiques cinzas, informa-se que o conteúdo foi entregue ao celular de destino, mas não necessariamente lido (confirmação de entrega). Por fim, ao surgirem dois tiques azuis, tem-se a confirmação de leitura do conteúdo da mensagem pelo destinatário.

Tais atos possuem extrema relevância para conferir a certeza na comunicação.

2. Os atos de comunicação processual

O Código Processual Civil estabelece que os atos de comunicação processual, visando a triangulação processual e oportunização de contraditório, dá-se por meio da citação, a qual se caracteriza, por definição legal, como o ato pelo qual são convocados o réu, o executado ou o interessado para integrar a relação processual (art. 238 do CPC).

Criticando a definição legal, Daniel Assumpção Amorim Neves menciona que:

> Não há dúvida de que o conceito de citação ora analisado é superior ao previsto no art. 213 do CPC/1973, que incorretamente previa ser a citação o ato que chamava o réu a se defender, criando uma confusão indevida com a intimação. O dispositivo, entretanto, não é dos melhores, já que a citação não convoca o demandado a coisa alguma, integrando-o, automaticamente, à relação jurídica processual. Não há, portanto, uma convocação, mas integração coercitiva à relação jurídica processual.[4]

Ainda, segundo o art. 246 do Código de Processo Civil, existem diversos meios pelos quais se pode efetuar a citação, a saber: i) pelo correio; ii) pelo oficial de justiça; iii) pelo escrivão ou chefe de secretaria, se o citando

[3] WHATSAPP LLC. **Como verificar as confirmações de leitura. C2021.** Disponível em: https://faq.whatsapp.com/iphone/security-and-privacy/how-to-check-read-receipts/?lang=pt_br. Acesso em: 20 jun. 2021.

[4] Neves, Daniel Amorim Assumpção. **Novo Código de Processo Civil Comentado.** Salvador: JusPodivm, 2016, p. 381.

comparecer em cartório; iv) por meio de edital; e v) por meio eletrônico, conforme regulado em lei.

Estabeleceu-se, como regra, a citação feita por correio[5]. Indo mais além, a regra é que a citação seja pessoal[6].

Ao se tomar por base as informações e dispositivos legais mencionados, tem-se que o legislador entendeu como citação pessoal aquela em que se verifica a efetiva ciência do requerido, executado ou interessado, a ser constatada por meio da presença física. Isso porque, tanto para o cumprimento do mandado citatório pelo oficial de Justiça, quanto na entrega da carta pelo correio, em regra, exige-se a assinatura física do citando para juntá-la ao processo.

Como consequência da evolução tecnológica, a legislação processual civil previu a possibilidade de citações eletrônicas, dependendo de regulamentação por lei específica, conforme estipulado pelos artigos 193[7] e 246, inciso V, do CPC[8]. Trata-se da Lei nº 11.419/06.

O art. 1º, §2º, da aludida legislação reza que, por meio eletrônico, considera-se qualquer forma de armazenamento ou tráfego de documentos e arquivos digitais; e por transmissão eletrônica, entende-se toda forma de comunicação a distância com a utilização de redes de comunicação, preferencialmente a rede mundial de computadores.

Ainda, seu art. 5º, informa que as intimações serão feitas por meio eletrônico em portal próprio aos que se cadastrarem na forma do art. 2º da mesma lei, dispensando-se a publicação no órgão oficial, inclusive eletrônico. Tal regramento também é permitido para as citações (art. 6º).

Com base nessa lei, atualmente, para a validade da citação eletrônica, deve haver o prévio cadastro de usuário junto ao Poder Judiciário.

[5] Art. 247. A citação será feita pelo correio para qualquer comarca do país, exceto: I – nas ações de estado, observado o disposto no art. 695, § 3º ; II – quando o citando for incapaz; III – quando o citando for pessoa de direito público; IV – quando o citando residir em local não atendido pela entrega domiciliar de correspondência; V – quando o autor, justificadamente, a requerer de outra forma.

[6] Art. 242. A citação será pessoal, podendo, no entanto, ser feita na pessoa do representante legal ou do procurador do réu, do executado ou do interessado.

[7] Art. 193. Os atos processuais podem ser total ou parcialmente digitais, de forma a permitir que sejam produzidos, comunicados, armazenados e validados por meio eletrônico, na forma da lei.

[8] Art. 246. A citação será feita: I – pelo correio; II – por oficial de justiça; III – pelo escrivão ou chefe de secretaria, se o citando comparecer em cartório; IV – por edital; V – por meio eletrônico, conforme regulado em lei.

Ocorre que tal regramento pode ser revisto a fim de adequá-lo aos traços da modernidade. Isso porque a Lei nº 11.419/2006, que trata justamente sobre a informatização do processo judicial, data de 19 de dezembro de 2006. Nessa época, no Brasil, os *smartphones* estavam ainda dando seus primeiros passos, basta ter em vista que somente em 2007 foi que a empresa *Apple* lançou o primeiro *Iphone,* o celular *smartphone* considerado como o precursor da nova era de comunicação e comportamento social do século XXI.

Desde sua edição, a mencionada lei sofreu apenas uma alteração, promovida pela Lei nº 13.793/2019, a qual somente ampliou o acesso aos autos virtuais para mais atores processuais. Como consequência, não se avançou sobre os meios de comunicação eletrônicos.

Nesse aspecto, a pandemia da Covid-19 trouxe à tona a necessidade de se utilizar mais corriqueiramente de outros meios digitais para comunicações processuais. Entretanto, ainda não se avançou satisfatoriamente.

Com o alastramento da pandemia e do isolamento social imposto, o Conselho Nacional de Justiça publicou a Resolução nº 313/2020 prevendo, entre outras medidas, a suspensão temporária dos prazos processuais. A edição da Resolução nº 314/2020 pelo CNJ reviu e modificou as regras de suspensão de prazos processuais, limitando-as aos processos que tramitavam em meio físico. Assim, permitiu-se o prosseguimento dos feitos eletrônicos.

Ocorre que, conforme disposição contida no art. 1º, parágrafo único, da Resolução nº 313/2020 do CNJ, excluiu-se dessa imposição o Supremo Tribunal Federal, como não poderia deixar de ser, haja vista que já pacificado no âmbito da Excelsa Corte a ausência de sua vinculação ao referido Conselho Nacional de Justiça[9].

Em razão disso, o Supremo Tribunal Federal editou a Resolução nº 670/2020[10], que previu, em seu art. 2º, § 4º, a possibilidade de envio de

[9] BRASIL. Supremo Tribunal Federal (Tribunal Pleno). **ADI nº 3.367/DF**. Relator: Min. Cezar Peluso. Brasília, DF, 13 de abril de 2005. Diário de Justiça, Brasília, DF, 17 de março de 2006. Disponível em: https://stf.jusbrasil.com.br/jurisprudencia/765314/acao-direta-de-inconstitucionalidade-adi-3367-df. Acesso em: 21 jun. 2021.

[10] BRASIL. Supremo Tribunal Federal. **Resolução nº 670, de 23 de março de 2020.** Estabelece novas medidas temporárias de prevenção ao contágio pelo Novo Coronavírus (COVID-19) no Supremo Tribunal Federal (STF). DJe/STF nº 70/2020, em 24/03/2020. Disponível em: http://www.stf.jus.br/portal/atoNormativo/verAtoNormativo.asp?documento=2828. Acesso em: 25 jun. 2021.

comunicações processuais por mensagem eletrônica registrada para os órgãos que tiverem endereço de *e-mail* informado nos autos ou constante da base de dados do Tribunal, independentemente da efetivação do cadastro.

Abriu-se a possibilidade, então, de intimação por *e-mail*, sem a necessidade de prévio cadastro junto ao Poder Judiciário, bastando que haja a menção do endereço eletrônico nos autos.

A referida resolução já foi revogada, no entanto a regra foi reproduzida pela Resolução nº 729/2021[11], ainda em vigência.

Com a tímida alusão ao uso dos meios de comunicações mais informais, como o *e-mail*, abriu-se espaço para a utilização de outros meios igualmente ou mais satisfatórios e seguros a estabelecer comunicações processuais. Nesse aspecto, cabe mencionar a respeito da maior plataforma de comunicação instantânea no Brasil, o *WhatsApp*, para posteriormente mencionar sua relação com a segurança na efetivação das citações.

3. Uso do *Whatsapp* como meio de comunicação judicial

Já no ano de 2017, o Conselho Nacional de Justiça (CNJ) admitiu o uso do aplicativo *WhatsApp* para intimações no âmbito dos Juizados Especiais.

No Procedimento de Controle Administrativo (PCA) nº 0003251-94.2016.2.00.0000, o CNJ considerou como válida a portaria editada pelo Juizado Especial Cível e Criminal de Piracanjuba, no Estado de Goiás, possibilitando que os demais juizados do Brasil passassem a adotar a mesma prática.

A Conselheira Daldice Santana, em seu voto, afirmou que a legislação norteadora dos juizados especiais prevê a utilização de qualquer meio idôneo para a intimação das partes, conforme art. 19 da Lei nº 9.099/95[12]. Assim, o CNJ alçou o aplicativo WhatsApp ao patamar de "meio idôneo" para comunicações.

No referido PCA, consta a informação de que a adesão ao sistema de intimações pelo aplicativo é facultativa, sendo este um dos motivos pelos quais a iniciativa não encontrou óbice junto ao CNJ.

[11] BRASIL. Supremo Tribunal Federal. **Resolução nº 729, de 29 de março de 2021.** Estabelece medidas preventivas ao Covid-19 no Supremo Tribunal Federal. DJe/STF nº 60/2021, em 29/03/2021. Disponível em: http://www.stf.jus.br/portal/atoNormativo/verAtoNormativo.asp?documento=2828. Acesso em: 25 jun. 2021.

[12] Art. 19. As intimações serão feitas na forma prevista para citação, ou por qualquer outro meio idôneo de comunicação.

É certo que outro fator que impulsionou a aprovação da prática foi o fato de que os juizados especiais são regidos pelos princípios da simplicidade, informalidade, economia processual e celeridade (art. 2º da Lei nº 9.099/95).

Entretanto, uma vez considerando-se o WhatsApp como meio idôneo a permitir as intimações judiciais, não se verifica razão para impedir a adoção da prática no seio dos processos que tramitam junto às varas comuns.

A respeito, já tramita no Congresso Nacional, o Projeto de Lei nº 1.595/2020, que tem por objetivo alterar a Lei nº 13.105/2015 (Código de Processo Civil) a fim de permitir a intimação eletrônica por meio de aplicativo de mensagens multiplataforma.

Atualmente, em junho de 2021, o referido Projeto de Lei encontra-se com parecer de aprovação pela Comissão de Constituição e Justiça e de Cidadania da Câmara dos Deputados.[13]

Segundo a proposta legislativa, o Código de Processo Civil deve passar a vigorar com a inclusão do art. 270-A e seus parágrafos, prevendo-se que, para a validade da intimação por aplicativos de mensagens multiplataforma, deve haver prévia manifestação de interesse pela parte. Ainda, a pessoa a ser intimada deve responder confirmando o recebimento da comunicação por texto ou mensagem de voz. Inexistindo a resposta, a intimação deve ser feita pelos meios tradicionais.

Analisando-se o projeto, pode-se perceber uma série de disposições que findam por diminuir a força da inovação legislativa.

Por um lado, determina-se que haja uma prévia anuência de intimação por mensagens junto ao Poder Judiciário. No entanto, mesmo que tenha havido a prévia anuência, quando do recebimento da mensagem de intimação pela parte, exige-se que haja uma efetiva resposta da pessoa a ser intimada (ou seja, veda-se a inércia). Não havendo resposta, recorre-se aos meios ordinários, devendo, portanto, ser expedida uma carta com Aviso de Recebimento ou emitido mandado a ser cumprido pelo Oficial de Justiça.

No entanto, o Projeto de Lei insere os §§4º a 7º ao criado art. 270-A do CPC. Nesses parágrafos é prevista a sanção de exclusão do cadastramento para aquele que não responder às intimações por mensagens no mesmo

[13] BRASIL. Câmara dos Deputados. PL 1595/2020 e seus apensados. Altera a Lei nº 13.105, de 16 de março de 2015 (Código de Processo Civil), para prever a intimação eletrônica por meio de aplicativo de mensagens multiplataforma. Brasília, DF, 2021. Disponível em: https://www.camara.leg.br/propostas-legislativas/2243132. Acesso em: 25 jun. 2021.

processo após três tentativas, consecutivas ou alternadas. No entanto, paradoxalmente, atribui-se ao intimando a responsabilidade de informar o número do telefone pelo qual deseja receber a intimação, presumindo-se válida a comunicação dirigida ao telefone cadastrado desde que haja confirmação de recebimento.

Ocorre que, se em um primeiro momento a parte manifestou prévio interesse na intimação por mensagem, informando sob sua responsabilidade o número de telefone e confirmando o recebimento por mensagem de texto ou voz, tem-se a partir daí a certeza de que aquele número de telefone pertence ao intimando e pode ser usado para sua localização. Assim, não há motivos para deixar ao arbítrio da parte a validade das demais intimações, pois o aplicativo WhatsApp prevê em seus recursos a confirmação de entrega da mensagem.

No procedimento comum vigente, presumem-se válidas as intimações dirigidas ao endereço constante dos autos, ainda que não recebidas pessoalmente pelo interessado, se a modificação temporária ou definitiva não tiver sido devidamente comunicada ao juízo.[14] Efetuando-se um paralelo com a intimação por mensagem, tem-se que a confirmação de entrega pelo WhatsApp desempenha a mesma função do recebimento por terceiros na carta do aviso de recebimento, pois houve sua efetiva entrega, presumindo-se que houve ou deveria ter havido a leitura da comunicação.

Até aqui está-se a falar apenas do recurso de confirmação de entrega da mensagem (dois traços cinzas). Haveria ainda mais razão para se reconhecer a validade da intimação após a confirmação de leitura (com os dois traços azuis), ainda que não houvesse resposta ativa do interlocutor.

Atualmente, pela legislação já posta, quando a parte já foi validamente citada, a carta de intimação com aviso de recebimento sequer precisa ter sido recebida pessoalmente pelo intimando para ter validade. Igualmente, dispensa-se sua manifestação no processo e sua inércia implica preclusão de atos.

[14] Art. 274. Não dispondo a lei de outro modo, as intimações serão feitas às partes, aos seus representantes legais, aos advogados e aos demais sujeitos do processo pelo correio ou, se presentes em cartório, diretamente pelo escrivão ou chefe de secretaria. Parágrafo único. Presumem-se válidas as intimações dirigidas ao endereço constante dos autos, ainda que não recebidas pessoalmente pelo interessado, se a modificação temporária ou definitiva não tiver sido devidamente comunicada ao juízo, fluindo os prazos a partir da juntada aos autos do comprovante de entrega da correspondência no primitivo endereço.

Nos tempos atuais, em que as comunicações corriqueiras ocorrem pelos meios eletrônicos, as pessoas acessam seus aplicativos de mensagens várias vezes ao dia, enquanto as cartas, quando não têm sido esquecidas nas caixas de correios, são acessadas poucas vezes no mês.

A imposição de maiores restrições para a intimação por meio de aplicativo de mensagens sofre, então, resistência que se justifica, aparentemente, apenas no receio da novidade.

Ao se transportar para a validade da citação por aplicativo de mensagem a resistência é ainda maior. Se para a intimação na nova modalidade exige-se a prévia manifestação do interessado nos autos, impossível é crer que a pessoa ainda não citada manifeste-se espontaneamente para admitir sua citação. Até porque, havendo ciência do processo com manifestação espontânea, supre-se a falta de citação. Esse é o teor do art. 239, §1º, do CPC.

Nesse caso, além do receio quanto ao novo, a resistência se ampara na extrema importância que o ato citatório possui no processo. Isso porque trata-se de um pressuposto de validade processual[15]. Como se tal fato não fosse suficiente, importa destacar que "os ônus e faculdades decorrentes da relação processual só se estabelecem após a comunicação do ato. O réu só se vincula ao processo, sujeitando-se aos efeitos da sentença, após a citação"[16].

O reconhecimento da invalidade de uma citação gera graves consequências para o processo, pois trata-se de uma nulidade processual absoluta. Nesse aspecto, "Como não interessa ao sistema jurídico a convalidação desse vício, entende-se que esse vício não se convalida nunca, podendo a qualquer momento ser alegado pela parte, até mesmo após o prazo da ação rescisória, por meio da *querela nullitatis*"[17].

No entanto, essa resistência merece ser superada. Tratando da necessidade de lançar um olhar atento à tecnologia, Carlos Alberto Molinaro e Ingo Wolfgang Sarlet mencionam que:

[15] Art. 239. Para a validade do processo é indispensável a citação do réu ou do executado, ressalvadas as hipóteses de indeferimento da petição inicial ou de improcedência liminar do pedido.

[16] DONIZETTI, Elpídio. **Curso Didático de direito processual civil** – 19. ed. revisada e completamente reformulada conforme o Novo CPC – Lei 13.105, de 16 de março de 2015 e atualizada de acordo com a Lei 13.256, de 04 de fevereiro de 2016. – São Paulo: Atlas, 2016, p. 441.

[17] NEVES, Daniel Amorim Assumpção. **Novo Código de Processo Civil Comentado.** Salvador: JusPodivm, 2016, p. 382.

De alguma forma é possível afirmar que os juristas, em sua maioria, estão sempre a contemplar um normativo que já não mais corresponde ao presente, ademais, por vezes, relutam em admitir que as necessidades do presente e as projeções futuras reclamam por inovação e persistem em "ver o que e não ver ainda o que já existe".[18]

Ocorre que, para se chegar a tal conclusão, faz-se necessário abolir o apego às formalidades atualmente existentes para a validade da intimação por mensagens.

O primeiro desnecessário apego ao formalismo diz respeito ao prévio cadastro junto ao Poder Judiciário. O segundo, é a exigência de uma resposta ativa da pessoa a quem se pretende comunicar um ato processual.

Isso porque, em se tratando de citação, em regra, as partes requeridas não sentem a necessidade de procurar espontaneamente o Poder Judiciário para se cadastrarem a fim de antever futuras contendas judiciais.

Ademais, na atualidade, quando se ajuíza uma ação, o Poder Judiciário leva em conta apenas as informações prestadas pela parte autora, a qual declina o endereço da parte requerida, por certo, com base em algum documento em seu poder. De posse dessa informação, o Poder Judiciário emite a carta citatória com aviso de recebimento ou o mandado judicial a ser cumprido pelo Oficial de Justiça.

Exigir o prévio cadastro para recebimento de mensagens, equivaleria a exigir a mesma atitude para o recebimento de cartas e mandados, o que soa estranho aos já habituados à prática atual.

Ressalte-se que o Código de Processo Civil permite que a citação possa ser feita em qualquer lugar em que se encontre a parte demandada.[19] Desse modo, não há falar em ausência de indicação de endereço, pois o citando está, como regra, constantemente na posse de seu celular, podendo ser citado onde quer que se encontre.

Ainda, nos termos da lei atualmente vigente, considera-se validamente citada, então, aquela parte que recebe e assina pessoalmente a carta com aviso de recebimento ou o mandado.

[18] MOLINARO, Carlos Alberto; SARLET, Ingo Wolfgang. **Apontamentos sobre direito, ciência e tecnologia na perspectiva de políticas públicas sobre regulação em ciência e tecnologia.** *In* MENDES, G. F.; SARLET, I. W.; COELHO, A. Z. P. **Série "Direito Inovação e Tecnologia" – Direito, Inovação e Tecnologia – Volume 1.** São Paulo: Saraiva, 2015.

[19] Art. 243. A citação poderá ser feita em qualquer lugar em que se encontre o réu, o executado ou o interessado.

Entretanto, em alguns casos, o próprio Código de Processo Civil atribui uma presunção de validade. É o caso, por exemplo, das citações ocorridas nos condomínios edilícios ou nos loteamentos com controle de acesso, nos quais considera-se válida a entrega do mandado a funcionário da portaria responsável pelo recebimento de correspondência.[20]

Ou seja, mesmo sem qualquer atitude pessoal da parte requerida, a lei considera válida sua citação. Indo além, diante da presunção relativa legal, os tribunais pátrios atribuem à parte requerida o ônus da prova quanto à invalidade da citação feita nesses moldes. Nesse sentido:

> APELAÇÃO CÍVEL. EMBARGOS À EXECUÇÃO. INTEMPESTIVIDADE. NULIDADE DA CITAÇÃO. INOCORRÊNCIA. MUDANÇA DE ENDEREÇO. ÔNUS DA PROVA. NÃO DESINCUMBÊNCIA. SENTENÇA MANTIDA. I. Sabido que a citação pelo correio é considerada valida quando entregue a funcionário da portaria responsável pelo recebimento de correspondências em condomínios edilícios (artigo 284, § 4º, do Código de Processo Civil). II. Embora o apelante alegue que não mais reside no endereço fornecido no contrato e também não trabalhe mais na Secretaria de Saúde de Aparecida de Goiânia, não se desincumbiu do encargo probatório de juntar comprovante do novo endereço e de ter feito a mudança da residência e do local de trabalho antes da realização do ato citatório (artigo 373, II, Código de Processo Civil). III. Daí, não prospera o argumento de nulidade da citação por suposta mudança de endereço do apelante, uma vez que este não se desincumbiu do ônus de comprovar que de fato não mais residia no local em que a citação se efetivara. APELAÇÃO CONHECIDA E DESPROVIDA.[21]

Logo, basta efetuar um paralelo entre o meio físico e o virtual para se chegar à validade da citação. Isso porque, da mesma forma, a parte autora poderia declinar o número do telefone da parte requerida constante nos

[20] Art. 248 (...) § 4º Nos condomínios edilícios ou nos loteamentos com controle de acesso, será válida a entrega do mandado a funcionário da portaria responsável pelo recebimento de correspondência, que, entretanto, poderá recusar o recebimento, se declarar, por escrito, sob as penas da lei, que o destinatário da correspondência está ausente.

[21] GOIÁS. Tribunal de Justiça de Goiás (6ª Câmara Cível). **AP nº 00994720620208090051**. Relator: Des. Fausto Moreira Diniz. Goiânia, GO, 11 de março de 2021, DJ de 11 de março de 2021.disponível em: https://tj-go.jusbrasil.com.br/jurisprudencia/1179608473/processo-civel-e-do-trabalho-recursos-apelacao-civel-99472062020808090051-goiania/inteiro-teor-1179608474. Acesso em: 27 jun. 2021.

documentos em seu poder, notadamente se previamente utilizados pelas partes litigantes como forma de comunicação, a fim de possibilitar a citação. Com tal informação, o Poder Judiciário poderia proceder à primeira abordagem por meio da mensagem pelo aplicativo. Obtendo a confirmação da leitura pelo WhatsApp (dois traços azuis), tem-se a validade da citação. Ressalte-se que ainda vige a presunção relativa, podendo vir a ser elidida pela parte requerida, a qual deve desincumbir-se satisfatoriamente de seu ônus. Como dito, não se trata de uma inovação, pois trata-se de simples paralelismo com o que já ocorre atualmente.

Outra forma de abordagem seria utilizar os recursos de videochamada do *WhatsApp*. Nesses casos, o Oficial de Justiça poderia efetuar um prévio contato por mensagem, identificando-se e solicitando a participação em uma videochamada. Em sendo aceito, o servidor procederia à ligação e, obtendo som e imagem do destinatário, faria a citação como se presencial fosse. Para registrar o ocorrido, poderiam ser usados outros aplicativos gratuitos que proporcionam a gravação da tela e áudio dessa chamada. Assim, existiria a mesma certeza na citação que a presença ou o contato físico entre os envolvidos. Essa prática, inclusive, já é utilizada em alguns Tribunais de Justiça pátrios[22], notadamente influenciada pela adoção do chamado "Juízo 100% digital"[23], prática estimulada pelo Conselho Nacional de Justiça com vistas a sedimentar e ampliar o uso das ferramentas tecnológicas nos processos e atos judiciais.

Por fim, conforme visto, o CNJ e o Congresso Nacional tendem a admitir a possibilidade da intimação por mensagens, ao mesmo tempo em que se mostram receosos, relegando a sua validade à resposta ativa da parte. E, caso isso não ocorra, ancoram-se na possibilidade de recorrer às vias usuais.

Assim, caso se opte por adotar uma postura mais conservadora e não haja rendição aos meios mais modernos e simplificados de citação, nada

[22] AMAZONAS. Corregedoria Geral de Justiça. **Provimento nº 399, de 5 de julho de 2021.** Dispõe sobre o cumprimento dos atos processuais de intimação, notificação e citação, por meio digital, nos Juizados Especiais Criminais e dá outras providências. DJe/AM nº 3123, em 07/07/2021, p.p. 22-23. Disponível em: https://consultasaj.tjam.jus.br/cdje/consultaSimples.do?cdVolume=14&nuDiario=3123&cdCaderno=1&nuSeqpagina=1. Acesso em: 18 jul. 2021.

[23] BRASIL. Conselho Nacional de Justiça. **Resolução nº 435, de 9 de outubro de 2020.** Dispõe sobre o "Juízo 100% Digital" e dá outras providências. DJe/CNJ nº 331/2020, em 9/10/2020, p. 2-3. Disponível em: https://atos.cnj.jus.br/files/compilado23351420210310604957b2cb035.pdf. Acesso em: 18 jul. 2021.

obstaria, portanto, a adoção da citação nos mesmos termos da intimação, conforme mencionado. Assim, inicialmente seria feita a citação por *WhatsApp* e, mesmo obtendo-se os dois tiques azuis, mas não havendo resposta ativa do demandado no aplicativo ou no processo, poderia ser utilizada a citação por carta ou mandado.

Entretanto, tal atitude, ao mesmo tempo em que poderia gerar economia aos cofres públicos, pois evitaria a emissão de atos físicos, poderia trazer uma demora a mais aos já morosos processos, pois haveria de ser redesignada a audiência de conciliação inaugural não atendida pela parte requerida, ou quando dispensada, haveria de se aguardar dois prazos de contestação: o primeiro, feito por WhatsApp e o segundo, feito pelas vias ordinárias.

Fato é que, para sedimentar qualquer discussão sobre a validade da citação pelo *WhatsApp*, deve existir legislação que preveja, ainda que de forma genérica, o uso dos meios de comunicação mais modernos existentes.

Conclusões

A tecnologia evoluiu a passos rápidos e modificando profundamente a forma de comunicação na sociedade. Das cartas, passou-se ao uso dos correios eletrônicos (*e-mails*) e desses, ao uso dos aplicativos de mensagens instantâneas.

O Poder Judiciário, com a demora justificável pelos entraves que regem a Administração Pública, tentou acompanhar as modificações, adotando comportamentos tendentes a albergar as novidades tecnológicas. Entretanto, a evolução da comunicação continua a avançar.

Como visto, a utilização de aplicativos de mensagens para a efetivação das comunicações processuais tem ganhado espaço no ordenamento jurídico brasileiro, notadamente impulsionada pelas necessidades trazidas pelo isolamento decorrente da pandemia da Covid-19. Entretanto, sua adoção ainda é tímida e revestida de cautelas que foram há tempos abandonadas quando se trata de citação pelos meios físicos ordinariamente conhecidos.

Assim, o Poder Judiciário e o Poder Legislativo, ao mesmo tempo em que buscam a inovação, continuam se escudando em práticas antigas e custosas, como o uso de cartas com aviso de recebimento e/ou mandado a ser cumprido por servidor público.

O receio se justifica, então, no desconhecimento sobre o novo e suas implicações processuais. Apesar do aludido receio, cabe aos mencionados

Poderes Legislativo e Judiciário acompanhar a evolução da comunicação, sob pena de deixarem ultrapassados e injustificadamente mais morosos os processos judiciais.

Referências

AMAZONAS. Corregedoria Geral de Justiça. **Provimento nº 399, de 5 de julho de 2021.** Dispõe sobre o cumprimento dos atos processuais de intimação, notificação e citação, por meio digital, nos Juizados Especiais Criminais e dá outras providências. DJe/AM nº 3123, em 07/07/2021, p.p. 22-23. Disponível em: https://consultasaj.tjam.jus.br/cdje/consultaSimples.do?cdVolume=14&nuDiario=3123&cdCaderno=1&nuSeqpagina=1. Acesso em: 18 jul. 2021.

BRASIL. Câmara dos Deputados. **PL 1595/2020 e seus apensados.** Altera a Lei nº 13.105, de 16 de março de 2015 (Código de Processo Civil), para prever a intimação eletrônica por meio de aplicativo de mensagens multiplataforma. Brasília, DF, 2021. Disponível em: https://www.camara.leg.br/propostas-legislativas/2243132. Acesso em: 25 jun. 2021.

BRASIL. Conselho Nacional de Justiça. **Resolução nº 313, de 19 de março de 2020.** Estabelece, no âmbito do Poder Judiciário, regime de Plantão Extraordinário, para uniformizar o funcionamento dos serviços judiciários, com o objetivo de prevenir o contágio pelo novo Coronavírus – Covid-19, e garantir o acesso à justiça neste período emergencial. DJe/CNJ nº 71/2020, em 19/03/2020, p. 3-5. Disponível em: https://atos.cnj.jus.br/atos/detalhar/3249. Acesso em: 25 jun. 2021.

BRASIL. Conselho Nacional de Justiça. **Resolução nº 435, de 9 de outubro de 2020.** Dispõe sobre o "Juízo 100% Digital" e dá outras providências. DJe/CNJ nº 331/2020, em 9/10/2020, p. 2-3. Disponível em: https://atos.cnj.jus.br/files/compilado233514202103106049 57b2cb035.pdf. Acesso em: 18 jul. 2021.

BRASIL. Lei nº 13.105, de 16 de março de 2015. **Código de Processo Civil.** Brasília, DF, 2015. Disponível em: http://www.planalto.gov.br/ccivil_03/_ato2015-2018/2015/lei/l13105.htm. Acesso em 20 jun. 2021.

BRASIL. Lei nº 9.099, de 26 de setembro de 1995. **Dispõe sobre os Juizados Especiais Cíveis e Criminais e dá outras providências.** Brasília, DF, 1995. Disponível em: http://www.planalto.gov.br/ccivil_03/leis/l9099.htm. Acesso em: 27 jun. 2021.

BRASIL. Supremo Tribunal Federal. **Resolução nº 670, de 23 de março de 2020.** Estabelece novas medidas temporárias de prevenção ao contágio pelo Novo Coronavírus (COVID-19) no Supremo Tribunal Federal (STF). DJe/STF nº 70/2020, em 24/03/2020. Disponível em: http://www.stf.jus.br/portal/atoNormativo/verAtoNormativo.asp?documento=2828. Acesso em: 25 jun. 2021.

BRASIL. Supremo Tribunal Federal. **Resolução nº 729, de 29 de março de 2021.** Estabelece medidas preventivas ao Covid-19 no Supremo Tribunal Federal. DJe/STF nº 60/2021, em 29/03/2021. Disponível em: http://www.stf.jus.br/portal/atoNormativo/verAtoNormativo.asp?documento=2828. Acesso em: 21 jun. 2021.

BRASIL. Supremo Tribunal Federal (Tribunal Pleno). **ADI nº 3.367/DF.** Relator: Min. Cezar Peluso. Brasília, DF, 13 de abril de 2005. Diário de Justiça, Brasília, DF, 17 de março de 2006. Disponível em: https://stf.jusbrasil.com.br/jurisprudencia/765314/acao-direta-de-inconstitucionalidade-adi-3367-df. Acesso em: 21 jun. 2021.

DONIZETTI, Elpídio. **Curso Didático de direito processual civil** – 19. ed. revisada e completamente reformulada conforme o Novo CPC – Lei 13.105, de 16 de março de 2015 e atualizada de acordo com a Lei 13.256, de 04 de fevereiro de 2016. – São Paulo: Atlas, 2016, p. 441.

IBGE. **Uso de Internet, televisão e celular no Brasil**. [Brasília], [entre 2019 e 2021]. Disponível em: https://educa.ibge.gov.br/criancas/brasil/2697-ie-ibge-educa/jovens/materias-especiais/20787-uso-de-internet-televisao-e-celular-no-brasil.html. Acesso em: 20 jun. 2021.

MOLINARO, Carlos Alberto; SARLET, Ingo Wolfgang. **Apontamentos sobre direito, ciência e tecnologia na perspectiva de políticas públicas sobre regulação em ciência e tecnologia**. *In* MENDES, G. F.; SARLET, I. W.; COELHO, A. Z. P. **Série "Direito Inovação e Tecnologia" – Direito, Inovação e Tecnologia – Volume 1.** São Paulo: Saraiva, 2015.

NEVES, Daniel Amorim Assumpção. **Novo Código de Processo Civil Comentado**. Salvador: JusPodivm, 2016, p. 381.

WHATSAPP LLC. **Como verificar as confirmações de leitura. C2021.** Disponível em: https://faq.whatsapp.com/iphone/security-and-privacy/how-to-check-read-receipts/?lang=pt_br. Acesso em: 20 jun. 2021.